新現代経済政策論
―― 平 等 論 と 所 得 格 差 ――

[第二版]

瀬野　隆 [監修著]

矢﨑隆夫
胡　東寧　[著]
柴田　怜

成文堂

ま　え　が　き

　当著は、平成25（2013）年10月10日に初版で刊行した『新現代経済政策論——平等論と所得格差——』の第二版であります。初版発刊後4年の歳月が経過し、その間に当著の第二版　序文でも述べているように、経済環境・経済実態や経済研究の分野で幾つかの展開や深化が見られました。初版の全体の構成や基盤となる研究テーマについては、当第二版でも、平等論の基礎を哲学的な観点と自然法の云う基本的人権に置いています。その上で、より良い進歩と発展の為には有効なインセンティブとしての競争や格差を社会的公正の下で是認し、かつ人間の潜在的な能力を支援・開発して行くためにはどのような経済政策を考慮して行くべきかを論じながら、各国の経済の現状をも調査・分析し、研究を展開しております。このような観点から、初版の一部修正・増補等を行い、第二版として発行するものであります。

　各共同執筆者は、この4年間、それぞれの研究を一層深められておりますが、この第二版では、初版における研究成果を、ある執筆者は自己の研究の歴史的事実として、そのままに、或いはこれに新しい研究成果を追加、又は全面的な改定をするなど、様々な対応がありますが、それはそれとして、それぞれの執筆者の意向に沿って、第二版と致しました。

　また、2015年5月30日から31日かけて、国士舘大学で開催された日本経済政策学会の第72回全国大会の研究成果についても、本研究と共通する大会趣旨であったために、本書において紹介しております。

　本研究が、当著を手にされる方々に、現実の経済政策に関するより深い理解や研究、討論や検討の一助ともなれば幸いです。

　平成29年8月31日

　　　　　　　　Bentham 書読み終えて聴く蝉時雨

　　　　　　　　　　　瀬　野　　隆

第二版　序　文

　現代における経済政策学の最も普遍的で根本的な喫緊の研究テーマとは何であろうか。それを論じる上での具体例の一つが、2015年5月30日から31日にかけて、「現代の経済政策学と社会的公正」という統一テーマで開催された日本経済政策学会　第72回全国大会の趣意書と研究発表企画テーマが挙げられる。その趣意書には、おおよそ、次のように述べられている。

　現代の経済政策学は、「現代経済学の論理の上に構築」されている。したがって、現代経済学の論理は「近代経済学が展開してきた価格メカニズムの有効性」を受容することによって、初めて成立する。そして、この価格メカニズムは、その価値論において、Bentham が主張した「限界効用価値説の有効性」に、その論理の基礎を置いている。その結果として、そこにおける「政策的価値判断基準は、限界効用学説の効用価値理論に基づいて作成」されたものとなる。この効用価値理論に基づけば、「最も効用（生産性）の高い部門や人材等に最も高い価値を置き、最も大きい配分を行うことが正当」であるとしている。しかしながら、ある場合には「社会的公正という観点から見ると容認しがたい格差」が必然的に生じ、そうした「格差は社会的に見て容認すべき公正なものであるのか、という論争」を生み出している。東西冷戦の終結以降の現代では、ほとんどすべての諸国の経済社会が「グローバルに一体化された世界市場経済に移行」している。「国際的な自由貿易機構、世界的なバンキング・システムの統合化、および IT 革命とネット社会、民主主義の実現」が、これを可能にした主な要因であるが、そこでは近代社会の存立の基盤であった「主権国家の領域が日増しに浸食」され、「国家主権の壁は常に引き下げ」られてきている。こうした中で、「アメリカの債権国化と共に始まった世界的なリーダーシップの衰退や混乱」によって、様々な「地域統合や経済連携の動きが加速」したが、底辺で、静に進行していた「所得格差や経済格差が深刻化」していった。やがて、「諸国家間の格差の問

iv 第二版 序 文

題が表面化」し、国内的にも、あるいは世界的にも、「格差問題は経済政策上において解決すべき課題」として、ますます浮き彫りにされてくるようになったのである。このように、経済政策における価値判断は、現代では、以上のような「現代史的な観点を梃子の力点」として置かれなければならない。また、そうしなければ「賢明な」価値判断に到達することはほとんどできそうにない。その他にも、「経済政策の価値判断の対象となる現代経済社会の作用点」としての課題は幾つも存在する。それは、「地球規模の環境破壊や自然災害」・「資源枯渇やエネルギー不足」・「人口の地域的アンバランスの進行」・「先進国と途上国の対立と迷走するガバナンス」等々のグローバルな問題から、「一人ひとりの生活環境の改善や所得格差の是正」・「公平や平等への要求」・「適切な公共サービスの請求」など国内的、地域的、個人的なレベルのものまで実に多様である。これらの課題のいずれもが、「グローバル経済時代が生み出した経済現象」でもある。そして、こうした切迫した経済政策上の課題を解決するために、「格差を是認し、それこそが改善・改革へのインセンティブである」とする、いわゆる「市場経済システムの自動調整機能」だけにゆだねられていて良いものであるのかについて、改めて検討を加える必要があるであろう、としている。

　富の不平等な所得と配分そして累積に対する、社会的公正さへの関心の高まりの背景には、トマ・ピケティの2014年に発刊された『21世紀の資本』(Thomas Piketty, *LE CAPITAL AU XXIe SIHCLE*, 邦訳は山形浩・盛岡桜・森本正史訳でみすず書房から刊行）の出版がある。現代における不平等への通底する関心と論争は、注目の度を一層高めている。彼は、当著の中で、長期的にみると、資本収益率（r）は経済成長率（g）よりも大きいという。そのために、資本から得られる収益率が経済成長率を上回れば上回るほど、それだけ富は資本家へ蓄積されるとする。しかし、富は実証的に見ると公平に再分配されていないので、貧困が社会や経済の不安定を引き起こすという。この格差是正には、累進課税の富裕税を、世界的に導入することを提案した。

　2016年5月には、ICIJ（国際調査報道ジャーナリスト連合）がパナマ文書

Panama Papers（租税回避 tax haven 行為に関する一連の機密文書）を世界のマスコミに公開した。こうした国家や組織、法人や個人の社会的に見て公正でない租税負担の回避の実態に直面して、研究者の中には、逆進性の高い付加価値税（消費税）を増税するのではなく、累進課税で多国籍企業・富裕層の巨額の国際金融取引に課税する方向へ再転換すべきである、と主張する人も現れてきた。さらに、市場経済下にある諸国間で法人税切り下げ競争をしている時ではないとし、タックス・ヘイヴンに逃避する巨額の闇資産が格差を加速度的に広げている現状そのものに、もっと目を開くべきであるという。そして、安定的な経済社会運営を行うためには、所得格差を縮小させるという、本来の税制機能に回帰すべきであるという主張も出てきている。そして、もしこれを実行しなければ、グローバルな市場経済体制そのもの維持と存続にとって、深刻かつ重大な状況に突入するであろうというのである。

　また、2016年にはフランコ・ミラノビッチ Branko Milanovic の『大不平等　エレファントカーブが予測する未来』（*GLOBAL INEQUALITY, A New Approach for the Age of Globalization*, 2016, Harvrd University Press）が出版（邦訳は2017年6月に、立木勝訳で、みすず書房から発行）されて、さらに大きな関心を呼んでいる。当著は「所得の不平等一般、なかでもグローバルな所得の不平等」について、「過去2世紀で最大の個人所得の構造変化、すなわち世界の所得分布に対するグローバリゼーションの影響」を具体的なデータで研究している。その結果、いわゆるグローバルな中間層の台頭──その大半は中国をはじめとする「甦るアジア」の国々に暮らしており、豊かな世界の中間層（世界的には裕福だが国内的には中間から中の下になる階層）が停滞し、さらにグローバルな超富裕層の登場が見られるという。そこで次のような三つの問題提起を行っている。中国は、自国民からの参加型民主主義への期待の高まりにどう対処するのだろうか、そして、豊かな国々は、向こう数十年にわたって中間層の成長を見込めないことにどう対処するのだろうか、さらに、各国内及び世界での上位1パーセント層の台頭は金権主義の政治体制へとつながるのだろうか、それともグローバリゼーションの「負け組」を宥め

ようとして、ポピュリズムへと向かうのであろうかと問うている。

　これらの著書や文書は、世界中で多くの注目を集めている。それぞれの著者たちの立場や学派の主義主張、信条は様々である。ここでは、こうした大きな不平等の経済的事実が現存していることへの問題提起を直視する必要があるのではないか、新たな現代経済政策的視点が必要ではないか、ということとであり、その現代における解決は独裁的・集権的な権力ではなく、民主的な手続きを経て、解決して行くべきであるということである。

序　文

　世界的な市場経済移行に伴い、価格メカニズムが有効に機能して、主要な経済問題は解決できるとされてきたが、パレート最適や競争原理だけでは解決できない問題が明確になってきた。その中でも、最も注目され始めた現代の経済政策上の課題の一つは「所得格差」である。

　所得格差が拡大し、それに伴い多数の貧者と一握りの富者の出現で貧富の格差が顕在化し、所得階層が固定化し、社会の全体的な所得水準が低下して行くと、国民の全般的な生活水準を引き下げ、それぞれの個人の幸福の追求が困難になる。それだけではなく、社会的な不満や社会的病理現象、政治的不安定や革命運動、反社会的な行為や犯罪の増加等が顕著になる。このように、単に経済政策上の課題だけではなく、国民生活全体に及ぼす不安や混乱の原因ともなるという懸念が出てきたのである。特に、現代のグローバル化した世界において、情報伝達手段の高度化とネットワーク化は、この所得格差や貧富の格差、生活の格差や公的サービスの質と量等の格差の現実を、地球的規模で、白日の下に浮かび上がらせている。

　この再検討過程における必要不可欠な観点は、平等・不平等が本質的な概念からみて、どのように取り扱われねばならないかということである。この研究の総論的な意味で、「第1章　平等・不平等の概念形成」【瀬野】において、これを論述する。ここでは、Aristoteles から、Rousseau を経て、Rawls と Sen に至る研究の中で、平等・不平等の概念がどのように形成され、展開されて、深化されてきたのかを根源から見直している。翻ってみると、経済学の領域だけではなく、より深い哲学的・思想的な観点から、人間としての平等や、不平等という観念そのものに対する認識や研究にも触れておかなければならない。それは、ここで取り扱う「平等と不平等」の容認と受容についての通底する考え方である。

　平等という概念は、1651年に、すでに Thomas Hobbes （1588－1679年）

viii 序　文

が Leviathan で「人は生まれながらにして平等である」と述べている。ここ
では、「人は生まれながらにして自由、平等であり、生来の権利を持つ。」と
していた。この自然権という考え方は、後世に受け継がれ、「平等思想」と
して、1776年7月4日に制定された「アメリカ独立宣言 The Unanimous
Declaration of the Thirteen United States of America」やアメリカの第2回
大陸会議（連合会議）決議に表われ、「すべての人間は平等に造られてい
る。」とし、生存、自由、幸福の追求等の権利に結実している。この流れは、
1789年8月26日制定したフランス革命当初のフランス国民議会が議決した
「人と市民の権利の宣言」（『フランス人権宣言』）に再登場し、その第1条で
は、「人は生まれながらにして自由かつ平等の権利を有する」として、主権
在民、法の前の平等、所有権の不可侵等の宣言に至っている。そして現代で
は、1948年12月10日の国連総会採択『世界人権宣言 Universal Declaration of
Human』において、その「第1条　すべての人間は生まれながらにして自
由であり、かつ、尊厳と権利について平等である。人間は、理性と良心とを
授けられており、互いに同胞の精神をもって行動しなければならない。」と
いう条文に謳い揚げられている。こうした思想は、平等が人類普遍の原理で
あり、善であり、正である限りは、何よりも優先的に平等が実現されなけれ
ばならないという要求を社会的に生み出す素地とも底流ともなっていること
が理解できる。このような歴史的展開が平等・不平等の概念形成と深化、さ
らには論争の背後に暗黙の了解として存在していることを忘れてはならない
であろう。

　さて、所得格差の是正そのものについて、経済学の一般論として言えば、
一方では安定した経済成長の維持が必要であるとともに、他方では所得の再
分配機能が有効に機能していなければならない。そのためには、成長への
engine としての法人や個人の所得拡大政策を導入しつつ、高額所得に対し
ては一定の累進的な直接税が必要であるとともに、社会全体が負担すべき公
共サービスに必要な財政上の資金は広く浅い間接税で確保する必要があると
言われている。また、通常であれば、確保した税収は社会的なトランスファ

ー資金として、最低生活の保障としての生活保護、老齢年金、医療保障等への資金として使用されなければならないとしている。

　しかしながら、現代の経済学の体系における不平等の概念においては、「不平等 inequality」は所得あるいは資産が人々の間で「等しくない inequal」状態としており、また「平等 equality」とは所得あるいは資産が人々の間で「等しい equal」状態であるとしている。このことは、平等か不平等かは、経済上の「客観的状態」の事実を述べているにすぎないことがわかる。これとは別の視点では、ある状態が倫理上の社会正義の観点から見て正しいか否かを判断する場合には「公平 fairness」という用語が用いられている。このような平等・不平等論争についての最近の研究成果を、「第2章平等論・不平等論の深化」【瀬野】において論述することにした。ここでは、先ず Rawls を取り上げ、彼が、A Theory of Justice, 1971 を著して、功利主義と、それを基本原理とする現代の厚生経済学批判の口火を切ったことを述べる。ある状態を見て平等か不平等かを経済学的に判断するためには、客観的基準で判断しなければならないが、公平か不公平かの判断は倫理的・道徳的・規範的基準で判断しなければならないことになる。一般論として、同じ一つの事柄が異なる客観と規範という二つの基準で判断されなければならないという点が、平等・不平等論がもつ本来的な特質なのである。経済政策論からすると、客観的測度と規範的価値判断が同時に求められるということになる。それはコインの両側面の一体的再認識化を指している。

　また、近代経済学の効用原理に基づけば、厚生経済学で用いられる「パレート効率性」は一種の価値基準としても存在しているとみなされているが、公平性の概念や認識はもともと存在しない。経済学の概念では、ある経済行為には trade off の関係があり、incentive を強化すると equality が失われる状態が一般的に見られる。こうした経済現象は incentive-equality trade off と呼ばれるものである。市場経済では、競争を通じて生産の効率性と商品・サービスの質の向上に繋がるものであるとされているが、他方で賃金格差・所得格差を発生させてもいる。個人の所得格差は、他の個人と比べた場合

x 序　文

に、その個人が持っている現在時点での内部的な条件、すなわち能力や努力の差異だけでなく、それ以外の偶然に発生する幸不幸や社会の状況など、その個人だけには帰属しない外部的な条件の違い、さらには将来的には人間そのものの多様性やその人自身の潜在的な能力の差によっても異なってくるという新しい主張も生まれてきている。

　平等と不平等の概念の最も新しい見直しは Amartya Sen（1933-）の主張 *Inequality Reexamined*, 1992 において取り上げられたものである。彼によれば、「（一）人間とはそもそも異なった存在である。」と同時に、「（二）平等を判断する時に用いられる変数は複数存在する。」という命題から論理展開をスタートする。「人は生まれながらにして平等である。」というのは平等主義者の重要な要素であり、崇高な「人類の平等」は強力な rhetoric である。しかしそれは、個人間の差異を無視しており、それはかえって反平等主義なものとなる。人間の多様性は「人間の平等」という崇高な見地からではなく、単純化の必要性という現実的な「低い」見地から無視されてきた。その結果、平等に関する中心的で重要な特徴を無視することにつながっている。「平等の判断」は、ある人の特定の側面、例えば所得、富、幸福、自由、機会、権利、ニーズの充足など他の人の同じ側面と比較することによってなされるという。「不平等の判断」は比較を行う変数、例えば所得、富、幸福などの選択に依存している。このような変数を、異なった人々を比較する際に分析の焦点となる変数であるという意味で「焦点変数 focal variable」と呼ぶ。焦点変数はその内部に複数性を持っている可能性がある。例えば、異なったタイプの自由が組み合わさって分析の焦点となっているかもしれないし、選択された変数は自由と成果の組み合わせであるかもしれない。このように選択された一つの変数内の複数性は、いくつか選択された焦点変数の多様性とは区別しなければならない。しばしば基本的で均質であるとみなされている変数、例えば実質所得や幸福も、実はそのような内的な複数性を持っている。この複数性は異なった人々を比較するときに、どのような「空間 space」を選択すべきか、という問題であり、このような空間の analogy は、

数学の座標軸をまねたものであるとしても、分類上の工夫としては役に立つという。Sen は焦点変数の選択、すなわち空間の選択の問題を不平等の評価に伴う諸問題を区別するために、それを利用するのである。

　さらに、急速な経済成長は必ず不平等の拡大を伴うという主張もある。「東アジアの奇跡」と呼ばれる今日の経済発展過程では経済のパイ全体が拡張したために一般的な貧困の著しい減少がもたらされたこともあり、その分配過程における所得格差の問題は当初は隠されていた。しかし急激な高度成長が永続することはありえない。ひとたび、高度成長がある一定水準で停滞し始めると、安定成長が要求され、その場合には所得格差の問題が具体化し、分配への研究が今後は必須となる。こうした状況から、平等論と所得格差の研究の各論として、先ず、「第3章　アメリカに見る所得格差の現状」【瀬野】を取り上げ、その対策を論じている。Obama 民主党政権の誕生は、行き過ぎた規制緩和政策と所得格差拡大を容認する共和党政権への批判と、アメリカ国民の平等化路線への方向転換への要望を示唆している。「小さな政府（共和党）」か「大きな政府（民主党）」かの政策目標論争は、ひとつの rhetoric として、このことを表しているのである。その具体的な所得格差是正政策の一例として、金融制度改革を中心に、平等化を論じている。

　周知のように、第二次世界大戦後の世界は、当初、アメリカを一つの経済政策の最先端モデルとして認識した。特に日本はアメリカから大量生産と大量消費の自由主義的な市場経済を学び、この実現を目指して懸命に戦後の復興に邁進した。アメリカ市場に向けて持てる資源を傾斜配分して集中させ輸出志向型経済政策を採用し、所得倍増計画を達成しながら高度経済成長を果たした日本は、アジアの優等生とも言われたが、bubble 経済の破綻後はデフレ経済に悩み、所得格差の拡大が懸念されている。この日本の現代における研究は「第4章　日本に見る所得格差の現状」【柴田】に論じられている。所得格差が比較的に平準化している日本においても、その内実は男女格差や教育や学歴格差、正規と派遣等の雇用形態の格差や若年者と高齢者の年齢格差等が厳然として存在し、日本における新たな平等化への試みを政権与党が

打ち出したことを明らかにしている。その後を追ったのが、今日では、中国であり、低廉な労働力と豊富な地下資源を背景に、日本が採用した輸出志向型経済政策に学び、日本にキャッチアップすることを目指して、改革開放政策を採用し、社会主義市場経済への移行化政策をとり、今や、GDP で日本を追い越し、アメリカに次ぐ世界第二位の地位を占めた。この中国の研究は「第5章　中国に見る所得格差の現状」【胡】に論じられている。ここでは、毛沢東型の「均富論」か、鄧小平型の「先富論」かの政策目標の選択から始まり、現在では極端な所得格差の一挙是正ではなく、地域格差や都市・農村格差、戸籍格差の解消等を目標とする中国における平等化政策目標として「和諧社会（調和のとれた社会）」の実現を目指す現代の中国の姿を論じている。そうした中国の躍進を見ながら、民族問題や宗教問題を乗り越え、NEP から Wawasan2020 へと政府自らが指導的に中長期的な経済発展計画を立案し、所得格差の是正のためのプミプトラ政策を実施し、全体としての経済成長を模索しているのがマレーシアである。このマレーシアの研究は「第6章　マレーシアにおける所得格差」【矢﨑】において論じられている。このような典型的な発展順位にある諸国の雁行型経済発展の陰で、いずれの国においても所得格差の拡大が潜在していたのが、やがてここにきて顕在化してきたこと、その対策が急務であることを、それぞれの国情をおいて、各論的に明らかにしているのである。ここでは、その一般的な原因と結果、および各国ごとの特殊な原因と結果、さらにはその個別的な対応策を調査・研究することで、所得格差の内情と根源を抉り出し、最も古くて新しい経済政策課題として実情分析と対応の在り方を論じている。

　このような各国の現状分析と研究の中で、様々な形の絶対的平等や相対的平等の現実と政策が取り上げられる。そこには、また絶対的貧困や相対的貧困の認識と共に、多くの課題が残されていることが理解される。また、その是正のために国家権力を行使することへの必要性や是非も考慮される。さらに、経済政策を研究する上で、もう一つの重要な視点は、こうした政策目的と政策目標を、民主主義政治体制が global 化する時代において、いかにし

て社会的価値整合性の下で実現するか、そのための社会的な政策観念をいかにして醸成するかという課題が残っている。経済政策の立案とその実行が経済の実態から乖離したり、対策が遅延したりする背景には、この課題が横たわっているからである。デモクラティックな政治体制下においては、特になかなか合意も得られず、実行できない政策の場合も問題であるが、一旦合意され実行された経済政策が、その本来的な検討を経ることなく、必要性と合理性があった時代を超えて、異なる時代・次元・段階に移行しても、それが過去において効果的であったために、それ以降も、なお民間や政府においてdogma 化された ideology として存在し続けることの弊害は、経済政策学においては、極めて憂慮すべき現象である。この意味では、成功は失敗の母である。すなわち、経済実態の推移と経済社会の構成員の認識との間にある、ギャップが修正・調整できない場合が、デモクラシー体制下においては、しばしば存在するという点である。

　このように、人間の平等・不平等と所得格差について論じることは、一方では人間そのものの本性の矛盾併存の容認と受容への合理的理由づけの模索であり、他方では、現代経済学のあり方そのものへの問い掛けであった。それゆえに、それはまた、この最古で、最新の人間社会の課題を解決するという試みであり、経済学における平等性を再構築するための挑戦を要請するものでもあることが理解されるであろう。この研究は「第7章　経済学の平等性の再構築」【瀬野】において、結論的に論じられている。この問題の解決には、経済学全体が取り組まなければならない、大きな課題であるが、しかし、避けては通れない、課題でもある。当研究では、現在のところ、問題提起に終わっているが、今後の研究が進展する中では、さらに踏み込んだ研究成果を生み出すことが必要な領域であることを明らかにしようとしている。

xv

目　　次

まえがき　i
第二版　序　　文　iii
序　　文　vii

第1章　平等・不平等の概念形成と深化 ［瀬野　隆］

1　平等・不平等の概念 ……………………………………………… 1
2　Aristoteles の平等概念 …………………………………………… 4
3　Rousseau の不平等起源論 ……………………………………… 11
4　Rawls の正義論 ………………………………………………… 19
5　Sen の不平等論 ………………………………………………… 30

第2章　平等論・不平等論 ［瀬野　隆］

1　平等の基礎 ……………………………………………………… 53
2　不平等の基礎 …………………………………………………… 62
3　平等・不平等の論理 …………………………………………… 72
4　不平等と現代経済学 …………………………………………… 75

第3章　アメリカに見る所得格差の現状 ［瀬野　隆］

1　Obama 民主党政権の誕生と再選 ……………………………… 83
　長期共和党政権の影響（83）　Obama 民主党政権誕生の背景（84）
2　アメリカにおける所得と富の不平等 ………………………… 87
　成長政策の形成と金融規制緩和の要求（87）　拡大した経済格差（93）
3　求められている所得と富の平等化 …………………………… 98
　金融危機の発生と安定政策（98）　賢い規制と金融規制改革（103）
4　Obama 政権の平等化政策とその結果 ……………………… 109
　新たな経済政策―成長・安定・調整―（109）

第4章　日本に見る所得格差の現状［柴田　怜］

1　富の再分配 ·· 137

富と幸福（137）　トリクルダウン理論の崩壊（140）

所得分布と格差（142）

2　所得と富の不平等 ·· 146

正規雇用と非正規雇用（146）　格差の連鎖と再生産（150）

学歴で分断される社会（153）　教育機会の喪失（157）

3　所得と富の平等化 ·· 159

非正規雇用者の待遇（159）　他の救済策（164）

高年齢者雇用の位置づけ（165）

4　世代間格差の是正 ·· 165

絶対数による優位性（165）　給付型奨学金設立のためには（170）

教育バウチャー制度の検討（172）　平等化のジレンマ（174）

第5章　中国に見る所得格差の現状［胡　東寧］

1　胡錦濤・温家宝政権の誕生 ··· 190

格差拡大につながった成長優先政策の流れ（190）

改革開放後における開発戦略の転換と「先富論」の提出（190）

遅れた地域への取り組みと小都市形成の促進（193）

全面的小康社会の実現を目指すと効率一辺倒から公平への軌道修正（197）

胡錦濤・温家宝政権による「和諧経済」の登場と公平・効率の両立（201）

2　中国における所得と富の不平等 ···································· 205

全体及び都市と農村から見る所得と富の不平等（206）

地域区分から見る所得と富の不平等（213）

産業区分から見る所得と富の不平等（219）

3　求められている所得と富の平等化 ································· 225

分配体制の改革と富の共享するメカニズムの構築（226）

目　次　xvii

改革開放以後の分配体制の変化（227）

「陰性収入」による分配体制の歪み（228）

所得分配体制改革の取り込み（229）

社会保障制度の充実と弱者保護に向けた取り込み（231）

社会保障構造の変容（232）　社会保障における二重構造（233）

中国における社会保障制度改革の難しさ（236）

戸籍制度の改革と労働移動の阻害要因の除去（239）

戸籍制度及びその歴史的経緯（240）

戸籍制度に付随する様々な差別（241）　戸籍制度改革の試み（243）

4　胡錦濤・温家宝政権の平等化政策 ……………………………………246

「第12次５ヵ年計画」から見る胡錦涛・温家宝政権の経済政策（247）

胡錦濤・温家宝政権の最優先課題としている「三農問題」（255）

第6章　マレーシアに見る所得格差の現状［矢﨑隆夫］

1　所得格差問題の特徴 …………………………………………………265

民族格差の発生経緯（265）　独立後の格差是正の法的枠組み（267）

民族暴動の発生（269）

2　所得と富の不平等 ……………………………………………………270

マレーシアの所得階層区分（273）　マレーシアの貧困ライン（274）

マレーシアのジニ係数（275）　貧困の定義（277）

地域（州）別の所得格差（278）　都市化の進展（280）

都市部と農村部の所得格差（282）　民族集団別所得格差（285）

被雇用者の職種構成（292）　富の所有権格差是正（294）

貧困格差の是正（296）　民族集団別失業率格差（297）

教育制度と民族別学歴格差（298）　ジェンダーによる学歴格差（301）

3　所得と富の平等化 ……………………………………………………304

国家政策の構造（305）　ナジブ政権の一つのマレーシアの概念（320）

統合の中心的な要素（321）

xviii 目　次

　　4　ナジブ政権の平等化政策 …………………………………………… 333
　　　マレーシアの議員内閣制（333）　マレーシアの政党体制（334）
　　　第13回の総選挙結果（334）　ナジブ政権の経済政策（335）
　　　政府変革プログラム（GTP）（336）　経済変革プログラム（ETP）（338）
　　　マレーシア人間開発レポート（2013）Malaysia Human Development
　　　Report 2013 (MHDR)（339）　国民の統合（340）
　　　社会階層構造の特徴（342）　社会のアイデンティティの特徴（344）
　　　ナジブ政権のイスラム化政策（345）

第7章　経済学の平等性の再検討［瀬野　隆］

　　1　現代経済学の平等性神話の崩壊 ……………………………………… 369
　　2　効率性への疑問 ………………………………………………………… 370
　　3　公正への要求 …………………………………………………………… 372
　　4　経済学の平等性の再構築 ……………………………………………… 373

　　あとがき　379
　　索　　引　381

第1章　平等・不平等の概念形成と深化

瀬野　　隆

1　平等・不平等の概念
2　Aristoteles の平等概念
3　Rousseau の不平等起源論
4　Rawls の正義論
5　Sen の不平等論

1　平等・不平等の概念

　経済政策学を論じる場合に、きわめて重要なことは、政策テーマの概念を明確に規定し、それを明瞭に提示し、その概念に従って現実の課題を測定することであり、それに基づいて市民が合意するような政策的価値判断を行い、具体的で実行可能な政策を立案し、それを実施することが肝要であるということである。人間の歴史と共に、最古かつ最新の現代的な課題であり、社会科学の学問研究の到達点の一つとして、「平等・不平等論」は避けて通ることのできない領域である。これには、常に妥当な客観性と許容可能な規範性が要求される。日常的に関心がもたれ、直接的な影響が及ぶ平等・不平等は、したがって、時代を超え、国や地域を超えて、人間の普遍的な関心事であるとともに、最も sensitive なテーマでもある。この課題に焦点を当てて論じたものが、このいわゆるサブタイトルの「平等論と所得格差」である。

　所得格差を研究する出発点において、人間が持つ「平等 equality」という概念は、どのようなことを本源的に意味しているのか、改めて研究を行っておく必要がある。また、「不平等 inequality」という概念も正確に捉えておくことが求められる。こうした概念形成が、根源的思考基盤を持つものでなければ、その上に構築されたいかなる理論・政策の構築物も、社会的な混

2 第1章 平等・不平等の概念形成と深化

乱・動揺時においては砂上の楼閣であり、激変する社会の意識構造の変化の前では、わが国が経験した震災時の液状化現象のような事態を免れ得ない。

ところで、基本的には単独の孤立した一人の人間における平等という概念はその人自身の合理的あるいは不合理的な独自の定義であるので、社会問題にならない。しかしながら、二人以上の人間における関係においては、判断の基準をどこに置くかによって異なる結果をもたらす。人間は生まれながらにして平等を求めながらも、同時に、そこに真善美や優良可不可、美味や不味、技術や能力、才能や性格の差というような優劣の格差を主張する。そのために、表面的には、結果として不平等に見える場合がある。そうした場合においても、当事者間のお互いの交渉の結果が、基本的合意の上で平等であるという結論に達するのは、どのような理論的根拠に基づいてなされる必要があるのかについて、何よりも先に、論じておかなければならない。とくに、国内的にも、国際的にも、global な観点からも、デモクラシーの下での政治的・経済的・社会的合意を形成するためには、この理論構成は特に重要である。この理論構成が、受け入れられないとすれば、不合理な格差が拡大し、その是正についても、低レベルの一律の平等だけが要求され、技術の開発や利用、努力や貢献への incentive も生まれてこないであろうからである。

たとえば、一般的な論理で言えば、A という一人の人間が単独で何らかのものを生産し、その生産物を自らが消費する場合には、何も問題とはならない。しかしながら、A と B という二人の人間が、一つのものを生産したときには、その生産物をどのような割合で各人に分配するかという場合に問題となる。この場合によく用いられるケースでは、一つのパイを AB 二人で作った場合に、AB 間でどのように分配すれば「平等 equality」といえるのか、どのような場合に「不平等 inequality」となるのかという事例である。このケースでは絶対的平等は A と B に均等に切半することであり、絶対的不平等は A か B のいずれか一方が全部を取り、他方は何も分配されない場合である。しかしながら、余程の理由がない限り人びとは、この絶対的不平等を受け容れないであろう。そこで、A と B は分配について検討を始める

ことになる。文字通りに、解釈すれば平等とは、例えば、AB二人が合計1時間を費やして一つのパイを焼いたとすると、Aは原材料を30分かけて調達し、Bはそれを30分かけて調理したとして、この焼き上がった1,000gのパイを、均質なものとしての労働時間に応じて（生産に投入した均質の労働時間にしたがって）、500gに均等に二分割して、AB二人が分け合うとすれば数的には平等な（人的）分配であり、それ以外の分割分配は全てどちらの人間にとって不平等であるという結論に達することもある。

　ここで、このパイ作りに関わったAB二人の人間そのものの、それぞれが持っている能力や技術、また役割分担を考慮に入れた質的な観点（貢献度）からの分配において、平等な分配とは何かを考えると、もう一つの別な相対的平等が在り得ることになる。仮に、Aは建築業を営む家庭で育ち、家庭で洋菓子を作ったことは無く、パイは洋菓子店で買ってきて食べるだけであるが、味覚は優れていた。Bは何代にもわたって続く洋菓子店に生まれ、幼いころよりパイを焼く仕事を手伝ってきたために、原材料の調合やパイの味付けや焼き方においては生得的にベテランの域に達する能力と技術を持っているとする。BはAが購入してきた小麦粉やバター等の原材料を適切に取捨選択し、最高の組み合わせで美味しいパイを焼き上げた場合には、BはAに対して、原料を調達しただけのAよりも、実際に原材料を最適な組み合わせで調合し、充分に捏ね上げ、美味しく焼き上げた点を挙げて、Bは全体として1,000gのパイの内、750gを要求し、Aは自分の能力や役割だけではこれだけ美味しいパイは作れないことを自覚し、Bのその能力と役割、すなわちBの効用がAの効用を基準に評価して、3/4に相当することでAB双方が合意し、その割合での分配、すなわちAが250g、Bが750gとすることを適切な分配であると承諾したとすると、これもまた平等であるといえる。生産に関わる均質な労働時間を基準にした算術的な数量としては不平等であるが、その生産に関わる特異な役割と能力という異質な面における付加価値的な評価の観点から行われた分配は、明らかに双方が納得できる、相対的平等であるといえる。しかし、それでも、異質な評価をどのように客観的に測

定するかについては、きわめて困難な問題が発生し、ここにおいては、なお研究が不足している面があるように思われる。効用主義を基礎に置く現代の厚生経済学において、これは最大の研究課題でもある。

このような AB の二人の間における単純な生産・分配・消費という過程では、理解しやすいが、さらに多くの人びとが、こうした経済過程において、複雑に関係する民主主義の市場経済社会においては、量的にも質的にも、平等という概念を理解し、社会的な合意を形成することには様々な困難が伴うのである。ある国の人口で、その年の GDP を割算し、その数値で分配すればそれで公平であるともいえない。この章では、こうした「平等・不平等の概念」の形成と深化を、改めて、Aristoteles から、Rousseau を経て、Rawls と Sen に及ぶ根源的な平等・不平等の思考の底流を概観することにする。

2 Aristoteles の平等概念

ここでは、「平等」とはなにか、「平等」の概念はどのようにして構成されるか、「平等」はどのように認識しなければならないかを理論的に論じた古典に一旦は戻ることを試みる。分配の平等性の概念形成について、歴史上初めて「平等の本質」から論じたと思われる Aristoteles（B.C. 384 – 322）は、『ニコマコス倫理学[1]』の第 5 巻の第 3 章において、この倫理的な価値判断の正当性を、次のように述べている。「不正なひととは不均等なひと、均等を旨としないひとなのであり、「不正」ということは「不均等」（アニソン）ということであった。してみれば、明らかに、不均等ということに対してその「中」にあたるところのものがやはり存在する。「均等」（イソン）がすなわちそれである。」とし、ここで Aristoteles が取り上げている「均等」と「不均等」は、翻訳語の異語同意からすれば「平等」と「不平等」に置き換えても同じである。訳語では「より多き」（プレイオン）「より少なき」（エラットン）「均しき」（イソン）を区別し、またその区分を「過多の」「過少の」「適正な、または公正な」にそのまま両様の意味で使用しているが、「均しき」

（イソン）だけはほとんど常に「均しき」「均等な」という訳語で通している[2]。また、Aristoteles が「中」（メソン）という時には、「ことがらそれ自身に即しての中」と「われわれへの関係においての中」の二つの意味において使用している。そして、ここでは後者の「中」（メンテース）の意味である。この認識を前提にすると、Aristoteles は「かくしてもし、「不正」とは「不均等」ということだとするならば「正」とは「均等」を意味する。」と主張し、この判断については「このことは論をまたずして万人の容認するところであろう。」という。「だが、「均等」が「中」なのであってみれば「正」もまた何らかの意味における「中」でなければならぬ。」として、そこに正当性があることを示唆する。さらにこの論を進めて、「ところで、「均等的」ということは少なくとも二つの項の間において成立する。」とし、二つの事柄の間における抽象化された純理論的な比較や比例の関係に入って行くのである。そこにおいては、「「正」とは、だからして「中」であり、「均等」なのであって、それが「中」であるかぎりなにものかとなにものかのとの、（つまり「過多」と「過少」との）「中」なのであるし、「均等」であるかぎり、それは当事者の間における「均等」であるべきであるが、しかしまた、「正」であるかぎり、それは当事者たる一定のひとびとの間における「正」でなくてはならない。」とする。

　ここにおいて、Aristoteles は「均等」の意味するものを幾何的・応分的な均等と算術的・形式的な均等の二つに分けて、そのどちらにあっても当事者たちが合意するものとしての「正」でなければならないとする。この場合、ここでは、a/b = c/d という関係だけではなく、a − b = c − d の関係も広義においては比例（アナロギア）と呼ばれ、前者は幾何学的比例、後者は算術的比例として区別されている[3]。ここに至って、Aristoteles は新たに「してみれば、「正」ということは、必ずや少なくとも四つの項を予想するものでなくてはならぬ。」という。そして、「そのひとにとってまさにそれが「正」たるべき当事者が二、そこにおいて「正」が示現さるべきところのもの、つまり問題のものごとが二だからである。」とする。ここにおいて、「均

6　第1章　平等・不平等の概念形成と深化

等」が「正」となるためには、二人以上の当事者が、二つ以上のものの分割と分配を双方が合意する基準で実行する必要性を説くのである。こうして、「これらのひとびととものごとにおいて同一の均等性が存するであろう。」という。そして、「換言すればそこでは、ものごとの間における同様の関係がひととひととの間にも存するわけである。」とし、その結果として、「すなわち、もし当事者が均等なひとびとでないならば、かれらは均等なものを取得すべきではないのであって、ここからして、もし均等なひとびとが均等ならぬものを、ないしは均等ならぬひとびとが均等なものを取得したり配分されたりすることがあれば、そこに闘争や悶着が生じるのである。」とする。正当な当事者間における、正当に合意された分配基準に従って行われる配分こそが正当な「均等＝平等＝正」であって、それ以外の当事者間や当該物の「不均等＝不平等＝不正」な分配である。後者の分配状態こそが人々の間に不満と闘争をもたらすという指摘は、現代においても直接的で明瞭な説明である。

　Aristoteles はさらに論理を展開して、「「価値相応の」という見地から見てもこのことは明らかであろう。」として、価値判断に入って行くのである。「けだし、配分における「正しい」わけまえは何らかの意味における価値（アクシア）に相応のものではなくてはならないことは誰しも異論のないところであろう。」としながらも、「ただ、そのいうところの価値なるものは万人において同じではなく、民主制論者にあっては自由人たることを、寡頭制論者にあっては富を、ないしはその一部のひとびとにあっては生まれのよさということを、貴族制論者にあっては卓越性を意味するという相違がある。」と価値判断基準には多様性が存在することを容認する。

　こうして、Aristoteles は、次に「正」についてより深く論究する。「してみれば、「正」ということは「比例的（アナロゴン）ということの一種にほかならない。」のであるが、「（比例的ということは単に抽象的な数に固有ではなく、総じて数的なるものの全般に属している。）」のであるから、「比例（アナロギア）とは、すなわち、比と比との間における均等性であり、それは少なく

とも四項から成る。」とする。そして、この四項は「不連続比例が四項から成ることは明らかであるが、連続比例の場合もこれと同様である。」とする。なぜならば、「一項が二項として用いられ、繰り返し出てくるからである。」のであって、「たとえば、線分 A が線分 B に対するは線分 B の線分 C に対するごとくであるといったように——。」である。というのは、「線分 B が、だから、二度でてくるからであり、したがってもし線分 B が二度措定されれば比例項は四項となるわけである。」からである。

　では、「正」は何項から成るのか。Aristoteles は、「「正」ということも、だから、少なくとも四項から成り、その比が同一なのである。」という。というのは、「すなわち、人間と人間の間、配分さるべき事物と事物の間の区分の仕方が同様なのである。」からであるという。したがって、「だからして A が B に対するは C が D に対するごとくであるだろうし、だからまた、これを置換すれば、A の C に対するは B の D に対するごとくであるであろう。」という。すなわち、A と B を人間とし、C と D を「配分さるべきもの」とすると、A：B＝ C：D であるとすれば、置換によって、A：C＝ B：D であり、また A：B＝ C：D＝ A ＋ C：B ＋ D である。A ＋ C、B ＋ D は、A が C を得、B が D を得た状態を示している。このように、A と B との比がそれぞれ C と D を獲得した後も、獲得しない時と同じ比率である時に、A と B に対する C と D の配分は正しいということである。ここから、次に部分と全体との関係に及ぶのである。すなわち、「したがって全体に対するもまた同様である。」とし、「全体とは配分を受けてそれらを総合された全体を意味する。」からであり、「もしかような仕方で付加が行われたならば、それが正しい結合の仕方である。」といい、「かくして A を C に、B を D に組み合わせるということが配分における「正」なのであり、この場合の「正」は比例背反的なものに対する「中」にほかならない。」のであって、「けだし、比例的ということが「中」なのであり、「正」はしかるに、比例的ということなのだからである。」という。Aristoteles はある生産物の分配において、当事者双方が合意する基準によって、一つの総体としての生産物

が、ある比例において分割され、分配されることが「中」であり、したがってそれは「正」であり、その結果「均等」となり、それは「平等」なのであるという。

このような平等に対する見方を、比例において考慮すると、次のように言うことができるという。すなわち、Aristoteles は「このような比例を数学者は幾何学的比例（アナロギア・ゲオーメトリケー）と呼んでいる。」とし、「事実、幾何学的比例においては全体の全体に対するは両者それぞれの両者それぞれに対するごとくなのである。」のであり、「また、いまの場合の比例は連続比例ではない。」のであって、その理由は「人と事物とが数的に単一なる項とはなりえないからである。」という。結局のところ、「「正」とは、かくして、このこと、つまり比・例・的・（アナロゴン）ということであり、「不正」とはこれに反して比・例・背・反・的・（パラ・ト・アナロゴン）ということができる。」とする。それゆえに「だからして、不正の行われる場合には、或いは過多が、或いは過少が生じるわけであって、まさしくこのことがことがらの実際にあらわれている。」のであり、「すなわち、不正をはたらくほうのひとは過多なる善を、不正をはたらかれるほうのひとは過少な善を得ているのであって、悪についてはこの逆である。」という。そして、正当な分配と不正な分配との関係には、「というのは、より小さい悪はより大きい悪に比すれば善といえるものなのであるからである。」と説明し、結局、「まことに、より小さい悪はより大きい悪よりも好ましく、だが好ましきものは善なのであって、より多く好ましきものはより大きい善にほかならない。」として、二つの種類の「正」のうちの一つの「正」の説明、すなわち、Aristoteles のいうところの幾何的・応分的な平等・不平等の説明を終える。

次に、Aristoteles はもう一つの分配における「正」について論じている。すなわち「残りのいま一つの種類は、もろもろの随意的ならびに非随意的な人間交渉において、ただしきを回復するための矯・正・的・な（ディオルトーティロン）なそれである。」のであって、「この「正」はさきのそれとは異なった形態を有している。」という。すなわち、「というのは、共同的なもろもろの

事物の配分にかかわるところの配分的な「正」は常に上述のような比例に即している。」からであるという。ここで Aristoteles が、「矯正的」（ディオルトーティコン）または「匡正的」（エパノルトーティコン）と呼んでいるのは、(A) 随意的すなわち合意的な人間交渉における、当事者 A の違約によって、当事者 B に与えられた損失、(B) 不随的な、すなわち一方的に開始されたところの人間交渉において、加害者 A′ によって被害者 B′ に与えられた被害をそれぞれ償わしめ、以前における均衡を回復するための「正」を考えているからであった。ここで匡正の行われるのが裁判（ディーケー）であって、その場所は法廷において行われるが、それゆえに法廷は court of justice となっているのである[5]。

そして、「事実、共同的な資財に基づいて配分の行われる場合にしてもその正しい配分は当事者たちの寄せた資財の相互の間に存する比とまさに同じ比に即して行われるであろう。」からである。「そして、こうした意味での「正」に対立するところの「不正」とは、「比例背反的」ということにほかならない。」とする。「しかるに、いまのようなもろもろの人間交渉における「正」とは、これもやはり一種の「均等」」（そして「不正」は「不均等」）ではあるが、それはしかし、さきのような比例に即しての均等ではなく、算術的比例（アナロギア・アリトメティケー）に即してのそれである。」という。なぜならば「けだし、よきひとがあしきひとから詐取したにしてもあしきひとがよきひとから詐取したにしても、また、姦淫を犯した者がよきひとであるにしてもあしきしひとであるにしても、それは全く関係がない。」のであるから、算術的である。それは、「かえって、法の顧慮するところはただその害悪の差のみであり、どちらが不正をはたらきどちらかははたらかれているということ、どちらが害悪を与えどちらが与えられたということが問題であって、法は彼らをいずれも均等なひとびととして、取り扱う。」のであり、これが法の下における平等思想の原点にある考え方である。このことは、「したがって裁判官が均等化しようと努めるところのものはこうした意味における「不正」——「不均等」がそこに存するのだから——にほかならな

10 第1章 平等・不平等の概念形成と深化

い。」というのであるから、機械的・形式的な平等を指摘する。したがって、こうした場合の「裁判官は一方から利得を奪うことによって罰という損失でもってその均等化を試みるのである。」とする。もちろん、ここで使用された用語については計量化が可能かどうかという点では適切でない場合もあるが、被害が計量される場合には問題はなく、「過多と過少との「中」が「均等」ということであるのに対して、「利得」と「損失」、それぞれ反対的な仕方における「過多」と「過少」にほかならない。（善の過多であり悪の過少であるのが利得。その逆が損失)」ということができる。したがって、「これら両者の「中」がここでいうところの「均等」であったのだし、もともとわれわれは「均等」ということが「正」であるとなしているのである。」から、「かくて匡正的な「正」とは、利得と損失との「中」でなくてはならない。」と結論付けるのである。そして、そのように言うことができるのは、「裁判官は均等を回復する」のであるが、Aristoteles はいわば「一つの線分が不均等な両部分に分かたれている場合に、大きな部分が全体の部分を超えているそれだけのものをそこから取り除いて、小さい方の部分へ付け加えてやるのである。」のがその役割であるからだという。したがって、当事者双方にとっても社会全体においても、「そして全体が切半されたものになるにいたったとき、「自己のものを得た」といわれる。」のであるが、それは「均等なものを得るのだからである。」という。ここで、語源からの説明に入り、「「均等」とは、ここでは、算術的比例に即しての、多と少との「中」にほかならない。」のであるから、「「正」とは dikaion という名称の由来もそこにある。」のであって、したがって「それは切半的 dichaion とでもいうほどの意味──切半されるのだから──であり、裁判官 dikastes とは、すなわち切半者 dichastes を意味している。」という[6]。

　ここで論じた事柄は、現在から見て2,300年ほども遡った時代における平等と不平等についての概念的な根拠と論理展開である。したがって、現在から見れば明らかに不平等の事例であるところの、当時における奴隷制度や男女差別、嬰児殺しの容認などの社会制度や慣習を考慮に入れなければならな

いであろう。そこには、現代社会とは相当の相違が存在するからである。そうであったとしても、現代における所得格差を研究する場合には、根源的な問い掛けと整合性のある論理展開、そして当事者間の合意を考慮するときには、ある種の litmus paper となりうるものである。当著においては、絶対的平等（当事者間にどんな基準も設けないで均等に分割する考え方）と相対的平等（当事者間に能力、才能などの格差を設け、それを分割基準として、そのウエイト付けによって分割する考え方）、配分を受ける当事者の倫理的な観点からのウエイト付けによる分配、不平等が生じた場合の平等な裁定方法など、現代でも極めて重要な指摘がなされている。そうした意味において、Aristoteles の問題提起と論理展開は、その後の分配論の展開の原点を取り扱っており、分配論の starting point としても ending point としても、現代においてもなお、多くの裨益されるものがある。

3 Rousseau の不平等起源論

Aristoteles は、平等と不平等そのものについて理論的な論述を行っていたことは、前述の通りである。Aristoteles は、平等な分配とは均等（切半）な分配のことであり、均等な分配とは正しい（正の）分配のことであるとし、そこから、何が概念上の平等な分配であるかに焦点を絞って、論じている。この視点は、本質的には、現代でも重要であることに、変わりはない。そして、平等な分配には量的な（算術的・形式的な）平等と質的な（幾何的・応分的な）平等があり、両者は明確に区分されなければ真の正の平等とはならないとする点もまた、考慮されなければならない。

この平等と不平等の概念は、どのような根源的な起源から発生してくるものであるのかが、次の研究課題となる。「人は生まれながらにして平等である」とするとき、そこには自然法の概念が明確に横たわっている。もし、全ての人が合意する絶対的な平等があるとすれば、所得格差や貧富の差は発生しないであろう。しかしながら、Aristoteles が生きた時代でさえも、人々が容認できないほどの貧富の差が歴然として存在していたし、現代でも、厳

12　第 1 章　平等・不平等の概念形成と深化

然として存在し、人間の関心は常に人間の歴史と共にここに依然として注が
れ続けてきたのである。この Aristoteles が論じた平等論を、不平等という
逆の観点から、その発生起源に遡って、あらためて不平等論を正面から展開
したのが Rousseau であった。

　Jean-Jacques Rousseau（A.D. 1712 – 1778）の不平等起源論には歴史的な時
代背景の限界、論理の前後撞着、論理の飛躍や循環が随所にみられるが、不
平等の発生起源についての idea や問題提起、事実の指摘は、人間不平等論
を論じる場合のもう一つの古典である。それは、今から240年ほど前に公表
された『人間不平等起源論』（*Discours sur l'origine et les fondemente de
l'inegalite parmi les hommes*, 1755）である[7]。その第一部で、Rousseau は人間
が平等な状態であったと主張する自然状態を論じ、第二部は人間の不平等が
形成されていく社会状態を述べている。当著の序文の冒頭において、
Rousseau は、「人間のすべての知識の中でもっとも有用でありながらもっと
進んでいないものは、人間に関する知識であるように私には思われる。」と
し、これを解決するためには「先ず第一に、人間そのものを知らなければ、
どうして人々の間の不平等の起源を知ることができようか。そして、次々に
継起した時代や事物によって人間の本源的構造のなかに生みだされたに違い
ないすべての変化を通して、人間は自然の作ったままの相で自分を眺めるこ
とを、どうしてうまくやってのけるだろうか？」と問いかけ、そこにある
「人間固有の素質から得られるものと、環境や人間の原始状態につけ加えた
か、またはそれを変化させたものとを、どうして識別することができるだろ
うか。」と自問するのである。そうして、「人間の精神は、社会のなかでたえ
ずくりかえし起こる無数の原因により、多数の知識と誤謬とをえたことによ
り、身体の構成に起こったさまざまな変化により、また情念のたえまない激
動によって、いわばその外貌をほとんど見わけがつかないほどに変えてしま
ったのである。」といい、その結果として、「そして今ではもはや、そこに見
出されるものは、常に一定不変の原理によって行動する存在ではなくて、ま
た、人間の創造主の手で刻み付けられたあの神々しくおごそかな単純さでも

なくて、ただ道理を追っているつもりの情念と、妄想におちいっている悟性との奇怪な対象にすぎないのである。」と断定するのである。Rousseau の人間と人間社会への批判は、ここから、「さらに、最も痛ましいことは、人類のあらゆる進歩が原始状態から人間をたえず遠ざけるために、われわれが新しい知識を蓄積すればするほど、ますますわれわれはあらゆる知識のなかでもっとも重要なものを獲得する手段を棄てるということであり、またわれわれが人間を識ることができなくなっているのは、ある意味においては人間をおおいに研究した結果だということである。」と主張する。そして、人間が生まれながらにもつ不平等がなぜ発生するのかについて、次のように論じている。「人々を区別している差異の最初の起源は、人間の構造に次々に起こったあの変化の中にこそ求めなければならない」という。「人間は、だれもが認めるとおり、本来相互に平等である。」とするが、「しかし、ある個体は優良になり、あるいは劣悪になって、その本性に少しも固有のものでなかった種々の良い性質または悪い性質を獲得するのに、他の個体はもっと長いあいだその原初の状態に止まったのである。」とする。こうして、「人間の間の不平等の第一の源泉とは、このようなものであった。」というが、「それをこのように一般的に論証することは、その真の原因を正確に指示するよりは容易である。」と述べて不平等論を開始する[8]。

　次に、「私は人類の中に二種類の不平等を考える。」とし、「その一つを、私は自然的または身体的不平等と名付ける。それは自然によって定められるものであって、年齢や健康や体力の差と、精神あるいは魂の質の差から成りたっているからである。」とし、「もう一つは、一種の約束に依存し、人々の合意によって定められるか、少なくとも許容されるものだから、これを社会的あるいは政治的不平等と名付けることができる。」という。そして、「この後者はいくらかの人々が他の人たちの利益に反して享受しているさまざまな特権、たとえば、他の人たちよりも富裕であるとか尊敬されているとか勢力があるとか、さらには彼らを自分に服従させるというような特権から成りたっている。」という。しかしながら、前者の不平等については、自然そのも

14　第1章　平等・不平等の概念形成と深化

のが発生の原因であるので、「人は自然的不平等の源泉はなにかを尋ねることはできない。」という。すなわち、「なぜなら、この語の定義そのもののなかに、その答えがいいあらわされているからである。」という。また、「この二つの不平等のあいだに何か本質的なつながりがありはしまいかと探求することはなおさらできない。」という。というのは、自然を発生原因とする自然的不平等と人間の間の合意を発生原因とする社会的不平等は関係がないとして、「なぜならそれは、命令する者のほうが服従する者よりも必然的にすぐれているかどうか、そして肉体または精神の力、知恵または美徳が、常に権勢や富に比例して同一の個人のなかに見出されるどうかを、別な言葉で尋ねることになるからである。」と揶揄しているのであって、そこには必然性のある関連はないからであるとする[9]。

　しかしながら、「人々を区別する差異のうちで、いくつかのものは、自然的な差異として通っているが、それらが単に習慣と、社会のなかで人々が採用するさまざまな生活様式との産物であることは見やすいことである。」のであって、「強壮な体質か虚弱な体質か、それによって力が強いか弱いかは、根本的な体格よりかむしろその育て方がきびしいか柔弱であるか、ということに基づくことが多い。」のであり、「精神の力についても同様であって、教育は教養のある精神とそうでない精神との間の差をつけるだけでなく、前者の間にも教養に比例して見出される差をひろげる。」として、「いま社会状態のさまざまな階級を支配している、教育と生活様式のおどろくべき多様性を、みんなが同じ植物を食べ、同じように生活し、正確に同じことをしている動物や未開人の生活の単純さと一様性とに比較するならば、人と人との差異が、自然の状態においては社会の状態よりもいかに少ないものであるか、また自然の不平等が人類においては制度の不平等によっていかに増大せざるをえないかが理解されるであろう。」と主張する[10]。Rousseau は人間の不平等の主要な発生原因を、自然状態にあるのではなく社会状態にあるとする。こうして、Rousseau は、社会的不平等を論じる前提として、その対極に自然状態における人間の平等な状態を置いて、それとの比較として、不平等論を

展開するのである[11]。

　Rousseau は「最も理想的な人間の平等の状態は自然状態であった」とい
う仮説に基づいて、人間の不平等を改善・改良するためには、考え方の原点
としての、この自然状態に戻らなければならないとして、人間の自然状態を
さまざまな側面から検討している。その結果として、「自然状態においては
不平等はほとんど感じられないことと、不平等の影響もそこでは無に近いこ
とを証明したのであるから、これからなすべきことは、その不平等の起源と
進歩とを人間精神の連続的な発展の中で示すことである。」とする。そして、
「また、改善能力や社会的な徳やそのほかの自然人が潜在的に授かった諸能
力が、それ自身ではけっして発展できなかったことと、そのためには〔諸能
力の発展のためにはいくつかの外的な原因〕──それはけっして起らないこ
ともありえたが、それらがなければ人間は永久にその原始的な構成のままに
止まったろうと思われる──が偶然にこれに協力する必要があったことなど
を示したのであるから、次には、人間の種をそこなうことによって理性を完
成し、人間を社交的にすることによって邪悪な存在にし、ついにはるか遠方
の起点から人間と世界とを現在われわれの見るような地点まで連れてくるこ
とのできた様々な偶然を考察し、結びつけなければならない[12]。」として、次
の段階である社会状態の分析に集中する。

　そこで、Rousseau は現実の社会状態を次のように表現する。「生活様式に
おける極端な不平等、ある人々には過度の余暇、他の人々には過度の労働、
われわれの貪欲と情欲とを容易に刺激し満足させる事態、富者を便秘症の滋
味で養ったり、不消化で苦しめたりするこりすぎた美食、貧者の粗食、──
それをすら彼らはしばしばこと欠くのであり、そのため彼らはたまたま食べ
る場合にはがつがつと腹いっぱい詰め込むことになる──さらには夜更かし
その他あらゆる種類の不節制、あらゆる情念の過度の激発、精神の疲労困
憊、あらゆる身分で人々が経験し、そのために魂が永遠に蝕まれる無数の苦
痛。」がそれである。そしてこの原因を「これこそ、われわれの不幸の大部
分がわれわれ自身の仕業であること、従ってわれわれが自然によって命じら

16 第1章 平等・不平等の概念形成と深化

れた簡素で一様で孤独な生活様式を守っていたとしたら、おそらくこれらは
ほとんどすべて避けられただろうことの忌まわしい証拠である。」として、
自然状態への回帰か自然状態と社会状態との徹底した比較と検証を要求する
のである[13]。このようにして、人間はこの平等であった自然状態から離れたた
めに生じた、さまざまな集団的な病気の発生、その治療のための薬学や医学
の進歩、情念や観念・知識や技術の伝達や集積のための言語の使用、社会の
秩序を維持するための法律の制定、人間の能力を高めるための教育、判断を
するための基準となる価値観、自己の利用を有利にするための占有や私有の
概念形成、個人的な才能や技術の取得と保存による格差の拡大、物の価値を
表す貨幣の流通と富の蓄積、財産の形成や相続、権利・義務の相互的容認な
どの発生原因とその結果を克明に論じて行くのである。人間そのものに潜在
的に内在する平等への希求と、それに反する格差や優位性獲得への情念とい
う相矛盾する存在としての人間を描き出すのである。そして、人間社会が生
み出した強者と弱者によるこうした社会的産物とこれを社会的・公的に有効
なものとするために制度的に創られた国家（政府）等々の社会状態が結果的
に人々の不平等を発生させ、定着させて行ったと主張する[14]。

　当著の第二部では、Rousseau は「ある土地に囲いをして「これはおれの
ものだ」と宣言することを思いつき、それをそのまま信ずるほどおめでたい
人々を見つけた最初の者が、政治社会〔国家〕の真の創立者であった。」と
いう言葉から、社会的不平等の説明を始める。土地の私有を巡る果てしない
人間同士の争いは人間社会を深刻な混乱に陥れてしまったが、それを何とか
回避する必要が発生した。しかしながら、「その頃はすでに事態がもはや以
前のような状態をつづけられない点にまで達していたことはあきらかなよう
である」とし、その理由は、「というのは、この私有の観念は、順次的にし
か発生できなかった多くの先行観念に依存するもので、人間精神のなかに突
如として形作られたのではなかったからである。」という。そして、
Rousseau は「自然状態のこの最後の終局点に到達するまでには、多くの進
歩をとげ、多くの才能と知識とを獲得し、それを時代から時代へと伝達し増

加させなければならなかった。」という。ここから、社会状態の形成の端緒が土地の所有にあり、それを保証する必要性から生まれたのが政府であることを説明するのである[15]。

個人のレベルでみると、「一人の人間が他の人間の援助を必要とするやいなや、まただだひとりのために二人分の貯えをもつことが有効であると気づくやいなや、平等は消えうせ、私有が導入され、労働が必要となった。」のであり、「広大な森林は美しい原野に変わって、その原野を人々の汗でうるおわさなければならなかったし、やがてそこには収穫とともに奴隷制と貧困とが芽生え、生長するのが見られるようになった[16]。」という。そうして、Rousseau は「要するに、一方では競争と対抗意識と、他方では利害の対立と、つねに他人を犠牲にして自分の利益を得ようというひそかな欲望。これらすべての悪が私有の最初の効果であり、生まれたばかりの不平等と切り離すことのできない結果なのである。」という。

獲得した私有財産を巡っては、激しい略奪闘争や戦争が開始され、団結した略奪集団との間で富者は必要に迫られて、自分を攻撃した者たちの力そのものを自分のために使用し、自分の敵を自分の防御者にすることを考えついたのである。こうして、自分に都合のよい自然法ではない格率を彼らに吹き込み、別種の制度を彼らに与えることにしたのであるという。このような意図を持って「富者は、隣人たちすべてを相互に対抗して武装させ、彼らの所有を彼らの欲求を同じように負担の大きいものにする状況、しかもどんな人も富のなかにも貧しさのなかにも安全を見いださない状況の恐ろしさを彼らに説明してから、富者は隣人たちを、自分の目的へとつれてゆくためのもっともらしい理由を、容易に説明したのである。すなわち、「彼は彼らに言った。「弱い者たちを抑圧からまもり、野心家を抑え、そして各人に属するものの所有を各人に保証するために団結しよう。正義と平和の規則を設定しよう。それは、すべての者が従わなければならず、だれもをも特別扱いせず、そして強い者も弱い者も平等にお互いの義務に従わせることによって、いわば運命の気紛れを償う規則なのだ。」という。それは、「要するに、われわれ

18 第1章 平等・不平等の概念形成と深化

の力をわれわれの不利な方に向けないで、それを一つの最高の権力に集中し
よう、賢明な法に則ってわれわれを支配し、その結合体の全員を保護防衛
し、共通の敵を斥け、われわれを永遠の和合の中に維持する権力に。」[17]しよ
うとしたというのである。

　人間と人間社会の発明発見が社会的に制度化されていく過程を見ていくと
Rousseau は、次のように言うことができるという。すなわち「これらのさ
まざまな変革のなかに不平等の進歩をたどってみると、われわれは、法律と
所有との設立がその第一期であり、為政者の職の設定が第二期であり、最後
の第三期は合法的な権力か専制的権力への変化であったことを見出すであろ
う。」という。そうであるとすると、「従って富者と貧者との状態が第一の時
期によって容認され、強者と弱者との状態が第二の時期によって容認され、
そして第三の時期が不平等の最後の段階であり、他のすべての時期が結局は
帰着する限界であって、ついには、新しい諸変革が政府をすっかり解体させ
るか、またはこれを合法的な制度に近づけるにいたるのである。」[18]というの
である。

　Rousseau の不平等の発生する起源について、結論として、次のように言
う。すなわち、「私は、不平等の起源と進歩、政治的社会（国家）の設立と
弊害とを、それらの物が、もっぱら理性の光によって、そして、統治権に対
して神権の裁可を与える神聖な教義とは無関係に、人間の自然から演繹され
うるかぎりにおいて、説明するように努めてきた。」のであるが、「その説明
の帰結として、不平等は自然状態においてはほとんど無であるから、不平等
は、われわれの能力の発達と人間精神の進歩によって、その力を持つように
なり、また増大してきたのであり、そして最後に、所有権と法律との制定に
よって安定し正当なものとなる。」という。しかしながら、「また、ただ実定
法だけによって容認されている人為的不平等は、それらが自然的不平等と同
じ釣合を保って一致しないときはいつでも自然法に反する、という結論も出
てくる。」ともいう。その場合には、「この区別は、すべての政治社会にある
人民の間にはびこっているような種類の不平等について、どう考えるべきか

を十分に決定してくれる。」という。これについては、「というのは、自然法をどのように定義するとしても、子供が老人に命令したり、愚か者が賢明な人間を指導したり、また多数の人々が餓えて必要なものにも事欠いているのに、ほんの一握りの人たちには余分な物がありあまっている、ということは、明らかに自然法に反しているからである。」という点を指摘する。[19]

4 Rawls の正義論

Rousseau は、かつての人間が平等であった「自然状態」を理想的な人間の平等の状態であるという仮説を立てて、この状態をベースにして人間の不平等を研究するすることによって平等を実現することが必要であるとした。この idea を取り入れて、それを新たに設定し直した仮説としての「原初状態」に置き換えて、人間の正義を論じたのが John Rawls（1921-2002）である。Rawls は人間の社会状態に焦点を当て、人間社会の正義に基づいた社会的利益の公正な分配とはどのようなものであるべきかを熟考し、そこにおける社会的な正義の必要性を論じた。

Rawls は『正義論』（*A Theory of Justice,* 1971）[20]において、「真理が思想の体系にとって第一の徳（the first virtue）〔＝何をさておき実現される価値〕であるように、正義は社会の諸制度がまずもって発揮すべき効能（the first virtue）である。」とする。この理由から、少数の人びとに犠牲を強いることよりも多数の人々がより多くの量の利便性を享受できる方を選択することを、正義 justice は許容しないというのである。[21]Rawls がここで主張したかったのは、Jeremy Bentham（1748-1832）の「最大多数の最大幸福」the greatest happiness of the greatest number を是とする近代経済学の基本的な概念となっている功利主義 utilitarianism は、正義とは何かを厳密に検討することなしに、少数者の犠牲や無視によって実現されるものであり、それは結果的に、不平等を容認するものであるとして、これを否定することであった。

Rawls の正義のかなった社会とは、「〈対等な市民としての暮らし〉（equal

20　第1章　平等・不平等の概念形成と深化

citizenship）を構成する諸自由はしっかりと確保されている」社会であって、そこでは「正義が保証する諸権利は〔政治的交渉や社会的な利害計算〕に左右されるものではない」社会であるとする。そして、誤った理論を黙殺するのが許される唯一の条件はその理論よりも優れたものがない場合に限られる。」という。これと同様に、「同じように真理と正義との類比に従うならば、さらに大きな不正義を回避することが必要な場合にのみ、そうした不正義を容認することができる。」というのである。したがって、「ともに人間の諸活動が達成すべき最重要の徳・効能であるがゆえに、真理と正義は非妥協的な性質を有する。」のであるという[22]。こうして、Rawls は新たな代替理論として、「公正としての正義」を論じるのである。

　つぎに、Rawls は社会とは「相互の関係を拘束する一定の振る舞いのルールを承認し、かつそれらのルールにおおむね従っている人びとが結成する、ほぼ自然的な連合（self-sufficient assosiation）」であるとする。ここから「参加者の利益（good）を増進することをねらった協同システムがどんなものであるかを明記するのがこうした振る舞いのルールである」とする。そうした「社会とは、相互の相対的利益（ましな暮らし向き）を目指す、協同の冒険的企て（a cooperative venture for mutual advantage）なのだけれども、そこには利害の一致だけではなく衝突も顕著にみられるのが通例である」という。利害の衝突が起こる場合は、「人々が各自の目的を追求するにあたって、相互連携がもたらす便益の取り分があまりに大きくなることを選好するため、便益の分配がどのくらいの大きさになるかに関して、無関心でいられないからである。」とする。そこでは、「この相対的利益の分割を規定する複数の社会的な制度編成（arrengements）」のどれを選ぶかに際して、さらに適正な分配上の取り分に関する合意事項を確定するために、一組の原理が必要となってくる。」のである。したがって、「こうした原理こそ、社会正義の諸原理にほかならない[23]。」というのである。そして、「それらの原理が、社会の基礎的諸制度における権利と義務との割り当て方を規定するとともに、社会的な共同がもたらす便益と負担との適切な分配を定めるのである[24]。」という。ここ

にいう分配の対象物は、単に経済学でいう財やサービスにとどまらず政治学
や法律学の対象となる社会的な権利や義務なども含んでいる。

　このような理想的な秩序だった社会は「成員の利益を増進するようにもくろ
まれているだけでなく、正義に関する公共的な考え方が社会を事実上統制し
ている場合、その社会は秩序立っている。」ということができると Rawls は
いう。この社会では、「⑴他の人びとも同一の正義の諸原理を受諾している
ことを全員が承知しており、かつ⑵基礎的な社会の諸制度がそれらの原理を
おおむねみたしており、人びともそのことを知っている。」社会であるので
あって、「その場合、人びとは互いに過度の要求を出し合うかもしれないが、
にもかかわらず、そうした要求事項を裁定するための共通の観点というもの
を承認している。」ことになる。しばしば、「自己利益を追求する人間の性向
によって、お互いに警戒心を抱くことが不可避となるにしても、人びとに備
わった正義の公共的な感覚のおかげでともに安定した連合体を組織すること
が可能となる。」という。ここでは、「本質的に異なる志向やねらいを有する
諸個人であっても一定の正義感を共有できれば、市民どうしの友情の絆は確
立される。」のであり、「正義を求める一般的な願望によって、正義以外の目
標の追求が制限されることになる。」という。このことは、「正義に関する公
共的な考え方が人間どうしの秩序だった連合体の基本憲章を制定する。」[25]と
考えてもよいとする。

　このように正義と社会のあるべき姿を論じた後で、「これまで存在してき
たもろもろの社会が、こうした意味で、〈秩序だっていた〉とはとうてい言
えない。」といいい、その理由は「何が正義で何が不正義であるかという問
題からして、そもそも未解決で係争中だからだ」というのである。さらに
は、「人間の連合体の基本条項をどのような諸原理によって定めるべきかに
関しても、合意は成立していない。」ともいい、「こうした意見の相違にもか
かわらず、各人は正義に関する一定の構想を抱いているといいうる。」と主
張する。その根拠になるのは、「異なる正義の構想を抱いている人びとであ
っても、基本的な権利および義務の割り当てに際して個人間に恣意的な分け

22　第1章　平等・不平等の概念形成と深化

隔てが設けられず、社会生活がもたらした相対的利益をめぐって対立し合う諸要求の間に折り合いをつけてくれるルールが存在する場合、そうした制度は正義にかなっている、ということになお合意しうるだろう。」からである。そうして、「権利や義務を規定する際に、個人間のどのような類似や相違が重大な関連性を有するのかを選び出すのがこうした諸原理であって、どのような相対的利益の分割が適切であるのかも、それらが明確に定めてくれる。」という[26]。Rawls によれば、「正義の〈概念〉を規定するものは、権利と義務を割り当て、社会生活がもたらす相対的利益の適切な分割を定めるという諸原理の役割」であって、「正義の構想とは、こうした役割を解釈したものに等しい[27]」としている。

　この正義の構想は、John Locke（1632 – 1704）、Jean-Jacques Rousseau（1712 – 1778）、Immanuel Kant（1724 – 1804）たちの論じてきた社会契約の理論 theory of social contract を一般化しかつ抽象度を一段と高めたものにして提示することで達成されるという。その目標を達成するためには、「社会の基礎構造に関わる正義の諸原理こそが原初的な合意の対象となる」べきであって、それらは「自分自身の利益を増進しようと努めている自由で合理的な諸個人が平等な初期状態において〈自分たちの連合体の根本条項を規定するものとして〉受諾すると考えられる原理である。」のであり、「こうした原理がそれ以降のあらゆる合意を統制するものとなる。」のである。つまり、「これから参入できる社会的協同の種類や設立される統治形態を、それらの原理が明確に定めてくれる。」ということであり、正義の諸原理をこのように考える理路を〈公正としての正義〉」と呼ぶのであるという[28]。ここでは、「社会的協同に参画する人びとが、一堂に会して（ひとつの共同行為として）基本的な権利と義務を割り当て、かつ社会的便益の分割を定めてくれる諸原理を選択する」と想像して、「人びとは互いの権利要求をどのように統制すべきか、および自分たちの社会の根本原理がどんなものであるべきかを、あらかじめ決定することになる[29]」という。

　以上のような前提条件のもとで、Rawls は「伝統的な社会契約説における

〈自然状態〉に対応するものが、平等な〈原初状態〉original position である」といい、この原初状態は「実際の歴史上の事態とか、ましてや文化の原始的な状態とかとして考案されたものではない」のであって、いわば「ひとつの正義の構想にたどり着くべく特徴づけられた、純粋に仮説的な状況だと了解されている」という。そして、「この状況の本質的特徴のひとつに、誰も社会における自分の境遇、階級上の地位や社会的身分について知らされていないばかりでなく、もって生まれた資産や能力、知性、体力その他の分配・分布においてどれほどの運・不運をこうむっているかについても知っていないというものがある」としている。その上に「契約当事者たち（parties）は各人の善の構想やおのおのに特有の心理的な性向も知らない」という前提も加えている。この「正義の諸原理は〈無知のベール〉（veil of ignorance）に覆われた状態のままで選択される」ことになる。この状態の下で、「諸原理を選択するにあたって、自然本性的な偶然性や社会状況による偶発性の違いが結果的にある人を有利にしたり不利にしたりすることがなくなる、という条件がこれによって確保される」のであるという。ここでは、「全員が同じような状況におかれており、特定個人の状態を優遇する諸原理を誰も策定できないがゆえに、正義の諸原理が公正な合意もしくは交渉の結果もたらされる」という。こうした「原初状態という情況（すなわち、全当事者の相互関係が対称性を有していること）が与えられるならば、こうした初期状態は道徳的人格（moral persons）であるすべての個人にとって公正なものとなる」のである。ここでいうところの道徳的人格というのは、自分自身の諸目的を有しかつ（さらなる想定として）正義の感覚を発揮できる合理的な存在者のことである」という。つまり、Rawls の論理上の仮説とは、「原初状態とは適切な〈契約の出発点をなす現状〉（initial status quo）であって、そこで到達された基本的合意は公正なものとなる」というものである。すなわち、「公正な初期状態において合意されるものが正義の諸原理なのである」のである。したがって、「正義の〈概念〉と公正の〈概念〉は同じものではない」のであって、公正な初期状態において道徳的人格を持つ個々人の合意

24　第1章　平等・不平等の概念形成と深化

によって形成された諸原理こそが、正義の原理なのである。[30]

　初期状態では、人びとは効用原理とは異なる二つの原理を選択するとし、「その第一原理は、基本的な権利と義務を平等に割り当てることを要求する。第二原理は社会的・経済的な不平等（たとえば富や職務権限の不平等）が正義にかなうのは、それらの不平等が結果として全員の便益（そして、とりわけ社会で最も不遇な〔＝相対的利益の取り分が最も少ない〕人々の便益）を補正する場合に限られる」と Rawls は主張する。[31]そして、第一原理は絶対的に第二順位に優先するとする。[32]したがって、第一原理の「平等」（絶対的平等＝正義）は第二原理の「不平等」（相対的平等＝善）に先行することになる。かくて、正義の二原理は次のように定式化が試みられる。[33]

　　「第一原理　各人は、平等な基本的諸自由の最も広範な〔＝手広い生活領域をカバーでき、種類も豊富な〕制度枠組みに対する対等な権利を保持すべきである。ただし最も広範な枠組みといっても、〔無制限なものではなく〕他の人びとの諸自由の同様〔に広範〕な制度的枠組みと両立可能なものでなければならない。
　　　第二原理　社会的・経済的不平等は、次の二条件を満たすように編成されなければならない——(a)そうした不平等が各人の利益になると無理なく予期しうること、かつ、(b)全員に開かれている地位や職務に付帯する〔ものだけに不平等をとどめるべき〕こと。」

この二つの原理は比較的一般的な〔＝二原理に共通する〕正義の構想の特別なケースに相当することを、当面留意しておくべきだろう。」としながらも、次のようにまとめることができるという。[34]

　　「すべての社会的な諸価値——自由と機会、所得と富、自尊の社会的基礎——は、これらの一部または全部の不平等な分配が各人の利益になるのでない限り、平等に分配されるべきである。」

　ここで Rawls がいうところの特別なケースとは、「不正義とは全員の便益とならない不平等であることに尽きる。」ということである。このように説

明したとしても、なお、抽象的であって、この構想は「曖昧きわまらないため、解釈を必要とする。」として、「その第一段階として、社会の基礎構造が一定の基本財を分配するものと仮定する。」とする。ここでいう基本財 primary goods とは「(合理的な人間であれば誰でもが欲すると推定されるもの)」であり、「通常こうした財は人がどのような合理的な人生計画を抱いていようとも、役に立つことがらを単純化するために、社会が意のままに配置しうる」財であるという。こうした平等を実現するための手段としての「基本財」を用いて、平等を実現しようとすることは Rawls の独創的な提案である。この基本財は二つに分けることができ、その内で、一つは社会的資本財で「権利、自由、機会及び所得と富」であり、もう一つは自然本性的な基本財で健康、体力、知能、想像力である」と想定する。後者の基本財はどのように所持しうるかは基礎構造の影響を受けるとしても、これらの財そのものは基礎構造の直接的な統制下に置かれているものではない。[35)]」とする。

　以上のような条件下において、「すべての社会的基本財が平等に分配されている状況を出発点(仮説的な制度編成状態)として、もし一定の不平等と職権の格差を介して、めいめいの暮らし向きが仮説的なスタート地点よりも改善をされるのであるなら、そうした不平等と格差は前述した一般的な構想と合致するものと言える。[36)]」という。この「出発点をなす平等な制度編成が基準点とみなされている場合には、全員が利益を得るような分配方法が無数に存在することは疑いようがない」のであるから、そうした「複数の可能性の中から私たちはどうやって選択すべきなのか。[37)]」と問いかけて二つの原理の内容を精緻化して行くのである。すなわち、「各人の利益」と「全員に平等に開かれている」という字句は多義的に解されるために、ここでは、「第二原理の二つの部分を、おのおの二つずつの(それなりにもっともな)意味解釈を与える」ことにする。そして、「それぞれの解釈は互いに〔背反するものではなく〕独立して成り立つので、この第二原理は〔2×2〕四つの意味を合わせ持つ」ことになり、「〈平等な自由〉という第一原理が同一の意味解釈を一貫して保持しうると想定するならば、正義の二原理は以下のような

26 第1章 平等・不平等の概念形成と深化

図表 I－1

〔各人の利益〕

〔平等に開かれている〕	効率性原理	格差原理
才能に開かれたキャリア（職業選択）としての平等	自然本性的自由の体系	自然本性的な貴族制
公平な機会均等としての平等	リベラルな平等	デモクラティックな平等

出所：ロールズ著『同上書』p.90

四つの解釈が成り立つ[38]」ことになるという。

　この太枠で囲まれた四つの部分の解釈において、Rawls は次のように想定する。第二原理の前半部分は制度あるいは（この場合には）経済の基礎構造に適用されるべく調整された効率性原理だと理解される。後半部分は、〔19世紀の古典的リベラリズムのスローガン〕であって、開放的な社会システムを指向するものと理解される。そして、その「すべてを通じて〈平等な自由〉という第一原理が充たされており、経済には生産手段が（私的に所有されていようといないとにかかわらず）自由市場システムがおおむね行き渡っている」と、想定している。ここから、「〈自然本性的自由の体系〉は次のような基礎構造が正義にかなった分配をもたらすことになる。すなわち、〔1〕効率性原理を満たしており、〔2〕地位を求めて努力する意欲と能力を兼備した人びとにもろもろの地位が開かれているような、基礎構造がそれである。」という。「このように権利と義務を割り振るならば、富と所得および職権と責任を公正なやり方で配分する制度枠組みが成立するものと考えられる（その配分がどんな結果をもたらそうとも、制度は公正とみなされる）」という。「この学説には〈純粋な手続き上の正義〉の重要な要素のひとつが含まれており、この要素は他の解釈にも共通して引き継がれている[39]。」という。

　次に、「自然本性的な貴族制」natural aristocracy は、「上流階級に与えられる財が減少すると、下流階級の取り分も減ってしまうという場合」には、

「ノブレス・オブリージユ noblesse oblige（高い身分に伴う責務）の理念が〈自然本性的な貴族制〉に繰り込まれる」ことによって、この不平等は是認されるとする。貴族制の理想は（少なくとも法的な観点からは）開かれたシステムに適用されるべきであり、そのシステムによって厚遇される人々の比較的良好な状態はこの場合にのみ容認されるという。この見解では、本来ならば「社会的な偶発性を統制する試みは形式的な機会均等が要求する範囲にとどまるべきであり、それ以上の方策は一切講じられない」ものではあるが、「より優れた生来の資質・賦存を備えている人びとの相対的利益は、社会の貧民層に属する人びとの利益を促進するものに限定される」ことによって認められることになる。[40]

　ところで、前述の「自然本性的自由の体系」system of natural liberty は「(1)競争市場を特徴づける標準的な想定のもとでは所得及び富は効率的に分配されること、(2)資産の初期分配（すなわち出発点における所得や富の分配及び生来の才能や能力の分布）によってこそ、任意の期間を経て生じる特定の効率的な分配が決定される」ことになっている。もともと道徳的見地からすると任意の期間に先立つ初期分配は自然的および社会的偶発性に強い影響を受けるため分配上の取り分に不適切な影響を与えるのを許容してしまうところ——直感的に言うと、「ここに〈自然本性的自由の体系〉の最も明白な不正義がある。」という。この不正義を矯正しようとするのが「リベラルな平等」liberal equalty であって、「生来の資産の分布が定まっているものと想定して、才能と能力が同一水準にありそれらを活用しようとする意欲も同程度ある人びとは、社会システムにおける出発点がどのような境遇にあったとしても、同等の成功の見通しを有するべきなのある」[41]というところにある。

　「自然本性的自由の体系」も「リベラルな平等」も「自然本性的な貴族制」の構想も、不平等の現状を改善しようとする一定の役割は認められるとしても、生来の階級や家庭環境からくる不平等の改善については充分ではないし、不安定でもある。それは「道徳の観点から眺めると、〈リベラルな〉構想および〈自然本性的な貴族制〉の二者とも等しく独断・専横的で根拠がな

28　第1章　平等・不平等の概念形成と深化

い」からであるという。そこで考えられるのが「デモクラティックな平等」democratic equalty という構想であると Rawls はいう。この構想は「公正な機会均等の原理と格差原理とを組み合わせたところに成り立つ。格差原理は、基礎構造がもたらす社会的・経済的不平等の正／不正を判断するための特定の地位を選び出すことを通じて、効率性原理の不確定性〔＝複数の効率的な分配を指示するところにとどまるところ〕を除去してくれる。」からであるという。もちろん、ここでは、「平等な自由と公正な機会均等とが要求する制度の骨組みが出来上がっているものと想定」している。その内部において、「良好な状態にある人びとの予期をより高めることが正義にかなうのは、予期の向上が、社会の最も不遇な成員の予期を改善する制度的枠組みの一部として、有効に機能する場合に限られる。」とし、こうして、「社会秩序は、そうすることが運に恵まれない人びとのましな暮らし向きに資さない限り、より裕福な人びとの予期をさらに魅力あるものにしたりするものであってはならない」というのである。

　ここで「効率性原理」principle of efficiency と「格差原理」difference principle について、比較衡量する必要が出てきた。Rawls によれば、「効率性原理とはパレート最適原理（経済学者がそう名指しするもの）を基礎構造に適用すべく定式化したものにほかならない。」とする。経済学者のいう「最適性」用語は実際の概念内容よりもはるかに広い意味を含んでしまうかもしれないので、「効率性」という用語を常用するという。そして、「パレート最適原理は、経済システムの特定の配置形態（例えば、消費者への財の分配や生産様式など）に対する適用をねらったものであって、制度への適用は当初の意図に含まれていなかった。」という。そもそも、「この原理よれば、〈他の人びと（少なくともひとり）の暮らしを同時により困窮させることなしに、ある人びと（少なくともひとり）の暮らし向きが向上するように、経済の配置形態を変更することが不可能な場合にはつねに当の配置形態は効率的である〉とされる原理であって、したがって「ひとりの他者の暮らし向きも悪化させることなくストックを分配した今のありようがそのまま効率的だという

ことになる。」とし、そうでない場合には改善の必要性があるという原理であり、「原初状態にある人びとは経済的・社会的な制度編成の効率性を判定するためにこの原理を受け入れる。」と想定する。しかし、このパレート最適 Pareto efficient の原理も社会的な正義とすべての人びとの境遇をもれなく改善するという役割を保証する構想ではないことは明らかである。「効率性原理」の持つこの欠陥を矯正する機能を持つ構想が新たに必要とされるが、それが「格差原理」である。

　Rawls はこの「格差原理」を次のような例を上げて説明する。すなわち、「複数の社会階級の間での所得分配を考えた場合に、多様な所得層がそれぞれを代表する諸個人と相関しており、代表する個人の予期を参照することで分配の正／不正を判定する」と仮定する。この場合に、たとえば「財産所有の〔分散に裏付けられたデモクラシー〕(property-owing democracy) にあって、〔不安定な雇用と低賃金を強いられる〕未熟練労働者階級から人生を開始する人びとよりも、企業家階級の成員として出発する人びとのほうがより良好な見通しを抱ける。」のであって、「今なお現存する社会的不正義が取り除かれた場合でさえ、両者の見通しの格差は引き続き当てはまりそうに思われる」とする。そうであるとすれば、「この種の不平等は何によって正当化されるうるだろうか。」と問う。これに対して、「格差原理によれば、予期（見通し）における格差が暮らし向きのより劣悪な集団を代表する人物（この場合だと未熟練労働者を代表する者）の利益に資する場合に限って」正当化されうるという。この「企業化の見通しが比較的良好であることがインセンティブ（刺激・誘因）として作用した結果、経済過程の効率性の増大やイノベーション（技術や経営の革新）の進行速度の上昇などが招来される」からである。

　「格差原理」の適用に際しては二つのケースを区別する必要があるという。その第一は、「最も不遇な人びとの予期が実際に最大化されているケースである」のであり、「この場合には、暮らし向きがより良好な人びとの予期をどう変化させようとも、暮らし向きが最も劣悪な人びとの状況をまったく改

30　第1章　平等・不平等の概念形成と深化

善できない。」状態である。ここでは「最善の制度編成（〈完全に正義にかなった制度枠組み〉と呼ばれるもの）がそこに成立することになる。」のである。その第二は、「暮らし向きがより良好な人全員の予期が少なくとも比較的不運な人びとの福祉に寄与するケースがある。」のであって、ここでは「暮らし向きがより良好な人びとの予期が低減してしまうと、最も不遇な人びとの見通しも同様に低下するものの、最大化はいまだ達成されていないというケースである[45]。」という。

　以上のように述べて、最終的には、この第二原理の説明を次のように書き改めて、この論を閉じる。

　　「社会的・経済的不平等は次の二条件を満たすように編成されなければならない――(a)そうした不平等が最も不遇な人びとの期待便益を最大に高めること、かつ、(b)公正な機会の均等という条件のもとで全員に開かれている職務や地位に付随する〔ものだけに不平等をとどめるべき〕こと[46]。」

　Rawls の道徳論における平等論は、Aristoteles が論じた絶対的平等を踏まえて、基礎構造において、正義を論じ、それを社会的基礎組織の編成に応用した。次にその相対的平等を Rousseau の不平等起源論の中で論じた、自然状態を改めて人間社会の原初状態に転化して、第二原理の格差原理に適用したものであった。そして、その主張を最も鮮明に表現したものが次の文章である。すなわち、「全員を等しく道徳的人格として扱い、かつ社会的な運／不運や生来のめぐり合わせの運／不運によって社会的協同の便益と負担を不当に割り当てられることのない、二原理の解釈を探り当てようとすると、四つの選択肢の中でデモクラティックな解釈が最善であることが分かる[47]。」ということである。

5　Sen の不平等論

　Amartya Sen（1933-）は、Rawls が1971年の『正義論』を出版してから2年後の1973年に、*On Economic Inqualty*（『不平等の経済学』[48]）を出版する。

当著の第一章の冒頭に Rousseau の「人が生み出したすべての科学の中で、最も有用でありつつ最も不完全なるものと思われるのは、人間に関する科学である。私としては、デルフォイの神殿のたった一つの碑文には、モラリストたちがこれまで著した数多くの重厚な書物よりも、重要で難解な教訓が含まれていると断言したい」という言葉から論述を始め、「このエッセイに含まれる思想こそ、1789年のフランス革命に導いた要求を具体化することに貢献した考え方なのである[49]」と述べている。

　そして、「不平等と反抗との関係はきわめて密接であって、この両者は双方向に関係しあっている」のであり、「不平等の意識が社会における反抗の共通項であることは自明だが、不平等の意識——そしてこの捕捉しがたい概念の内容——それ自体、実は現実に反抗が生じうる可能性に実質的に依存しているということを認識することも、それに劣らず重要である」という。このことから理解できるように、「平等を論じたアテナイの知者たちは考察範囲から奴隷を除外することを何ら非難すべきこととは考えなかった」のは当然のことであり、「彼らがこのような態度をとれた１つの理由は、それによって何の不都合も生じなかったことにほかならない」と時代背景をもって説明する。しかし、その後、「衡平性と正義の概念は歴史とともに著しく変化してきており、社会の階層化と差別化に対する許容度が減少するにともなって、不平等の概念それ自体も激しい変貌を遂げてきたのである。」ことに注意を喚起する。当著においては、Sen は経済的不平等のみを取り扱い、そのなかでも所得の分配の問題に焦点を当て、富の分配の問題には直接的には触れないものとするとしている。そして、「不平等という主題に関するわれわれの観念がもつ重要性は、この観念が現代の経済的・政治的な焦眉の課題と関連をもち得るかいなかに応じて判定されるべきなのである。[50]」と述べ、この問題の特異性を指摘している。

　次に、Sen は、その不平等の論述の関心の焦点を「集計的な所得分配の不平等を計測する問題に絞られている」としながら、平等を強く意識する社会主義経済に関しても触れようとしている。そして、平等・不平等の問題には

32 第1章 平等・不平等の概念形成と深化

計測についての考察が不可欠であるので、「まず方法論的な側面から検討を開始したい」とし、方法論の第1の問題点は「経済学の文献のなかで現在まで提案されてきた不平等の測度は大別して2つのカテゴリーに分類される」ところにあるとする。その「第1のカテゴリーは何らかの客観的な意味において、不平等の程度を表現しようとする測度からなる」のであって、「これらは概ね所得の相対的な変動幅に関する統計的な測度を採用している」という。この「普通に用いられる測度には、分散、変動係数、ローレンツ曲線のジニ係数などが含まれる」とする。また、「第2のカテゴリーに属する測度は、社会的厚生に関わるなんらかの規範的な観念に関し不平等を計測するものである。」のであって、「ある所与の所得総額に対して第2のカテゴリーにしたがう不平等の程度が高ければ高いほど、社会的厚生のレベルは低いことになる。」のである。[51]

そこで、「第1のアプローチは、(a)不平等の程度の大小を「観察」すること、(b)論理的な観点から不平等の大小を「評価」すること」であり、これは「両者を区別できる点において、多少とも優れていると主張することができる」という。しかしながら、「第2のアプローチでは、不平等はもはや客観的な観念ではなくなり、計測の問題は倫理的な評価の問題と解きほぐせなくなるからである」という。Sen は「この方法論上の論点には、不平等に関するわれわれの観念の二面的な性格がはっきりと反映されている」といい、その一つは「不平等の観念のなかには、明らかに客観的な要素がある」ことを認め、「2人の個人の間でケーキを2等分する分配方法は、一方の個人に全部を与え、他方の個人に何も与えない分配方法よりも、直感的な意味で明らかに平等性の程度が高い」が、「他方、非常に多くの個人に対する代替的な所得分配の方法を比較するという複雑な問題においては、不平等を純粋に客観的な方法で論じることは極めて困難」になる。ここにおいては、「なんらかの倫理的な概念をもち込むことなしには、不平等の程度を計測する作業は手におえないまでに困難となりかねない」[52]という。

Sen は「客観的アプローチと規範的アプローチのいずれにしたがうべきか

という問題に答えることは決して容易ではない」が、「実際の利用という観点から言えば、2つのアプローチの間にはそれほど大きな差があるわけではない」という。なぜならば、不平等の計測への関心は、そもそも「不平等に対するわれわれの規範的な関心と関連せざるを得ない」からである。それゆえに、「さまざまな不平等の客観的測度の間の相対的な優劣を判定するためには、規範的な考慮を導入することは明らかに適切なのである」とし、「所得不平等の測度に対して規範的な見解を採用する場合」においても、必ずしも「倫理的評価の全体像を捉えることが意図されているとはかぎらない」からであり、おそらくは、「その試みは規範的な比較のある特定の側面を表現しようと意図するものに過ぎない」だろうという。そして、「ある測度によってどの特定の規範的側面を表現することが意図されているか」を識別するためには、「不平等の問題の客観的な特徴によって規定される[53]」ことになるであろうという。一例を挙げれば、「x における方が y におけるよりも不平等の程度が低い」という表現だけでは、「たとえこれが規範的な言明である場合でも、それだけで無条件的に y よりも x を選択すべきだという政策的勧告に直結するわけではない」という。というのは、「総合的な政策判断を下すためには、不平等に関する判断は他の側面——たとえば総所得など——に関する考慮と結びつけられる必要がある」のであり、ここでは、「この価値判断の分類に即して言えば、不平等に関する価値判断は非強制的・評価的な判断である」ということができるという。このことからわかるように、「有用性を備えた不平等の測度は、客観的特徴と規範的特徴を兼備していなければならないのである[54]」とする。

　方法論の第2の問題点は、「われわれが探究する計測の類型に関するものである。」とする。計測尺度の内で、最も厳格な測度は「比率尺度」である。これよりもいくぶん厳格性の低い計測尺度が「区間尺度」である。この尺度では、採用された測定尺度によってその数値は変わってしまう。「区間尺度」のこの性質は効用理論においては、「基数的」と呼ばれる。「これよりもさらに厳格性に劣る尺度は、効用理論において「序数的」尺度と呼ばれるもの」

34　第1章　平等・不平等の概念形成と深化

で、ここでは数値の順序のみが問題となる。[55]

　この「序数的」な尺度と密接に関連する方法として、「数値による表現を
いっさい用いずに、すべての選択肢に対する順序付けだけを示す方法があ
る」という。これには、「完備性と推移性という2つの特定の性質を備えた
ものが含まれている」とし、この関係は「一見したところ、順序関係は「序
数的」な数値尺度へ容易に変換され得るように思われるかもしれない。」が、
「事実、選択肢の集合が無限集合であれば、この変換は容易に実行可能であ
る。」が「しかし、選択肢の集合が無限集合であれば、このような変換はつ
ねに可能であるとは限らない。」のであって、その理由は、「すなわち、序数
的な数値表現と比較し、順序関係はより弱い要請なのである。」からである。[56]

　この「順序関係よりもさらに弱い側定尺度は、序列関係が必ずしも完備で
ない場合」、すなわち「選択肢のすべてのペアについて必ずしも序列関係が
つけられない場合」、このような「序列関係が必ずしも完備性を満たさない
が推移性は満たすとき」に、「その関係は準順序関係である」と言われるの
である。この特殊なケースは、「強い選好関係については推移性が成立する
が、無差別関係では推移性が成立しない序列関係である。」のである。「不平
等水準に関するほとんどの統計的な測度は、通常は比率尺度である」か、あ
るいは「少なくとも区間尺度で、ある程度まで、高い測定精度を仮定してい
る。」のであるが、この事実は、いわゆる「客観的測度に対してのみならず
規範的な評価に対しても妥当する。」とする。とはいえ、「われわれが暗黙の
うちに心理的に抱く不平等の観念は、実際にはもっと精密度が低く、むしろ
上述した不完備な準順序関係に対応するものではあるまいか。」と問い、ま
た、ある分配方法が他の分配方法と比較して、「より不平等であるか否かを
決定することができないにせよ、別の分配方法のペアに関してならば完全に
可能である」ということはわれわれがよく経験することではあるまいか。」
という。このことは、「不平等の観念には数多くの側面があるため、これら
の諸側面に関する判断が一致する場合には明確な序列が可能になるが、も
しいくつかの側面に関する判断の不一致があれば、選択肢を完全に序列づける

ことは不可能であるかもしれない。」ことを意味する。これらの理由から「序列関係として表現されたわれわれの不平等の観念は、本質的に不完備なものだと考えざるを得ない。」という。もしそうであるとすれば、「完備な順序関係を可能にする不平等の測度をあえて探し求めると、本来はなかったはずの恣意的な問題が発生する可能性がある。」ことになる。その理由は「測定尺度というものは、それが表現を与えようとする観念以上に正確なものには決してなり得ない」からである。

　このことからして、Sen は「不平等の観念と不満・不平との──さらに進んで反乱との──間に存在する歴史上の関連を思えば、われわれが必要とするのは、顕著に対照的な分配状況を鋭く表現するのに相応しい測定尺度」なのであり、それゆえに、「たとえその測度が微妙に異なる分配状況を敏感に序列づけることができなくとも、一向に差し仕えないのである。」という。にもかかわらず、「残念ながら、計測や序列づけの測度を提示するに際して、経済学者や統計学者はすべての点において完璧な序列づけの方法を探求する傾向がある。」ために、「不平等の観念に対して重要性を賦与する政治論争の領域からは、厳密な経済学的表現の領域へとこの観念を翻訳する過程において、基礎的な概念の数学的属性に関して混乱が生じがちである。」という。このようなことは、「実のところ、完備な順序を探求する先験的な偏向にこそ経済分析を困難にする重荷となる」という事実が問題になるのであり、このことが「不平等の計測のみならず、経済学のさまざまな分野で観察されている」のであるという。

　以上のような不平等の測度に関する方法論上の吟味を終えて、現在の人びとの経済水準の在り方を取り扱う現代厚生経済学に目を転じると、乗り越えなければならない大きな壁が存在する。Sen は「不平等の問題を分析するのにさいして、いったいわれわれはどれほどの教示を現代の厚生経済学から得ることができるだろうか」と自問し、「さして多くはない」と自答する。その理由を、「現代の厚生経済学の大部分は、まさしく所得分配に関する価値判断を完全に回避した問題にのみ関わっているからである」という。それ

36 第1章 平等・不平等の概念形成と深化

は、「厚生経済学者の関心は、異なる諸個人——あるいはグループ、階級——の間になんら対立が存在しないような問題にのみ傾注されている」ために、「不平等に関心をもつものにとって、このような厚生経済学は、啓示の期待に胸が震えるような教えとはまずなりえない」からであるという。すなわち、現代経済学の主流派の一つである「いわゆる厚生経済学の「基本」定理は、競争均衡とパレート最適性との間の関係に関するもの」である。ここでいう「パレート最適性の概念とは、まさしく分配に関する価値判断の必要性を取り除くために生誕したものにほかならない」という。この概念に従えば、一般的にしばしば説明されていることであるが、「ある経済状態において、他のいかなる実現可能な状態への変化を考えても、その変化がパレート最適の意味における改善となり得ないとき、当初の経済状態はパレート最適である。」というに止まっている。したがって、「パレート最適性は、他の誰1人の状態も悪化させずに、誰かの状態を改善する変化を見つける余地のないことを保証しているに過ぎない」のであり、そのために不平等に関心を持つものにとっては、「富者と貧者の経済状態にどんな隔たりがあっても、富者の豊穣を切り詰めずに貧者の分け前を高めることができなければ、その状態はパレート最適なのである」というに過ぎないという不満が、最後まで残るのである。厚生経済学が「ひたすらパレート最適性にのみに関心を集中してきた」にもかかわらず、その結果が、「せっかく魅力的な研究領域である現代厚生経済学」であったのに、それが、「不平等の問題の研究にはあまり関連性をもたないものとなり果てている[59]」のはここにその原因があるという。

　しかしながら、「より一般的なレベルでみると、パレート最適性を乗り越えて分配上の価値判断に言及する議論が、近年盛んに行われるようになってきた。」といい、その一つが、「周知のバーグソン＝サミュエルソンの社会的厚生関数の考え方」であり、それによれば、「経済学が政策決定に関わるためには、経済学者はパレート最適性の考え方を乗り越えて前進する必要があるという認識に、部分的に動機づけられている」という。このことを、もっ

とも一般的な形で述べるとすると、「バーグソン＝サミュエルソンの社会的厚生関数とはすべての代替的な社会状態に対する任意の順序関係にほかならない。」というものである。次に「この概念から実際的に重要な結論を引き出すためには、社会的厚生関数 $W(x)$ の性質についてもっと多くの規定を加えなければならない。従来好んで設けられてきた仮定は、社会的厚生を各個人の効用を変数とする関数とみなすという意味で「個人主義的」仮定であった。」が、「社会的厚生関数の主たる目標は、すべてのパレート最適状態を互いに比較して序列づけることにより、パレート最適性という限定された概念からさらに踏み出すことにある。」のであり、「分配上の価値判断は、まさに採用された社会的厚生関数の形状に依存することになる。」のである。[60]

　今日までのところ、「正統派の厚生経済学者の努力は、X に対する各個人の順序関係だけに基づいて、社会状態の集合 X に対する社会的厚生を決定すること」に注がれており、また「少なくともある社会的な順序関係 R を決定することに専ら傾注されてきたのである。」という。つまり、「個人 i の順序関係を Ri で表せば、$R = f(Ri・・・、Rn)$ という関数関係を発見することこそ、この努力の焦点なのである。」ということである。しかし、「個人間選好の集合と社会的な順序関係との間には、果たしてなんらかの一般的な条件を課すことができるだろうか」という、次の疑問が当然生じてくる。これに対して「アロー（Arrrow, 1951）は、その当然ながら有名な定理によって、非常に緩やかに思われる一群の制約を課すだけで上述の f という関数関係の存在可能性が全く消滅してしまうことを示した。」といい、このアローの「不可能性定理」は「畏敬の念を生じさせる」ものであるという。それでもこの定理に対しては、「異論をも招き、このディレンマを回避する途を探求する作業に、瞠目すべきほど大量で特殊な研究エネルギーを消尽させてもきた。」という。[61]

　ここまで現代経済学、とりわけ現代の厚生経済学の経済的不平等に関する研究の現状を検討した結果、Sen は、分配上の価値判断に関する、条件や定理の検討を展開する。そして、その結果として、「分配問題における個人の[62]

38 第1章 平等・不平等の概念形成と深化

厚生水準に関するすべての特性は、この分析の枠組みにおいて完全に考慮の外に置かれている。」のであり、「一見するところ無害に見えた条件の組が分配上の価値判断を抹殺する作業を完了させ」ているために、「そのような判断の可能性を完全に排除し得たことに、何の不思議もはない」というのである。そこで、「効用の基数性を導入するだけでは、上述の難問に対処するうえであまりわれわれの助けにならない。」のであって、「個人間での効用比較の可能性こそが決定的な問題なのである。」という。すなわち、「効用が基数的であれば、ある変化から各個人が得る利得・損失を、同じ個人が別の変化から得る利得・損失と比較することができる。」が、しかし、「分配上の価値判断のために必要とされるのは異なる諸個人の相対的な利得・損失や、彼らの相対的な厚生水準に関するなんらかの情報であるように思われる。」とする。そして、「社会的厚生関数によるアプローチが、不平等を計測したり代替的な不平等測度を評価するうえでなんらかの実質的な手助けとなるためには、厚生の個人間比較を許容するように社会的選択理論の枠組みを拡張すべきである」という。また、「個人的選好に関する情報内容が、個人間で比較可能な基数的厚生関数を含むまで拡張されるならば、社会的価値判断のためには多くの方法が利用可能となる。」のであって、「なかでも最も広く利用されてきた方法は、功利主義的なアプローチである。」という。それは、「個人の効用の和が社会的厚生の測度であって、社会状態の選択肢は個人の効用の和の大小関係に応じて順序づけられる。」というものである。[63]

　ところで、「この功利主義的アプローチのもつ難点は、個人の効用の和の最大化という目標が、その和が個人の間でいかに分配されるかという点に全く関心を示さないという事実である。」という。そのために、「功利主義は不平等の計測や評価への利用には全く不向きなアプローチにならざるを得ない」のであるが、「興味深いことに、功利主義のアプローチは分配上の価値判断に際してかなり広範に用いられてきたのみならず、それは——驚くべきことに——平等主義的基準としての評価さえも獲得してきた」という。だが、これは「極端に単純な仮定のもとで、非常に特殊な偶然の一致が生じた

ことに起因する誤解である。」とする。このケースの想定は「一定総額の所得を異なる個人の間に分配して個人の効用を最大化しようとすれば、諸個人の所得の限界効用を均等にすることが必要となる。」のであるが、現実的にはほとんどあり得ないことである。すなわち、「すべての個人が同一の効用関数を持つという特殊な仮定をおけば、限界効用を諸個人間で均等化させること」になり、それは必然的に「諸個人間で総効用を均等化させることに帰着する」ことになる。[64]

　そもそも、功利主義的アプローチの真の性格は、次のような状況において明確に示されるものである。すなわち、「いま、いかなる所得額に対しても、ある個人 A は別の個人 B のちょうど２倍の効用を享受するものとせよ。」とし、「このことはたとえば、個人 B がある身体の障害をもつためと考えればよい」とする。そうして、この関係は「すでに述べた個人間比較の枠組みにおいては、これは単に、価値判断を行う個人によれば、いかなる所得水準においても、A の立場は B の立場の２倍だけ望ましいということを意味するものに過ぎない。」が、「この場合、２人の効用の和を最大にするルールは、B よりも A に対してより多くの所得を与えることを要求する。」ことになる。この場合において注目しなければならないことは、「たとえ両者の間で所得が平等に分けられた場合でさえ、われわれの仮定にしたがえば個人 A は個人 B よりも多くの効用を享受できるという事実である。」のであって、このことは「功利主義的な分配ルールは、この不平等を縮小させるどころか、むしろすでにより高い効用を享受している A に更に所得を追加することによって、不平等を一層拡大する結果を生むのである。」という不平等の拡大再生産理論であることを指摘する。現代の市場経済において、各国がこの功利主義的なパレート最適性を追求する限り、富める者はますます富み、貧しい者をますます貧しくさせてしまうという所得格差の不平等の発生する原因がここに示されている。[65]

　こうして、「功利主義は根本的に平等主義的アプローチとはかけ離れたものであることはもはや明白であると思われる。」にもかかわらず、「厚生の見

40 第1章 平等・不平等の概念形成と深化

地から不平等を計測したり、最適な所得分配ルールを導出しようとする従来の試みは、そのほとんどが功利主義的アプローチに集中してきたが、これはまことに奇妙なことである。」という。「功利主義とすべての個人は同じ効用関数をもつという仮定を組み合わせさえすれば、上記の批判は全く妥当しないように思われるかもしれない。」が、「必ずしもそうではない。」とする。というのは、「所得分配のいかなる問題に際しても、個人間の厚生の分配は重要な側面」であるのであって、「不平等に対するわれわれの評価は、悪い所得分配によって個人の効用の和に生じる損失のみにわれわれの関心を寄せる」のか、それとも「個人間の厚生水準の不平等に関心がある」のかに明らかに依存しているからである。まさに、「功利主義はこの後者に対する配慮を欠いている」ために、たとえ手続き上で「すべての個人の効用関数が同一であると仮定した」としても、それでも「不平等の程度を計測し評価するためには役立たずのアプローチにならざるを得ない」のであるという。こうしたことから、Sen は「規範経済学のこの分野において、功利主義は長期にわたって人々を支配してきた」とはいうものの、「不平等に関する価値判断のための枠組みとしては、功利主義は到底意義ある分析の起点とはなり得ないのである。」と極言するのである[66]。

では、「社会的な厚生判断の中に平等主義的な考慮を取り入れる」ためにはどうすればいいのか。それには、「いろいろな代替的な公理を提案することが可能である」が、その中でも「衡平性の弱公理（WEA）」が「興味深い一例である」という。この公理は、「個人所得のいかなる水準に対しても、個人 i の厚生水準は個人 j の厚生水準を下回るものとせよ。」との仮定を置き、「そのとき、所与の総所得を i と j を含む n 人の個人の間で分配する際には、最適な分配は個人 j より個人 i に対してより多くの所得を与えなければならない。」とするものである。これは、「考慮の対象となりうる社会的厚生関数のクラスに対してある制約を課している。」とはいえ、「この公理は貧しい個人に対してどれほど多くの補償額が与えられるべきかを一切規定せず、単に彼への窮状への——おそらくは部分的な——補償として、より多く

の所得が与えられるべきであると述べているに過ぎない。」のであり、それは「ほんのわずかな補償額であっても WEA は満たされる。」ことになるので、「この意味において、WEA の要求内容はかなり穏やかなものである。」という。[67]

　このようにして Sen は、WEA と社会的厚生関数との関係を論じ、また衡平性と厚生経済学との類似性を取り上げ、さらに Rawls の「マキシミン」ルールに触れ、その所得移転の強度についての妥当性を衡平性の弱公理（WEA）と比較して、その後者の緩やかさを強調する。そして、実際の不平等の測度を論じて、相対平均偏差、分散と変動係数、ジニ係数と相対平均格差、タイルのエントロピー測度、ドールトンの測度、アトキンソンの測度等を比較検討する。そうした中で、任意の「功利主義的」な社会的厚生関係を Wu で表現し、異なる個人の相対的福祉の比較を含む WEA などの衡平性の条件を満足する社会的厚生関数を W_E で表現するものとして、さまざまな可側性と比較可能性の仮定の帰結を整理するに至った。そこで明らかになったのは「もし個人的厚生の序数性を仮定するならば、功利主義のフレームワークを適用し得る可能性は全くなくなるが、序数的な個人間比較可能性が認められるならば、WEA のような衡平性の条件は依然として適用可能である。」とする。他方で、「個人的厚生の基数性を仮定して、厚生の差は個人間で比較可能だが厚生水準は比較可能でないと仮定する場合には、功利主義的フレームワークを適用することができるが、WEA のような衡平性の条件は適用不可能となる。」のであるという。そして、「深刻な対立が生じるのは、水準と差の両者ともに比較可能であって完全な比較可能性を持つ基数性の仮定が、功利主義を WEA その他の衡平性に関心を持つルールと潜在的に衝突させる場合である。」のであって、「この仮定のもとでは、功利主義的フレームワークと WEA その他の衡平性に関するルールはともに適用可能であるが、相互に調和しない可能性があるためである。」という。いずれにしても、「衡平性に関する関心が必ず功利主義的フレームワークの適用と対立せざるを得ないということは、明らかなことであるように思われる。」という。[68]

42　第1章　平等・不平等の概念形成と深化

　こうして、「準順序としての不平等測度」の検討に入り、「勤労度・必要度・不平等度」を論じていくのであるが、最も特徴的な主張は、「補論」四半世紀後の「不平等の経済学」にある「定義空間・潜在能力・不平等」の論述である。ここで、Sen は、「この補論の大部分は所得の不平等を取り扱っているが、所得は人びとが享受する真の機会に影響する数多くの要因のうちの1つであるに過ぎない。」といいい、その例として、「たとえば、個人 A は所得に関しては個人 B よりも裕福だが、もしある慢性の疾病のために所得の大半を必要不可欠な治療に支払わなければならないとすれば、個人 A は個人 B より「困窮」しているかもしれない。」という。確かに人びとの現実においては、このような不可抗力の事例は無視できないところがあり、「さまざまな人々が享受する真の機会は、人それぞれの境遇――年齢、障害、罹病の難易度、特殊な技能、性、妊娠など――の差異に大きく影響され、また自然的・社会的な環境――伝染病の状況、汚染の範囲、地域犯罪の蔓延など――の格差にも影響される。」ことは通常あり得ることである。したがって、「このような状況では、経済的不平等を理解するために所得分布の不平等のみに注目することは、明らかに不適切である。」と新たな視点を提示する。そして、「人が自己の目標を追求するための真の機会に関心を集中すべきであるとすれば、人が所有する基本財のみならず、基本財をその目標の追求に変換する仕方を規定する個人的特性にまで配慮すべきである。」というのである。さらに「ここで強調しておくべき重要な事実は、所得や富あるいは心理的な満足ではなく生活の質に注目することは、経済学において特に目新しい考え方ではない。」ということである。なぜならば、「経済学の課題の起源は、生活条件の評価及び生活条件に因果的に影響を及ぼす要因を研究する必要性によって、強く動機づけられていたのである。」からである。実際のところ、「アリストテレスは――『ニコマコス倫理学』と『政治学』の両著において――この動機を明示的に述べ、考え抜かれた正当化を行っている。」ことからも明らかである。その後の先駆者たちの「国民経済計算や経済的繁栄に関する初期の著作にも、同じ動機が色濃く反映されている。」の

であって、これらの人びとによって「考案された国民経済計算は現代の所得概念の基礎を確立したが、彼らが注目した問題はこの概念のみに限られたわけでは決してない。」のであって、「彼らはむしろ、所得の重要性は道具的・状況依存的であると考えていたのである。」という[69]。

当補論の結語において、Sen は「この補論をプラグマティックな注釈をもって閉じることにしたい。」といい、「不平等や貧困の評価の領域では、多くの問題はその解答よりも一層明らかだという性格をもっている。」とし、「そうであるだけに、この主題は今後一層の分析的な研究に格好の舞台を提供している。」と述べている。そして最後に、「すべてを考慮するとき、四半世紀前にこの補論の著者の1人を魅了したのと同じ程度に、不平等という主題は現在も依然として挑戦的な魅力に富んでいるように思われる。」[70]と記し、論を閉じるのである。

1） Aristoteles、*Ethica Nicomachean*（アリストテレス著『ニコマコス倫理学（上)』高田三郎訳　岩波文庫　pp. 178 − 185引用

2） アリストテレス著『同書』注記（16）p. 261

3） アリストテレス著『同書』注記（6）pp. 260 − 261参照　厳密な意味では、「比例」とは前者であり、単に比例という時にはこれを意味しているのである。同様に、「中」項（メソン）という時にも、幾何学的と算術的のとの区別があって、より詳細に言えば、「幾何学的比例における中項」と「算術的比例における中項」をいうのである。さらに、この場合「中項」とは連続的比例を予想しており、両極の比例については、それぞれ $a/b = c/d$、$a − b = c − d$ という連続的比例が得られ、その中項が語られている。この用法である連続的比例は、現代の数学では数列であり、「算術的比例における中項」とは、「算術中項」すなわち「等差中項」にあたる。

4） アリストテレス著『同書』注記（27）p. 276　比例はギリシャ数学では、代数的にではなく幾何学的に取り扱われていたために、人間 A と人間 B との比も次のように形で示された。

A	B

ここで「A」とは「A項（ホ・A・ホロス）」の略であり、そう呼ばれこともあったし、同時に「線分 A（ヘー・トゥー・A）」と呼ばれることもあった。

44　第1章　平等・不平等の概念形成と深化

5）　アリストテレス著『同書』注記（28）p. 277　参照
6）　アリストテレス著『同書』注記（23）p. 276　参照

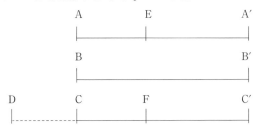

　上記の図にあるように、ここで、線分 AA´、線分 BB´、線分 CC´ の三線分が相互にすべて均しいとし、また線分 CF は線分 AE と均しいとすると、いま AA´ から AE の部分が奪われ、CC´ に CD が加えられたとする。そうすると、DCC´ の全体は EA´ を CD および CF だけ超えており、したがってまた、BB´ を CD だけ超えていることになる。

7）　アリストテレス著『同書』p. 184　参照

　「中」が「正」であるとすると、均等な二者の一方から X が奪われて他の一方に加えられたならば、後者は前者の二倍だけ前者を超えることになる。つまり、もし一方から奪われたとしても、それがそのまま他に加えられないならば、単に X だけ超えているに過ぎないからである。1国における生産物が他国に奪われた場合よりも、同国内において正当な理由もなく、一方的に特定の人間に移転された場合の不満が倍増するのはこのことによる。したがって、これを回避するためには、X を加えられたほうは、X だけ半ばを超えているのであるし、半ばはすでに奪われほうを X だけ超えていることになるので、何をより多い方から奪うべきであるか、そうして何をより少ない方へ加えるべきかを知ることになる。すなわち、「中」において足りないだけの部分を少ない方に加えるべきであり、「中」を超えている部分だけを大きい方から奪うことを要するのである。こうすることによって、当事者双方が納得し、合意することになる。また、その他の諸技術の使用上の分配の場合においても同様のことが言える。ある技術をもって働きかける（能動）側が一定の量の一定の性質（技術導入）のことがらを成せば、それを受け入れる（受動）側がそういう量のそういう性質のそれを受動（生産量や質が向上した割合での分配の傾斜配分）することがなければ、技術は滅びていくであろうというのである。ここには、彼の慧眼が見て取れるのである。

8）　Jean-Jacques Rousseau, *Discours sur l'origine et les fondemente de l'inegalite parmi les hommes*, 1755（ルソー著『人間不平等起源論』本田喜代治・平岡昇共訳　岩波文庫　1980年　p. 219参照。初版本は1972年である。当著の正式な書名は『人々

の間における不平等の起源と基礎に関する論文』である。なお、ディジョンのアカデミーによって提出された懸賞論文の問題は「人々の間における不平等の起源は何であるか、そしてそれは自然法によって容認されるか」に関する論文であった。

9) ルソー著『同書』序文　pp. 25 - 27　Rousseau のこの考え方の原点には、デルフォイの神殿の銘にあるところの、ソクラテスの有名な格言といわれる「汝自身を知れ」に基づくものであると思われ、それは彼の『エミール』第一編に書いた「われわれがほんとうに研究しなければならないのは、人間の条件の研究である。」(今野一雄訳『エミール』岩波文庫　上巻　p. 31参照) に符合する。

10)　ルソー著『同書』pp. 36 - 37

11)　ルソー著『同書』pp. 80 - 81

12)　ルソー著『同書』p. 80　Rousseau は、ここで仮定しているところの自然状態を次のように説明する。「森の中をさまよい、器用さもなく、言語もなく、住居もなく、戦争も同盟もなく、少しも同胞を必要としないばかりか彼らを害しようとも少しも望まず、おそらくはかれらのだれも個人的に見覚えることさえけっしてなく、未開人はごくわずかな情念しか支配されず、自分ひとりで用がたせたので、この状態に固有の感情と知識しかもっていなかった。彼は自分の真の欲望だけを感じ、見て利益があると思うものしか眺めなかった。そして彼の知性はその虚栄心と同じように進歩しなかった。偶然なにかの発見をしたとしても、彼は自分の子供さえ覚えていなかったぐらいだから、その発見をひとに伝えることは、なおさらできなかった。技術は発明者とともに滅びるのがつねであった。教育も進歩もなかった。世代はいたずらに重なっていった。そして各々の世代は常に同じ点から出発するので、幾世期もが初期のまったく粗野な状態のうちに経過した。種はすでに老いているのに、人間はいつまでも子供のままであった。」としているが、これについて、次のように、その理由を述べている。すなわち、「私がこのような原始状態の仮定についてこれほど長々と述べてきたのは、古い誤謬と根ぶかい偏見とを打ちこわさなければならず、それには根元まで掘り下げて、不平等なるものがたとえ自然的なものであっても、わが著作家たちの主張するような現実性と影響力とをこの状態のなかでもつにはいかにほど遠いかということを、真の自然状態の画面のなかで示さなければならないと考えたからである。」というのである。

13)　ルソー著『同書』p. 83

14)　ルソー著『同書』p. 47および pp. 41 - 131

15)　ルソー著『同書』p. 85

16)　ルソー著『同書』p. 96

17)　ルソー著『同書』pp. 105 - 106

18)　ルソー著『同書』p. 121

46　第1章　平等・不平等の概念形成と深化

19)　ルソー著『同書』pp. 130－131

20)　John Rawls, *A Theory of Justice Revisededition*, 1999.（ロールズ著『正義論』川本隆史・福間聡・神島裕子共訳　紀伊国屋書店　2010）当著の初版本は1971年に出版されている。本論で、文中で引用した訳書の原文中の「」内の記号（ ）、〈 〉、〔 〕は、すべてロールズ著『同書』の翻訳者が独自に補完したものである。

21)　ロールズ著『同書』p. 6　Rawls は改訂版の序文（1990年1月）において、私見によればとしながらも次のようにいう。すなわち、「功利主義の理論を立憲デモクラシーの諸制度の基礎とするには脆弱極まりない。デモクラシーの諸制度を評価するにあたって絶対に最優先されねばならない要求事項とは、自由かつ平等な人格である市民が、〈基本的な諸権利・諸自由〉を保持すべきことである。にもかかわらず、とりわけ功利主義はこの基本的な権利・自由に関して、満足できる根拠を提供しえていない、と思われる。原初状態という着想を社会契約を把握する理路として使うことにより一般化・抽象化して解釈する手法を私は用いた。〈公正としての正義〉の第一の目標は基本的な権利・自由および優先権に関して〔功利主義よりも〕納得いく説明を提供することであった。第二の目標は、そうした説明とデモクラティック（民主的）な平等という解釈を統合することであり、その作業を通じて公正な機会均等の原理と格差原理が導き出されるにいたった。」と述べている。

22)　ロールズ著『同書』p. 6

23)　ロールズ著『同書』p. 7

24)　ロールズ著『同書』pp. 7－8

25)　ロールズ著『同書』pp. 8－10

26)　ロールズ著『同書』p. 15

27)　ロールズ著『同書』p. 16

28)　ロールズ著『同書』pp. 16－18

29)　ロールズ著『同書』pp. 18－19

30)　ロールズ著『同書』pp. 21－22　この文脈の前後において使用されている「契約」という用語については、Rawls は次のように言う。「それが一定の抽象度を暗に含んでいる点を念頭に置かなければならない。」とし、「重要な合意内容は、所定の社会に参入することや所定の統治形態を採用することではなく、一定の道徳原理を受容するところにある。」のであって、「こうした約束事は純粋に仮説的なものであって、契約説の主張は、〈明確に定義された初期状態においてならば、一定の諸原理を受け入れられるだろう〉というものにとどまる。」とする。（注記.23参照）

31)　ロールズ著『同書』p. 60　Rawls は優先順序を極めて厳格に適用し、それを遂次的順序ないしは辞書式順序 lexical order として重要視し、「順序付けにおいて先行する諸原理は、後続のものに対していわば絶対な重みづけを有しかつ例外なしに妥当す

る。」とする。

32) ロールズ著『同書』p. 84

33) ロールズ著『同書』p. 86

34) ロールズ著『同書』p. 86

35) ロールズ著『同書』pp. 86 – 87

36) ロールズ著『同書』p. 89

37) ロールズ著『同書』p. 90

38) ロールズ著『同書』p. 91　ここでいう「学説」とは、Adam Smith が *An Inquiry into the Nature and Causes of the Wealth of Nations*, 1776（アダム・スミス著『国富論』3　水田洋監訳　岩波文庫　2001年　339ページ参照）で論じた「自然本性的自由の体系」を指す。

39) Adam Smith、*ibid.*（アダム・スミス著『同著』3　水田洋監訳　岩波文庫 2001年　227および371ページ参照）

40) ロールズ著『同書』p. 91 および p. 101　Rawls は注記において、George Santayana の言葉を引用して「貴族制の統治形態が正当化されるのは以下の二条件が満たされる場合に限られる。（1）便益が隅々まで行き渡っていること、（2）もしも上流階級に与えられる財が減少してしまうと、下流で暮らす人びとの稼得も減少するとの裏付けがなされること。」である。そして「正義の二原理の可能な解釈の一つに、自然本性的な貴族制があり、理想的な封建体制ですら格差原理を充足しようと努めるものだということを、ロバート・ローズが指摘してくれた。このことを彼に感謝しなければならない。」という。

41) ロールズ著『同書』pp. 100 – 101　ここで Rawls は社会システムに追加的な要素を次のように強調する。すなわち、「自由市場の制度編成といえども、経済事象の全体動向を統制しかつ公正な機会均等に必要な社会的の条件を保持する政治的・法的諸制度の枠組みの中に据えられねばならない。」のであって、「この枠組みの構成要素はじゅうぶんなじみ深いものであるが、財産や富の過度の蓄積を防止することおよび全員に教育の機会均等を堅持することがどれほど重要であるか」を想起して、「文化・教養の知識や技能を習得するチャンスが当人の階級上の地位によって左右されるべきではないのである。したがって学校教育のシステムも（公立私立のいかんを問わず）階級という障壁を解消するように設計されなければならない。」とする。

42) ロールズ著『同書』pp. 102 – 103

43) ロールズ著『同書』p. 92

44) ロールズ著『同書』p. 106

45) ロールズ著『同書』pp. 106 – 107

46) ロールズ著『同書』p. 114

48　第1章　平等・不平等の概念形成と深化

47)　ロールズ著『同書』p. 102　ここにはもちろん各種の付帯条件を付加する必要があるが、基本的な観点からいうと、このように言うことができよう。

48)　Sen, Amartya, *On Economic Inequality*, 1973（アマルティア・セン著『不平等の経済学』鈴村興太郎・須賀晃一訳　東洋経済新報社　2000年）当著の日本語翻訳著は1977年に出版された原著の拡大版を全訳したものであり、ここではこの後者を使用した。

　　当著のテーマ設定について、Sen は「不平等はきわめて単純な観念であるが、同時にきわめて複雑な観念でもある。」とし、それは「他のいかなる観念も到底および得ない強い説得力をもって人々を行動に駆り立ててきた。」からであるが、同時にそれは、「不平等に関する主張は著しく論争的な性格を帯びることになる」からであるという。だからこそ、「古くから哲学者、統計学者、政治学者、社会学者、経済学者の熱心な研究対象とされてきた」のであり、そのために「本書のスタイルにも、不平等の観念がもつこうした二面性は反映されている。」という。そして、「専門的な結論の重要性は、日常的な意見交換や人々がそのために弁じたり、あえて戦うことを辞さない事柄に対して、どれほど役に立つかに応じて定まるのである。」（セン著『同著』「初版まえがき」参照）とすることが自らの信念であるという。これを踏まえて現状を見ると、「過去四半世紀の間に、不平等の問題はそれ已然にも増して公共的な討議と論争の中枢に位置するようになり、さらに一層異論の余地を拡大してきてもいる」ために、その後の研究の成果を含めた拡大版を出版することにした（セン著『同著』「拡大版まえがき」参照）というのである。

49)　セン著『同書』p. 3　この碑文には「己自身を知れ」と刻字されており、これを Sen は「いささか厳しい勧告であったことを想起せよ」と注記している。

50)　セン著『同書』pp. 3-4および注記2）参照

51)　セン著『同書』p. 4および注記3）参照

52)　セン著『同書』pp. 4-5

53)　セン著『同書』p. 7　これは「4つの選択肢 x_1、x_2、x_3、x_4の集合に対して、x_3が最上位、x_2と x_3が同順位で、それに次ぎ、x_1が最下位であると順位づける方法である。」というものである。

54)　セン著『同書』p. 6および注記5）参照　計測の尺度の内で、最も厳格な測度は「比率尺度」であり、これは計測する単位（メートルやグラム等）に関係なくある物体は他の物体の2倍の重さを持つというような表現をとる。順序や距離の意味に加えて、0の点が意味を持つものである。これよりもいくぶん厳格性の低い測度は「区間尺度」で、順序に加えて、値と値の距離にも意味のあるもので、絶対的な0がない。（摂氏であろうと華氏であろうと関係なく）100℃と90℃は90℃と85℃の差の2倍であるという表現が可能である。しかし、温度それ自体の比率をとれば、摂氏100° は華

5 Sen の不平等論　49

氏212°、摂氏90° は華氏194°、摂氏85° は華氏185° であり、その数値は採用され
た測定尺度によって変わってしまうという。

55)　セン著『同書』p.7　区間尺度のこの性質は効用理論においては、「基数的」と呼
ばれ、ある数値 x の集合がさまざまな対象の効用を表現しているならば、それらの
数値の正 1 次変数 y = a + bx, b >0 も、同様にそれらの対象の効用を表現するために
用いることができるという。これよりもさらに厳格性に劣る尺度は、効用理論におい
て「序数的」尺度と呼ばれるものであって、これは効用を示す数値の組に対していか
なる正の単調変数を施しても、それらがまた同一の対象に関する効用を表現しうると
いう。たとえば、一組の数値 1, 2, 3, 4 はそれぞれ 100, 101, 179, 999 のように、対応する
別の一組の数値によって置き換えることができるものであり、そこで問題となるの
は、数値の順序のみであるという。

56)　セン著『同書』p.7　これは「4 つの選択肢 x_1、x_2、x_3、x_4 の集合に対して、x_3
が最上位、x_2 と x_3 が同順位で、それに次ぎ、x_1 が最下位であると順位づける方法で
ある。」というものである。

57)　セン著『同書』p.7　ここでいう、完備性とは、2 つの選択肢 x と y をどのよう
にとっても、順序関係 R は、xRy あるいはその両者を必ず成立させることをいう。R
を「少なくとも同程度によい」という関係と解釈すると、もし xRy であり、同時に
yRx でないならば、x は強い意味で y よりもよいということができる。この関係を
xPy と表現することができるとすれば、yPx は xPy と全く反対の状況を示している。
また、xRy かつ yRz であれば、xRz が必ず成立することをいう。

58)　セン著『同書』pp.8−9

59)　セン著『同書』p.9

60)　セン著『同書』p.10　ここでの説明において、Sen は「われわれがケーキを分配
する状況を考えてみよう。」と提案し、「どの人間にとってもケーキは多ければ多いほ
ど望ましいことを仮定すれば、すべての分配方法はパレート最適であることになる。」
という。なぜなら、この当初の状態からすれば、「ある人をより満足させるようにケ
ーキの分配方法を変えれば、他の誰かの満足を必ず減じてしまうからである。」こと
は明白である。つまり、「この問題における唯一のイッシューは、ケーキの分配方法」
なのであって、不平等論のテーマであるところの、結果としてのケーキの取り分の多
寡ではないのであるから、「パレート最適性はこの論脈では完全に無力である。」こと
になる。

61)　セン著『同書』p.11　ここで一つの例を上げて、次のように説明する。いま、X
が社会状態の集合であるとすれば、バーグソン＝サミュエルソンの社会的厚生関数
は、X 全域で定義されるある順位づけ R であるとする。数値表現を用いて言えば、
この関係は、集合 X に属する任意の社会状態 x に対して構成の値 $W(x)$ を指定する

関数関係として構想された。W の測定尺度は、通常「序数的」なものと想定されている。また、ここでいうところの「個人主義」的仮定とは、U_i 個人 j $(j=1,\cdots,n)$ の効用関数を表現するとき、$W(n) = F(U_i(x)), ..., U_n(x))$ とする仮定をいう。さらに、他のすべての個人の効用水準を所与とするとき、W は U_i の増加関数であると仮定するならば、パレート最適性の考え方は関数 W の最大化という操作の中に組み込まれることになる。

62) セン著『同書』p. 12
63) セン著『同書』pp. 12-18
64) セン著『同書』pp. 18-20
65) セン著『同書』p. 21
66) セン著『同書』pp. 21-22

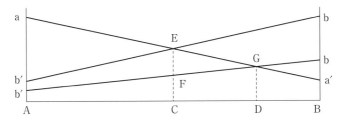

　Sen はこの図に基づいて、功利主義のもたらす不平等の姿を次のように説明する。「いま、2 人の個人の間に分けられるべき所得の総額は AB であり、個人 A の分け前は AB の方向に、個人 B の分け前は BA の方向に測られているとする。ここで、C や D のように AB 上に位置する任意の点は、2 人の個人間の特定の所得配分を表現している。図示されているように、両者は互いに正確な鏡像となっている。この場合には、最大の効用和は総所得を $AC = BC$ となる点 C で均等に分けることによって実現される。ここまでは全く問題はない。つぎに、個人 B の限界効用が個人 A の限界効用のちょうど半分であって、bb' ではなく $\overline{bb'}$ によって示されるものとする。この場合、もし所得配分が以前のままにととまれば、個人 A の相効用は $AaEC$ となるのに対して個人 B の総費用はたったの $\overline{BbFC}$ となって、個人 B の状態ははるかに悪化してしまう。平等主義的な基準であれば、この不平等を是正するために、所得を個人 A から個人 B に移転することを要求するはずである。功利主義はこの移転を提唱するだろうか。彼らが提唱することは実はそれと正反対の措置であって、貧しい個人 B から富める A に所得の移転なのである。その結果、新しい最適な分配点は D となり、個人 A は総効用 $AaGD$ を享受するが、個人 B はわずかに $\overline{BbGD}$ を受け取るに過ぎない。」結果となるという。

67) セン著『同書』p. 23

68) セン著『同書』pp. 23 – 24

69) セン著『同書』pp. 24 – 54 ここでまとめられた様々な可側性と比較可能性は以下の通りである。

比較可能性 ＼ 可測性	比較可能性	単位のみ 比較可能	水準のみ 比較可能	単位・水準 比較可能性
序数的	W_U と W_E の 両者使用不能	✕	W_U 使用不能 W_E 使用可能	✕
基数的	W_U と W_E の 両者使用不能	W_U 使用可能 W_E 使用不能	W_U 使用不能 W_E 使用可能	W_U と W_E の 両者使用可能

W_U＝任意の「功利主義的」な社会的厚生関数

W_E＝任意の「衡平性に依拠」——たとえば WEA を満足——する社会的厚生関数

70) セン著『同書』pp. 244 – 245

第2章　平等論・不平等論

瀬野　　隆

1　平等の基礎
2　不平等の基礎
3　平等・不平等の論理
4　不平等と現代経済学

1　平等の基礎

　現代社会における所得格差について、後述する各国別の具体的な検討に入る前に、そもそも平等の基礎とは何かについて、再度ここで考察することも必要であろう。前述のように、現代社会における「平等・不平等論」の研究において、最も世界的に権威ある二大論者は、いうまでもなく Rawls と Sen である。両研究者の「平等・不平等論」については、その概略をすでに論じているが、ここでは、この概念を現代社会において、その主張のもとづく基礎から詳細に再度比較検討することにする。

　Rawls は、「平等の基礎」と題して、平等・不平等論争における底流に存在する平等について、次のように論じている。「平等の基礎」、それは、「言い換えるならばそれに基づくことによって正義の原理と合致した仕方で人間が扱われるべき人間の特徴」であり、「〈正義の諸構想の適用範囲を決定しているものは何であるのか〉という観点から、検討しなければならない」という。ここでは、平等を経済的側面だけでなく、政治的・社会的・法制度的な側面にも及ぶ広範な領域を論述対象としている。そして、「この問いを明確にするために、平等という概念が適用される三つのレベルを区別」する。その「第一のレベルは規則の公共的なシステムとしての制度の管理・運営に対して」の平等である。このレベルにおいては「平等は本質的に〈規則正しさ

54　第2章　平等論・不平等論

としての正義〉を意味する。」とし、「類似の事例は同様に扱えといったような指針（成文法と判例によって規定されている通り）に準拠しつつルールを普遍・公平に適用することや、首尾一貫して解釈することを含意している。」という。したがって、「このレベルでの平等は正義についての常識的な見解において最も議論の余地のない要素といえる。」とする。次に、「第二の、そしていっそう困難な平等の適用は、制度の実質的な構造に関してである。」とし、「このレベルでは、平等な基本的諸権利がすべての人びとに対して付与されることを要求する正義の原理によって、平等の意味は特定される。」という。さらに、「第三のレベルは「平等の自然本性的な基礎」（いわゆる自然権）における平等」である[1]。

　では、平等を要求する主体の資格はどこにあるのかが、次に問題となる。それは、「まさしく道徳的人格（moral persons）である。」といい、その「第一の特徴として、道徳的人格は自分の善についての構想（合理的な人生計画によって表明されるような）を抱くことのできる（そして抱いていると想定される）。」ものであり、「第二の特徴として、道徳的人格は正義感覚、すなわち、正義の原理を適用し、それらに基づいて行為したいという通常は実効的な欲求を、少なくとも若干の最低限度までは抱くことのできる（そして身につけていると想定される）」ものであるという。こうして、「平等の正義は、初期状態に参加でき、初期状態の公共的な理解に従って行為できる能力を有している人びとに付与される。」ものであり、「道徳的な人格性（moral personality）がここでは、しかるべき経過をたどって通常は実現される潜勢力（potentiality）として定義されていることに注意せねばならない。」とする。つまり、「正義に対する権利要求を発動させるのは、この潜勢力である。」というのである[2]。ここでいうところの「道徳的人格性の能力が平等な正義を要求する資格を得るための十分条件」は何であるか。それについては、「〔この資格を得るにあたって〕絶対必要な最小限を超えては何も要求されることはない。」といい、それどころか、これが、「必要条件であるかどうかについては、考慮しないでおきたい。」とさえいう。その理由は、「正義感覚の能力は

圧倒的な大多数の人類によって保持されており、それゆえこの問題は実践的問題を引き起こすことはない、と想定している。」からであるという。すなわち、「道徳的人格性はある人を権利要求の主体とするのにじゅうぶんだ、というのが〔ここでの〕要点である。」とし、この大多数の人類に共有されている道徳的人格性は十分条件として「つねに充たされていると仮定しても、大きな間違いを犯すことになるまい。」というのである。さらに、「たとえこの能力が必要条件であるとしても、このことを根拠に正義〔の適用〕を留保することは、実際のところ賢明ではない。」とし、「〔なぜなら、正義の適用を差し控えることが〕正義にかなった制度に与えるリスクは、きわめて甚大なものとなる〔と考えられるからである〕」からであるとする。この Rawls の説明には、fuzzy で論理性に欠けるところはあるが、人類の普遍的な心情に訴えかける直感的な平等の基本的な概念であるので、重いものがある。とくに社会システムの在り方を検討する場合には、Rousseau も強調したように、自然法的な観点から重要である。Sen もまた、前述のように、社会的な革命運動の根源には、この思想が根強く存在することを認識し、同意している。

　そうではあるが、ある人が生まれつき、または事故によって〔道徳的人格性の能力に〕必要な潜勢力を欠いている場合」は平等の概念から、どう解釈するのかが問題となる。これについては、人間以外の動物集団と違って、人間社会に固有のものであり、「この欠如は欠損もしくは剥奪とみなされる。」とし、「〔なぜなら〕この属性をそもそも欠いている人種や国際法上承認されている人間集団は存在しない〔からである〕」とする。そして、「個々人はおそらくさまざまに異なる〔程度で〕正義感覚の能力を有しているとしても、この事実は劣った能力しか備えていない人びとから正義の十全な保護を剥奪するための理由とはならない。」とする。「ひとたび若干の最小限〔の能力〕が充たされるならば、すべての人と同等に、平等な自由を要求する資格が付与される。」のである。それでも、「正義感覚の優れた能力——たとえば、正義の原理を適用し、特定の事例における議論を整然とまとめる優れた技能や

56　第2章　平等論・不平等論

腕前において示されるような——その他の能力と同等に、生来の資産である。」場合における平等の取り扱いはどうなるのか。これについては、「優れた正義感覚の能力を行使することから人が得る特別な相対的利益は、格差原理によって律せられることになる。」という。それゆえに、「ある人びとが傑出した程度まで、特定の地位において必要とされる不偏・公平性や清廉高潔といった裁判上の徳（美点）を有しているならば、そうした職場に付随すべきどのような便益も適正に保持することが許される。」のである。とはいっても、「平等な自由原理の適用はこうした差異によって影響を受けることはない。」といい、「基本的諸権利と諸自由は能力に応じて異なるべきであると考えられることも時にはあるが、〈公正としての正義〉はそれを否定する。」のであり、「道徳的人格性のための最小限〔の能力〕が充たされるならば人は正義が保証してくれるもののすべてに与るのである[4]。」という。

　しかしながら、「平等は生まれもった〔道徳的人格性のような〕属性に基礎を置くことはできないという異論が唱えられるかもしれない。」が、これに対しては、「どのような人間も説得力のある理由がない限りは〔他の人よりも〕優遇された扱いに対する権利要求を有していないと述べるに等しい。」とし、「立証責任」は平等〔の側に〕に味方する〔なぜならある人を不平等に扱われるべきだと主張する側が、そのことに、立証責任を負うのだから〕。」という。そうであるから、「平等な処遇からの逸脱は、その都度弁護されなければならず、すべての人に妥当する原理の同一のシステムによって不偏・公平に裁定されなければならない。」のである。このことは、「本質的な平等は配慮の平等（equality of consideration）であると考えられる〔との異論が唱えられるかもしれない〕。」という。その理由は「不平等を正当化するためにいかなる根拠が提示され得るかに関して、配慮の平等は何の制約も貸すことがないからである。」といい、そのために、「実質的な平等の扱いは何ら保証されてはいない。」のである。だが、この考え方によれば、「〔極端な例を挙げると〕奴隷制度やカースト制度は、この〔平等についての〕構想を充たしているかもしれないからである。」という。こうしたことから、

Rawls は「平等をほんとうに請け合ってくれるものは、正義の原理の内容にあるのであって、こうした手続き的な前提にあるのではない。[5]」と主張する。

また、「平等を生まれもった諸能力に基づかせることは平等主義的な見解と両立しないというのは、事実ではない。」という。そのことは、「領域特性（range property）を選び出し、その条件を充たす人びとに対しては平等な正義を付与することである。」とする。この領域特性とは、「単位円の内側に位置しているという特性が、その平面上の点の領域特性にあたる。」のである。そうであるとすれば、「この円の内側に位置しているすべての点は、その座標は一定の領域内においてさまざまに異なるとしても、この領域特性を充たしている。」ので、その限りにおいては、平等であるといえる。そうであるとすると、「人間が平等と見なされるべきであるというような観点（the respect）を選び出すための適切な領域特性は存在するのかどうか〔という問題〕が、正義の構想によって解決されることになる。」ということから、この領域特性に含まれている「生まれもった能力が平等の基礎を構成していると考えることには何の支障もない。[6]」ことになる。

しかしながら、「平等の基礎を生まれもった属性におくことは平等な正義を掘り崩すことになるという異議は、なぜもっともらしく聞こえてくるのであろうか。」と問いかける。その答えは、——目的論的な理論〔すなわち功利主義〕がしばしば当然と見なされている〔暗に前提とされている〕からである。それゆえに、「仮に正しさとは満足の賞味残高を最大化することだとするならば、権利と義務はこの目的を達成するために割り当てられる。」ことになる。基本的な諸権利をこのように、総福祉の最大化を実現するための手段とすることが本当に正しいことであるのかということである。したがって、「権利の精確な自然本性的な基礎や適切な割り当てが、いずれにせよ功利原理に依拠しているという点」が問題なのである。というのは、「能力におけるヴァリエーションが不平等な基本的諸権利を正当化することを許容するのは〔功利主義という〕倫理の理論の内容と、その内容が最大化観念であるという事実であって、平等は生まれ持った属性に基づくという考え〔それ

58　第2章　平等論・不平等論

自体〕ではないからである。[7]」というのである。

　ここで論じられているところの、「道徳的人格性を定義する最小限の要件は能力に言及しているのであって、能力の実現に言及しているのではない。」ということである。なぜならば、「この能力を有している存在者は、それが今のところ発達しているか否かにかかわらず、正義の原理の全面的な保護を受ける」ことになるからである。たとえば、「乳児や子どもは基本的な諸権利を有していると考えられているので（通常、両親や後見人によって彼らのために行使される）、〔正義の原理の保護が受けられるための〕必須条件についてのこの解釈は、私たちのしっかりした判断と適合するためには必要であると思われる。」と指摘するのである。さらには、前述の「潜勢力を十分条件と見なすことは、原初状態の仮説的な性質と合致し、また可能な限り原理の選択は恣意的で無根拠な偶発性によって影響を受けるべきではないという考えとも合致する。」ことになる。したがって、「出発点〔＝原初状態〕での合意に参与しようとするような人びと——は〔合意を妨げるような〕偶然の情況がないものと仮定されるなら——平等の正義を保証されるということは理にかなっている。[8]」ということができるという。

　以上のように考察してくると、「平等の基礎に関する契約説の単純明快さは特筆に値する。」とし、「正義感覚の最小限の能力によって、あらゆる人が平等な権利を有することが確実になる。」という。その結果、「すべての人の権利要求は正義の原理によって裁定されなければならない。」ことになる。なぜならば、「平等は自然本性に関する一般的事実によって裏づけられるのであって、実質的な効力を欠く単なる手続的な規則が支えているのではない。」からである。また、「平等は人びとの内在的な真価の査定、もしくは彼らの善の構想についての比較評価を前提とするものではない。」のであって、「正義を与えることができる人びとのみが、正義に与るのである。」ことになるのである。そうであるとすると、「平等な正義が意味しているのは、各人にとって可能な最善の生活を各人が実現することに対して、社会は同一の割合で寄与すべきである。」という主張も出てくるかもしれない。これに対し

ては、「この平等な正義は人生計画の相対的な善さを評価する方法を要求する」だけではなく、「さまざまに異なる善の構想を有した人びとに対する均しい比率の寄与だと見なされるものを測定する何らかの手だてが使えることを前提としている。」のであるが、このことには深刻な困難が予想される。なぜならば、「ある人びとの優れた能力が、他の人びとに対して相対的利益を補償するかどうかに関わりなく、社会的資源に対するより強い権利要求を彼らに付与する恐れがあるという点である。」が、これに対しては「〔この正義の基準にあっては〕生まれもった資産におけるヴァリエーションは、異なる人生計画を抱懐する人びとに等しい比率の援助を提供するのに必要とされることがらに影響を与えるであろう、と必然的に想定される。」ことになる。この点から「こうした平等の構想は、相互の相対的利益〔を目指す社会形成〕の原理を侵害していることに加えて、人びとの権利要求の強さは生まれもった能力の分配・分布によって、したがって道徳的な観点からすれば独断・専横的である偶発性によって直接的に影響を受ける」ということを意味していると批判する。これに対して、「〈公正としての正義〉における平等の基礎はこうした難点を回避している。」とし、〔〈公正としての正義〉にあって〕決定的である唯一の偶発性は、正義の感覚の能力を有しているかどうかにある。」からであるという。すなわち、「正義を与えることができる人びとに対して、返報として正義を与えることによって、互恵性（助け合い）の原理が最高度の水準で実現されるのである。」からであるという。

　では、次に「何についての平等か」という点に至っては、次のようにいう。「特定の財の分配——そうした財のいくつかは、ほとんど確実に、より恵まれた人びとに対して高い身分や威信を付与することになる——との関係において引き合いに出されるものとしての平等と、人びとに対して、彼らの社会的な地位に関わりなく払わなければならない尊敬（尊重）に関する平等である。」という。この内で、「最初の種類の平等は、社会的な協同が実効的かつ公正であるように、組織と分配上の取り分の構造を統制する正義の第二原理によって規定される。」のである。しかしながら、「二番目の種類の平等

60　第2章　平等論・不平等論

が基底的な平等である。」のであって、「この平等は正義の第一原理によって、そして相互尊重の義務のような自然本性的な義務によって、明確に規定される。」もので、「この平等は道徳的人格としての人間に帰せられるのである。」という。そして、「平等の自然本性的な基礎は、この二番目の平等が有するより切実な重要性を説明する。」ものである。すなわち、「第二原理に対する第一原理の優先権によって、私たちは場当たり的な仕方で平等についての二つの構想の兼ね合いが図られることを避けることができる。」ことになる。他方では、「原初状態の観点からの論証は、この第一原理の優先順位がどのようにして生じてくるのかをも示してくれる。」[10]という。

　最後に、「この原理の適用をどこまで拡張されるべきであるのだろうか」と問う。確かに、「公正な機会〔均等〕原理を首尾一貫して適用することは、人びとをその社会的な地位の影響力から独立した存在として見極めることを要求する。」からである。というのは、公正な機会（これまで定義されてきたような）が充たされているときでさえ、家族〔制度〕は個々人の間に不平等なめぐり合わせをもたらすであろうと思われる。」からである。もし、家族内における出生順序や男女の性の差別などにおける平等を主張するとなると、「家族〔制度〕は廃止されるべきであるのだろうか。」という問題が生じる。「機会均等の理念それだけを取り上げて、これが有するある種の優位・至上性を鑑みるならば、この理念は家族廃止の方向に傾く。」ことになる。とはいっても、こうした平等が「正義の理論全体の文脈におかれた場合、そうした方針を採用する切迫性はかなり低い。」と判断できる。また、「格差原理を承認することを通じて、〈リベラルな平等〉のシステムの内部で構築されてきた社会的不平等の諸要因の見直しが迫られる。」ことになる。その過程で、「友愛と矯正（正義回復）の原理〔＝格差原理〕に対して相応しい重要性が付与されるならば、生来の資産の分配・分布および社会的情況の偶発性はより容易に受け入れられるものに代わる。」[11]という。

　もし、「社会的障壁が取り除かれさえすれば、私たちは他の人びととともに平等なチャンスを享有することになり、それゆえ社会的不平等は、私たち

の暮らし向きがもっと良かったらと反実仮想して意気消沈するようなもので
はなく、むしろ私たちの相対利益となるべく構成されている。」ような社会
になるというのである。したがって、ここでは、「今や私たちの幸運につい
て立ち入って議論する用意が整っている。」ことになる。こうして、「この正
義の構想は――この構想が真に実効的であり、そうしたものとして公共的に
認められているとすれば――〔功利主義や卓越主義といった〕その競争相手
よりも、実社会（social world）を眺望する私たちの視座を変容し、自然秩序
の配剤や人間の暮らしの条件を私たちに受け入れさせる可能性がはるかに高
いように思われる。」と述べている。[12)]

　Rawls の主張するところの、この平等論の基礎は、上述のように、まさに
自然法に基づく社会契約説であり、そこにおける平等は、自然本性的に付与
されたものとして奪うことのできない固有の権利であるという性格を持って
いる。この平等論から言えば、すべての人間は本質的には平等であり、そこ
におけるいかなる格差や差別も本来的に容認されないことになる。先進国は
もとより、途上国における平等の取り扱いについての基本的かつ潜在的な要
求には、誰であっても、拒否できないものとなる。そのことは、格差原理を
もってしても、なお優先度は高く、その許容範囲の下における不平等しか容
認されないという厳しいものである。先進諸国においては、国によって違い
はあるものの、民主主義政治体制の下で、国民が要求する福祉の充足ととも
に、こうした観念は、かなりの程度に受け入れられてはいるものの、途上国
ではほとんど考慮されていないか、その格差は当然のことであるというよう
に、認識されているところが多く見られる。また、先進国でも、途上国で
も、功利主義の原理に基づく市場経済において活動する経済主体の incen-
tive を論じる場合には、この視点は無視されるきらいがある。そのために、
所得格差論を展開するための重要な一視点として、Rawls が論じたこの平等
の基礎は論理展開をする上での根源的かつ確固たる位置を占めている。

62 第2章 平等論・不平等論

2 不平等の基礎

　平等の基礎を自然本性的な特性に置いた Rawls に対して、Sen は、その基本的な平等の根源をある程度は認めながらも、その確かさについては疑問を呈する。この確実性を次のような一つの例証をもって、解決を迫るのである。その例証とは、「三人の子供と一本の笛」である。「一本の笛を巡って言い争っている三人の子供（アン、ボブ、カーラ）のだれがその笛を与えられるべきか」を次の例題によって考えてみよという。

　　「アンは、三人の中で自分だけが笛を吹くことができ（他の二人はこのことを否定しない）、実際に笛を吹ける唯一の人に笛を与えないのは非常に不公平だという理由で笛を要求する。もしこれが知りうることのすべてであれば、笛をアンに与えるという答えは説得的であろう。

　　もう一つのシナリオは、ボブが発言し、彼の身が三人の中で貧しくて自分のおもちゃをもっていない唯一の子供だということを理由に、彼が笛をもらうことを主張するケースである。この場合、笛はボブにとって遊ぶ道具となる（他の二人はボブよりも豊かで、遊び道具もたくさんあることを認めている）。もしボブの言うとことだけを聞いて、他の二人の言うことを聞いていなければ、ボブに笛を与えるのが説得的である。

　　もう一つ別のシナリオは、カーラが発言し、その笛は自分が何カ月もかけて精を出して作ったものであると主張し（このことについては他の二人も認めている）、彼女がちょうど完成させたときに、「まさにそのとき、彼らがやってきて私から笛を取って行こうとした」と訴える。もしカーラの発言のみを聞いていたなら、自分で作ったものに対する所有権の主張は理解しうるものなので、笛をカーラに与えたくなるだろう。」

　この例は、決して突飛な想定ではなく、日常的な子供の世界における、よくあるもめごとの一つである。しかし、これら「三人のそれぞれ異なった議論を聞くと、困難な決断をしなければならなくなる。」ことは容易に想像できるものである。この例にある三つのシナリオにはそれぞれがもっともな合理的な立場と主張の納得できる根拠を持っているからである。この例を、大

人の世界における、より普遍的な平等の正義の判断に持ち込むと、どのようなことがいえるであろうか。「異なった信条を持つ理論家、例えば功利主義者、経済平等主義者、まともなリバタリアンなら、ここから公正な解決までまっすぐに至る筋道を正確に示すことは難しくないと考えるかもしれない。しかし、ほぼ、確実に、それぞれの立場によって、それぞれの全く異なる解決策を明らかに正しいものと見なすだろう。」という。

　先ず、第一のシナリオでは「最も貧しいボブは、人びとの間の経済的手段の格差を縮小しようとする経済平等主義者から直接的な支持が得られるだろう。」といい、一方、第二のシナリオでは、「笛を作ったカーラは、リバタリアンから直接的な共感を得られるだろう。」という。また、第三のシナリオでは「功利主義的快楽主義者は最も難しい試練に直面することになろうが、アンは笛を演奏できる唯一の子供なので、アンの喜びが最も大きいだろうという事実を、リバタリアンや経済平等主義者よりも重視するだろう。」という。それは、「(「浪費しなければ、不足することもない」という格言もある)」からである。しかし、それでも、「功利主義者は相対的貧困状態にあるボブが笛をもらうことから得られる喜びは、アン以上に大きいかもしれないということも認めなければならない。」ことはよく理解できる。さらに、「カーラについては、自分で作ったものに対する「権利」という考え方は、功利主義とは合わないかもしれないが、それにもかかわらす、功利主義者の考えでは、人々が自分の努力で作ったものを自分のものとすることによって、効用が持続的に生み出されるような社会を造るために、労働のインセンティブを考慮することになるだろう」という。特に、この場合のように、「誰が何を作ったかがすぐに分かる簡単な事例」では、明白で、「カーラが独力で作った笛の場合にも十分に容易だろう」が、「この種の分析は、労働以外の要素を含む様々な生産要素が関連してくるとき、深い問題を引き起こす」だろうともいう。また、「リバタリアンがカーラに笛を与えることを支持するやり方は、功利主義者の議論が労働のインセンティブの働きに制約されるような条件を伴わない。」のであって、なぜならば、「リバタリアンは、人々が自分自身で

64 第2章 平等論・不平等論

作ったものに対して持つ権利に直接、注目するからである。」という。このような「自分の労働の果実に対する権利という考え方は、右派のリバタリアンと左派のマルクス主義者を結びつける（それぞれ、一緒にされることがどれほど不愉快なものであったとしても）」のである。

　ここで論じられている一般的なポイントは、「人間の達成や追求や、貧困の除去や、自分自身の労働の産物を享受するエンタイトルメントのそれぞれに基づく主張のいずれもが、根拠のないものとして軽々しく無視できるようなものではない」ということである。なぜならば、「これらの異なった解決策には、それぞれを支持する重要な議論があり、恣意的にではなく、そのうちの一つを常に優れたものとして特定することはできない」だろうからである。それだけではなく、「ここで私が注目したいのは、三人の正当化の議論は、個人の利点を構成するものの相違を表しているのではなく、笛を得ることは、三人の子供のだれにも有利なことであり、それぞれの議論によって支持されている、資源配分一般に関わる原理の相違を表しているというのがかなり明らかな事実である。」ということである。このことは、「どのようにして社会的取り決めがなされるべきか、どんな社会制度が選択されるべきか、そして、それを通して、どんな社会的実現が生まれるかに関するものである。」ということによる。「それは単に三人の子供の既得権が異なるということではなく（もちろん、異なっているのだが）、三人の議論はそれぞれ異なったタイプの不偏的で、恣意的でない根拠を示している」ということである。

　この例証の結論として、Sen は、このことは「ロールズの原初状態という公正原理に当てはまるだけではなく、その他の不偏性の要求、例えば、我々の原理は「他者が理に適った形で拒否できない」ものであること」を満たしているというトーマス・スキャンロンの要件にもあてはまる。」ものであり、「功利主義者、経済平等主義者、労働権論者、まともなリバタリアンなどの様々な信念を持つ理論家たちは、簡単に見つけることができる簡単で公正な解決策があると答えるかもしれないが、しかし、彼らはそれぞれ全く異なる解決策を明らかに正しいものとして論じている。」のであるという。したが

って、「不偏的な合意が生まれるような特定可能で完全に公正な社会的取り決めなど実際に存在しないのかもしれない。」と述べている。

　こうした公正さの判断の複雑性と困難性を前提として、ここから、さらに平等の基礎に対しても、疑問を投げかける。その結果、一般社会における平等は果たして本当の意味で平等といえるのかという問いを発することとなった。その解答となったのが、*Inequality Reexamined*, 1992 であった。[14] もちろん、一般論としての平等の存在について全く否定しているわけではない。すなわち、「社会制度の倫理的アプローチの中でも歳月の試練に耐えて生き残ってきたもののほとんどは、何かについての平等、すなわち、その理論の中で重要な位置を占める何かについての平等を求めているという特徴を持っているという点で共通しているということも主張したい。」と述べ、「（もしそう呼んで良ければ）所得平等主義者が平等な所得を求め、厚生平等主義者が厚生水準の平等を求めるように、古典的な功利主義者も全ての人々の効用に等しいウエイトが与えられるべきであると主張し、また純粋なリバタリアンもあらゆる種類の権利や自由が平等に与えられることを要求している。」からである。こうしてみると、「かれらは皆、本質的には平等主義者であり、各々のアプローチにとって極めて重要と見なすものを全ての人が平等に持っていなければならないと主張する点で共通している。」ことを挙げている。そして、「これまでの議論の中でしばしば行われてきたように、争点を平等主義者と反平等主義者の対立と見てしまうと、この問題の中心的なものを見失うことになる。」という。したがって、「ある面ではみな平等主義者であるという共通した特徴は、あるレベルで全ての人々に対して等しい関心を払う必要があるということを意味しており、社会制度に対する提案がそのような特徴を欠いていては社会に受け入れられないということも主張したい。[15]」と述べている。

　では、どこに平等・不平等の視点を置けばいいのかという問いが生まれてくる。そこでは、「何の平等か」という問いが「決定的に重要な役割」を持ち、「様々な思想間の論争を、それらの思想がそれぞれ何の平等を追求すべ

66 第2章 平等論・不平等論

き社会的課題と見なしているのかという基準で整理できるという点にある。」からきわめて重要であるという。つまり、「ある理論が一つの変数について平等を要求することは、その他の変数に関して平等主義的でないかもしれない。」ということである[16]。それは、「これら二つの変数が対立する可能性が十分にある。」からである。一例をあげると、「ある種のエンタイトルメントに関して等しい権利を要求するリバタリアンが、権利の平等と同時に所得の平等を要求することはできない。あるいは、効用のどの一単位にも等しいウエイトを与える功利主義者は、この要求と矛盾することなく自由や権利の平等を要求することはできない（そして、その場合には、各個人が享受する総効用を等しくすることも要求できない）[17]。」からである。すなわち、「「中心的」と見なされている社会的課題の平等を求めることは、中心的でない「周辺的なもの」の不平等を受け入れることを意味する。」からである。こうしてみると、「争点は、結局、何を中心的な社会的取り決めと見るかである。」ことが理解できる。「何の平等か」を問うことは、「人間の多様性という現実に関わっている。」という点が本質的に重要な点である。すなわち、「（「全ての人間は平等に創られている」といったような人間の同一性を前提として（理論的もしくは現実の）不平等の考察を進めると、問題の重要な側面を見落とすことになる。）というのである。なぜならば、「人間の多様性は、（無視したり、後から導入すればいいという程度の）副次的な複雑性ではない。」からである。そして、「私たちが平等に対して関心を持つのは、この多様性が人間の基本的な側面だからである。」[18]というのである。

Sen は、不平等の原因が所得の格差にあるとされていることに対して、「所得は人々が享受する真の機会に影響する数多くの要因のうちの一つであるに過ぎない」とする。それは、「個人 A は所得に関しては個人 B より裕福だが、もしある慢性の疾病のために所得の大半を必要不可欠な治療に支払わなければならないとすれば、個人 A は個人 B より「困窮」しているかもしれない」からである。すなわち、「さまざまな人々が享受する真の機会は、人それぞれの境遇——年齢、障害、罹病の難易度、特殊な技能、性、妊娠な

ど——の差異に大きく影響され、また自然的・社会的な環境——の格差にも影響される。」からである。それゆえに、「このような状況では、経済的不平等を理解するために所得分布の不平等のみに注目することは、明らかに不適切である。[19]」と述べている。

このように Sen は、人間の多様性がある限りは、不平等の基礎はここにあるというのである。「平等という概念は、ふたつの異なったタイプの多様性に直面している。」とし、「㈠人間とはそもそも互いに異なった存在であるということであり、㈡平等を判断するときに用いられる変数は複数存在する」ということである。つまり、「人間とは全く多様な存在である。われわれは、相続した資産や自然的・社会的住環境などの外的な特性において異なっているだけではなく、年齢、性別、病気に対する抵抗力、身体的・精神的能力などといった個人的な特性においても異なっている。」のであるので、「平等を評価する場合には、人間につきまとうこのような多様性を考慮せざるをえない。[20]」という。しかし、このような「多様性を、不平等を評価する通常の枠組みに適切に導入することは困難である。」ために、「その結果、このような基本的な課題は、不平等評価の文献では全く言及されずにいることが多い。」という。そこで、「しばしば生じる重要な問題は、不平等分析が特に所得に焦点を当てているところに原因がある。」とする。なぜならば、「人々が直面している機会がいかに不平等であるかは、所得の不平等の程度からは簡単に推し量ることができない。」からであり、「われわれができることやできないことは単に所得水準に依存しているのではなく、われわれの生活に影響を与え、現在の状態をもたらしている身体的・社会的特徴の違いにも依存しているからである。[21]」とするのである。

そこで、「個人の福祉は、その人の生活の質、いわば、「生活の良さ」、として見ることができる。」のであり、この場合には「生活とは、相互に関連した「機能」（ある状態になったり、何かをすること）の集合からなっていると見なすことができる。」とする。このような観点から見ると、「個人が達成していることは、その人の機能のベクトルとして表現することができる。」

という。そして、「重要な機能は、「適切な栄養を得ているか」「健康な状態にあるか」「避けられる病気にかかっていないか」などといった基本的なものから、「幸福であるか」「自尊心を持っているか」「社会生活に参加しているか」などといった複雑なものまで多岐にわたる。」という。Sen がここで主張したことは、「人の存在はこのような機能によって構成されており、人の福祉の評価はこれらの構成要素を評価する形をとるべきだ[22]」と言うのである。そうであるとすると、こうした機能が、個人によって平等に所有されていない場合には、所得や財そのものの不平等に加えて、もう一つの不平等の基礎を構成することになる。

　実際のところ、Sen は不平等となる貧困の基礎的な条件として、次の 4 つを列挙している。

　　⑴個人的異質性：人々は、年齢、性別、障害、病気に対する抵抗力など、本質的に異なる身体的特徴を持ち、それぞれのニーズを極めて多様なものにしている。例えば、障害者や病気の人は、ある所得水準で健常者ができる基本的なことを行うために、より多くの所得を必要とするだろう。実際、深刻な障害を抱えた人の場合、治療や人工装具などに大金を注ぎ込んだとしても、その不利な条件を完全に取り除くことはできない。

　　⑵物的環境の多様性：一定の所得でどれだけのことができるかは、気温差のような気象条件、構造など、その環境に依存する。環境は変えられないわけではない。例えば、コミュニティーの努力によって改善することもできるし、汚染や破壊によって悪化させることもできる。しかし、孤立した個人にとって、所得や個人的資質を機能や生活の質に変換する上で、環境は所与として受け入れなければならない。

　　⑶社会的風土の多様性：個人の資源を機能に変換する能力は、公衆衛生や疫学、公教育制度、特定地域における犯罪や暴力といった社会的条件から影響を受ける。公共施設以外にも、コミュニティー内の関係の性質も重要であり、この点は「社会関係資本」に関する最近の研究が強調してきたところである。

　　⑷相対的視点の違い：コミュニティーにおいて確立された行動パターンに

よっても、同じ基本的機能を達成するために必要な所得はかなり違ってくる。例えば、「恥をかくことなく、人前に出る」ためには、貧しい社会よりも豊かな社会の方が、衣類やその他の目につく消費の水準は高くなるだろう。(アダム・スミスは『国富論』で二世紀以上も前にこのことを指摘していた)。同じことは、コミュニティーの生活に参加するために必要な個人的資源や、多くの文脈で自尊心の基本的要件を満たすために必要な資源についても当てはまる。これは主として社会間の違いであるが、それは異なる国にいる二人の人の相対的優位性にも影響を与える[23]。

　このような不平等を発生する4つの基礎的な条件は必ずしも常に単独で存在しているわけではなく、これらの不利な条件が結合する「カップリング」の問題もあるのであって、このことは「貧困を理解し、それに対処する公共政策を策定する上で非常に重要である。」という。また、そもそも「高齢や障害や病気のようなハンディキャップは、所得を稼ぐ能力を低下させる。」ことになる点も考慮されなければならない。というのは、「高齢者や障害者や深刻な病気に罹っている人は、健常者と同じ機能を達成するためには（その機能を達成することが可能だとして）、（補助や人工装具や治療のために）さらに多くの所得を必要とするからである。」という。こうした悪循環から言えることは、「したがって、「真の貧困」（ケイパビリティーの欠如として捉えられる）は、所得データから推定されるよりもずっと深刻なものとなる。」という。そして、「この点は、稼得能力が低いことに加え、機能に変換する能力にも困難を抱える高齢者やその他の人々を支援するための公共活動を評価する上で決定的に重要となる[24]。」と強調する。

　個人として見た場合には、以上のような問題を指摘できるが、これが家族の内部の問題にも波及してくる。すなわち、「世帯内における便益や機会の分配は、貧困に所得アプローチを用いることをさらに困難にする。」という。なぜならば、「所得は、世帯内の働き手によって世帯にもたらされるが、それは、年齢や性別や労働能力とは無関係に世帯内の全員に配分されるわけではない。」ことがよくありうる。そこで、「もし世帯所得が、世帯内の特定メ

70 第2章 平等論・不平等論

ンバーの利益になるように不均等に配分されるならば（例えば家族内の配分で男子が女子よりも常に優遇されるなら）、軽視されたメンバー（この例では、女子）の貧困の程度は、世帯所得のような集計値に適切に反映されることはない。」という鋭い指摘がなされる。「これは、多くの文脈において重要な課題である。」のであって、「性差別は、アジアや北アフリカの多くの国において世帯内分配の主要な要素となっている。」のである。それだけではなく、「女子の貧困は、世帯所得を比べるよりも、死亡率や罹病率や栄養不良の高さや、治療を受けられないことに見られる、ケイパビリティ―の欠如を見ることで容易に、そして確実に評価することができる。[25]」というのである。ここには、所得や財の不平等に加えて、機会の不平等と男女の不平等、さらには、世帯内不平等が構造的・根源的にケイパビリティ―との関連で浮き彫りにされてきている。

　ところで、「この機能の概念と密接に関連しているのが、「潜在能力」である。」とし、「これは、人が行うことのできる様々な機能の組み合わせを表している。」のである。それゆえに、「潜在能力は「様々なタイプの生活を送る」という個人の自由を反映した機能のベクトルの集合としてあらわすことができる。」という。つまり、「「予算集合」が、どのような財の組み合わせを購入できるかという個人の「自由」を表しているように、機能空間における「潜在能力集合」は、どのような生活を選択できるかという個人の「自由」を表している。[26]」ということができるというのである。この潜在能力（ケイパビリティ―capability）は、個人の場合には、「その人の置かれている状態、すなわち「達成された機能」に完全に依存していると考えがちである。」が、「しかし、「達成された機能ではなく、潜在能力がどのように福祉に結びついているのかという点は、本当はよく考えてみなければならないことがらである。」という。そこで、「福祉を潜在能力によってとらえることの妥当性は、二つの相互に関連した考え方から生まれている。」のであって、その「ひとつは、もし「達成された機能が」人の福祉を構成しているとすると、潜在能力（すなわち、ある個人が選択可能な機能のすべての組合せ）は、

「福祉を達成するための自由（あるいは機会）」を構成しているということである。」という。そのため、「このような「福祉を達成するための自由」は倫理学的・政治学的分析に直接関わりのあるものである。」ことになる。ということは、「例えば、「善き社会像」を作ろうとするとき、「様々な個人が福祉を達成するために与えられた自由」の価値を認めるべきだろう。」からであり、また「あるいは、「福祉の自由」を「善き社会像」に取り込まなくても、人々が本質的な「福祉の自由」を持つべきであることを、単に「権利」であると見なすこともできるだろう。」からである。「このような福祉を達成する機会によって表される自由は、少なくとも手段として評価されなければならない。」のであり、このことは「例えば、ある個人が社会においてどのような「手札」をもっているかを判断するようなケースである。」という。とはいえ、「自由というものは、善き社会構造にとっては手段としてだけではなく、本質的に重要なものとみなされるべきである。」のであって、したがって、「「善き社会」とは「自由な社会」のことである。」ことになる。社会制度のあり方を論じる場合には、「社会の「善さ」ではなく「正しさ」という概念を使うことも可能である。」という。

　福祉と潜在能力の間の第二番目の関係において言えば、「「達成された成果」を潜在能力に直接結びつけるものである。」のであって、ここで「選択するということは、それ自体、生きる上で重要な一部分である。」のであり、「重要な選択肢から真の選択を行うという人生はより豊かなものであると見なされるだろう。」ということになる。このような観点からすると、「少なくとも特定タイプの潜在能力は、選択の機会が増すとともに人々の生活を豊かにし、福祉の増進に直接貢献する。」ことになる。しかしながら、「潜在能力という形の自由が、ただ道具として評価されるとしても、そして福祉の水準がそのような選択の自由の程度に依存していないとしても、潜在能力は社会的評価の重要な要素である。」ことに変わりがないのである。すなわち、「潜在能力集合は人の到達可能な範囲の様々な機能に関する情報を与えてくれる。」のであって、「この情報は福祉がいかなる形で特徴付けられようとも重

72　第2章　平等論・不平等論

要なものである。[27]」というのである。

　このように考察して、Sen は人々における潜在能力それ自体の不平等はその
まま、財の不平等に止まらず、機会の不平等や男女の不平等、世帯内の不平等を経由して、個人や社会の結果の不平等に結び付く傾向があるという意味で、潜在能力の不平等の重要性を述べるのである。

3　平等・不平等の論理

　平等と不平等の根源的基礎を、Aristoteles から Rousseau を経て、Rawls と Sen に至る、平等・不平等の研究を通して、要約してきたが、ここに至って、現代社会における適用可能性と効果を考えてみたい。

　Aristoteles が示した平等の概念には、算術的な「切半」こそが「平等」の基礎にあるとはいえ、貢献や技能、規範という側面からみた「平等」もあり得ることを示唆していた。この平等の本質的な二面性における「平等・不平等」の在り方は、今日まで連綿として受け継がれている。複雑な人間の心理を勘案すると、単純な二分法だけでは、多くの人びとを納得させる価値判断は生まれて来ないということである。特にデモクラシーの政治体制下においては、合意を形成することが一層難しいことになる。そうした人間の複雑性を背景として、平等・不平等論争は、そこからさらに、一方ではより根源的な観点に、他方ではより合理的な観点へと論点が二極に分割して遷移してきている。Rousseau の立脚点は、自然本性的な自然状態における本来的な平等であって、人間社会における不平等は、「原始状態」に回帰して、そこを起点として比較検討して修正することが必要であるとした。Rawls もまた、この Rousseau の考え方を取り入れて、「原初状態」における、つまり真空状態における実験室を想定したような無知のベールに覆われた環境下における、あるべき人間の平等を正義として主張する立場をとる。これに対して、Sen は、現代社会における「財」に依存した解決策だけでは充分ではなく、「潜在能力＝ケイパビリティ― capability」が付与されなければ、充分ではないと指摘する。こうした論理の基礎には、現在の社会が決して理想的

な平等社会ではないという認識において一致している。しかしながら、その不平等な現実社会を理想的な平等社会にするためにはどうすればよいかという点では、両者の立場の方向は全く正反対となるように思われる。自然法の流れをくむ社会契約説の立場において、Rousseau と Rawls は原始状態または原初状態という、非現代的状態へ回帰して、そこから再検討を迫るのである。他方、Sen は現代社会の不平等な現実を直視しながら、将来に向かって、潜在能力の不平等の修正をはかることで、現状を改善しようと指向するのである。

　平等の実現は疑うことのできない自然本性的な権利の回復であるとし、それを実現するための手段としての「財」の平等な分配を論じた Rawls は、その財の中でも「基本財」と呼ぶべきものがあり、それを次のように説明する。すなわち、個人間比較をする場合には、社会的基本財の予期というべき観点から考慮すると、この予期は、ある地位を代表する個人が期待し得る社会的基本財の指数として定義できるものであるとする。したがって、ある地位を占める人が有する基本財の指数がより大ならば、その人の予期は他の人の予期よりも大きくなるのは当然のことである。その人のなしうる方向と範囲はそれに伴って、比例的に拡大縮小することになるからである。そして、この基本財は合理的な人間が他に何を欲していようとも、必ず欲するだろうと想定されるものであるので、個人の合理的な人生計画の詳細がどのようなものであるかにかかわりなく、その持ち分が少ないよりも多い方を選好されるものがいくつか存在するといえる。一般的に言って、こうした財をより多く持つ人間は自らの諸目的を促進したりする上で、通常より大きな成功を保証され得るだろうことは容易に理解できる。そこで、この社会的基本財を大別すると、権利、自由、機会、所得及び富、そして自尊心となるという。

　さらに、Rawls は、後に、この基本財の説明では不充分であるとして、人々の追求する基本財は、単に人が合理的な「自己利益を追求する手段」としてだけではなく、二つの道徳的権能を保持しており、それらの権能の発達と行使を通じて、自己利益の追求にとどまらず、より「高次の利害関心」を

74 第2章 平等論・不平等論

持つようになると見なされねばならないという。そうすると基本財は、「自由かつ平等な市民」としての、また「生涯を通じて十全な協働を続ける正規の社会構成員」としての地位に即した、人々のニーズ、つまり必要・要求の対象であると特徴づけられる。そうして、政治的正義の実現をねらって人々の暮らしの良さの個人間比較を行う場合に、その比較は市民たちの基本財という指標に基づかなければならないことになる。しかも、その際の基本財は、市民としてのニーズに応ずるものにほかならず、彼らの選好や欲求を満たすものであり、それは効用の対極に位置するものとなるという。こうして、人間の平等は、この基本財の平等な社会的分配を指向することになる。

この Rawls のいうところの基本財を、原初状態を想定し、格差原理を受け入れた、社会的に平等な分配を指向することについては、ある考慮すべき手段のレベルまでは納得できるものである。しかしながら、たとえこのような社会的分配が実行されたとしても、そうした財を必要な目的を設定して、これに応じて、適宜適切に手段として使用可能なものにするためには、相当の配慮と効果的な使用方法の取捨選択や利用の仕方が重要な役割を演じる。その変換を効果的なものにする実行主体としての人間の側における潜在的な能力が必要不可欠である。Sen はこの点を強調しているが、この主張も理に適っている。そうであるとすれば、個人に関して言えば、この能力における不平等は、生まれながらにして個人が具備する才能や知能、身体的優位性や特異性は生まれた後においても、基本的には、改善不可能な部類に属するものがあることになる。また、社会的に見ても、文化的・伝統的・慣習的な不平等はなお一層改善することが困難な不平等として存在することになる。さらには、それぞれの人が生きる自然環境においては、改善不可能なほどの不平等の領域が存在することもある。

こうした不平等の状況を考慮すると、社会的なレベルでは、国民一人ひとりの平等な取り扱いを受けるための基礎となる、港湾や空港、鉄道や道路、電信電話やネットワーク関連施設、児童施設や各種の職業訓練所、病院や裁判所、治安や衛生、学校等の教育機関や教育制度の充実、図書館や公民館の

ような公共機関の整備、国民の安定した生活を確保するための法的システム
と経済システムなどへの平等なアクセスの改善は常に必要であり、その対策
の効果は確実に存在する。先進国における高いレベルのこうした社会資本の
整備と比べて、これらの面で遅れている途上国においては、短期的に、個人
の所得水準の向上がもたらされたとしても、なお多くの不平等が残存される
可能性があるであろう。したがって、Rawls の社会的基本財のアプローチと
Sen の基本的潜在能力アプローチ（様々な障害者などのニーズを基本的潜在能
力という形で解釈する方法）をセットにして政策立案することに対しては、整
合性が全くないとは言えない。基礎的な社会システムにおける正義の在り方
について、両者に trade off に至るような絶対的不整合があるようには見え
ない。考え方の相違があるとすると、Rawls の格差原理の中には、不遇な人
の処遇という配慮はあるが、それが Sen のいうところの多様性、つまり人
それぞれに異なる健康状態や、年齢、風土の状態、地域差、労働条件、気
質、さらには衣食住の必要性に影響を及ぼすという点から見た体格等の違い
に伴って、各人各様に変化するニーズという踏み込んだ点までの言及がない
ということは理解できる。つまり、基本財という視点からのみ不平等を見て
いるという物神性に問題があるという点は考慮される余地はあるであろう。
それでも、Sen は自らの主張を、「基本的潜在能力の平等という理念によっ
て、（もっと広げていうと）道徳にとって切実に関連する一つの次元として、
基本的潜在能力を用いることによって、効用及び基本財を越えて行きなが
ら、三つの平等論の欠陥を埋めていくことができるとの建設的な提案」[30]であ
ると言っている。そうすると、困難な不平等の測度の確定という条件の克服
が求められるとは言え、Rawls の社会的基本財の提供を必要条件とし、Sen
の潜在能力アプローチを十分条件として、現状を分析し、政策立案すること
によって、より効果的な政策立案が将来的には可能となると思われる。

4　不平等と現代経済学

　現代社会における平等・不平等論を本格的な研究テーマとして取り上げて

76 第2章 平等論・不平等論

論じた Rawls は、原初状態を仮説的に想定して、論陣を張った。その理由は、社会契約説の流れを汲んで、Rousseau の自然状態にヒントを得たのであろうが、それだけではなかった。彼は「私たちが原初状態になんらかの興味・関心を——道徳的なものであれ、その他のものであれ——覚えるべきなのはどうしてだろうか。」と問い、その答えは「原初状態の記述において具現・統合されている条件は私たちが実際に受け入れているものだから。」というのである。あるいは、そこまでの理由が認められない場合でも、「適宜導入された類いの哲学上の諸考慮によって、それらの条件を受け入れるように説得され得るのだから」という。なぜならば、「原初状態の各側面にはそれらをしっかり裏づけてくれる説明を与えることができる。」からであるとする。それゆえに、「私たちが行っていることは、お互いの振る舞いにおいて理にかなっていると——しかるべき熟考・反照を踏まえて——いつでも承認できる条件の全体を、一つの構想へと結合することである。」と述べている。そして、「ひとたび、この構想を把握したならば、いつでもこの要求された観点から社会的世界（実社会）を注視することができる。」ようになるという。そのために、専門的な知識や技術は必要がなく「一定の方法で理性を働かせ、その上で到達した結論に従うだけで十分足りる。」というのである。さらに、それは、「この観点は客観的でありながら私たちの自律を表現している。³¹⁾」からである。

　以上のような原初状態は、「すべての人を一つに合体・融合してしまうことなく、人びとを別個独立した存在として承認することを通じて、この観点は私たちが——時代をともにせずに数多くの世代に属している人びとの間でさえ——不偏・公平な立場に立つことを可能にする。」という。このことから、「この視座から社会における私たちの境遇を眺めることは、それを永遠の相の下に（*sub specie aetenitatis*）了解する業に等しい。」と述べる。このことは「人間の状況をあらゆる社会的視点のみならず、あらゆる時間的観点からも凝視することを意味する。」からであるという。このような「永遠性の視座は現世を超えた場所からの眺望でもなければ、ある超越的な存在者の観

点でもない。」のであって、それはむしろ「この世界の内部にあって理性的な人びとが採用しうる特定の思考と感情の一形態なのである。」とする。そして、「それを成し遂げることによって、人びとは——彼らがどの世代に属していようとも——すべての個人的視座を一つの枠組みにまとめ上げることができ、各自の観点に発しながら、それにしたがって生活することがすべての人によって肯定・擁護されうる統制的な諸原理へと、連れだって到達できる。」のであるとする。このことは、「心の清廉潔白（purity of heart）とは——もし人がそうした境地を達成しえたならば——〔心情的なものにとどまることなく〕こうした永遠性の観点からはっきりと見据え、優雅にかつ自制的に行為することと変わらなくなるだろう。[32]」と述べて、『正義論』の最後の章を終えている。

　このような Rawls の執筆の意図から、前に一瞥したように、現代の社会原理の一つである現代経済学、とりわけ人びとの生活の良さに直接関係する規範的性格の強い厚生経済学における基本原理、すなわち功利主義に対する厳しい批判や激しい攻撃が開始されたのである。現代経済学は、社会科学において最も「科学性」を具備した学問として、数学を多用し、ツール化していく中で、価値判断を恣意的なものとして、極力回避していった。その過程で、基本原理として採用してきたのが功利主義であった。しかし、Rawls はこの功利主義は公正な社会正義を実現していないとして、「公正」な正義を実現するために、この不平等をもたらした功利主義に対抗し、これに代わる原理を構築しようとしたのである。そこには、功利主義がもたらしている、多数派の福祉を口実にして、少数派の権利が踏みにじられているという現代社会の現状があるとするのである。そこで、これに取って代わる原理として、「正義の二原理」を提示した。すなわちそれは、前述したように、第一に、社会生活の基本をなす「自由」は、平等に分配すべきである（平等な自由の原理）とし、第二に地位や所得の不平等は、二つの条件、つまり①最も不遇な人びと（不幸な人びとではない）の暮らし向きを最大限改善すること、②機会均等の下で、地位や職務を求めて全員が公正に競うあうことができる

78 第2章 平等論・不平等論

ように、社会の組織は編成されなければならない（格差とその是正の原理と公正な機会均等の原理）としたのである。そして、この二つの原理を実際に社会に適用するときには、常に、第一原理が第二原理に優先して適用されねばならないという。

この Rawls の立脚点に対しては、Sen もまた、ほぼ同様な客観的な視点の重要性を Adam Smith の「遠く離れた「公平な観察者」なら、それについてどう言うだろうか？」という言葉もって、注意を促す。すなわち、「公共的討議は反事実的な形式をとり得る」ので、「スミスの主要な手法上の関心は、同じ文化的社会的環境にいて、何が理に適い、何が理に適っていないかについて、同じような知恵、偏見、信念を持ち、何が実現可能で、何が実現可能でないかについてさえ同じような信念を持つ人々との（現実的なものであれ、反事実的なものであれ）遭遇だけで満足するのではなく、あらゆる所から多様な経験に基づく広い範囲の視点や見解を呼び起こす必要性にある。」という指摘をとりあげて、「ある文化においては知られていない関連する議論を無視することになりかねない価値の地域的偏狭性を避ける必要性」を説いている。このことは、「特に我々は自分自身の感情を「自分自身から一定の距離を置いて」見るべきだというアダム・スミスの言う主張は、既得権益の影響だけでなく、しっかりと根付いてしまった伝統や慣習の影響をも精査するという目的に動機づけられている。[33]」として、この観点の必要性を主張するのである。

このような両者の主張に基づいて、現代経済学を顧みるならば、次のような問題点が浮かび上がってくる。その第一点は、パレート最適は社会正義として、或いは公正な正義として容認できるであろうかという点である。これに対して、たびたび本論で論じているが、Sen は「現代の厚生経済学の大部分はまさしく所得分配に関する価値判断を完全に回避した問題にのみ関わっている」とし、「厚生経済学の「基本」定理は、競争均衡とパレート最適性との間の関係に関するものである」が、「パレート最適性の概念は、まさしく分配に関する価値判断の必要を取り除くために生誕したものにほかならな

4 不平等と現代経済学 79

い。」という。パレート最適性とは「経済状態のある変化が誰かをより良い状況におき、かつ他の誰よりもより悪い状況におかないならば、その変化はパレートの意味における改善を意味している。」のであって、もし「ある経済状態において、他のいかなる実現可能な状態への変化を考えても、その変化がパレートの意味における改善となり得ないとき、当初の経済状態はパレート最適である。」ことになる。このように考えてみると、繰り返すことになるが、「パレート最適性は、他の誰1人の状態も変化させずに、誰かの状態を改善する変化を見つける余地がないことを保証しているに過ぎない。」ということになり、「富者と貧者の経済状態がどんなに隔たりがあっても、富者の豊穣を切り詰めずに貧者の分け前を高めることができなければ、その状態はパレート最適なのである[34]。」というのである。こうして、さまざまな観点から検討を行った後に、「最後に、「旧」厚生経済学の支配的な信条である功利主義は、分配の問題に関心を持つにはあまりに厚生の総和に拘泥しすぎているために、むしろ明らかに反平等主義的な結論の源泉とさえなり得るのである。」といいい、このために「不平等の計測と評価に対するアプローチとしては、功利主義はわれわれを遠くまで導く能力に欠けている。」ことになり、そのために「不平等の評価の問題に関しては、厚生経済学の王道はいささか荒涼としているというのが実状なのである[35]。」とのべている。この観点から、平等・不平等を研究する場合に、現代経済学に課された課題は重大かつ根源的な解答を迫られているといえよう[36]。

1) ロールズ著『前掲書』p. 660
2) ロールズ著『前掲書』p. 661
3) ロールズ著『前掲書』pp. 661-662
4) ロールズ著『前掲書』pp. 662-663
5) ロールズ著『前掲書』p. 664
6) ロールズ著『前掲書』pp. 664-665
7) ロールズ著『前掲書』p. 667
8) ロールズ著『前掲書』p. 667
9) ロールズ著『前掲書』p. 668

80 第2章 平等論・不平等論

10) ロールズ著『前掲書』p. 669

11) ロールズ著『前掲書』pp. 669-670

12) ロールズ著『前掲書』p. 670

13) Sen, Amartya, *The Idea of Justice*, 2009 (アマルティア・セン著『正義のアイデア』 池本幸生訳 2011年 明石書店) pp. 46-50 および訳注〔1〕および〔10〕を参照。 ここでいう、「リバタリアンとは、リバタリアニズムを支持する人々の総称。リバタリアニズムとは、自由尊重主義、完全自由主義、自由至上主義などの訳語が当てられる言葉で、社会的平等の実現のために国家に大きな活動の義務と権限を与える「リベラリズム」に対して、それへの反省から、社会的平等よりも個人的自由の確保と国家権力の制限を重視する立場を表現するもの(『岩波 哲学・思想事典』 岩波書店、1998年、参照)

14) Sen, Amartya, *Inequality Reexamined*, 1992 (アマルティア・セン著『不平等の再検討』池本幸生・野上裕生・佐藤仁訳 岩波書店 1999年) Sen は当著の「はじめに」において「本書は表題 *Inequality Reexamined* が示しているように不平等を考え直すことを目的としている。」とし、「同時に、社会制度の評価にも関わっている。」のであり、その理由は「前者は後者に依存している」からであるとしている。

15) セン著『不平等の再検討』pp. vii - viii 参照

16) セン著『不平等の再検討』p. xvi 訳注(2)参照 ここにいう「変数」とは、所得、富、自由などを指している。

17) セン著『不平等の再検討』p. xvi 訳注(3)参照。「エンタイトルメント entitlement」とは、他者の手によって付与された諸権利・諸機会の行使を通じて、ある個人が自由に使える財貨の組み合わせを意味し、所有および交換はその下位概念に位置付け直される。

18) セン著『不平等の再検討』p. 1

19) Sen, Amrtya, *On Economic Inequality*, 1993 (セン著『不平等の経済学』 鈴村興太郎 須賀晃一訳 東洋経済新報社 2000年 p. 219)

20) セン著『不平等の再検討』p. 1

21) セン著『不平等の再検討』p. 36

22) セン著『不平等の再検討』p. 59

23) セン著『正義のアイデア』pp. 367-369

24) セン著『正義のアイデア』pp. 369-370

25) セン著『正義のアイデア』pp. 367-369

26) セン著『不平等の再検討』pp. 59-60

27) セン著『不平等の再検討』pp. 60-61

28) ロールズ著『前掲書』p. 124

29) ロールズ著『前掲書』p. xiv

30) Sen, Amartya, *Choice, Welfare and Measurement*, 1982（セン著『合理的な愚か者』
　大場　健　川本隆史訳　勁草書房　p. 257）ここでいうところの「三つの平等論」と
　は、功利主義、総効用、ロールズの各平等論のことをいう。

31) ロールズ著『前掲書』p. 773

32) ロールズ著『前掲書』pp. 773 - 774

33) セン著『正義のアイデア』pp. 88 - 89

34) セン著『不平等の経済学』pp. 9 - 10

35) セン著『不平等の経済学』p. 29

第3章 アメリカに見る所得格差の現状

瀬野　　隆

1 Obama 民主党政権の誕生と再選
2 アメリカにおける所得と富の不平等
3 求められている所得と富の平等化
4 Obama 政権の平等化政策とその結果

1 Obama 民主党政権の誕生と再選

長期共和党政権の影響

アメリカ共和党政権は、1981年以降の Reagan（1911-2004年）の2期8年（1981-89年）と、それに続く G. H. Bush の4年（1989-1993年）で連続12年、その後1993年以降の2期8年（1993-2001年）の W. J. B. Clinton（1946年-）民主党政権による中断後、再び2000年に至って2期8年（2001-2009年）で、通算して20年間に及んでいる。この間の経済政策、とりわけ最後の G. W. Bush（1946年-）共和党政権の経済政策は一貫して遂行してきた政策の総仕上げであった。それは、neo-liberalism/neo-classical school に基づくものとされている。その政策目標として、「減税」、「市場重視」、「所得格差の容認」を掲げ、政策手段として「規制撤廃・規制緩和」deregulation を選択し、それらの実現に成功した。だが、世界一豊かであるが、小さな政府の「アメリカ合衆国の再生」という最終経済政策目的の実現には失敗した。そのために、2008年大統領選挙で Bush は政権継続と国民の一般的支持を失った。

本稿では、1980年代以降の新自由主義・新古典派 neo-liberalism/neo-classical school が登場した当時の社会的背景を回顧する。そして、それがどのような社会変化を生み出したかを確認する。また、その政策目的は実現しなかったが、政策目標は達成したためにどのような新たな経済政策が必要と

84　第3章　アメリカに見る所得格差の現状

なってきたかを、指摘する。その背景と、国民意識の変化と経済的事実を明らかにしていくことを、研究目的の一つとしている。

2009年の Barack Obama の民主党政権誕生直後に発生した「行き過ぎた金融規制緩和政策」の後始末は、Lehman Shock による世界金融危機 global financial crisis の処理であり、subprime loan 問題はその背後に存在していた病根であり、それは貧富の格差の拡大であった。そこでは賢明な金融規制と経済格差の是正 smart/prudential financial regulation と economic gap/economic inequality への対応が求められており、そして合理的な所得再分配政策がなければならないと叫ばれている。そのため、安定経済政策の策定と実施、それは、成長政策か、安定政策か、global 経済に対応できるような構造調整政策かの選択がもう一つの研究目的として挙げられる[1]。

当研究は、新自由主義・新古典派の成功と失敗を先行研究で検証し、民主党の Obama 政権下で新たに求められている賢く堅実な経済政策を分析し、民主主義政治体制の下で、どのような国民的合意によって実現可能であるかを論じる。そこでは、Obama 政権の経済政策、特に現在では国民の資産形成と流通・運用に最も大きな影響を及ぼし、所得格差を生じる金融システムの安定性に象徴的な意味において特化して検討する。2012年の大統領選挙において、Obama 政権の継続が承認されたこともあり、当研究では、改めて、ここに焦点を絞った研究とした。

Obama 民主党政権誕生の背景

アメリカでは、経済政策の方向性、形成と立案は、国民の投票行動と密接不可分である。より多くの投票数を獲得した政党政権が、経済政策の形成と立案を検討する。政策そのものの整合性や実施のスケジュール、実施に伴う法的・制度的な整合性や整備については、政府の関与が大きい[2]。これが政策の行き過ぎや政策の不十分さを修正し、安定性確保に有効に機能している[3]。

アメリカ二大政党制での共和党と民主党の経済政策は、緊急かつ必要な場合、超党派で、政策の合意が図られてきた。しかし、国政レベルの選挙運動

では、既存の支持母体を強固に団結させ、新たな支持層拡大への方法とし
て、選挙用の slogan が選択されてきた。[4] 共和党は産業・経済・貿易・投資
に対してや、政府介入や管理・監督・規制や規制違反の処罰に対して比較的
に寛容であり、民主党は強い対応を要求する。共和党は高所得水準の層ある
いは高額の財産保有の富裕層、社会的影響力のある大企業、富の集中・集積
する層に対する高累進課税や増税は、富の獲得への incentive が社会的な富
の獲得・蓄積に必要であるとして反対する。民主党は経済格差を縮小させる
政策には賛成することが多い。貧困者への所得再配分の増加や貧困者への行
政の支援・救済、法人の事業で算出される付加価値の労働分配率の増加に
は、共和党は反対し、経済格差の存在を容認し、それを克服しようとする努
力を称賛する。民主党は、所得分配の公平を求め社会保障、社会福祉、医
療、雇用、職業訓練、教育などの政府行政サービス拡大・増強には賛成し、
共和党は反対の傾向がみられる。[5]

　Obama は「ここ 6 年間の政府決定や放置されてきた諸問題は、われわれ
の国を不安定な状態にしている。」として、アメリカ合衆国の再生を呼びか
けた。[6]　緊急の政策課題として金融規制、医療保険制度や年金制度、大学授
業料、石油への依存度への取り組みを挙げている。さらに、共和党政権が実
施した global capitalism には懐疑的であり、それはアメリカ合衆国内に
blue-collar を中心に大量の失業者を生み出したとし、NAFTA: North
American Free Trade Agreement に反対し、国内労働者の保護が必要であ
るという、liberal な政治姿勢をとる。その主張は、同党の Hillary Rodham
Clinton（1947年 −）候補よりも、liberal とみられた。[7]

　共和党政権には、前述のように、税金で獲得された政府資金を、生産性向
上に直結しない公共事業や福祉の分野の低所得者層に配分するよりも、富の
獲得・蓄積への incentive を持つ大企業や富裕層に配分し、それによって経
済活動を活性化する方が、結果的には国家の富が増大すると考える。そし
て、経済格差の存在を否定せず、法人や個人が、自らの努力によって、これ
を克服することこそが、返って経済を活性化する源になると主張し、それこ

そが、アメリカ的な貧困の解決方法であるとする。また、こうした方法で獲得・蓄積された富は、最終的には低所得者層に向かって自然に流れ下るように再分配されて行くことになるので、政府がこの関係に介入することに反対し、結果的には国民全体の利益になると説得する。この単純化した考え方は、アメリカの政権交代期の論争で、一般的に受け入れやすくするためのelection slogan として、しばしば共和党サイドから主張されているものである。したがって、この考え方は、経済学の理論というよりも、political campaign の中で、政党色をきわだたせることを目的としたところのある種のアメリカ的な rhetoric である。対立政党である民主党や批判勢力からは、それ故に、理論的根拠を持っていない共和党の俗説として、政治的攻撃の対象とされ、いわゆる「おこぼれ理論」と揶揄された。これが、反共和党政権論者から名づけられているトリクル・ダウン理論 Trickle-down Theory[8]といわれるものである。

　この主張は、1980年代以降のアメリカの globalization が進展していく世界ではとりわけ普遍的な思考傾向となった。日本の構造改革路線や中国・ロシア等の東側諸国の市場経済化移行政策でも、同様の考え方をし、鄧小平の「白猫黒猫論」や「先富論」にも影響を与えている[9]。

　この政策が有効になるためには「蓄積・集積された富はいずれ使用するという目的のために所有されている富である」のであって、「こうした富を使用しても、それでもって充足される要求には限界がある」という二つの必要条件が成立することが前提であった。しかし、現代社会では、それだけではなく富は権力を獲得・維持・象徴する目的のために、特定個人や法人が過大かつ無限に所有しようとする傾向が強くなってきている。世界に張り巡らされた情報ネットワークと globalization の下では、情報機器の click 一つで億単位以上のドル資金や証券等でも、電波と光ケーブルによって一瞬にして、国境を越え国外へ移送・隠匿・蓄積されているケースも見られる。確かに、現在でも、一般市民の所得が圧倒的に少なく、市民の消費は国内経済に際立った貢献をしていない発展途上国であるとか、また人口も少なく国内市場規

模が小さい小国家では、この仮説は有効である。しかし、開放経済体制をとる先進国や人口が一定規模以上の国になると、一般市民全体の消費の方が一部の富裕層の消費よりもはるかに大きな国民経済への貢献度があるために、必ずしも有効ではない。さらに、経済構造が複雑化している近代国家においては、単純な自然現象である「富は必ず上から下に流れる。」だけではなく、社会現象的には許認可権限や市場支配力を持つ上位者に向かって「下から上に流れる。」ことも頻繁にある。それだけではなく、前述のように closed system 下では発生しなかった open で global な現代では、tax haven（課税が極端に安いか、完全に免除される国や地域のことで、租税回避地と和訳される。）や匿名口座（開設口座名を隠してもよいとするスイスの銀行秘密法 Bank Secrecy Act や報告義務のないアメリカ合衆国の非居住者勘定）等を目指して「富は国外にも流れ、隠匿もされる。」のである。このことがまた、貧富の格差を一層拡大させる要因の一つにもなってきている。

2　アメリカにおける所得と富の不平等

成長政策の形成と金融規制緩和の要求

　新自由主義・新古典派の規制緩和政策は、元来、1970年代に発生した2度にわたる oil shock の energy short と石油を原料とする関連業界の石油の不足のために、その物価が高騰し、生産が停滞し、供給が不足している供給制約の中でこそ有効であった。その政策は規制緩和の実施によって supply side を刺激して、市場における企業間の競争を促進し、生産を拡大して、物価を押し下げ、結果的に inflation を抑制させることを目的として採用された経済政策であった。当時、景気後退を立て直そうとして実施された Keynesian economic policy の需要創出政策は、供給制約の物不足の状況下では、その政策が需要増大という gap of supply and demand の拡大を助長し、結果的に hyperinflation をもたらし、物価の高騰と失業の増大という、いわゆる stagflation を出現させていたからであった。ここで、採用された経済政策は、demand side ではなく、supply side に焦点を当てたものであ

88 第3章 アメリカに見る所得格差の現状

った。すなわち、規制緩和政策 deregulation policy が、demand side の刺激ではなく、規制を緩和・撤廃することによって、supply side を刺激し、その制約を解消することによって景気を回復しようとするために実施された経済成長政策であった。その評価については、様々な観点から研究が進められているが、経済分析の際に基準年をどの状態にある年度に設定するか等で、大きくデータの解釈が相違するために、様々な異論が出されているが[10]、inflation の終息と雇用の拡大という効果をもたらしたために、supply side economics の成功と評価された[11]。

　1980年から82年にかけて苦しんだ oil shock の影響が遠のき、1983年になって供給制約が解消する中で、この政策の採用によって、各企業や各国のenergy-saving measure が功を奏し、生産は回復し、供給は充足し、物価は低下し、安定した。1986年にはアメリカ経済の inflation rate は2％以下に低下していた[12]。この時点で、deregulation policy は regulation そのものの全般的な見直しか、必要以上の緩和を抑制し、成長経済政策から安定経済政策に方向転換すべきであった。ところが、共和党政権はこれを惰性的に継続し、必要な規制までも緩和する方向に向かってしまった。その背景には、後に述べるように、世界市場に稀にみる一組の特異な状況が生まれており、それが後に世界的な金融危機をもたらしたために、新自由主義・新古典派経済学の失敗とされた。しかし、global 化の中の拡大・成長政策の裏で収益拡大を目指す産業界や企業は、共和党の長期政権を、chance 到来と見て、政策立案、実行の際の lobbyist 活動の格好の標的にした。必要以上に行き過ぎた規制緩和政策の継続を推し進めたのは、高額の政治資金を提供し続けた特別利益団体と特定産業の企業、資金と時間の余裕のある富裕層の政治活動であり、それを仲介したのが、lobbyist たちであった。その多額の政治資金を受けていたのは政権を担当した政党であった。特に、長期政権の共和党に集中した。このことが、必要で適切であった regulation までも撤廃・緩和させ、経済を不安定なものにし、今回の金融経済危機をもたらしたとの指摘もある[13]。

lobbying は、元々ある特定の主張を持つ個人あるいは団体が政府の立案し実施する政策に、自らの意図する影響を及ぼすことを目的とする私的な政治活動であって、議会の議員や政府の構成員、公務員がその対象となっている。現代社会では、多くの企業や企業団体、利益団体、富裕層の政治団体等がこうした lobbyist を雇用して利益誘導型の lobbying を行っており、また think tank も政治課題に関する研究成果をメディアに対して定期的に公表し、普及することで、間接的に、これと同様の効果を狙っている。こうした活動は、ある時には政府関係職員になり、その同じ人物が他の時には民間企業の役員等になり、それを繰り返すという回転ドア revolving door と呼ばれる行為や、世論を間接的に変化させようとする outside lobbying あるいは grassroots lobbying をおこなったりして、影響力を行使する。そうした行為は、表面化しにくいが、しばしば主権者である一般国民の利益に反した政策観念の醸成と政策形成・実施に向かい、特定の政治家への政治献金を伴っているために、賄賂の提供、政治的癒着や腐敗の温床ともなり、社会的・経済的なモラルの低下にもなりうる。

　アメリカでは、この活動はその上院、下院、行政府を対象として行動しており、中央政府、州政府、地方政府、裁判所に影響を与えようとし、法案の起草まで行う lobbyist もいるという[14]。現在の主な lobbying と直面している経済問題との関係を個別に見てみると、金融市場の危機に対しては、<u>不動産業 lobby</u>（全米不動産業界等）、<u>住宅金融業 lobby</u>（Fannie Mae: Federal National Mortgage Association、Freddie Mac: Federal Home Loan Mortgage Corporation 等）、<u>商業銀行 lobby</u>（J・P・Morgan、Bank of America 等）、<u>投資銀行 lobby</u>（Goldman Sachs、Morgan Stanley 等）、<u>hedge fund lobby</u>（Carlyle、Blackstone、KKR：Kohlberg Kravis & Roberts 等）が活動している。globalization に関しては <u>business lobby</u>（America Chamber of Commerce 等、Business Roundtable）、地球温暖化では、<u>oil および gas lobby</u>（Exxon Mobil 等）、<u>自動車 lobby</u>（General Motors、Ford）、<u>公益事業 lobby</u>（Edison Electric Institute、Southern Company）、<u>石炭 lobby</u> の活動がある。医療制度に関して

は、米国医師会、米国病院協会、米国研究製薬工業協会、HMO: Health Maintenance Organization（保険維持機構）lobby、病院 lobby、Blue Cross and Blue Shield の lobby 活動がある。低賃金労働者及び最低賃金に関するものでは、米国商工会議所、Business Roundtable、社会保障および Medicare では AARP: American Association of Retired Persons（全米退職者協会）lobby、戦争と平和の lobby は、国防 lobby（Northrop Grumman、Boeing Company、Lockheed Martin）の lobby 活動がある。

　こうした直面する問題に対する lobbyist の活動は、その資金源となる産業や企業、特定利益団体の意向と利益を実現することをその目的に活動しているために、本来の政府の役割、とくに政府の管理・監督機能の設定・適用・運用を歪め、緩め、廃止する方向に誘導しがちである[15]。

　Obama 大統領も就任前の演説で「私が大統領選に立候補したのは、ワシントンの議題を企業 lobbyist が決める時代は終わったのだと、彼らに告げるためである。これまで他の立候補者の誰よりも、lobbyist と戦ってきましたし、勝利を収めてきました。lobbyist は私の選挙活動に資金を提供していませんし、私が大統領になった場合に彼らが White House を牛耳ることもありませんし、アメリカ国民の声を彼らがかき消してしまうこともありません。」と述べていた[16]。例えば、今回の住宅金融の不適切な貸付によって発生した subprime loan 問題、そしてそれを securitization することによって生まれた financial derivative products と、その巧みな dealer の販売戦術によって、アメリカの financial system 全体に及ぼした影響、さらには世界同時金融危機をもたらしたことを考えると、こうした lobby 活動はアメリカの political-economic system 全体に根本的な問題を孕んでいるだけではなく、前述のように、globalization を推進するアメリカの影響を受けて、世界的な影響が見られ、今やロシア等や、中華人民共和国の marketization を進める改革開放政策にまで及んでいる。

　さらに、具体的なデータによって、lobbying とその影響を見てみると次のようである。2007年度に lobbying で最も多額の献金をした業界を上位か

ら10団体を挙げると、第1位は製薬・医療機器の業界は630団体であって、2億2,770万ドル（約216億3,150万円）[17]の資金を使い薬品の価格や医療費を引き上げる方向に活動し、医療制度の改革の足かせになったという。第2位は保険業界で、240団体が1億3,810万ドル（約131億1,950万円）を使用して、医療保険問題に介入した。第3位は電気事業では320団体が1億1,270ドル（約107億650万円）を費やして、地球温暖化問題にかかわった。第4位はcomputer internet の業界では560の団体が1億1,040万ドル（約104億8,800万円）を使って、1990年代の internet および通信関連株ブームのけん引役になり、結果的に2001年の internet bubble を発生させていた。第5位は病院・介護施設関連の業界で740の団体が9,110万ドル（約86億5,450万円）の資金を使って医療改革を遅らせた。第6位は教育関係の1,190団体で8,850万ドル（約84億750万円）を教育問題で使用した。第7位は、各種事業団体の業界で、210の団体が8,710万ドル（約82億7,450万円）を使用して、賃金、組合、グローバル化対策を行った。第8位は金融サービス規制緩和の裏には証券・投資業界の力があったが、こうした290団体が8,670万ドル（約82億3,650万円）を費やして、現在のアメリカの金融危機と信用危機をもたらした。第9位は石油・ガス業界では260団体が8,260万ドル（約78億4,700万円）の資金を使用して地球温暖化に介入し、エネルギー価格を誘導した。第10位は不動産業界では420団体が7,840万ドル（約74億4,800万円）を使って、過去10年間の住宅価格高騰をもたらし、2006年から始まる住宅価格を bubble に向かわせ、housing loan 問題を発生させた。1年間の総額は4,860団体から11億330万ドル（約1,048億1,350万円）で、その活動資金を政党等への働きかけに使用している[18]。

　lobbying が顕著に活発化したのは、資金面でみると、global 化が本格化した2000年頃からであり、lobbyist の数では1999年以降が目立っている。この10年間（2000年－2010年）の総活動資金額は273億9,000万ドル（約2兆2,459億8,000万円）であり、lobbyist の実数は1999年ごろから増加し始め、それが最も多かったのは2007年の14,884人であった。lobbying 資金が最も

92 第3章 アメリカに見る所得格差の現状

多かった時期は2009年の34億9,000万ドル（約2,861億8,000万円）であった。大統領選挙の前後にlobbyingが活発化していることが明白である。

こうしたlobbyingによって、NPOのPublic Campaignによると、選挙運動資金を提供した上位40社は、この2年間の選挙サイクルで総額1億5,000万ドルの（約123億円）の献金をしたが、それらの企業は550億ドル（約4兆5,100億円）の税控除を受けたという。[19]単純に考えれば、通常の企業や事業活動での収益で換算すると、この投資（献金）の収益は、桁違いの収益（優遇税制措置）があったということになる。こうした収益は本来の企業活動ではない政治的活動による直接的な収益（直接税控除、加速償却利益、研究開発費減税等の法人税控除等の優遇措置）である。

しかし、さらに間接的な収益として議会から業界に対して行われる巨額の助成金が価格維持制度、関税による保護、独占利潤、特許権保護、年金基金補助、反組合法、消費者や労働や環境に関する負担の大きな法律の免除などの様々な形をとって支払われているという。[20]その上に、最高裁長官等の監督官庁のトップ人事を時の政権を握った大統領権限で決定できることによる訴訟事件における企業寄りの判決もある。ここで問題であるのは、本来の企業活動の収益よりも、政治的活動への資金提供の方が、様々な領域で、はるかにreturnが大きいという事実である。有形無形のこうした本来業務ではない特別利益は、lobbyingへの傾斜の誘因となる。政府と市場の役割と機能という点からみれば、政府の失敗と市場の失敗が同時に発生しているのが、この時期の歯止めのきかなくなったアメリカなのである。そして、この二つの失敗を是正できる最後の砦は国民の市民的良識であった。Obamaがある種の歴史的必然性を持ち、その修正という役割を担って大統領に選出されたと見ても、不思議ではない。そしてその政策は、もはやglobalizationの下ではアメリカ人だけのものではない影響力を持っているのである。

excessive deregulationとderegulation policyの主な例が、金融制度の混乱と医療改革と環境行政の3つである。その根は誤った政府規制の取り扱いと、市場の経済倫理の崩壊の2つである。それは経済政策の究極の目的であ

る国民の生活水準を向上させて、国民の1人ひとりが可能な限り等しくその望む人生を選択できる基盤を提供し、整備し、それを管理・監督するという国家の目的をアメリカ合衆国政府そのものが重要視していないという一つに集約される。こうした影響は現在では globalization と intelligent society の波に乗って、世界に拡散している。

　アメリカの環境行政の遅れは明白で、また永年、高い医療費や治療を受けられない国民が放置されたままになってきたことの是非や、subprime loan[21]問題から発生した world financial crisis はこうした背景から生まれたものである。とくに、今回の世界的な金融危機だけを取り上げるならば、1999年において制定され、その後、アメリカ合衆国の financial system を長期にわたって安定化させていたグラス・スティーガル法 Glass-Steagall Act 1933の銀[22]行と証券の分離を求めた規制の事実上の廃止状態がもたらした直接的な影響が顕著である。また、先進国のトップであるにもかかわらず、最も GDP の大きなアメリカが所得格差の拡大では発展途上国並みであることが問題となっている。

拡大した経済格差

　アメリカ合衆国は建国時の Thomas Jefferson による「独立宣言」The Declaration of Independence（1776年[23]）の中で、「すべての人は平等に造られた」としているが、所得格差の拡大は、このアメリカ合衆国の建国の理念に反し、民主主義の政治的基盤を侵食していくことにもなりかねない。[24]

　「図表Ⅲ－1　アメリカの合衆国の所得格差の推移（1967年－2005年）」を見ると、アメリカの所得格差はジニ係数において、1947年から1968年まで減[25]少し、1968年を最低として、それ以後は上昇の一途をたどってきた。この測定尺度には、多少差異があるので三つの指標（ジニ係数・MLD［平均対数偏差[26]］・タイル尺度[27]）を複合表示すると1967年以降では、第1期（1967年－1980年：1977－1981年 Jimmy Carter 民主党政権）、第2期（1981年－1992年：主として Reagan、J. H. W. Bush の共和党政権期）、第3期（1993年－2005年：2000

図表Ⅲ-1　アメリカの合衆国の所得格差の推移（1967年－2005年）

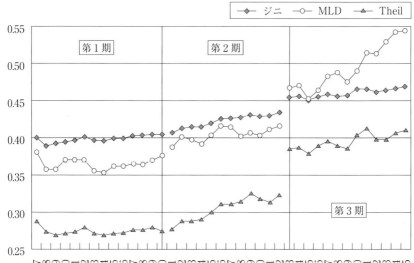

注：1992年と1993年の間に、統計手法が変更されたため、この間の継続性はない
出所：U. S. Census Bureau, Historical tables. Table IE-1, Current Population Survey, 1968－1999 Jones & Weinberg (2000)

年から2008年までは J. W. Bush 共和党政権期）の３つの期間に分けられる。第１期ではほとんど上昇はないが、第２期になるとジニ係数、MLD、タイル尺度共に明らかに増加し、第３期には、複合指標はともに増加しており、特に MLD とタイル尺度の上昇が鮮明に出てきている。1980年代以降には、対外的には、社会主義諸国が市場経済に移行し、西側諸国に新たな frontier の出現があり、同時に、対内的には情報化が急ピッチで進み、そこで技術革新が起こり、Reagan 共和党政権が所得税の減税政策を採用した時期でもあった。

「図表Ⅲ-2　所得５分位別の平均所得（2005年＄）」の所得層では、３期に所得最上位の第１位の第Ⅴ層（約1.8倍）と第２位の第Ⅳ層（約1.6倍）の所得は伸び、所得最下層の第Ⅰ層と第Ⅱ層の伸びはなく、中間層の第Ⅲ層

2 アメリカにおける所得と富の不平等 95

図表Ⅲ－2 所得5分位別の平均所得（2005年＄）

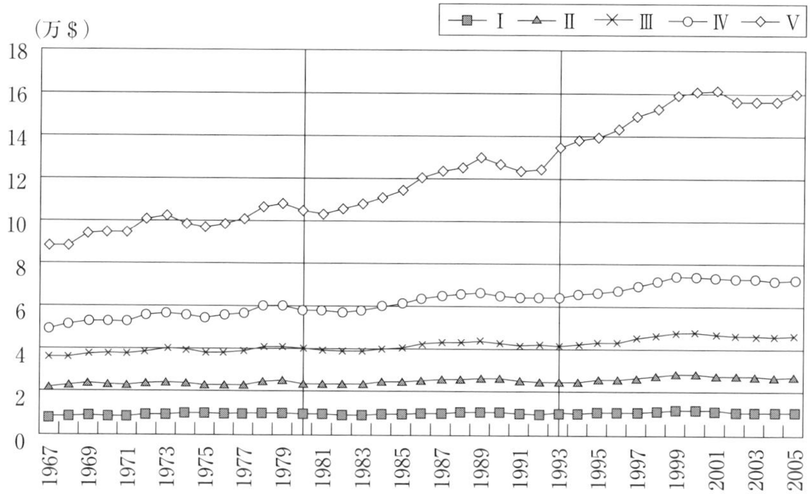

出所：U. S. Census Bureau, Historical Income Tables H-3

が、わずかながら（約1.3倍弱）増加し、最上位の所得層の所得が増加した。
この層は情報化技術の革新で新たに職や所得を得た層であり、その所得は主
として高い市場における資産性や流動性を求めて、住宅や金融・証券に投資
された。[28]

　共和党政権の28年（1981年－2009年間を、ここにおけるデータ分析上の期間と
する。）間の経済政策を、経済格差の問題に焦点を合わせてみるとつぎのよ
うである。[29] 先ず、国際連合の *Human Development Report 2009* の economic
and inequality[30]を基にして、より分かりやすく作成されたのが「図表Ⅲ－3
世界各国の貧富の格差」である。これで分かるように、アメリカは、2007年
度には世界で最も GDP の高い国で、その購買力平価で見た額（PPP US ＄[31]）
は13兆7,514億ドル（約1,306兆3,830億円）、1人当たりの所得では4万5,592
ドル（約433万1,240円）である。その所得の分配を見ると、人口3,000万人以
上の国において、最も貧しい所得の下位10％が受け取る所得の割合は1.9％、
最も豊かな上位の10％が受け取る所得の割合は29.9％、その格差（richest

第3章 アメリカに見る所得格差の現状

図表Ⅲ-3　世界各国の貧富の格差

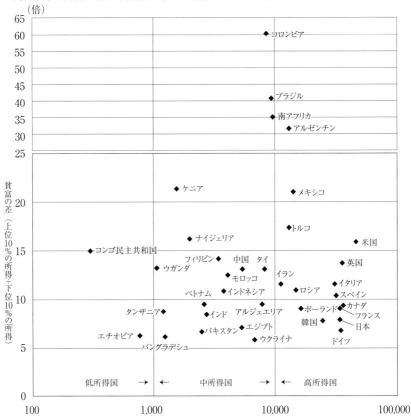

所得水準と貧富の格差の相関図（人口3000万人以上の国）

注：ここで「貧富の格差」とは富裕層上位10％の所得を貧困層下位10％の所得で割った倍率であり、全く平等であれば、1になる。国により所得でなく消費で格差を測っている場合がある。所得水準や人口のデータは2007年であるが貧富格差は調査年が多年次にわたっている。日本については原資料が1993年調査に基づく古い値（4.5倍）なので、ここでは2004年全国消費実態調査（総務省統計局）による算出結果（総世帯、可処分所得ベース）を使用した。なお、貧富格差算出の元となっている所得調査、家計調査は国により調査方法も調査対象も異なり厳密な比較には適さないという前提で見る必要がある。所得水準については、世界銀行定義（2008年）では、高所得国は1人当たりGNI（国民総所得）が11,906ドル以上、低所得国は975ドル以下、その中間が中所得国である。

資料：UNDP, Human Development Report 2009（付属統計表）

10% to poorest 10%）は15.9倍であるとしている。[32]先進国において、これほ
どの格差がある国は他にはなく、最も大きい。アメリカ以外の国で、これ以
上の貧富の格差のある国は1位にコロンビアの60.4倍、2位にブラジルの
40.6倍、3位が南アフリカ35.1倍、5位がアルゼンチンの31.6倍、6位にケ
ニアの21.3倍、7位にメキシコの21.0倍、8位にトルコの17.4倍、9位にナ
イジェリアの16.3倍であり、アメリカはこれらの諸国とともに上位10位に上
げられている。これらの諸国はアメリカ合衆国以外では、すべて途上国であ
り先進国ではない。この意味ではGDPでは最も豊かな先進国であるにもか
かわらず、途上国と同様な最も貧富の差の大きい先進国ということになる。
この図表でもわかるようにわが国のGDPは4兆3,843億ドル（約416兆5,085
億円）、1人当たりの所得では3万3,632ドル（約319万5,040円）であり、貧
富の格差は8倍であり、先進国の中で、最も低いドイツに次いで2位の低い
方に属する平等度の高い国である。

　このことについて、*2009 Economic Report of the President* で、大統領経
済諮問委員会は「所得不平等」の項目を設けて、次のように論じていた。[33]
「不平等は、社会的結束の崩壊をもたらし、（所得が一定であるとしても）ある
人口統計上のグループの全般的な健康を損なうという議論もある」とし、
「貧困層と富裕層の格差が拡大するにつれて、暴力的な犯罪も増加する」だ
けではなく、もし、上方への［富裕層への］経済流動性が低いならば、高い
不平等は貧困家庭の多くの子供の能力と才能を無駄にしている可能性があ
る」のであって、これが「まさに米国における実状である」[34]のであり、「米
国では、世代間の経済的流動性は低く、所得不平等性は高い」と認識してい
るのである。

　米国のジニ係数は、中央情報局（CIA）による最新の全米の数値で、現在
0.45である（もしくは、米国の不平等を計測しているセンサス局の最新の推計で
は0.46である）」として、「この不平等の水準は、ほぼすべての先進国のそれ
を上回っている」と指摘する。そして、「多くのヨーロッパ諸国のジニ係数
は0.30を下回っている」のであり、「米国の不平等のレベルは、インドネシ

98 第3章 アメリカに見る所得格差の現状

ア（0.30）のような発展途上国のそれよりも高く、ケニア（0.45）と同じような水準にある」のであり、「米国における不平等の水準は、わが国の発展の程度、豊かさの程度を考えると、非常に高い」だけでなく、この傾向が「過去数十年間にわたって絶えず上昇してきた」のであり、「高所得者と中所得者の格差は過去数十年間にわたって拡大してきた」ことが問題である。この理由は「90年代以降の技術変化、とりわけ情報技術分野における、技術変化が、これらの技術進歩を補完し合うスキルを持った労働者に恩恵を与えてきた[35]」という。これらは、「管理職や専門職のような対人関係のスキルと結合させて、技術を利用する仕事についている高スキル労働者を含んでいる」のであり、これらの仕事は、「中程度の教育を受けたホワイトカラーや生産労働者によって行われる仕事に比べ、容易に自動化されたり、外注化されることがない」のであるから、「あまり教育を受けていないが、中程度の賃金を受けてきた人々が、彼らの賃金と高所得者の賃金の格差拡大を経験してきたのである」という。

　そこで、こうして生まれる経済的不平等を改善するためには、出来るだけ多くの人びとを「高スキル労働者グループに入れるための1つの方法」としては、「教育を、特に数学と科学の教育を重要視すること」であるという。「数学のテストの得点の上昇やベル奨学金プログラムの拡充といった最近の成果は、重要なステップである」という。そして、「所得分配を超えて、［すべての所得層の］子供の学力向上を重要視し続けることが決定的に重要である」という。「良質な教育へのアクセスの拡大は、より生産的な労働者を生み出し、人口のより多くの割合に高い賃金をもたらすだろう」ともいう。それによって、「所得格差は縮小されるだろう」と述べている[36]。

3　求められている所得と富の平等化

金融危機の発生と安定政策

　現在のアメリカ合衆国の民主主義の現状では、投票の多数派による政権の交代で経済政策の形成における方向転換がなされたのが、前述のように、今

回の民主党 Obama 政権の誕生であった。この政権の直近の最重要課題は、上述の経済格差を生んだ原因として挙げられた、financial system の不安定性解消、医療費改革、環境問題の改善の３つがある。当研究では、この中で、国民の所得と富の形成と分配に最も直接間接に関係の深い、financial system の不安定性解消を中心に、deregulation の在り方を論じる[37]。

　financial system の安定のためには、実体経済全体の動向にマッチした regulation の在り方を調査・研究する必要がある。2006年９月の IMF 総会のスピーチで、今後、アメリカに financial crisis が起きると警告した Nouriel Roubini[38]の予測は現実のものとなった[39]。2008年２月に、同教授は、financial crisis について、12の段階を踏んで financial meltdown が起きると説明し、「金融と経済の破局 catastrophic financial and economic outcome」を想定していた[40]。

　ここで、この想定をわかりやすく解説すると次のようである。[第１段階] 米国史上最悪の住宅不況の発生：住宅価格は最大で30％下落して家計資産の４～６兆ドル（約380兆円～570兆円）という巨額の資産が消滅する。これは、housing loan の下にあった実物資産の担保価値の大幅低下と、上がり続けるという土地価格神話の崩壊の始まりである。[第２段階]　subprime 関連債権の損失増大：現在推定されている2,500～3,000億ドル（約23兆7,500億円～28兆5,000億円）の損失額を大幅に上回る関連債権の損失が発生する。[第３段階]　消費者金融での損失発生：credit card、auto loan、student loan 債権でも巨額の損失が発生し、家計に混乱が生じる。[第４段階]　保険業者の triple　A からの格下げの実施：住宅金融の保険業者（monoline）の格付け引き下げで1,500億ドル（約14兆2,500億円）の損失が発生する[41]。今回は subprime loan の保証にも進出したのが裏目に出て、損失が発生、格付けが低下して、業績の悪化を招いたのである[42]。[第５段階]　商業用不動産市場も崩壊：一般住宅市場だけではなく、商業用不動産市場も崩壊し、固定資産の崩壊は担保価値の崩壊を招き、そのためにさらに影響が広範囲に顕在化する。[第６段階]　大手地銀および国法銀行が倒産：現代では、企業・家計・

100　第3章　アメリカに見る所得格差の現状

その他の法人の金融・証券・債権等の実物資産以外の資産は、こうした銀行内部における電子データとして記録された資産であるために、それを保管している financial system への不安は社会的不安と混乱を一層強くする。［第7段階］ leverage buyout（自己資金ではなく、買収先の資産担保で買収資金を調達して行う M&A）から発生した巨額の損失が未解決なままで金融機関の決算期到来：金融機関への不安が一層顕在化する。［第8段階］ 企業倒産の連鎖：金融派生取引 credit default swap（企業倒産の risk を保険料で回避する金融機関間の契約）に企業倒産が連鎖的に発生し、それが与える損失は2,500億ドル（約23兆7,500億円）となる。［第9段階］ shadow financial system の崩壊：中央銀行から直接借入できない hedge fund や structured investment vehicle（住宅融資債権などを組み入れた fund）は、表に出てこないので影の金融機関と呼ばれているがここにはもともと問題が多いのであるが、これが崩壊する。［第10段階］ さらなる株価の下落発生：金融不安が株式市場へ伝播し、株価の連続した大幅な下落が顕在化していくことになる。［第11段階］金融市場における流動性の枯渇が表面化：銀行間取引、money market で個別金融機関の資金繰り懸念が発生し、多方面での金融市場への不信と不安が一般化する。［第12段階］ 損失発生、銀行自己資本の毀損、信用収縮、資産の投げ売りという悪循環の発生：ここで、全面的な bubble が表面化し、市場が全般的に大混乱をきたす。この結果、financial system の損失は1兆ドル（約95兆円）を超えることになり、回復には長期の期間が求められ、その過程では痛みが伴うことになる。専門家の多くは、重要な指標として housing bubble とか subprime bubble を取り上げるが、それは部分的には正当であるが、実際の原因は asset-inflated bubble と credit bubble にある。ヨーロッパや他の emerging countries では、商業用不動産、credit card、auto loan、student loan などに資金を提供する leverage（借入金をテコにした投資）、auto loan が問題である。そして、不確かな信用取引、低利の融資、金融機関の強欲、あまりに危険性の高い取引と、監督機関が眠っていたことが、この破綻を呼び込んだ。自己規制に任せるというのは規制がないのと同

じである。aggressive で無謀な risk taking という愚かさが、それに輪をかけた。さらに金融機関が不透明な取引に走ったことも原因である。こうした中で、一般の人びとが気付かない間に、実際には housing loan が不動産担保証券 MBS（Mortgage-backed Securities＝不動産担保融資を裏付けに発行された証券化商品）に変化し、それが債務担保証券 CDO（Collateralized Debt Obligation＝証券化商品あるいは広義の資産担保証券 ABS の内で、国や企業に対する貸付債権や公社債というような、大口の金銭債権を裏付け資産とするもののことをいう。）に姿を変え、人びとの理解や予想を超えるような複雑な商品に次々と変わっていった[45]。一方、DDD 格付け（通常の投資適格性はなく、投機適格性でも最低のランクでいずれも不適格を示している格付け）のはずの housing loan が、すべて AAA（投資・投機の適格性で最高の適格性を示す格付け）の housing loan に化けて行ったのである。その実態はほとんど無価値同然のものであったから、結局、システムは崩壊したのである。どこかという特定のところではなく、そういうさまざまな要素が組み合わさって、bubble という事態が起きたのであるという。今回の financial crisis を注意深く見ると、まさにこの想定通りの段階を踏んで、展開し、それが、アメリカ国内だけではなく、全世界に拡大波及した。この背景には、アメリカ国内の不十分な金融監督体制と機能、そして取引市場における関係者の情報の非対称性が明らかに存在している[46]。

　2008年の段階では、そもそも先進国のどこでもが景気後退の状況にあった。そのために世界の GDP の50％〜55％が収縮状態となっており、このまま放置すればこれが emerging countries に波及し、景気後退が global に拡大する可能性が非常に高かった。アメリカは世界の GDP の20％を占めているので、この国が問題を起こすと他の国は、深刻な状態になる。世界中で株価が下落しているが、1929年の恐慌では２日で20％の株価が下落したのに対して、今回は５日かかっているので slow motion 版といえる。ただ、規模でみると1929年と同じであるという。当面アメリカが実施すべき対応策は、銀行への資本注入、部分的な国有化、重要な金融機関の救済、企業に credit

を与えて、適切な方法で保証をすることなどが必要である。そして、何より
も重要なことは景気が悪いままになって、いつまでも回復しない状態を避け
るためには、現時点で、どれだけ aggressive な政策を実行できるかにかか
っている。さらにもっと重要なことは、Wall Street の Business Model が、
何でも証券化するという手法に欠陥があり、これが破綻を呼び込んだのであ
る。この手法で得た資金が、多くの broker や dealer の収入源になっていた
が、これは詐欺行為と同じである。銀行から資金を借りて、その資金を元手
に leverage を利用して、その元の資本の何倍、何十倍にもして投資し、そ
れで法外な return を手にするからである。こういう行為をする金融機関は
銀行と同様に政府による規制の対象とすべきである。さらに、自己資本金を
増額させ、かつ leverage の倍率を少なくするように規制しなければならな
いという。

　では、FRB はこの financial crisis を救うことができるのかという点であ
るが、それには人々の期待に比べて政策当局の対応能力には大きな制約があ
るという。その制約は次のような 8 項目に及ぶ。第 1 に、financial deregu-
lation はドル安とインフレ懸念から制約がある。第 2 に、financial deregula-
tion は一般的な流動性は増加させるが個別金融機関の支払能力の解決にはな
らない。第 3 に、monoline 保険会社の格下げの脅威は大きい。第 4 に、米
国全体の損失金額は大きく、政府系ファンド SWF: Sovereign Wealth Fund
の資金投入は効果薄である。第 5 に、減税などの政府の介入は効果がほとん
どない。第 6 に、FED は「影の経済」領域と直接取引ができない。第 7 に、
行政当局は「損失の透明化」と「政策的寛容」のいずれも必要とするがバラ
ンスのとれた政策はとれない。第 8 に、「取引指向型金融システム
Transaction-oriented Financial System」自体が深刻な危機の原因であると
いう。その上に、人々の期待に比べて政策当局の対応能力には大きな制約が
あり、破局からの脱出口がないわけではないが、副作用も大きいという。し
たがって、最後の採るべき手段は次のようになる。①政府による不良債権の
買い取り、② inflation による解決、③両者の併用の 3 つである。日本は①

の方法をとったが、それができたのは日本が国際的な債権国であったからであった。アメリカは債務国であるから債権者の外国人の同意が必要である。①の不良債権の買い取りに失敗すれば、inflation policy が残された解決策となる。housing bubble の形成と崩壊とが financial system の脆弱性と関連したことが global financial crisis をもたらしており、救済成功までの過程は極めて不愉快なものになるだろうともいう。

賢い規制と金融規制改革

こうした研究を分析・統合・整理してみると、financial system 上の smart/prudential regulation を検討する際には、多様な問題点が浮かび上がってくる[47]。今回の global financial crisis を考慮すると、アメリカは第二次世界大戦後から一貫して、そして特に1980年代以降の共和党政権下では、一層強力に他国に貿易や金融の自由化を要求し、市場開放を迫り、構造改革の実行を要請してきたが、アメリカそのものの economic/financial system に大きな欠陥があることを白日の下に曝す結果となり、財務省も対応を迫られた[48]。

アメリカの financial system は、1930年代に世界恐慌を乗り切るために制定された制度がその基礎にあるが、その後に数々の法律が整備されてきているものの、それらには相互の関連性が不十分でその持つ多元性と個別性は、発生した個別問題の個別対策としては融通性があるものの、global な観点からすると、極めて理解しがたいところがあり、単純かつ一律の世界的適用には問題が多い[49]。

今回の Financial Regulation Reform の検討では、アメリカ一国だけでなく国際的な検討の枠組みは「図表Ⅲ－4　金融規制の国際的枠組み」において行うことが、明確に示めされている[50]ように、金融に関するさまざまな国際的機関が参加している点が特徴的である[51]。下院でも、上院でも審議検討がなされて、最終的に合意に到達したのが、1930年代以来と言われる抜本的な金融規制改革法案であるが、その内容を見てみると、実施までに長い検討と経

図表Ⅲ-4　金融規制改革の国際的枠組み

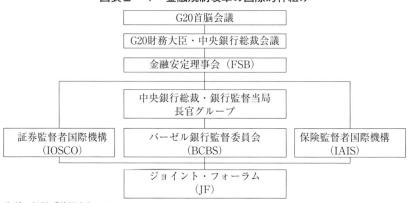

出所：松尾『前掲書』p. 4

過措置が組み込まれており、後述するように、実際の効果が発揮できるまでには、相当の期間が必要である。次に、この Financial Regulation Reform Bill（Dodd-Frank Wall Street Reform and Consumer Protection Act）の概略説明を進めていくことにする[53]。

まず「政府権限の拡大」という点では、次のようである。①「接収・清算権限の拡大」が挙げられる。破綻をすると広範囲に打撃が及ぶとみられるところの経営危機に陥った金融機関の経営権掌握、もしくは解体の権限を連邦規制当局に与えるというものである。これにより、連邦預金保険公社（FDIC: Federal Deposit Insurance Corporation＝これに加盟している銀行が破綻した場合には、その預金者１人当たり10万 US ドル［約950万円］、個人退職勘定［アメリカ合衆国の確定拠出型年金の１種で、企業年金を利用できない自営業者などが老後資金を積み立てるために設けられているものである。］としてさらに25万US ドル［約2,375万円］までの普通預金・当座預金を補償するという預金保険）が実行する破綻処理策をこの規制当局が作成できることになる。財務省そのものは前払いコストに充てるための資金を提供することができるが、その資金提供の前提条件として、政府は返済計画の策定を要求することになる。こ

の規制当局が提供する資産は500億ドル（約4兆7,500億円）超を保有する金融機関に対する手数料を算定することで、この資金で、その損失を埋め合わせることができる。②「金融安定化監督評議会 FSOC: Financial Stability Oversight Council の設置」であって、金融の安定を脅かす risk を監視・対処するために、10人編成の金融安定化監督評議会を設立し、これによって financial system に脅威を及ぼすと判断される大規模、かつ複雑な業務を行う金融機関に、より厳格な規則を適用するように、連邦準備理事会 FRB に推奨することができるようになる。究極的なケースでは、評議会が金融機関を解体する権限を持つ場合もあることになるので、金融危機の拡散や雪崩現象に一定の歯止めをかけることができる。③連邦準備理事会は金融危機時に当理事会が実施した「緊急融資」について、一回限りの監査を認め、銀行に対する融資の詳細を、二年の遅延をもって開示しうる。12地区連銀の総裁選任時の銀行の役割を排除する。また、当理事会の緊急時の融資権限も制限し、政府の役割を強化した。さらに、④監督面での変更を実施し、今回の financial crisis の防止に機能しなかった貯蓄機関監督庁 OTS: Office of Thrift Supervision（貯蓄貸付組合に対する監督制度・預金保険制度を目的に1989年8月にアメリカ合衆国財務省の事務局として創設された監督機関）を廃止して、通貨監督庁 OCC: Office of the Comptroller of the Currency がその役割を一本化して継承することにした。

　また、financial system 上、今回の financial crisis で、極めて重要な役割を演じ、無視できない影響力の大きな「大手金融機関の監督強化」については、①「ボルカー・ルール Volcker Rule」を導入したことである。これは以前から問題になっていた大手金融機関の自己勘定取引 proprietary trading[54]を概ね禁止とし、hedge fund については3％以下での小規模な hedge fund[55]は認めようとするものであり、また private equity fund[56]への投資は、投資機会の多様化のために可能とする。② derivative については、以前から問題の多かった over the counter derivative market に対する包括的規制をこの法律で初めて設け、これによって financial derivative products の取引や、

106 第3章 アメリカに見る所得格差の現状

この商品を販売する企業も規制の対象となるようにしようとしたものである。多くの通常の derivative については取引所、あるいはこれに類似するような Electronic Platform[58]での取引と、Clearing House[59]での清算を求める。customize された swap については引き続き店頭市場での取引が容認される可能性があるが、規制当局が取引を把握できるように、中央管理機関への報告が義務付けられる見通しである。今までのように、規制範囲外であったこの取引にも、規制が入ることになった。derivative を扱う企業に対しては、資本、マージン、報告、記録の保管、事業慣行などに関する新たな規則が適用される可能性がある。③「derivative 事業の分離」を行って、risk の最も大きい derivative 取引事業のみ、別会社に移譲することを容認する見通しである。④「銀行資本」には、大手銀行持ち株会社の trust preferred securities[60]の使用を禁止するなど、より厳格な資本規制を導入する。⑤「TARP: Troubled Asset Relief Program」の終了については、7,000億ドル（約66兆5,000億円）の不良資産救済プログラム TARP）の早期終了により、新規制導入に伴うコストの不足を賄い、この残額の資金で財務省が新規プログラムを実施することを禁止する。

　「銀行口座・credit card を保有する消費者への影響」についての対策は次のようである。①「消費者金融保護局 Consumer Financial Protect Bureau」を連邦準備銀行に新設し、housing loan などに関する規制に関して権限を持たせることにする。資産額が100億ドル（約9,500億円）超を有する銀行と credit union、また nonbank などが、当局の監督の対象であるが、auto dealer は除外されている。②「先取特権」として、複数の州の業務を行う銀行に対しては、連邦政府の基準よりも厳格な消費者保護法の適用を州政府に認め、また消費者金融保護局が策定する一部の規則を施行する権限を州司法長官に与えるとしている。③「預金保険」については銀行と貯蓄金融機関、credit union に対する預金保険の上限を25万ドル（2,050万円）とし、2008年1月1日にさかのぼって実施する。④ housing loan については、この貸し手は借り手の収入、信用履歴、職業の属性などを調べ、借り手に loan の編

成能力があることを確認することが初めて求められる。返済不能に陥ること
が明らかに予想される借り手に、貸付業績を上げるため、あるいは余剰資金
の貸し付けを急ぐために、安易に貸し付けることがないようにするためであ
る。

　「投資家の保護」については、次のようである。①「投資アドバイス」に
ついては、的確な投資アドバイスを与えることができるように broker deal-
er の資格基準を引き上げる必要があり、その権限を証券取引委員会 SEC:
Securities and Exchange Commission に与える。② securitization が問題と
なったが、この改革には、証券化業務を行う銀行に対して、credit risk の5
％を自行の balance sheet に残すように求めるが、一定の最低基準を満たす
risk の低い housing loan は対象外となる見込みである。③ credit ranking
company 改革については、利害相反に対処するように設計された準政府機
関の設立などで、格付け業界の改革を狙うことにする。SEC はこの種の機
関の設立に向けた調査を行う。格付け会社に罰金を科す権限を持つ監督部局
を SEC に設立する。さらに、SEC に対し、長期間に正当とみなされない格
付けを多数行った企業の登録を抹消する権限を付与する。④ corporate gov-
ernance 改革については、上場企業の株主に対して、幹部報酬や golden
parachute（敵対的買収の標的にされた会社の経営陣が経営の座を譲り渡す代わ
りに多額の割増退職金を受け取る取決め）」に対する拘束力を持たない投票権
を与える。⑤ hedge fund 改革については、hedge fund と private equity
fund に SEC への投資アドバイザーとしての登録を求める。また、規制当
局による systemic risk の監視に協力するよう、取引情報の提供を求める。
⑥「保険」改革については、財務省に保険業界を監督するための連邦保険局
を創設する。どの保険会社を system に大きな影響を及ぼし得る会社として
扱うべきかについては、同局が決定する。

　以上のように、当法律は、① system 上重要な金融機関 Sifis: Systemically
Important Financial Institutions [61]（今のところ「シフィズ」と呼称される。）の
規制監督の強化、② system 上重要な金融機関の破綻処理法制を整備、③消

108　第3章　アメリカに見る所得格差の現状

図表 III− 5　所要最低自己資本水準および流動的比率水準の段階的実施

	2011	2012	2013	2014	2015	2016	2017	2018	2019 1月1日
レバレッジ比率	監督上の モニタリング期間		試用期間2013年1月1日〜17年1月1日 各銀行による開示開始　2015年1月1日					第 一 の 柱 へ の 移 行 を 視野	
普通株等 Tier1 最低水準			3.5%	4.0%	4.5%	4.5%	4.5%	4.5%	4.5%
資本保全バッファー						0.625%	1.25%	1.875%	2.5%
普通株等 Tier1 最低水準 ＋資本保全バッファー			3.5%	4.0%	4.5%	5.125%	5.75%	6.375%	7.0%
普通株等 Tier 1 からの段階的控除 （繰延税金資本、 モーゲージ・サー ビ シ ン グ・ラ イ ツ、および金融機 関に対する出資を 含む）				20%	40%	60%	80%	100%	100%
Tier1 最低水準			4.5%	5.5%	6.0%	6.0%	6.0%	6.0%	6.0%
総資本最低水準			8.0%	8.0%	8.0%	8.0%	8.0%	8.0%	8.0%
総資本最低水準＋ 資本保全バッファー			8.0%	8.0%	8.0%	8.625%	9.25%	9.875%	10.5%
その他 Tier1 また は Tier2 に算入 できなくなる資本 のグランドファザ リング			10年間（2013年1月1日開始）						
流動性カバレッジ 比率（LCR）	観察期間 開始					最低基準 の導入			
安定調達比率 （NSFR）		観察期間 開始						最低基準 の導入	

注1：網掛けは移行期間を示す。
注2：全ての日付は1月1日時点を示す。
出所：松尾著『前掲書』p. 28
・普通株 Tier1 ＝普通株式や帳簿上の準備金のような基本となる自己資本項目のこと
・資本保全バッファー＝繰り延べ税金資産などを控除した後の普通株で構成
・Coverage 比率の計算式＝適格流動資産／30日間のストレス期間に必要となる流動性≧100%
・安定調達比率の計算式＝安定調達額（資本＋預金・市場性調達の一部）／所要安定調達額（資産×流動性に応じたヘア カット）＞100%

費者および投資者の保護、④金融市場の透明性と説明責任、今まで規制外で
あった hedge fund などの私募 fund の助言業者の規制を強化、⑤上場会社
の規律の強化などの包括的で大幅な改革の点で特徴を持っている。[62][63]

　この法律は、制定されたとはいえ、その実効性を発揮するまでには、かな
りの年数が予定されている。「図表Ⅲ−5　所要最低自己資本水準及び流動
的比率水準の段階的実施」によれば、今回の危機で重大な問題として取り上
げられた自己資本比率と流動性的水準について、その実効までには最長で9
年間が、必要とされるようになっており、それが完全な形で整備されるに至
るまでは、予断を許さないものがある。[64]

4　Obama 政権の平等化政策とその結果

新たな経済政策―成長・安定・調整―

　1980年代は、世界に policy shift が生まれた時代であった。冷戦構造の中[65]
で行き詰まりを見せていた東側諸国にとっても、また供給過剰で競争激化の
市場での更なる利潤獲得を強いられてきた西側諸国でも、新天地を求めてい
たところに、新たなfrontierが出現した。世界市場は冷戦期では基本的に閉[66]
鎖されていたソ連圏と中国の市場経済システムへの移行で、東側陣営を一挙
に世界市場経済圏に取り込み、全世界に拡大させた。アメリカにとっても自
由主義諸国にとっても、この状況は世界的な経済成長政策へと舵を切る契機
となり、それが一巡するまでの間は、成長期に入ることになった。外部資本
を導入し、今までよりも進んだ機械設備を手中にした社会主義諸国、とりわ
け広大な国土と地下資源と膨大な人口を擁する中国とロシア圏にとっては、
このことは単なる市場経済システム化への移行に止まらず、歴史上かつてな
い高度経済成長期に直面することを意味した。

　この時期、アメリカは、Reagan という楽天的な大統領を擁し、共和党と
いう富裕な階層からなる市場指向型の支持政党に導かれた。その考え方を理
論的な面で支えたのは新自由主義・新古典派の supply side を重視する市場
主義の楽観的な予定調和論であった。保有する過剰資本の上に、圧倒的優位

に立つ軍事・宇宙・情報技術を持って、アメリカは平和の配当がもたらす globalization の有効性を世界に喧伝した。同じ時期に、中国では鄧小平が 1978年に「改革開放」を宣言しており、ロシアでは Mikhail Sergeevich Gorbachev（1931年-）が1990年に「500日計画」という市場経済システムへの移行政策を採用した。1980年代から2011年の現在までの約30年間において、その成否は別として、世界経済が歴史的に見て、同時期に集中的に、これだけ経済成長政策の採用にとって恵まれた前提条件を揃えることはまれであり、またこれほどの方向転換を指導する強力な政治的・経済的指導者を配置して、経済成長政策が準備されたことも珍しい。そして、情報技術と数学と統計学が経済学の分析に使用され、その分析の手法が科学的・実証的な検証方法として多用されるようになってきた。このような歴史上の予期せぬ偶然の出来事を、あたかも当然のこととして、今後も持続すると考えることは、明らかに誤りである。

　その渦中にあって、現代経済学は、鋭利な分析ツールとして発達し、それによる経済分析結果は、実証的であり、検証データのように見える。しかし、この問題点は、収集データの時間的な遅れ、余りに数学的で、経済実態から乖離しているように思われても、数字で示されたデータは数式と計算が間違っていなければ全て正しいものとして、鵜呑みされやすいことである。視覚化されたグラフによるトレンドは、思考を回避して、その傾向を映像的な確信に至らせ易い。数字で示された利益がどのような実態から生み出されたものであるかはどうでもよいということになる。そして、データ分析で最も重要なことは、何を、何処を、どの年度を基準年とし、何を、何処を、どの年度を比較すべき年度とするかによって、まったく逆の結果を出すこともできるという事実である。こうしたデータに対しては、冷静な分析・判断能力を持っていなければ、意図したデータ作成者に容易に誘導されてしまうことにもなる。

　この兆候は、すでに2000年ごろから現れるようになった。そしてそれは住宅価格上昇の神話につられてアメリカの住宅価格の急上昇をもたらし、2006

4 Obama 政権の平等化政策とその結果 111

年には明らかに部分的な bubble の様相を見せ、2008年になって全面的な
bubble となり、そしてこの年の9月には崩壊に至ったことは、先に述べた
通りである。高度経済成長を続けている新興国の将来についても、冷静に観
察する研究者も多い。たとえば、新興国の投入指向型経済は生産性の向上
(技術革新) がなければ、持続することはできず、そうした経済では、資本
ストックが増えるにつれて収益が逓減し始め、その結果、獲得した資金は国
内に再投資されずに、海外への投資が始まり、増大する。獲得した資金をよ
り生産性の高い国や地域、たとえば南米や南ア等に投資し、あるいは投機的
な原材料商品や金融商品等に投資することで、high level return を求めよう
とする誘因が生じてきている。高度経済成長が一巡し、国内的にも世界的に
も、国民間や国家間に格差が拡大し、当初に目論まれていた予定調和に異議
申し立てが出るようになると、新たな経済政策への転換が必要となってきて
いる。[67] そこで求められている経済政策は、国内的には、成長経済政策から安
定経済政策への policy sift であり、国際的には global で smooth な構造調
整・制度変更である。特に直面する global financial crisis に対しては、アメ
リカが主導的な立場に立ち、自らの制度を世界的に有効に機能する financial
system の調整に着手する必要がある。それが今回の Financial Regulation
Reform であった。

　financial system の領域は最も情報化が進んでいる分野の一つであり、こ
の領域を理解し、運用するためには、現在の世界でも最高度の技術革新の集
積が必要であり、また開発に巨額の資金が求められ、さらに高度な教育と訓
練が必要で、かつ情報の非対称性 asymmetric information が最も顕著な領
域、それが financial engineering、computational finance[68]をも取り入れた領
域であったことである。ここには、先進国と途上国間で極度の格差が生じて
いるだけではなく、先進国間でも、途上国間でも、さらにはそれぞれの市場
関係者や国民の各層においても、激しい格差が発生し、是正を求められて
いる。[69]

　世界の求める経済政策の方向が、growth から stable へと変化して行く過

程では、それを smooth に行うために、leadership が必要であるが、これを
アメリカ一国で担うことは困難なことは明らかである。世界の経済格差の縮
小と、経済の安定化のための financial system の再調整が今や喫緊の課題と
なっている。そこで、アメリカが呼びかける partnership があるが、アメリ
カの強い leadership を確保しながら、同時にアメリカ以外の世界の諸国の
partnership を要求する手法には、各国の抵抗が強い。その中でも情報化の
分野全般について、特に financial system の現代化においては、アメリカ以
外の国々は、アメリカに digital divide の解消を強く要求してくるであろう。
さらには、global な安定経済政策の実現には、世界全体の financial system
の構造改革（各国間での整合性の取れた法的制度の整備・明確な監督機関の設
置・金融機能の相互確認と報告および監視）がどうしても必要である。アメリ
カの持っている強い leadership の下で、世界の諸国を取りまとめて、こう
した方向の確認と具体的な処置を提示し、各国の参加を求めて、partner-
ship を発揮させて、整合性のとれた financial system を再構築することが、
今、世界で最も強く求められている安定・構造調整の経済政策なのである。

　第二次世界大戦後の世界で起こった稀にみる幸運の中で採用された成長経
済政策が、今回の世界的な高度経済成長と好景気を生み出し、人々もまた、
この好景気がすべての人々にとって、不平等で経済格差があるものの、全体
的には所得と富の増大をもたらしたことから、この拡大均衡が永続するもの
と楽観的にとらえ、その底流にある危うい事実を見逃した。それが、結果的
に経済格差の拡大と bubble を引き起こした。

　この論述の中で既に明らかにしたものであるが、実体経済において、その
原因の一つを作ったものは financial system の不完全性であり、不安定性で
あり、放任であった。そして、これが誰の眼にも現象としてはおかしいとわ
かっていたにもかかわらず、ほとんどの人々がその原因と理由がわからない
ままに、自己の利益拡大を求めて突き進んでいったことである。いつに時代
にも bubble はこのようにして発生する。

　しかし、今回の bubble はそれだけではなかった。その根幹に、情報の非

対称性、digital divide が横たわっていたことである。これが、意図したものであるどうかは別にして、アメリカの financial system の基盤と構築と運用に深く、静かに、網羅的に組み込まれてきていたという事実である。このアンバランスな事実が、また新たに経済格差を生じさせ、経済システムを動揺させ、financial system を不安定にした。これまでの bubble と今回のそれとが、異なっていたのは情報技術の普及と格差であった。情報技術はそれ自体としては極めて高い有用性を持っているが、それは極めて高度であり、高価であるために、独占されたり、濫用されたり、アンバランスの状態で放置されるとすれば、現代の経済・金融・財政のあらゆる局面で、電子商取引や電子決済などの financial system が国民の生活や企業間の取引、政府の財政収支に深くかかわっているために、甚大な影響を市民の生活や事業活動、行政に及ぼす。

　当面の安定経済金融政策課題は、複雑な derivative 商品や、危うい上に広く拡散した securitization の把握と規制、金融機関の自己資本増強、極端で巨額な leverage の禁止、捉えどころのない hedge fund の横行抑制、紛らわしい nonbank 等の金融機関の登録義務化、私的・私募的な金融・証券業者の原則禁止、巨大化そのものを経営目的とする金融機関の禁止・分割、小規模な金融機関の整理統合、リアルタイムの金融機関の監視と報告、直接税や累進課税の見直しなどである。アメリカとそれ以外の諸国は、国際的合意の下で、on line system を受容し、構築し、効果的な制御に協力する必要があり、各国は、これらの規制が世界全体の経済的安定にとって最も重要な課題であることを認識し、監視プログラムを開発・運用できるように、政策的に対応をすべきである。

　すなわち、情報技術の他分野・他領域との融合化・統合化の進展する中で、アメリカ合衆国の Obama 民主党政権が求められている賢く堅実な金融規制改革は、世界の市民の生活、法人や政府業務に不可欠となった on line の金融機能を国際的な合意をもって、世界で有効かつ安定的に働くように基盤を整備し、制度化し、監視することでなければならない。それが、世界に

おける financial system の安定性を実現して行くための必須の条件であり、経済格差の是正の一つの手段となり、最終的には global economy を安定させることになる、ということである[70]。

　そうした中で、2017年1月20日、2期8年の Obama 民主党政権が終了した。Obama 大統領は、2016年5月になされた『大統領経済報告』の中で、次のように述べている。「過去7年間、われわれの目標はただ単に、経済成長を強化することではなく、一生懸命に働いた人すべてに、公正な果実を獲得できる経済を創造することにあった。」が、「しかしながら、システムを大金持ちや超巨大企業に有利に操作されないようにするには、政府はどのような役割を果たすべきかについては広範なチョイスがある。」という。そして、「記録的な企業利潤の年を経たにもかかわらず、労働家族は、より多くの機会を持ちえなかったし、より速い賃金上昇を見たわけでもない。」というのである。

　同『報告』は、まず経済的不平等を論じている。その第一章「米国の包括的成長[72]」では、「経済的不平等の形態――所得、資産、機会」を取り上げて、所得不平等・資産不平等・機会の不平等・不平等の形態の相互作用を、「不平等の諸原因――競争市場と経済レント」では競争経路・レント経路を、「不平等と成長の相互作用」、「包括的成長を促進する政策」として、総需要の強化、機会均等の促進、市場集中支配力とレントを求める行動の削減、移動性を育む一方不平等の諸結果に対して家族を守るというのである。また、第4章では、「幼児期の不平等と効果的な公共政策による介入」と題して、「初期投資に関する経済学と幼児期の不遇の影響」において、「初期投資に対するリターンの出方」、「初期の健康と人的資本に対する投資における不平等」、「幼児期への公的投資の役割」を論じ、「子どもの成果を改善させる政府の介入」としては、「初期の健康と人的資本に対する直接的な投資、間接的な投資、現物投資」、「所得移転およびその他の現金に近い移転プログラム」を掲げている。

　Obama 政権の掲げてきた一連の経済政策に対して、就任の初期の段階で、

国民の中には裏切られた気持ちを抱いた人々がいた。それは、第一に、2008年の世界経済危機への対処のためとして、Bush 共和党政権立案の巨大金融機関の救済策を優先して実施したことであった。第二に、国内最大の自動車メーカーの GM と CHRYSLER 二社に Bush 政権期の救済策を踏襲したことであった。そして、第三に連邦準備制度理事会が金融機関へ大量の流動性を供給するという非伝統的な手段を取ったことで、Lehman Shock 以前よりもより大きな経済格差を米国経済は生み出したことである。第四に、Bush 政権が実施した減税を延長させたことであった。第五に連邦財政赤字累積(2011年で14兆ドルの累積) 問題の解消に対応しなければならず、2013年に予想される「財政の崖 fiscal cliff」を作ってしまったことである。第六に、給与税半減政策である米国雇用対策法 American Jobs Act」が下院共和党の反対で小規模なものになってしまったということである[73]。

　下院共和党との抗争をなんとか妥協と「特例措置」で乗り切った Obama 政権は、2014年には短期的な経済回復と米国経済における 3 つのプランに基づく中長期的経済戦略を明らかにした。その第一は経済の潜在能力を完全に回復することを継続することであり、第二に経済の潜在能力を拡大することであり、第三に経済的機会を促進することであった[74]。これらの成果を、詳細に分析するためには、Obama 政権が終了した直後であり、現時点では時間的にもデータ的にも無理があるので、今後の研究を待たねばならない。

　これまでの Obama 政権の掲げた経済政策の理想と、民主共和両党間の政治的駆け引きの現実との間に、修復しがたい深淵なギャップが存在するように思われた。政治的不信に陥った過半数の米国民は、現状を打破できる強力なリーダーシップに救いを求めた。そこに第二次世界大戦後における既存の米国社会そのものを根底から否定ないし見直すべきだ、と呼びかけて登場したドナルド・トランプ Donald John Trump（1946.6.14.〜）を、米国合衆国大統領に選んだのである[75]。

1)　2008年 9 月の世界金融危機の発生源がアメリカ経済・金融システムの欠陥にあったことから、アメリカ国民は大きなショックを受けた。アメリカは1968年のノーベル

116 第3章 アメリカに見る所得格差の現状

経済学賞設置後、歴代受賞者67人の内43人（64.2％）がアメリカの研究者によって占められ、ランキング好きな国であり、なんでも一番が目標の国が起こした global な歴史的一大事であり、超党派で解決しなければならない最優先・最重要課題の一つとなった。それだけではなく、これについてはアメリカの経済学者の中から、アメリカを中心として展開されてきた「現代経済学が、計測に対する見かけ上の傾倒にもかかわらず、科学としては真っ先に問われなければならない How Big Is Big?（どれだけ大きければ大きいといえるか）という設問に答えていない」という指摘があり、数字上の有意性のもつ判断基準はもちろんのこと、その数字の意味する現実経済の経済的実態を理解していないという批判も出された。McCloskey,Deirdre N., *The Vices of Economist – The Virtues of The Bourgeoisie*, Amsterdam University Press, 1996（ディアドラ・N・マクロスキー著　赤羽隆夫訳『増補　ノーベル賞経済学者の大罪』ちくま学芸文庫　2009年　p. 18参照。

2）　政権交代や政権移譲がスムーズに行われるためには、それを支える行政機関と公務員の能力と安定性が最も重要であり、それが不十分で不安定であれば、しばしば、途上国で見られるような、政治的混乱や暴動、革命が発生する。アメリカでは、他の国に比較してこの条件がほぼ必要かつ十分に機能している。

3）　一般的に、アメリカでは共和党政権は保守主義の政党であり、中道右派政党であると見られている。支持勢力は、大企業が多く、電力、石油、鉄鋼、自動車、軍需産業等であり、その他にキリスト教の右派（Bible Belt：米国の中西部から南東部にかけての複数の州にまたがる地域をこのように総称しており、この地域ではプロテスタント、キリスト教根本主義、南バプティスト連盟、福音派などが熱心に信仰されており、教会への出席者も多いため、これが地域文化の一部を形成している。この地域はまた、きわめて保守的であり、進化論を教えることも州法で禁止したこともある。さらに、アメリカでも、キリスト教や聖書をめぐって、論争が活発な地域として知られている。こうした風土と思考傾向が共和党の政策形成や政策的判断に少なからず影響を及ぼしている。）がある。退役軍人協会、全米ライフル協会、アメリカ中南部の富裕層の保守的白人層を代表する政党であるとも考えられている。したがって、対外的には interventionism の立場を取り、neo-conservatism の主張をし、武力を用いても民主主義を global に展開させようとする。外交問題では、イスラエル支持の立場を取る。共和党の Richard Milhous Nixon（1913-1994）大統領の1972年2月21日の中国訪問や1960年代から70年代のソ連との De'tente 以降は、Armand Hammer（1989-1990）を初めとする中道派や J. W. Bush 政権での Elaine Lan Chao（中国名趙小欄　1953-）労働長官、Henry Merritt Paulson（1946-）財務長官などの親中派や lobbyist も存在し、チベット問題や人権問題では中国支持の傾向もある。経済政策観念の形成や経済政策の構築の基盤においては、market economy と neo-liberalism　の立場を取り、環境問題や福祉政策よりも、経済効率や大企業の利益を重視する傾向が強い。経済的不平等に関しても、格差の是非よりも、それを是正しようとする各個人の努力を要求し、それを達成した人々を高く評価する。そのための機会の平等を提供することが政府の役割と考えている。最近では、Tea Party movement がこの党を中心に Anti-Obama 勢力として、活発化している。

4）　アメリカにおける選挙運動や制度改革で理解が困難な点や誤解を生み易い点は、合衆国政府の政策と州政府の政策とで国民の受け止め方が大きく違う点であり、この点が二元的、多元的なアメリカ行政と一元的行政をとる日本と異なる点である。連邦制で分権化しているアメリカでは、ワシントンから遠い州政府、さらには市やカウンティ一のような地方政府の方が身近で重要なことが多く、実際に、後者の方は徴税権が強く、一般国民が受ける毎日の生活に直結する行政サービス（ごみの収集、消防や警察の維持、公的教育等）は後者の負担となっている。連邦政府は国防や社会保障年金、高齢者医療の面での行政サービス行っているが、それらは重要ではあっても、間接的で生活に直結していないと考えている。連邦政府への納税に厳しい反応するのもこのことによる。その典型的な例が、社会保障年金に関してであって、これは自分と社会保障制度との契約であり、自分が社会保険料を支払っているのであって税金の恩恵は受けていないと考える。そのために、軍事以外での連邦政府の支出は自分たちと関係のないワシントンの政治家たちが、勝手に采配する金の無駄遣いであるとの認識が強い。これが前述のように、Tea Party movement が民主党・共和党の区別なく中立層を抱き込んだ反中央政府、反合衆国政府、Anti-Obama 民主党政権への攻撃活動となっている理由の一つでもある。

5）　民主党は人権や福祉、環境問題には関心が高い。外交では国際連合を重視し、基本的には国際協調主義を取る。中国に対しては保護貿易主義や対中貿易赤字を理由に批判を強めており、人権問題やチベット問題に対して批難し、中国の軍拡にも厳しい指摘が出るなど、下院議長の Nancy Patricia D'Alesandro Pelosi（1940－）などを中心とする liberal side の対中強硬派がいる。イスラエルに対しては、共和党と同様な支持傾向がある。支持団体には、環境保護団体、全米訴訟弁護士会、アメリカ労働総同盟、IT 業界、公民権運動団体であり、主な支持層は東海岸・西海岸、五大湖周辺大都市市民や低所得者、労組、労働者層、高学歴層、インテリなどである。人種としては minority である。世界恐慌時では1932年に民主党の Franklin Delano Roosevelt 大統領を中心として、市民を終結させて New Deal Coalition を実現させた。また、1961年就任の John Fitzgerald Kennedy 大統領、1977年就任の Jimmy Carter 大統領が挙げられる。多様な価値観を持った支持者で構成されており、既存の宗教的価値観との対立や衝突が絶えない。経済政策では、政府規制の導入や強化を主張し、特に今回の金融危機では、規制の強化を要求している。累進課税には賛成し、貧困層への福

118 第3章 アメリカに見る所得格差の現状

祉計画を推進して来た。2008年の大統領選挙では Barack Hussein Obama（1962－）
が第44代大統領に選出され、8年ぶりに民主党政権が誕生し、2013年の大統領選挙で
は再選され、同政権継続が支持された。

6）Obama, Barack, *The Audacity of Hope*, 2006（棚橋志行訳『合衆国再生―大いなる
希望を抱いて―』ダイヤモンド社 2009年 pp. 35－36）がある。Obama はこの中
で、「レーガンのメッセージが人々に受け入れられたのは、彼の伝達者としての手腕
を物語るだけでは足りない。景気停滞の時代にあっての自由主義的政府の失敗は、中
流階級の有権者に"政府は自分たちのために戦ってくれる"という感覚を与えられな
かったことにある。行政府が税金の使いかたに無頓着すぎたせいなのだ。統治を委任
されたことにはどんな出費が必要かを政府は忘れていたのだ。」とし、「レーガンは福
祉国家の罪を強調しすぎ、国内政策では経済エリートを大きく優遇し、80年代を通じ
て企業の乗っ取り屋たちが大もうけをし、逆に労働組合は破壊され、平均的な賃金労
働者の収入は死に瀕していると自由主義者が批判した。だが、一生懸命働いて、法を
守り、家族を大事にし、国を愛した人たちに味方するという約束によって、レーガン
はアメリカ国民に、自由主義者が持つもはや奮い起こすことのできなくなっていた
"共通の目的"という感覚を提供した」と述べている。

7）前回の選挙で、お互いに対立候補であった民主党の Obama と Clinton との相違は
支持団体や lobbyist の活動の特徴から分析することが最も妥当である。Obama の最
大の献金団体は大学・教育関係者団体、退職者団体、コンピュータ・インターネット
業界、映画産業、音楽業界であったのに対して、Clinton の場合は不動産業界、銀
行・証券業界、医療・製薬業界、lobbyist 業界、弁護士団体、Casino・賭博業界、保
険業界、石油・ガス業界、たばこ産業であって、Bush 共和党政権と何ら変わりのな
い業界からの lobbyist 活動や政治的支援を受けていたのである。Obama の姿勢の方
が、Clinton よりも、明らかに明瞭かつ潔白であったことがわかる。Federal Election
Commission, *Contributions from Selected Industries*, The Center for Responsive
Plitics, March, 20, 2008. http://www.opensecrets.org./pres08select.asp?In＝K02 およ
び Talbott, John R., *Obamanomics, How Bottom-Up Economic Prosperity Will Replace
Trickle-Down Economics, 2008*（桑田健訳『オバマノミックス［持てる者への優遇
経済］から［持たざる者への思いやりの経済］へ』株式会社サンガ 2009年 pp.
176－177参照）

8）この理論の起源は Mandeville、Bernard, *The Fable of The Bees: or Private Vices,
Public Benefits*、1705（泉谷治訳『蜂の寓話』法政大学出版局 1985年）に求められ
ており、このサブタイトルの「私悪は公益 *Private Vices, Public Benefits*」は資本主
義の本質を示すものであり、古典派経済学の基本的な経済学に対する認識である私
悪＝利己心として「利己心にもとづく各個人の行動が、結果的に（各個人が意図した

わけではないにも関わらず)、全体の利益（公益）をもたらす」とするもので、その後のレッセフェール（自由放任主義）や Adam Smith や古典派経済学の理論構成に大きな影響を与えた。ただし、これは経済理論ではなく、一つの考え方である。なお、この仮説に対する批判は、神野直彦著『「分かち合い」の経済学』岩波書店2010年 pp. 136-137を参照。

9) 鄧小平の「先富論」は中共中央文献編集委員会編『鄧小平文選』人民出版社1993年に詳しいが、その考え方の系譜はここにあるとみられる。「黒猫白猫論」は「白い猫であれ、黒い猫であれ、鼠を捕る猫は良い猫である。」という意味であり、ここで鄧小平が言ったとされる「白い猫」は、実際には「黄色い猫」であったという説がある。（矢吹晋著『鄧小平』講談社新書版1993年 pp. 71-72参照。）ここで、鄧小平は、先富者は、富裕途上にある人を支援して、「共同富裕」の実現に協力せよとも、述べている。しかし、2013年までのところ、前半の「先富」の部分は達成したが、後半の「後富」、すなわち「共同富」が実現しているようには見えない。

10) 拙著『現代経済政策論（第五版）』成文堂 2005年 pp. 391-397参照。当政策の実施過程で、国防費の過大な支出があり、それが有効需要を創出し、好結果を生んだため、これはケインズ政策ではないのかとの指摘がある。80年代の経済政策について、批判的な立場から詳細に論じている著書としては次のものがある。Kurgman, Poul, *Peddling Prosperity*, 1994、W. W. Norton & Company. Inc.（伊藤隆俊・妹尾美起訳『経済政策を売り歩く人々エ―コノミストのセンスとナンセンス―』ちくま学芸文庫 2009年 p. 174）。ここで Kurgman, は「80年代の政権の浮沈を左右してきた経済の流れが、実は政権が採用した政策とはほとんど関係がなかったということは、極めて皮肉な事実である。79年から93年までの景気後退と景気回復に関与していたのは、実質的には政治的には中立で、総じて独立している連銀による金融政策であったのである。」としている。

11) supply side economics の歴史・理論・政策については、拙著『前掲著』の第2部において詳細に論じているので参照されたい。新自由主義経済政策が間違っているという批判があるが、この政策そのものよりも、この政策を採用し、実施したアメリカ合衆国政府が、石油ショックの終息をもって、この政策の採用を終了すべきであった。政権維持のために、この時期の選択を当時の政府は誤ったのである。このことは、レーガン共和党政権誕生以前のカーター民主党政権がケインズ政策の終息を誤って、ハイパーインフレを招いたことと軌を一にする。現実の経済社会の状況変化に対応するためには、絶対不変の経済政策は存在しないのであって、適宜適切に様々な経済学の理論や政策を歴史的経験や実態に合わせて整合性のとれた価値判断の下に、取捨選択する必要がある。そうでなければ、こうした失敗は人類の歴史の続く限り繰り返されるであろう。

120　第3章　アメリカに見る所得格差の現状

12)　第一生命経済研究所「スタグフレーション研究 30年前との比較」
http://group.dai-ichi-life.co.jp/dlri/kuma/pdf/k_0805e.pdf 〈2011.2.9アクセス〉

13)　Talbott、*op. cit. Obamanomics*・・・*2008*（森田訳『前掲書』）

14)　アメリカ合衆国の lobby 活動は1869年から1877年の期間に政府を率いていた
Ulysses Simpson Grant 大統領の時代に本格化したという。Grant は Heavy Smoker
であって、White House では妻から喫煙を禁止されていたため、近くの Willard
Hotel の lobby で葉巻を楽しんでいたが、これを知った関係者が nicotine で上機嫌と
なっている Grant 大統領に、この lobby で陳情したために lobbying と呼ばれるよう
になった。(*Oxford English Dictionary*, 1928) アメリカの市民団体である Public
Citizen は *The Journey from Congress to K Street* のレポートの中で、1998年以後に退
職した議員198人のうち43％が lobbyist に登録しているとし、様々な献金や補助金横
領などの scandal を摘発している。

15)　Talbott、*op. cit Obamanomics*・・・*2008*（森田訳『前掲書』p. 164）現在のア
メリカに存在するほとんどすべての問題は、その元を辿って行くと、何らかの形で、
lobbyist たちの行動が発端となっているという主張がある。アメリカの喫煙問題は、
たばこ関連の lobbyist、映画やテレビ番組における不適切な暴力シーンやセックスシ
ーンは、ハリウッド関連の lobbyist、薬の値段が高いのは製薬会社の lobbyist、賭博
の問題はカジノ関連の lobbyist、住宅価格の崩壊は、不動産業界と住宅ローン関連の
lobbyist、金融機関の救済は、Wall 街関連の lobbyist がそれぞれ影響力を行使してい
るというのである。

16)　Talbott、*ibid.*（森田訳『前掲書』p. 160）Obama for America, Remarks of
Senator Barack Obama - Iowa Jefferson - Jackson Dinner, November 10, 2007.

17)　2013年3月18日正午現在の円ドル為替平価で、ほぼ＄1＝￥95の水準で推移して
いるので、このレートで換算した円表示の額を（　）内に表記しており、本稿中の円
ドル換算率はすべてこの換算率を適用している。

18)　Talbott、*op. cit. Obamanomics*・・・*2008.* なお、直近年度の活動資金について
は、*Lobbying Overview,* opensecrets. org. Lobbying Database にアクセスすることで
知ることができる。

19)　Talbott, *Where America Went Wrong,* 2004 pp. 69 - 70.

20)　Talbott、*ibid.*

21)　subprime loan を主題として取り扱った著書としては、当著を挙げることができ
る。Fabozzi, Frank J. and Robert Paul Molay,, *Subprime Concumer Lending* 1999,
Frank J. Fabozzi Association.

22)　http—digital,library.unt.edu-ark. この法律は、元来、商業銀行業務と投資銀行業
務の分離を定めていたもので、この規制によって預金者の預金資産の保護を確保し、

その資産を商業銀行が危険な投資に使用できないように規制するものであった。1999年11月12日、Clinton 大統領の署名で、同法は廃止されたが、それによって預金資産は危険にさらされることになった。ヌリエル・ルービニ教授はグラス・スティーガル法を廃止したのは間違いだったとし、Obama 大統領の示した金融規制変更案の方向性は正しいという。Obama 大統領の銀行規制案は銀行の規模抑制と金融機関によるprivate equity（PE、未公開株）fund や hedge fund への投資禁止を盛り込んだ新規制案を2011年1月中旬に提案している。

23)　松本重治訳『世界の名著40』中央公論新社　1980年

24)　本稿箇所の全体にわたって、阿部彩著『アメリカの所得格差と国民意識』を引用・参考させていただいた。なお、当資料は http://www.ipss.go.jp/syoushika/bunken/data/pdf/18429303.pdf〈2011.2.15アクセス〉にある。

25)　Coefficient, Gini's coefficient のことで、社会における所得分配の不平等さを測る指標をいい、客観的な分析・比較する場合の代表的な指標の一つである。

26)　平均所得に対する各人の所得の比の対数値を計算し、その社会全体における平均を求めたものであり、この値は所得が完全に平等に分布していればゼロになり、不平等が大きいほど大きくなる。

27)　この尺度の値は、大きいほど格差が大きいという特性はジニ係数などの尺度と一致するが、グループ別にしたグループ内・グループ間別の寄与度の分解ができる点にある

28)　現在のアメリカの経済格差を論じる場合に考慮すべきことは、客観的な事実に基づき、それを正確に分析することである。しばしば見られるように、イデオロギー的な対立概念だけで一刀両断的に断定することは、明解な判断であるように見えるが、それで問題が解決するわけではない。また、ある種の格付けやラベルを張ることで、客観的な指標に代わる分析とする傾向がみられるが、その格付けやラベル付けが本当に正確なものかどうかが、重要であり、それ自体がもう一つの研究対象を生み出すこともある。したがって、ここでアメリカの経済格差を論じる場合には、まず客観的な事実を提示することから始めなければならない。しかし、そうだとしても絶対的に客観的な事実やその具体的な数値が本当に存在するのかという問題もある。そうしたbias を考慮しながらも、そして、science 的要素を重視しながら、art 的要因をできるだけ回避しながら、分析を進めて行くことが必要であると思われる。。

29)　ここでいうアメリカ政府のデータとは、Council of Economic Advisers, *2010 Economic Report of the President*、*Appendix B*、*Statistical Tables Relating to Income, Employment, and Production*（『米国経済白書2010　付録　所得・雇用・生産関連統計表』エコノミスト臨時増刊　5/4号　毎日新聞社刊）をいう。以下、ページ数はこの翻訳書のページを参照。）なお、Web 上にある以下のサイトから当報告書の全

122 第3章 アメリカに見る所得格差の現状

文、特に統計表を下記アドレスからダウンロードすることができる。

http: //www. whitehouse. gov/sites/default/files/microsites/economic-report-president-appendix-b.pdf 〈2011.2.15アクセス〉

30) 図表1は http://hdr.undp.org/en/media/HDR_2009_EN_Complete.pdf pp. 195 - 198をベースとして、より分かりやすく修正を加えて作成されたものである。国際比較が可能なものとしては、最新データがこれである。http://www2.ttcn.ne.jp/honkawa/index_list.html# 経済 〈2011.2.13アクセス〉

31) Purchasing Power Parity.

32) Human Development Report 2009, pp. 195

33) Council of Economic Advisers, *2009 Economic Report of the President*、(『米国経済白書 2009年』エコノミスト 臨時増刊 5／4号 毎日新聞社刊 p. 218) なお、原文は、*http://access.gpo.gov/ Economic Report of the President* から download することができる。

34) 次の先行研究では、日米の所得格差の比較において非常に興味深い格差の実態と国民意識の分析があるので、是非参考にされたい。大竹文雄著「所得格差の実体と課題」

http://erc2.soec.nagoya-u.ac.jp/event/sympo/sympo22/pdf/005.pdf 〈2011.2.15アクセス〉

35) Council of Economic Advisers, *op. cit*、(『同上訳書』 p. 218)

36) こうした問題点についての先行研究では、先に挙げた阿部彩著「アメリカの所得格差と国民意識」がある。当研究の要約によれば、「アメリカの所得格差の動向と税制・社会保険・社会扶助などの各制度の所得分配機能を概観し、世論調査などのデータを掲示しながら、人々がなぜ、かくも大きな格差とその更なる拡大を受け入れているのかを検討」すると、「アメリカ国民は社会全体の所得分配の動向を認識し、また、政府が担うべき再分配機能の充実を支持しながら、結局は自分自身の短期的利益という短期的な意思表示によって政策が決定されていく点が指摘された」とし、また、「所得格差が激増した時期においても、残差的な公的プログラムの継続、加えて、まれにみる好景気が、社会全体の下支えとなり、貧困率が一定レベル（国際的にみても高いレベルではあるが）で押さえられていることも、人々が高い所得格差を容認する理由として挙げられた」と述べている。しかしながら、「アメリカの所得格差は、アメリカ社会を規定づける民主主義をも脅かすようになってきている」のであって、「所得格差によって、政治参加における格差が生じているだけではなく、特に富が集中した最高所得層が不均衡な政治力を持ち、彼らの選好する政策決定を導き出させ、それがまたさらに所得格差を拡大させるという悪循環に陥っている」と指摘している。この点では、アメリカ国民が持っていた、機会の平等が政府の政策で与えられれ

ば、その後は個人の努力でよって、豊かになれるという考え方に疑問が提示され、結果の平等が求められることになったのが、Obama 民主党政権の誕生と再選であるといえる。

37) financial system の健全性と安全性が、国民経済にいかに直接的で重要な役割を持っているのかを理解する必要がある。金融不安が発生すると銀行は信用創造に抑制的になり、貸し渋りと貸し剥がしに走り、市場の取引を縮小させる。そのために、commercial paper（給与や在庫のような営業費用をまかなうために企業が発行する短期債券）市場が縮小し、housing loan、credit card 受取債権、auto loan、student loan、商業用 mortgage の証券化等の流通上の機能は停止状態となる。このことが、さらに信用不安を引き起こし、株式や債権、資産価格を下落させ、それが家計の資産価格を減少させ、消費の抑制・需要の縮小に向かい、雇用を縮小させ、失業者を増大させるという大きな景気後退をもたらすことから、国民経済にとって、きわめて重要な政治的・経済的なテーマとなる。

38) ヌリエル・ルービニ Nouriel Roubini 教授は1959年トルコ生まれで、イタリアで育ち、88年にハーバード大学で経済学博士号を取得し、IMF コンサルタント、財務省顧問を経て、ニューヨーク大学教授の現職にある。

39) Roubini, Nouriel, *The Rising Risk of a Systemic Financial Meltdown: The Twelve Steps To Financial Disaster*, February 5.2008. http://media.rgemonitor.com/papers/0/12_steps_NR 〈2011.2.18アクセス〉

40) *The Financial Times*、February 19, 2008 electronic edition.

41) ここでいう monoline とは、金融債務の支払いを保証する保険会社の通称である。借主の信用に応じて保証料を受け取り、借主が支払い不能になれば代わって弁済するものである。monoline というのは単一事業という意味であり、通常では、一般の保険会社が自動車や不動産の損害のように多種類（multiline）の損害を保証するのに対して、金融債務の保証だけ行うという一種類の仕事から monoline と呼ばれる。monoline 業者が保証する金融債務は主に地方自治体が発行する債券の支払い債務であり、したがって総じて信用力が高いとみられている。全米では 9 社ある monoline 業者の保証総額は約3,300億ドル（約31兆3,500億円）ある。

42) たとえば、monoline 最大手の MBIA 社は、2007年12月期決算で19億ドルの赤字に転落したが、同社のニューヨーク証券取引所（NYSE）における株価の状況は次の通りであった。現在値：12.18ドル（08年 2 月22日現在）、過去 1 年で高値は72.38ドル（07年 4 月26日現在）、安値は6.75ドル（08年 1 月18日現在）であった。株価は企業実態を先取りすると見ることができるので、 8 か月で90.6％の株価の下落は業界常識では既に死に体の状態であるといえるが、この対策に monoline 業者は増資で資本増強を実施した。米国の大手投資家の Warren Buffett の投資グループも地方債に対

124 第3章 アメリカに見る所得格差の現状

して最大で80兆円相当という巨額の再保証を与えた。こうしたことから、良質な地方
債部門と劣化した subprime Loan 部門の分割なども検討されている。

43) hedge fund 業界の危うい実態を内側から論じた資料としては次の著書が詳しい。
Biggs, Barton, *Hedgehogging*, 2006（望月衛訳『ヘッジファンドの懲りない人たち』
日本経済新聞社　2010年）

44) Roubini, Nourie の予測の根拠は10年にわたって金融危機を研究してきた結果であ
り、またホワイトハウスや財務省のアドバイザーとして、メキシコ、ロシア、ブラジ
ル、アルゼンチン、エクアドル、ウクライナ、ドミニカ共和国などの新興国の最悪の
事態について調べ、その研究成果をまとめた著書である Roubini, Nourie, and Nouriel
Roubini Brad Seter, *Bailouts or Bail-Ins?*、*Responding to Financial Crises in
Emerging Economics, 2004.*（『救済かそれとも再編か—新興国経済の金融危機に対
する回答—』）を共著で上梓している。その研究成果によれば、新興国でも先進国で
も金融危機は全て同じような背景があるという。そして、アメリカが世界最大の新興
国に見えてきたという。なぜならば、この国は信用バブル、資産バブル、そして住宅
バブルによって動いてきたからであり、今起こっていることは起こるべくして起こっ
た事故であり、こうした事態の発生は当時から明らかであったという。この予測で
は、歴史、経験そしてデータを使ったが、メカニカルなアプローチではなく全体的な
アプローチも必要でこの二つのアプローチがリスク査定では必要であるという。その
結果、アメリカは破綻の道を辿っているのは明らかであった。しかしこの間、余りに
も多くの人たちが本当は大丈夫ではないのに、大丈夫だと「自己欺瞞のゲーム」をし
てきたと述べている。

45) 証券化に関する研究では、次の著書が詳しい。Davidson, Andrew Anthony
Sanders, Ln-ling Wolff and Anne Ching. *Securitization structuring and Investment
Analysis*, 2003.

46) 今回の world financial crisis では、global な金融危機対策が必要であったことか
ら、アメリカの金融規制改革では従来の主要国中心の G7（日・米・独・英・仏・
伊・加）や G8（日・米・独・英・仏・伊・加・露）の枠組だけではなく、新興国
の経済発展も考慮に入れて、G20（日・米・独・英・仏・伊・EU・加・露・韓・中・
印・インドネシア・土・墨・伯・亜・南阿・豪・サウジアラビア）で危機の対策を論
じることになった。それが G20首脳会議である。G20の世界に占める重要性は、これ
らの国々の GDP 総額が、世界の約90％を占め、貿易額では世界の80％、総人口は世
界の総人口の約3分の2を占めていることから、G20で決定したことは、その合意の
影響力から見ると、世界が決定したことともいえる。

47) 松尾著『前掲書』pp. 8−9.11.2009年1月20日発足した Obama 民主党政権は2009
年6月17日に包括的な金融規制改革案を計画し公表した。その詳細は財務省

Department of the Treasury の「金融規制改革―金融規制監督の再建の新たな基盤 Financial Regulatory Reform A New Foundation: Rebuilding Financial Supervision and Regulation」(2009年6月17日付)に記載されており、検討はこれをベースとして進められた。これは財務省 White Paper と呼ばれている。

48) 財務省はこうした流れを受けて、独自に改革案を作成している。この財務省改革案の概要は次のようである。Ⅰ金融事業者の強固な規制監督の推進、①金融サービス監督評議会(FSOS)の創設、②すべての大規模相互連関金融事業者の連結規制監督の強化の実施、③すべての銀行・銀行持ち株会社の自己資本その他の健全性規制の強化、④金融規制の抜け穴(ループホール)の閉鎖、⑤SEC の連結監督プログラムの廃止、⑥ヘッジファンドその他の私募ファンドの登録義務、⑦MMF の取り付けへの弱さの軽減、⑧保険セクターの監督強化、⑨政府支援機関(GSEs)の将来の役割の決定。Ⅱ金融市場の包括的な規制の確立、①証券化市場の規制監督の強化、②クレジット・デフォルト・スワップ(CDS)を含むすべての店頭(OTC)デリバティブの包括的な規制の創設、③先物と証券の規制の調和化、④システム上重要な資金・生産・決済システムおよび関連する業務の監督強化、⑤システム上重要な資金・生産・決済システムの決済能力及び流動性原資の強化　Ⅲ金融濫用からの消費書・投資屋の保護、①新しい金融消費者保護庁(CFPA)の創設、②消費者保護の改革、③投資者保護の強化　Ⅳ金融危機管理に必要な手段の政府への提供、①Tier1FHC を含む銀行持株会社の整理制度の創設、②連邦準備の金融貸付権限の改正、Ⅴ国際規制基準の向上と国際協力の改善、①国際自己資本枠組みの強化、②グローバル金融市場の改善、③国際的に活動している金融事業者の監督の強化、④危機防止・管理の権限・手続きの改革、⑤金融安定理事会(FSB)の強化、⑥健全性規制の強化、⑦規制範囲の拡大、⑧より良き報酬慣行の導入、⑨健全性規制、マネーロンダリング・テロファイナンスおよび租税情報交換の分野における基準強化の促進、⑩会計基準の改善、⑪信用格付会社の監督強化

49) アメリカの金融改革立法は、1 金融危機に対応する規制強化立法、①1933年銀行法(大恐慌への対応)②1989年金融機関改革回復執行法 FIRREA(貯蓄金融機関危機への対応)③1991年連邦預金保険公社改善法 FDICIA(地域銀行危機への対応)④2008年住宅および経済回復法(Subprime Loan 問題に伴う住宅危機への対応)、⑤2008年緊急経済安定化法(金融危機への対応)2 金融環境の変化に対応する規制強化立法、①1956年銀行持株会社法 BHCA(1970年改正)、②1978年国際銀行法 IBA、③1978年金融機関規則及び金利統制法 FIRICA、④1983年国際貸付監督法 ILSA、⑤1987年競争条件平等化法 CEBA　⑥2002年サーベイランス＝オクスリー法 SOXA、3 金融環境の変化に対応する規制緩和立法、①1980年預金金融機関規制緩和及び通貨統制法 DIDMCA　②1982年ガーン＝セント・ジャーメイン預金金融機関法、③

126　第3章　アメリカに見る所得格差の現状

1994年リーグル地域社会発展および規制緩和法　④リーグル＝ニール州際銀行業務および支店設置効率化法、⑤1999年グラム＝リーチ＝プライリー法 GLBA、⑥2000年商品先物現代化法 CLMA、4 消費者保護規制立法、　①1968年貸し付け条件表示法 TILA、②1970年公正信用報告法 FCRA、③1974年信用機会均等法 ECOA、④1974年不動産決済手続法 RESPA、⑤1975年住宅抵当貸付開示法 HMDA、⑥1976年消費者リース法 CLA、⑦1977年地域社会再投資法 CRA、⑧1977年公正債務回収慣行法 FDCPA、⑨1978年電子資金移動法 EFTA　⑩1991年貯蓄条件表示法 TISA、⑪1994年住宅所有および持分保護法 HOEPA　TILA の改正があり、今回のドッド＝フランク法は、2 金融危機に対応する規制強化立法に属することになる。

50)　松尾著『同著』pp. 4 – 5　G20首脳会議における取組みは次の5回の会合で検討された。①「金融・世界経済に関する首脳会合宣言」（「改革のための原則を実行するための行動計画」を含むもので、2008年11月15日にアメリカ・ワシントン DC 会合）、②「London Summit 首脳声明」（「Financial System の強化に関する宣言」を含むもので、2009年4月2日、イギリス・ロンドン会合）、③「Pittsburgh Summit 首脳声明」（2009年9月24・25日、アメリカ・ピッツバーグ会合）、④「G20　Toronto Summit 首脳宣言」（「Financial Sector 改革」を含むもので、2010年6月26・27日、カナダ・トロント会合）、⑤「G20　Soul Summit 首脳宣言」（2010年11月11・12日に韓国・ソウルで会合）。また、G20首脳会議での Financial Regulation Reform では次のような重要事項の国際的取り組みがなされ、合意された。①自己資本の質および量の強化、②システム上重要な金融機関の規制監督と国境を超えた破綻処理への対処、③市場・商品すべての規制監督対象化（店頭 derivative 市場、hedge fund などの私募 fund や信用格付会社）、④金融機関の報酬慣行の健全化であった。global financial crisis の発生源となったのはアメリカであったことから、G20首脳会議を2回自国で開催し、global crisis の解決のために主導的な働きをしようとしている。

51)　松尾著『同著』p. 4 .

52)　http://jp.wsj.com/US/node_83075　〈2011. 2. 11アクセス〉。Obama 大統領は2010年7月21日、金融規制改革法案に署名し、1 年以上にわたって議論が続いていた同法律が成立した。その署名にあたって、同大統領は、この法案成立で、「アメリカ国民は二度と Wall 街の過ちの付けを払うことはなくなる。」と述べ、「われわれの仕事は終わっていない。法律が効果を上げるには当局の絶え間ない努力が必要だ」とのべ、2,400ページの法律の実施に向けた決意を表現した。当法の構成は次の通りである。題名（Short Title）目次（Table of Content）第1編　金融安定（Financial Stability）第 A 章　金融安定監督評議会（Financial Stability Oversight Council）　第 B 章　金融調査局（Official of Financial Research）第 C 章　一定の Non-bank 金融会社および銀行持株会社に対する連邦準備制度理事会（FRB）の追加権限（Additional Board of

Governors Authority for Certain Nonbank Financial Companies and Bank Holding Companies）第2編　整然清算権限（Orderly Liquidation Authority）、第3編　通貨監督官、連邦預金保険会社（FDIC）および連邦準備制度理事会（FRD）への権限移管（Transfer of Powers to the Comptroller of the Currency, the Corporation, and the Board of Governors）、第A章　権限及び義務の移管（Transfer of Powers and Duties）第B章　経過措置規定（Transitional Provisions）第C章　連邦預金保険会社（Federal Deposit Insurance Corporation）第D章　他の問題（Other Matter）第E章　技術的および随伴的改正（Technical and Conforming Amendments）第4編ヘッジファンドとの他の助言業者の規制（Regulation of Advisers to Hedge Funds and Others）、第5編　保険（Insurance）第A章　連邦保険局（Federal Insurance Office）第B章　州ベースの保険改革（State-Based Insurance Reform）第1節　非認可の保険（Nonadmitted Insurance）第2節　再保険（Reinsurance）第3節　解釈ルール（Rule of Construction）第6編　銀行および貯蓄金融機関の持株会社ならびに預金金融機関の規制の改善（Improvements to Regulation of Bank and Savings Association Holding Companies and Depository Institutions）、第7編　ウオール・ストリートの透明性および説明責任（Wall Street Transparency and Accountability）、第A章　店頭デリバティブ市場の規制（Regulation of Over-the-Counter Swaps Markets）第1節　規制権限（Regulatory Authority）第2節　非証券デリバティブ市場の規制（Regulation of Security-Based Swap Markets）第8編　資金・清算および決済の監督（Payment, Clearing, and Settlement Supervision）第9編　投資者保護及び証券規制の改善（Investor Protections and Improvements to the Regulation of Securities）第A章　投資者保護の増大（Increasing Investor Protection）第B章　規制上のエンフォースメントおよび矯正措置の増大（Increasing Regulatory Enforcement and Remedies）第C章　信用格付会社の規制の改善（Improvements to the Regulation of Credit Rating Agencies）第D章　資産担保証券化プロセスの改善（Improvements to the Asset-Backed Securitization Process ）第E章　説明責任および役員報酬（Accountability and Executive Compensation）第F章　証券取引委員会の経営管理の改善（Improvements to the Management of the Securities and Exchange Commission）第G章　コーポレイト・ガバナンスの強化（Strengthening Corporate Governance）第H章　地方債証券（Municipal Securities）第I章　公開会社会計監督委員会（PCAOB）、ポートフォリオ・マージンおよびその他問題（Public Company Accounting Oversight Board. Portfolio Margining and Other Matters）第J章　証券取引委員会（SEC）のマッチ資金調達（Securities and Exchange Commission Mach Funding）第10編　金融消費者保護局（Bureau of Consumer Financial Protection）、第A章　金融消費者保護局（Bureau of Consumer

128 第3章 アメリカに見る所得格差の現状

Financial Protection）第 B 章 金融消費者保護局の一般的権限（General Power of the Bureau）第 C 章 金融消費者保護局の特定権限（General Power of the Bureau）第 D 章 州法の留保（Preservation of State Law）第 E 章 エンフォースメント権限（Enforcement Powers）第 F 章 機能および人員の移管：経過措置規定（Transfer of Functions and Personnel: Transitional Provisions）第 G 章 規制の改善（Regulatory Improvement）第 H 章 随伴改正（Conforming Amendments）第11編 連邦準備制度に関する諸規定（Federal Reserve System Provisions）、第12編 メインストリーム金融機関へのアクセス改善（Improving Access to Mainstream Financial Institutions）、第13編 返済法（Pay it Back Act）第14編 抵当貸付改革および反略奪貸付法（Mortgage Reform and Anti-Predatory Lending Act）第 A 章 住宅抵当貸付の組成基準（Residential Mortgage Loan Origination Standards）第 B 章 住宅抵当貸付の最適基準（Minimum Standards for Mortgages）第 C 章 高コストの抵当貸付（High-Cost Mortgages）第 D 章 住宅カウンセリング部（Office of Housing Counseling）第 E 章 抵当証券の回収（Mortgage Serving）第 F 章 鑑定評価業務（Appraisal Activities）第 G 章 抵当貸付の整理および変更（Mortgage Resolution and Modification）第 I 章 雑則（Miscellaneous Provisions）第15編 雑則（Miscellaneous Provisions）、第 16 編 雑 則 1256 条 契 約（Section 1256 Contracts）、当資料の出所：松尾著『前掲書』pp. 6−8 この法律は、別名、ドッド＝フランク法と呼ばれるが、それは、成立過程で、法案として一本化するために上院では銀行委員長のクリストファー・ドッドと下院では金融サービス委員長のバーニー・フランクの両氏に功労があったので、「ドッド＝フランク法 Dodd−Frank Wall Street Reform and Consumer Protection Act」と呼ばれる。松尾直彦著「アメリカのドッド＝フランク法の日本の金融機関と企業への影響」http://astand.asahi.com/ magazine/judiciary/outlook/2010112200020.html 〈2011.2.12アクセス〉

53) この法律は今回の危機の発生を教訓に、アメリカ一国だけではなく、世界的な影響を視野に入れた対策を考慮にいれている。その改革方向は、①緩和された金融環境の下での過度な risk taking、② subprime loan 問題の発生（住宅危機）③ Lehman Brothers の破綻（2008年 9 月15日）と流動性危機の発生、④ AIG の流動性危機と FRB による緊急支援の実施（2008年 9 月16日）、⑤2008年10月 3 日に成立した「2008 年緊急経済安定化法 Emergency Economic Stabilization Act of 2008」に基づく「不良資産救済プログラム TARP: Troubled Asset Relief Program」の下における金融機関の不良債権資産の買い取りと資本注入の実施等である。その結果、financial system における説明責任及び透明性 Accountability and Transparency の改善によって、アメリカの金融安定の促進、「大きすぎてつぶせない too big to fail」の終了、救済 bailout の終了によるアメリカ納税者の保護およびその他の目的」のための法律と

なっている。

54) 一般的には、金融機関自らが資金＝自己勘定で自社の運用資産の効率を図るために risk をとって市場で行う取引のことであるが、顧客からの売買注文に対して、金融機関自らがその顧客の相手方となって売買を成立させる market making と呼ばれる取引もこれに含まれるかどうかで論争がある。こうした銀行内部で行われる投機的な要素をもつ取引には批判が強く、financial system の安定性を欠く要因にも挙げられている。

55) 1949年にアメリカの投資家であった Alfred Winslow Jones がリスク回避型の投資手法を開発したのが起源とされており、1980年代以降では、その規模は100億ドル（約9,500億円）を超える巨額ファンドとして登場している。現在では、この資金の運用者は George Soros の Quantum Fund やノーベル経済学賞受賞者が設立にかかわった Long-Term Capital Management（LTCM）などがあり、シンガポールの Eureka hedge も有名である。これは、買いと売りとを組み合わせて、どのような市場相場の環境においても、プラスの運用利回りを目指す私的で大規模な fund のことで、株式や債券、商品などの幅広い金融を投資の対象とする。年金基金などは、株や債券などとは値動きが異なる代替資産として、fund に投資している。この fund が問題となったのはその投機的・空売り的な取引だけではなく、金融規制の網にかからずに、金融機関と同様の、あるいはそれ以上の規模での金融取引が可能である点で、全面的な禁止となるとの観測もあったが、ある種の妥協が見られるのである。derivative への投資など、四半期や月次ベースでの投資家に対する reporting は行われているものの、日本円で1億円以上の投資最低額、投資対象や投資手法、99人以下という参加者人数の制限をクリアすれば、情報の公開などの法による規制を逃れられるために公募型の投資信託の規制を受けない私募形式をとっている。こうしたことが今回の金融危機では大きな問題を起こしていたのである。また、その資金規模の大きさも問題となっているのである。

56) 元々は、risk を hedge（回避）しながら運用するのでこのように呼ばれた。実際の運用では巨額資金を投機的に運用する hedge fund が多いために、1997年の The Asian Financial Crisis や2008年の The World Financial Crisis などの元凶とされることがあり、その背景には世界的な過剰資金がこの fund に流れ込んでいるといわれる。その上に、金融危機を防ぐために市場に供給された過剰資金もこの fund に流入し、これが subprime loan 問題の一因となったともいわれ、今後もこの傾向は続くと思われるので、金融制度改革の一つの焦点となっている。

57) この fund は、中長期の投資を目的としており、投資した企業に中長期的な成長資金を供給するか、または取締役を派遣し、大規模な経営再建を実施することから、その投資形態は短期的な投資収益だけを目的に投資する hedge fund とは異なる。

130　第3章　アメリカに見る所得格差の現状

58） インターネット上に共通取引の場を設けて、取引をするものをいう。この取引方法では、売り手と買い手の間にbrokerが介在する必要はなく、お互いに価格を明らかにして、競争を促すという利点があるが、複雑な金融商品の説明はやはり専門知識を持った価値を説明できる専門家が必要である。それでも、アメリカ・インティネット社、アメリカ・アーキペラゴー社、アメリカ・アイランド社といった企業の原資Platformが高度に発達して、NASDAQ市場での取引の30％を占めるまでになっているという。http://wiredvision.jp/archives/200007/2000071906.html 〈2011.2.11アクセス〉

59） 欧米では、商品取引所と連携する独立の機関で、取引所で行われた売買取引は清算機関を通して決済される。この機関はまた、これだけではなく、取引所の受け渡し手続きの適切な管理と取引上の適切な資金運用を保証する責務も負っている。

60） この証券は、株価の低迷や低金利が続くアメリカ合衆国で優先株と同様の目的で発行される証券の一種で、アメリカでは過去10年この市場は大いに発達した。1993年10月のTexaco社による起債を皮切りに、銀行持ち株会社や保険会社、電力会社等に活用されて市場が増大したもので、2003年1月末現在ではその残高は1,700億ドル（13兆9,400億円）強と、伝統的な優先株市場が約300億ドル（2兆8,500億円）を大きく凌駕し、5.7倍となっている。

http://www.nicmr.com/nicmr/report/repo/2003/2003spr20.pdf 〈2011.2.11アクセス〉

61） 2008年9月のLehman Shock以降において、金融規制改革に関する論議の中で用いられるようになった用語で、新たな金融規制対象区分を表す。この用語の使用によって、今まで使用されていた、業種・金融商品ごとに設定されていた金融規制を、業種横断的にその対象を指定できるようになった。したがって、銀行・証券・保険会社・fundなどを含む金融機関全体の中で、今回の金融危機でのLehman Brothersのように、危機発生時に与えると思われる負の影響が大きい機関を規制対象として一括して特定できるようになる。それは、今回の金融規制改革では、大きな問題となった"too big to fail"（破綻の影響が大きすぎて、破綻させられない）や"too connected to fail"（破綻すると、関係する領域が大きすぎて破綻させられない）に対する予備的な対応措置を事前に考慮した結果である。政府支援をあてにしたmoral hazardで、過度なrisk takeを行ってきた機関への予防策でもある。参考までにいえば、国際的な検討では、具体的な機関特定に際して、FSB・IMF・BISが連携して考慮（The Global Plan the Recovery and Reform 2008年4月、G20参照）する必要がある。そこでは、①規模size、②代替可能性substitutabilityの欠如、③相互関連性interconnectednessの3つを軸に評価するGuidance to Assess the Systemic Important of Financial Institutions, Markets and Instruments: Initial Considerations（2009年11月、

FSB・IMF・BIS）も創られている。FSB は金融安定理事会 Financial Stability Board のことで、国際金融システムの安定維持を目的として G20加盟国・地域の金融当局や、各国の金融監督当局、国際金融機関からなる国際機関が参加して、2009年に設立されたものである。http: //www. hitachi-hri. com/research/02word/k65. html 〈2011.2.13アクセス〉

62）　アメリカの financial system がもっている、合衆国政府機関と州政府機関との二元的、あるいは多元的という伝統的・制度的・分権的・考え方は依然としてここでも踏襲されている。それらを挙げていくと次のようである。①銀行業と商工業の分離、②銀行本体における銀行・証券の分離規制（Glass-Steagall Act　1933　第16条と21条）、③預金取扱金融機関における連邦免許制度と州免許制度の併存（二元銀行制度）、④預金取扱金融機関における預金金融機関（銀行と貯蓄金融機関）と信用組合の区別、⑤預金取扱金融機関における連邦規制当局の分立（財務省通貨監督庁 OCC、連邦準備制度理事会 FRB、連邦預金保険公社 FDIC）と全国信用組合管理機構 NCUA の分立、⑥市場当局における証券取引委員会 SEC と商品先物取引委員会 CFTC の分立、⑦連邦免許の保険会社制度と連邦保健規制当局の不在の7点である。これらの特徴は補完と牽制で望ましい役割もあるが、しばしば複雑で混乱をもたらす原因ともなる。

63）　松尾著『前掲論文』

64）　同法は、いくつもの経過措置と実施時期の繰り延べ、担当部署への検討と実施の依頼と委任が多く存在するので、現時点で評価することは難しいが、包括的で大幅で網羅的な改革であるという点で評価できる。しかし、それは、アメリカの金融制度を根本的に変革するようなものではない。

　その最大のものは GSEs: Government Sponsored Enterprises である Fannie Mae と Freddie Mac. については、直接的には取り組まず、財務長官に対して2011年1月30日までに連邦議会に、報告書及び勧告の提出を義務づけるにとどまっている（1,074条）。これらは、今回の Bubble の主役の一つであり、全ての新規オリジネートの住宅抵当貸付の75%を保有・保証し、住宅抵当保証債務残高の13.3%を保持し、住宅債務市場の31.0%の住宅抵当債務残高の44.3%占めている。連邦住宅金融庁 FHFA はその影響の大きさのために、2008年9月7日に公的管理下に置き、財務省は、各機関の優先株式2,000億ドル（19兆円）を購入し、その対価として各機関の普通株式の79.9%を購入する権利 Warrant 取得に合意、そのためアメリカの納税者は潜在的に5兆3,000億ドル（503兆5,000億円）相当の risk にさらされている。（1,491条(a)（8）（9））　連邦議会は、今後これらの機関がとるべき選択肢として、段階的縮小・清算、民営化、その機能の連邦機関化、より小規模な会社への解体、その他財務長官が適切と反する方策で対応するように示唆しているに留まっている。（1,074

132 第3章 アメリカに見る所得格差の現状

条(a)（1））

　　また、多数の金融規制当局が分立する多元的な構造になっていることの是非であ
る。このことによって、連邦政府の規制監督権限の分散化、当局間の競争による銀行
業務の進展で多様化と柔軟性が促進され、規制を受ける側が主要な規制当局を選択で
きるというメリットがある。しかし、この反面、複雑で、規制監督の重複・不統一、
銀行持株会社傘下の預金金融機関への監督の分断、規制を受ける側の銀行に規制監督
の緩い連邦規制当局を逆に選択させる余地を与えているという、いわゆる regulator
shopping を生み出すというデメリットがある。今まで、何度か抜本的な改革が提案
されたが、既存の規制当局関係者の根強い反対で実現していない。同法は、現状を追
認して、ここにも踏み込んだ改革をしていない。（松尾著『前掲著』、p. 15、pp. 33 -
34、および pp. 324 - 325参照）

65) 冷戦構造の終結は、1985年3月ソビエト連邦共産党書記長に就任したゴルバチョ
フがペレストロイカ（改革）とグラスノスチ（情報公開）を掲げて大改革を打ち出
し、1987年7月 Afghanistan 撤退と中ソ関係改善を表明し、10月には Iceland の
Reykjavík で Reagan と中距離核戦力全廃条約（INF）に調印し、1989年11月9日の
Berliner Mauer の崩壊に直面して、1989年12月、地中海の Mlta 島で G. W. Bush と会
談し、冷戦の終結を宣言したことによって実現した。

66) frontier は、アメリカの開拓史において、1890年代に消滅したといわれる
（Turner, Frederick Jackson, *The Frontier in American History*, pp. 375 ,New York,
Henry Holt & co. 1920）が、ここではもっと抽象的に、市場の拡大という象徴的な意
味でもちいている。

67) Krugman, Paul, *Pop Internationalism*, 1996, MIT（ポール・クルーグマン著、山岡
洋一郎訳『良い経済学　悪い経済学』日本経済出版社　2000年　pp. 236 - 254参照。
最近の新興国の目覚ましい経済成長、とりわけ中国の2桁の経済成長がいつまで継続
するか、先進国を追い越すのかの問題は、かつての1950年代の旧ソ連や中国の大躍進
等の社会主義計画経済諸国の一時期の目覚ましい経済発展が急速に減速し、崩壊に至
ったことを考えると、そこにある共通性が存在すると、しばしば論じられている。た
とえば、Paul Krugman はその共通性を次のように言っている。成長会計では、経済
成長がもたらすものは、1つは投入の増加であり、それが雇用の増加、労働者の教育
水準の向上、物的資本（機械設備、建物、道路等）のストックの増加をもたらすが、
もう1つはそれに加えて投入1単位当たりの産出の増加の2つを計測する。この2つ
について明確な指標の数値を算出し、この単純な公式の内容を豊かにしていくことが
成長経済の基本的な考え方である。その研究結果によると、経済成長率の内で、どこ
までがどの投入要素（投資、労働等）の増加によるものか、どこまでが効率性の向上
によるものかを知ることが重要である。現在の先進国では、過去150年間にわたって

４　Obama 政権の平等化政策とその結果　　133

１人当たりの所得が増加し続けてきたのは技術の進歩によって、全要素生産性が上昇し続けてきたからである。つまり、１投入単位当たりの国民所得が、増加し続けているからであり、アメリカの１人当たりの所得の長期的な伸びのうち、80％は技術の進歩によるものであり、投入資本の増加によるものはわずか20％に過ぎない。新興国が、今後、今までと同様な高度経済成長を維持しようとしても、現在のところ明らかなように、投下資本の増加だけでは、旧ソ連やかつての中国のように、やがて行き詰まり、成長は停止してしまうであろう。韓国・台湾・香港・シンガポールのいずれの国にも、まったく技術の進歩が見られないので、やがて経済成長は低下・停止するであろうと結論づけている。それだけではなく、現在公表されている中国の統計は極めて信頼性が低く、外国投資に関する政府統計は実際の６倍の水準になっていた。これは、政府が外国企業に対して実施している税制、規制面の優遇措置を逆手にとって、国内起業家が架空の外国企業を資本提携先としたり、海外のダミー会社を経由させたためであるので、「こうした不正がまかり通っているようではとても信用する気にはなれない」と述べている。

68)　金融工学のパイオニアとして特筆すべき数学理論の研究者であり、Wall 街で最も有名な日本人は伊藤清京都大学名誉教授であるという。第二次世界大戦中に組み立てた「伊藤の理論」が、実は derivative の価格付けに決定的な役割を果たしているからである。（今野浩著『金融工学は何をしてきたのか』日本経済新聞出版社　2009年 p. 10参照。）

69)　情報の非対称性は、市場で取引する経済主体間、すなわち供給者と需要者の間で、または供給者間でも、需要者間でも情報の分布に偏りがあると、情報格差が生まれ、情報の優位者が取引上有利となり、市場の取引が円滑に進まなくなる場合のことを言う。この情報の非対称による不平等な結果が、取引の前に予想でき、この事前の情報格差を認知することによって、情報劣位者の方は取引拒否が可能である。したがって、この情報の非対称性が大きい場合には市場取引そのものが破綻し、市場の失敗に終わる。しかし、同じ情報の非対称性とは言っても、事前と事後との情報の非対称性は異なっており、前述のような事前の非対称性は隠された情報であるが、事後の情報の非対称性は隠された行動として理解される。中古車市場の品質情報がしばしば隠蔽されたものになることがあるが、それは前者である。（Akerlof, G, The Market for Lemons: Quality Uncertainty and the Market Mechanism, *Quarterly Journal of Economics,* 84 [3], pp. 488－500, 1970）

　　これに対して、自動車保険市場での保険契約では、保険加入者は自己の運転能力を知っているが保険会社は十分に把握できないので、保険加入後に保険加入者が引き起こす交通事故は保険会社が情報劣位者になる。この隠された情報と隠された行動とを区別するのは、経済学では一般的に、前者が逆選抜の原因になり、後者は moral haz-

134 第3章 アメリカに見る所得格差の現状

ard を引き起こすものとなるとしている。

　この情報の非対称性を解消する方法として、signaling がある。この方法は、事前に情報優位者の方が商品の品質に関する情報 signal を情報劣位者に間接、直接に提示し、情報の格差を縮小することである。一例としては、労働市場で労働者が何らかの資格を取得して、それによって自己の優秀さを示すという方法である。もう一つの非対称性の解消方法には screening, market screening がある。これは、情報劣位者が、情報優位者に対し複数の案を提示し、その中から情報優位者の選択過程で情報を開示させるという方法である。一例として、自動車保険会社が走行距離に応じた複数の割引保険を提示して、これから保険に加入しようとする人に、保険を選択させる方法であって、保険会社は、これによって加入者の自動車利用頻度を確認できることになる。

　financial system においても、この情報の非対称性はいたるところに見られる。たとえば、金融派生商品の実態を完全に理解して取引をしているケースは稀である。証券化の内容を熟知して取引している場合も少ない。ここには、trader や broker、adviser が介入し、商品説明をするが、そこでも不十分な説明や利益誘導上の問題が起きやすい。ましてや、金融機関のリアルタイムの自己資本率や自己資本額を前提に取引する人はほとんどないであろう。そこにこそ問題発生の根源があり、消費者教育の必要性挙げられている。いずれにしても、そうした問題発生については、それを監視するのは政府の重大な政策的役割である。

70)　当論文のベースになった研究は2011年2月28日段階の調査研究によって脱稿としたものであった。その時の邦文の論文のタイトルは「米国オバマ民主党政権の誕生と直面する経済政策課題—行き過ぎた金融規制緩和と経済格差の是正—」（国士舘大学政経学会編『グローバル時代の政治・経済・経営』【国士舘大学政経学部創設50周年記念論文集『政経論叢』特別記念号】国士舘大学政経学会　2011年6月）であり、英文タイトルは Takashi SENO, *The Birth of President Obama Administration and Facing Economic Issues*−*The Excessive Financial Deregulation and Inequality of US Economy*−, 2011. であった。その後、2012年のアメリカ大統領選挙が行われ、接戦の中で、オバマ大統領が再選され、今後、オバマ政権の4年間の継続が決定した。そこで、現政権の基本姿勢の継続を考慮して、原論文にその間の経済状況に鑑み、一部、加筆、修正等を行って、再掲載することにした。

71)　2017 *Economic Report of the President*, Transmitted to The Congress, Marchi 2016, The Annual Report of The Council of Economic Advisers（邦訳　萩原伸次郎監修『米国経済白書　2016』　蒼天社出版　2017年）。以下、本文・注記においては、同著の「総論」を参考にした。

72)　『同報告』の第一章の冒頭で、「2015年で米国の経済政策は、7年目に入った。企

業は2015年で260万人の雇用を創出し、失業率は5.0％まで落ち、2009年秋の半分のレベルとなり、予測よりもかなり速いペースとなった。民間国内最終購買、これは、経済進出の最も安定的かつ継続的要素であるが、その年の四つの四半期で2.7％に上昇したが、それは手堅い個人消費と強力な住宅、研究開発の記録的な投資によってもたらされたものである。」と評価している。

73) 『同報告』の第一章の冒頭で、「2015年で米国の経済政策は、7年目に入った。企業は2015年で260万人の雇用を創出し、失業率は5.0％まで落ち、2009年秋の半分のレベルとなり、予測よりもかなり速いペースとなった。民間国内最終購買、これは、経済進出の最も安定的かつ継続的要素であるが、その年の四つの四半期で2.7％に上昇したが、それは手堅い個人消費と強力な住宅、研究開発の記録的な投資によってもたらされたものである。」と評価している。

74) その理由を詳細に説明すると以下のようになる。第一に、その就任の2009年1月の初期段階で世界経済危機への対処のためとして、ブッシュ共和党政権が2008年9月に作成していた巨大金融機関の救済策（7,000億ドルの不良債権資産買入れと資本注入）を優先して実施したことであった。第二に、国内自動車メーカーのGMとクライスラー二社の経営破綻に、これもブッシュ政権期から実施していた救済策を踏襲し、8,000億ドル以上の資金を供給したことであった。そして、第三に連邦準備制度理事会が直接取引をしていた金融機関へ大量の流動性を供給する（このために2008年1月から12月の間で同制度の保有する資産額は3倍となった）という非伝統的な手段を取ったことであった。その結果、リーマンショック以前よりもより大きな経済格差を米国経済は生みだした。失業率は2009年から2010年にかけて長期化がはっきりし、賃金下落が引き起こされているのに、大手金融機関のCEOの報酬が巨額に急騰していることが明らかにされたからである。さらに、株式市場の回復の結果、富裕層への富の集中が一層促進されたのである。第四に、「ティーパーティ運動」を拠り所にした共和党右派が、2010年11月の中間選挙で下院の共和党を多数派としたために、財政削減と富裕層優遇税制（オバマ政権は所得金額に応じた税制＝垂直的公平を目指していたが、ブッシュ政権は、所得金額に関わらず同率の税制＝水平的公平を目指していた）であったブッシュ減税（「2010年税軽減・失業手当再認可および雇用創出法」）延長を通過せざるを得なかったことであった。第五に連邦財政赤字累積（2011年で14兆ドルの累積）問題（対GNP比で約10％の累積）の解消のために「財政の壁」を作ってしまったことである。その累積赤字の上限を2011年7月31日にやっと2兆1,000億円で合意（米国議会で承認が必要）したが、8月2日の議会において10年間で1兆2,000億ドルの赤字削減の具体的計画を年末までに議会の超党派委員会で決着することを決定した。民主共和両党間の対立抗争の最終的な結果は裁量的経費の一律削減という「財政の崖」（FRBのバーナンキ議長が2012年2月末の下院金融サービス委員会

136　第3章　アメリカに見る所得格差の現状

で警告したものである。米国経済は13年1月1日、減税法の執行と予算統制法により歳出自動削減装置が働き、これに適切な対応措置を取らなければ、増税と巨額な財政出削減によって、急峻な「財政の崖」に遭遇するとした。）を形成した。さらに、給与税半減を目指した米国雇用対策法案は勤労者が給料から6.2％の年金のための給与税を支払っているが、これを一般家庭では平均年間1,500ドルの負担を軽減するというものであった。そして、同法案では公共事業によって雇用創出を図る戦略もあった。しかし、この裁量的財政政策をフル活動させる予定であった同案は、2010年12月に成立した減税法の11年の2％給与減税と失業保険つきの延長を2012年末まで延長するだけであるというように、下院共和党の反対で小規模なものになってしまったということである。

75)　トランプ共和党政権の政策は、選挙公約でも見られたが、オバマ政権の政策の全面的な見直しないし廃止から始まった。国際間での自由貿易に基づく包括的な取り組みと枠組みを国内企業の海外移転による失業の増大、国外の低賃金で生産された商品・サービスの輸入が輸入超過・貿易赤字をもたらすものとして否定し、対中後・対ロシア等のような二国間での交渉を要求する姿勢や、国内的にも全ての事案を個別に一対一の交渉で処理しようとする態度は、従来の政治的手法とは異なっており、余りにもビジネス的交渉であるために、多くの疑念を巻き起こしている。そうした中で、典型的な例として、TPP・金融規制改革法（ドッド・フランク法）・オバマケア（医療保険制度改革）等の見直しないし廃止が挙げられる。そして、その思想的背景には、しばしば、ドナルド・レーガン共和党政権の経済政策であった「小さな政府」と「規制緩和」への回帰が見られる。この戦後世界における米国の特異な社会現象に関する、より深く根本的な調査・分析・研究は、今後に残された政治・経済・社会・制度・心理の分野における重要な課題である。

第4章　日本に見る所得格差の現状

柴田　怜

　1　富の再分配
　2　所得と富の不平等
　3　所得と富の平等化
　4　世代間格差の是正

1　富の再分配

富と幸福

　戦後、世界経済の主権をめぐり資本主義陣営と社会主義陣営の東西両陣営による争いの過程で日本は高度経済成長期を経て、戦後復興を遂げた。経済大国の称号、および GDP 第2位の地位は近年、中国の台頭により後退したが今もなお世界経済の中枢を担う役割を果たしている。しかしながら国内の実態に目を向ければバブル経済の崩壊による長期景気低迷、グローバル化された経済活動において急速な発展を遂げる途上国との競争、そして先進諸国にも確認できる少子高齢化社会とその対策など、かつての成長路線から成熟化した社会への転換に伴う社会構造の見直しを余儀なくされた。

　さらに先進国特有の問題である格差に関する調査研究は90年代以降、徐々に報告され始めたが、多くの国民が認識するのは2007（平成19）年の金融危機に端を発した世界同時不況前後とされている。このような状況下において2016年に国際連合が発表した「2016年版世界幸福度報告書」によれば、日本の幸福度は世界157か国中53位に位置付けられ、前回調査（46位）より順位を下げた（図表Ⅳ−1）。幸福の感じ方や考え方は個人、ひいては国民性により異なるが一般的に他者の目を気にしやすい日本人は、比較評価によって優劣を決める傾向がある。たとえば、社会的地位の高い特定の人物がメディア

図表Ⅳ－1　世界幸福度ランキング上位10か国と日本（単位：ポイント）

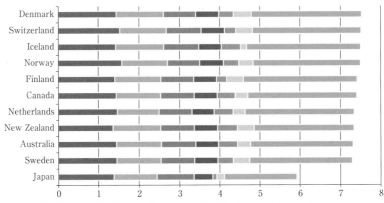

出所：国際連合「世界幸福度報告書」
(http://worldhappiness.report/wp-content/uploads/sites/2/2016/03/HR-V1_web.pdf) p. 20。

で注目された際、彼らが得た富や名声を自身の社会的ステータスと比較すれば、その大半が不幸・劣っていると感じることは想像に難しくはない。

　欧米各国の個人主義とは異なり幼少期から集団主義を善とみなし教育してきた日本では、その中で個性を育むことを美徳としてきた。このような背景より、自身が幸福であるかを測定するには他人よりも多くの富、すなわち所得を得ているかが重要な指標となり得る。

　幸福度と所得の相関を概観すれば、所得が増加すればその分を消費や投資、貯蓄に費やすことが可能となるため幸福が増進すると考えられる。ここで幸福度 U、所得 X において$0→X_1$における所得増加は$0→U_1$だけ幸福が増加する。さらに$X_1→X_2$に所得が増加した場合、その増加分は先より多いが$U_1→U_2$に見られるように、増加分は先よりも大きくはない（図表Ⅳ－2）。これは一定の所得水準の下では、所得の増加に伴う効用はさほど増加しないことを意味する。生活水準の段階的な向上に伴い豊かさが広く一般的

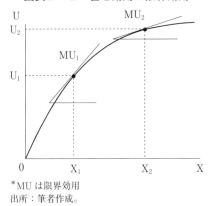

図表Ⅳ-2　富と効用の限界効用

＊MUは限界効用
出所：筆者作成。

に広がると、次第に先進国を中心に質の向上を求めようになった[1]。成熟した社会は社会的な関係や仕事から得られる喜びの方が、収入から得られる幸福度よりも大切に考える傾向がある。

またわれわれが参照しているのは相対所得、つまり自身の得た収入が社会の中でどの程度の水準に位置しているかによって幸福の是非を判断する。そして現在得ている所得に慣れてしまうと、同じ水準の幸福度を満たすには、より高い所得を求める傾向がある。成熟化した社会では、一人あたりの所得が1万ドルを超過すると幸福度への寄与が減少する[2]。日本の一人あたりGDPは30,000ドル超（2015（平成27）年時点）であり、もはや所得の増加によって幸福度が得られる構図ではない。

しかし例外も存在する。富の増加を幸福と結び付けず、マネーゲームによる富の拡大をめざす富裕層の存在である。オックスファムの報告によれば、世界で最も裕福な8名が保有する資産は、世界人口のうち下位36億人が保有する資産に等しいとされている[3]。この富の一極集中は各国で表面化しており、富が富を生む構図が固定化されることで富の再分配、およびトリクルダウン理論の機能不全・崩壊による経済格差の拡大が指摘され始めた。

トリクルダウン理論の崩壊

　戦後復旧が急務とされた戦後の自由民主党政権では、都市部と地方都市の格差を立て直すため地方都市へ重点的に公共投資事業を実施する政策が採用され続けてきた。バブル経済崩壊以降、停滞する日本経済へ対する同様の政策は財政赤字の増加、および行政の肥大化を招きいずれも有効な経済政策とは言い難い。従来の自由民主党政権とは一線を画した小泉政権は、公共部門を中心とする非効率性を見直すために聖域なき構造改革のスローガンの下、①構造改革、②行政改革、③規制緩和を日本経済再生の柱とした政策を掲げた。長期政権による実感なき好景気以降、国民世論は小泉政権が招いた格差拡大、サブプライムローン問題に端を発した世界的な景気低迷、国政の縮図と位置付けられる地方選挙での惨敗などにより政権交代が実現するに至った。日本も含めた先進国に見られる過度な規制緩和の弊害は国民に対して、豊かな暮らしの基準、対岸の火事ではない貧困問題への不安、そして富の再分配の達成は非現実的ではないか、などの疑念を抱かせた。

　保守的な政策を掲げる自由民主党とは対照的な位置にある民主党（当時）に政権が移譲されたことは、過去の世界経済の歴史を概観すれば自由主義と保護主義が繰り返されてきたように必然であるように思われた。比較的リベラルな政策を立案・実行する同政権下では最小不幸社会の実現、すなわち平等・公平を追求する政策を掲げ、その達成をめざした。しかしその実現のためには財源確保、つまり増税や国債増刷は不可欠であり、当初の政権公約（マニフェスト）と矛盾することは火を見るよりも明らかであった。その後、第二次安倍政権へ再び政権を譲渡する形となった。

　第二次安倍政権の掲げる経済政策・アベノミクスは①金融緩和、②財政出動、③成長戦略を掲げ、トリクルダウン理論に基づき異次元の金融緩和策により大企業・投資家が得た富を、中小零細企業や地方都市などに再分配されることをめざした。つまり、ワイングラスのタワーの最上位に大企業を置き、そこに富が注がれれば一段目のグラスを満たすことになる。そこから溢れ出た富は、二段目以降のグラスに流れ落ちていく。中小零細企業、および

個人への波及はそのような上位層の経済が潤った条件の下で達成するものと考えられた。一国の富は利己心に基づき拡大したものであり、従来は国内の経済活動を通じて再分配が達成されてきた。しかし現在は所得再分配の下で実施された富裕層に対する不遇の税制、および過剰な規制は経済のグローバル化によってその活動拠点を租税回避地や人件費の安価な海外へ移せた。富の再分配を目標とした政策は前述のような特定の地域に一極集中させた結果、富裕層のみが富を拡大させワイングラスのタワーの上位に富を留まらせる構図を作り出した。これにより先進国におけるトリクルダウン理論は機能不全に陥り、格差の拡大を誘発させた。実際に1億円以上の金融資産を保有する富裕層に対して課せられる国外転出時課税制度、いわゆる出国税の導入は富の流出を防ぐ手段であるが、このような事後規制の強化は一時的には富を国内に留まらせる効果はある。その一方、規制の抜け穴を探し出して再び流出することが懸念される。政府は富裕層に対してそのような過剰な規制を課すのではなく、自発的に富を国内で運用・拡大させる制度を再設計しなければならない。そこには古典派経済学の思想が一部含まれ、現代社会へヒントを投げかけている。

　A. スミスは他人の感情や行為に興味・関心を示し、それに同感する人間が社会秩序を形成するとしている[6]。たとえば、利己心に基づき利益を追求すればその過程で他者にも波及するであろうし、他者が困窮していれば経済活動を通じてその救済を試みて対価を得ようとするはずである。その行為を多数から是認されるように努める個々人が増加することで、その社会全体の幸福が増大することに繋がってくる。従来の経済学は利己心の追求を容認することと並行して他者から自尊心を害されない、つまり否認されないように自制することで秩序維持を達成してきた。しかし現在の資本主義はどうであろうか。前述の通りトリクルダウン理論は既に崩壊し、一部の富裕層が自身の富を増大させるためにあらゆる手段を講じている。生涯で使い切れないほどの富を得た富裕層はさらに増大をめざし、富が富を生み出すシステムを構築した。そこには古典派経済学が想定していた人間の道徳、倫理、感情では抑

142　第4章　日本に見る所得格差の現状

制することのできない新たな社会が生み出されていた。ここに資本主義経済の問題が表面化し、その是正が人類に求められた。

　たしかに、政府が想定したトリクルダウン理論は国全体を豊かにする可能性を秘めていた。ただし富裕層の立場で考えれば、個人の努力により築いた富の多くを税金として国に納めることに対して不服であることは理解できる。自発的失業者を自身が納めた税金で救済し、人材育成の名の下に他人の子どもへの教育投資のために税金が使われ、現役世代と比較して優遇される高齢者層の社会保障を賄うことは公平、かつ平等なのかという疑義が抱かれて当然である。税金の使用目的が不明確、および説明が不十分であれば前述の通り国外へその活動の場を移すイニシアティブは常に富裕層にある。

　つまり富裕層を受け入れる側の利点・欠点は、次のように整理することができる。利点としては、①富裕層の受け入れにより国の経済が発展する、②富が富を生む構図にあるように、短期間で経済成長を達成することができる、ことにある。欠点としては、①その国のアイデンティティが失われる可能性がある、②過剰な投資を繰り返すことによりバブル経済に陥る可能性がある。いずれにしても理論と実態が不一致し始め、容認できないほどの格差が生じた現在、適宜その是正に努めなければならない。

所得分布と格差

　格差を概観する際、一般的にローレンツ曲線が用いられる。ある時期の一国の所得が、各世帯に対してどの程度の割合で分配されているか算出し、それを対象の時期と比較することで所得格差の現状を把握することができる。まず横軸に世帯、縦軸に所得を置き世帯は低所得世帯順に並べ、それぞれの軸の累積比をとる。すべての世帯に平等に所得が分配されている状態であれば45度線に一致し、特定の世帯に集中、もしくは偏りがあれば下に凸のグラフとなる。ここで2002（平成14）年度と2015（平成27）年度を比較すると、以下の通りとなる（図表Ⅳ-3）。

　図表Ⅳ-3より14年間で全世帯の総所得は3,385万円から3,515万円に増加

1 富の再分配　143

図表Ⅳ-3　世帯所得別分布と所得累計比（上：2002年度、下：2015年度）

	第1層 (0.2)	第2層 (0.4)	第3層 (0.6)	第4層 (0.8)	第5層 (1.0)
所得	376	516	631	769	1,093
所得累積比	0.111	0.264	0.450	0.677	1

	第1層 (0.2)	第2層 (0.4)	第3層 (0.6)	第4層 (0.8)	第5層 (1.0)
所得	339	514	651	805	1,206
所得累計比	0.096	0.243	0.428	0.657	1

出所：総務省・統計局「家計調査」
（http://www.stat.go.jp/data/kakei/search/）

している。しかし低所得世帯順に各層を概観すれば第1層、および第2層に位置付けられる世帯の所得が減少している一方、第3層以上の層は20〜110万円程度増加している。つまり第3層以上に富が集中することで、低所得層との格差が拡大したことが示されている。数値をグラフに示せば、2015（平成27）年度は2002（平成14）年度と比較して、僅かながら下に膨らんでいる（図表Ⅳ-4）。全体の所得が増加したことは望ましいが、それが偏ることで格差が生み出さることは是正しなければならない。

　グラフ上で確認される変化、つまり所得格差を示す指標としてジニ係数が用いられる。[7]ジニ係数の計算方法に基づけば、

$$= 2 \times [0.5 - (各面積の和)]$$

であり、2002（平成14）年度は前掲図表Ⅳ-3より、

$$= 2 \times [0.5 - (0.011 + 0.037 + 0.071 + 0.112 + 0.167)]$$
$$= 0.204$$

となる。同様に2015（平成27）年度は前掲図表Ⅳ-3より、

$$= 2 \times [0.5 - (0.009 + 0.033 + 0.066 + 0.108 + 0.165)]$$
$$= 0.231$$

となる。ローレンツ曲線、およびジニ係数を概観すれば格差は拡大傾向にある。

144 第4章 日本に見る所得格差の現状

図表IV－4　ローレンツ曲線の推移（2002年度比2015年度）

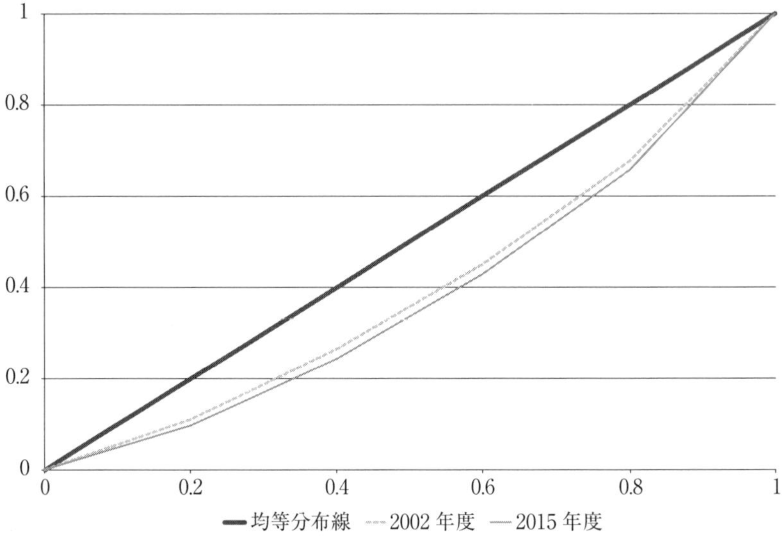

出所：総務省・統計局、前掲書。

　また、2005（平成17）年の平均所得金額は580万4千円（中央値462万円）で
あり、平均所得金額以下に占める世帯の割合は60.5％であった。さらに2015
（平成27）年の平均所得金額は541万9千円（中央値427万円）であり、平均所
得金額以下に占める世帯の割合は61.2％であった（図表IV－5）。

　つまり統計期間の10年間を概観すれば平均所得金額が減少しているだけで
はなく、その金額以下の世帯数も微増している。この結果に見られる事実
は、国民全体が貧しくなっている表れに他ならない。つまり長年信じられて
きた一億総中流社会は過去となり、日本経済の屋台骨を支える30代後半の年
収分布にも差が生じている。総務省の統計によれば、企業・社会における生
産・消費の中軸を担う30代後半の男性の年収分布を概観すると、300～600万
円台で計60％を超えている。その一方で貧困ラインとされる100万円台以下
は約10％、200万円台以下も含めると約25％、つまり4人に1人が貧困状態
にある[8]（図表IV－6）。このようなワーキングプアの問題は労働者の就業意欲

1 富の再分配 145

図表Ⅳ－5 所得金額階級別世帯数の相対度数分布
(2005年対2015年比)(単位：％)

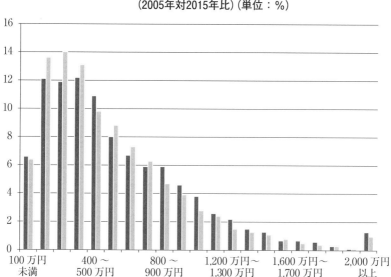

出所：厚生労働省「国民生活基礎調査」
(http://www.mhlw.go.jp/toukei/list/20-21kekka.html)

の減退を招きかねない。

また男性の平均年収（400万円台）をひとつの境と位置付け、2つの時期で比較すると2007（平成19）年にそれを下回った割合が計50.6％に対し、2012（平成24）年は計53.2％と増加している。一方で平均年収を上回った割合は、同年比較で計48.1％から計45.6％に減少している（図表Ⅳ－7）。

これが意味するところは想像に難しくなく、健全な経済活動を行い社会保障の担い手となるか否かにある。高齢化が進展して現役世代一人あたりで支える割合が高くなる中、現役世代が社会保障受給の対象者となることは、制度そのものの見直し・崩壊を意味する。

146　第4章　日本に見る所得格差の現状

図表Ⅳ－6　30代後半男性の年収分布（単位：万円）

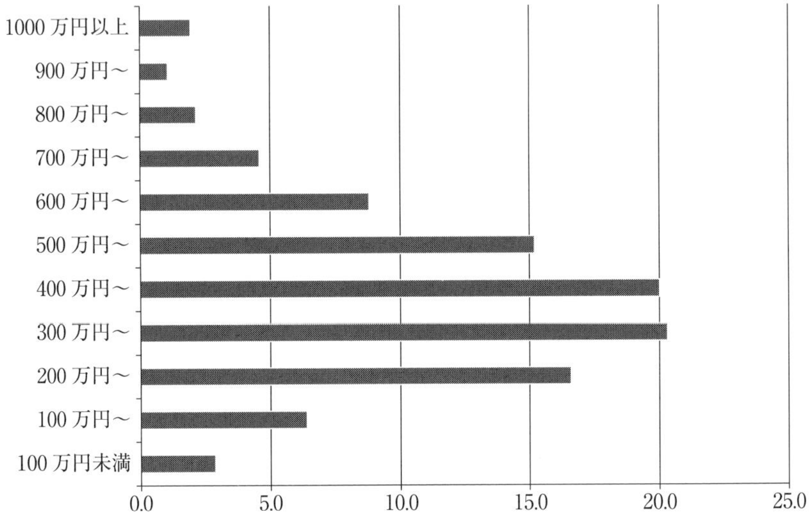

出所：総務省「平成24年就業構造基本調査」
　　　（http://www.stat.go.jp/data/shugyou/2012/index.htm）

2　所得と富の不平等

正規雇用と非正規雇用

　バブル経済崩壊後、各企業は負債を解消するために不採算事業からの撤退、企業の統廃合、および外部委託が頻繁に行われてきた。その過程で企業経営を圧迫する人件費の見直しは、回避できない課題となった。具体的には給与の削減、昇級の見直し、そして早期退職の促進・検討である。労働者の就業形態にも変化がみられ、非正規雇用も一形態であるという認識が常態化してきた。双方の思惑が合致した結果、企業は人件費圧縮のために非正規雇用として就業させ、労働者もまた柔軟な労働形態である非正規雇用として企業に従事することが拡大した。[9] 結果的に、労働市場は正規雇用と非正規雇用の二極化が顕著となった。

　正規雇用と非正規雇用の最大の相違点は賃金体系であり、これが格差を助

2　所得と富の不平等　147

図表Ⅳ－7　所得階級別雇用者割合（男性）（2007年対2012年比）（単位：％）

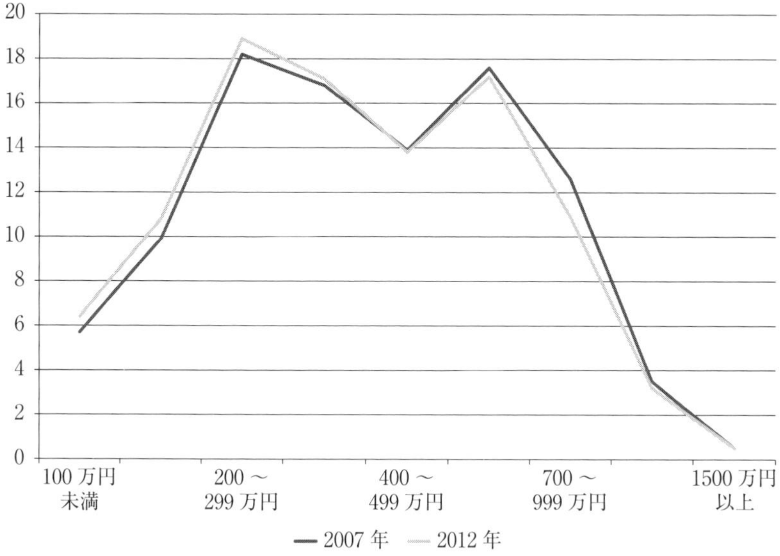

20
18
16
14
12
10
8
6
4
2
0

100万円
未満　　　299万円　　　499万円　　　999万円　　　以上

200～　　　400～　　　700～　　　1500万円

■■■ 2007年　　　2012年

出所：総務省、前掲書。

長させている。正規雇用は勤続年数に応じて賃金が上昇し、壮齢の40代後半
から50代前半をピークに緩やかな減少傾向を示す。これに対して非正規雇用
は、終始一貫して年収200万円前後を推移している。勤続年数に応じて年収
が増加しなければ、生涯所得に大きく影響を与えることになる（図表Ⅳ－
8）。さらに深刻な問題は、厚生年金などの社会保障をはじめ、賞与・昇級
を含めた福利厚生の有無である。

　また、正規雇用では日本の伝統的な慣習である①年功序列、②終身雇用、
③労働組合が保障されている。これと比較すれば、非正規雇用は賃金水準も
低く、労働期間も不安定になりがちである。さらに5年以内に非正規雇用か
ら正規雇用に転職した割合も約25％を推移しており高くはない。[10]

　非正規雇用の拡大は負の連鎖を生じさせかねない。たとえば、非正規雇用
が原因で不十分な社会保障を強いられることにより、収入の見込めない高齢

148　第4章　日本に見る所得格差の現状

図表Ⅳ－8　雇用形態間賃金格差（単位：千円）

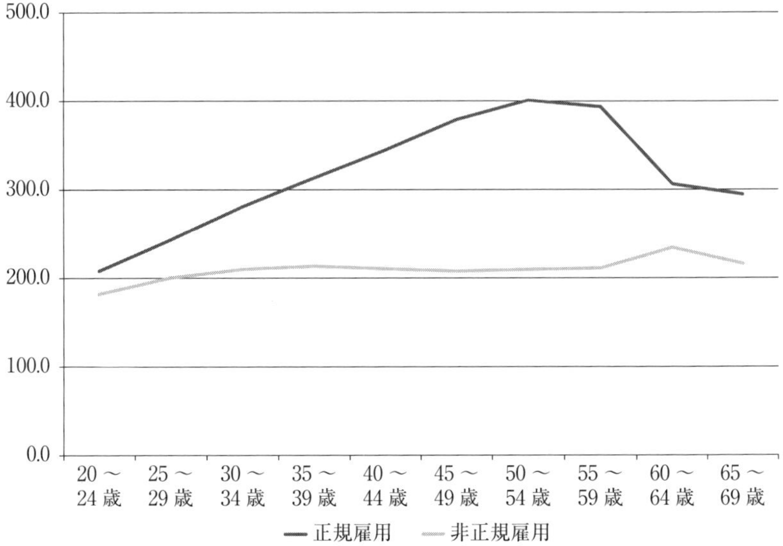

```
500.0

400.0

300.0

200.0

100.0

  0.0
      20～   25～   30～   35～   40～   45～   50～   55～   60～   65～
      24歳   29歳   34歳   39歳   44歳   49歳   54歳   59歳   64歳   69歳
              ——— 正規雇用    ——— 非正規雇用
```

出所：厚生労働省「平成28年賃金構造基本統計調査の概況」
　　　（http://www.mhlw.go.jp/toukei/itiran/roudou/chingin/kouzou/z2016/dl/13.pdf）

期における医療・保険費が負担となり貧困に陥る可能性がある。この該当者
が増加すれば社会保障の不安定化を招く可能性がある。同様に低賃金・不安
定雇用により所得格差が生じ、貧困を生み出す。その行く末は複数想定され
るが、第一に個人消費の低迷により社会全体の景気が停滞し、充分な税収を
確保できないことにより、社会保障の不安定化を招く結末である。第二に現
役世代で支える社会保障制度そのものの担い手になれないことにより、社会
保障の不安定化を招く結末である。第三に貧困を理由とする晩婚・非婚から
少子化が加速し、社会保障の不安定化を招く結末である。なお、後述するが
この貧困は世代間で引き継がれる可能性がある。そして、将来的な不安が広
がれば晩婚化・非婚化が進み、出産・育児に費やすことが困難である見通し
が立てば、結果として少子化を招く。このようにすべての要素が最終的に社
会保障の不安定化を招くことに結びつき、国民が健全な生活を営むことが可

2 所得と富の不平等

図表Ⅳ-9 非正規雇用の拡大と社会不安

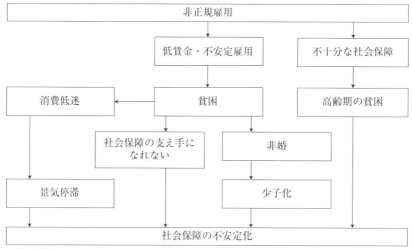

出所：筆者作成。

能な社会からほど遠くなる。また、非正規雇用の増加による負の連鎖も十分に考えられる（図表Ⅳ-9）。

このような正規・非正規雇用の比率は年々歩み寄る傾向にあり、増加傾向にある非正規雇用に対して、正規雇用は減少傾向にある（図表Ⅳ-10）[11]。また、前掲図表Ⅳ-8にあるように、非正規雇用の年収は横ばいで増加は見込みにくい。自発的な非正規雇用者も含まれるが、社会的厚生の観点から是正することが急務とされた。

その対策として同一労働同一賃金が議論されている[12]。正規雇用と比較して相対的に賃金が低い非正規雇用の弊害は、前掲図表Ⅳ-9の通りである。たとえ非正規雇用であっても、正規雇用と同一の仕事に従事している者もいる。同一労働同一賃金の実現は、このような労働者の将来不安を払拭させる可能性を秘めている。しかし実現には大きな問題がある。

第一に、企業の人件費総額が変わらないとすれば、当該制度の実現により非正規雇用の賃金が増加する一方、正規雇用の賃金を減少させなければ帳尻

図表Ⅳ-10　雇用形態別雇用者数の割合（2002～2016年）（単位：％）

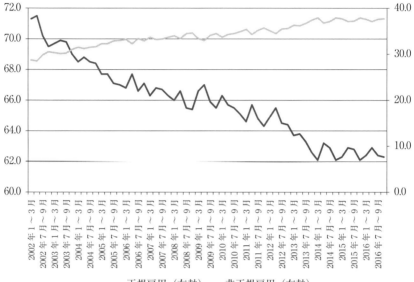

出所：総務省・統計局「労働力調査詳細集計・雇用形態別雇用者数」
（http://www.stat.go.jp/data/roudou/longtime/zuhyou/lt51.xls）

があわなくなる。第二に、仮に非正規雇用の賃金を増加させ、正規雇用の賃金を維持させようとすれば、企業の労働力に対する人件費総額は増加し、経営そのものを圧迫しかねない。それを補填するには、経営規模の縮小や事業内容の見直しなど、多岐に渡る。さらに日本的雇用慣行、すなわち①終身雇用、②年功序列、③企業組合を抜本的に見直さなければ実現は不可能である。

格差の連鎖と再生産

　格差の諸問題は、階層の上層と下層との間に相対的な差や相違が生じることである。単純に格差を悪とみなし、直ちに是正に努めるべきという見解は必ずしも正論ではない。しかし、下層に属する国民の社会的厚生が失われ是

認できないほどに格差が拡大した際は、政府は救済とその是正に努めなければならない。すなわち、格差を放置すれば下層に属する国民が貧困に陥ってしまいかねない。国民福祉の観点から、政府はそれを改善する唯一無二の主体であり、いかにして所得格差の是正に努めるかが焦点となる。

　貝塚 [2006] は、退職までに稼得した所得は一部が老後のための貯蓄に充てられ、将来給付される公的年金のための保険料納金も貯蓄として考えている。したがって、現役時代の所得が生涯所得の分配を決定してしまうことになり、生涯消費・生涯所得の格差に反映されると指摘している。[14]

　高度経済成長期を経て多くの国民には、一億総中流社会の意識が根付いた。これに基づけば、誰もが人並みの生活が営めることになるが、実際の資本主義の下では国民間に不平等・不公平は存在する。相対的な貧困率は右肩上がりで上昇し続け、約6人に1人が貧困に陥っている現在の格差問題は、もはや一部の国民の問題ではなくなりつつある。

　では、格差から派生する貧困の根源はどこにあるのだろうか。不平等のスタートラインは、出生時により既に決定している場合も少なくはない。つまり、親・世帯の所得により子どもの将来は生まれながらにして、ある程度の生活水準を強要されているといっても過言ではない。裕福な家庭環境で育てば、充分な衣食住を与えられるだけではなく、その子どもの将来の投資として教育に重点が置かれる。反対に貧しい家庭環境で育てば、衣食住に費やされる費用は最低限のものしか与えられず、教育に対する投資の余裕は皆無に等しい。そのような環境で生まれ育つとは、教育の機会にも格差が生じかねない。[15] 実際に相対的貧困率と子どもの貧困率の推移を概観すれば、ほぼ比例した傾向が示される（図表Ⅳ－11）。

　このような両親の経済力は、教育における必要経費の未納問題からも読み取ることができる。文部科学省の調査では小・中学校の約45%が給食費を滞納する児童・生徒を抱えており、約30%が保護者の経済的問題を要因として挙げている。[16] 少数派ではなくなった貧困層が身近な問題として認識されにくい背景には、ファストフード店やファストファッションの台頭がある。従

152　第4章　日本に見る所得格差の現状

図表Ⅳ-11　相対的・子どもの貧困率の推移（1985～2015年）（単位：%）

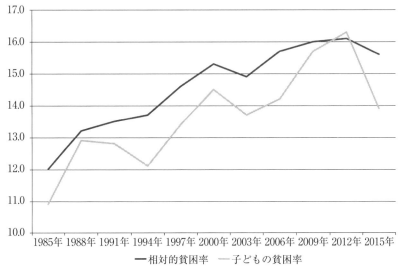

出所：厚生労働省「国民生活基礎調査」
　　　（http://www.mhlw.go.jp/toukei/list/20-21kekka.html）

来、貧困世帯の衣食住は明らかにそれ以外の世帯により劣っており、身なり・容姿である程度判断できた。しかし、公営住宅の提供や低価格の衣類、食事が提供される昨今、外見だけでは判断できない時代となった。なぜならば、貧困層ほどそれらを利用する傾向が強いためである。バランスの良い食生活、すなわち穀類・野菜・肉類の摂取量において世帯所得別に概観すると、低所得層ほど穀類が多く、野菜・肉類の摂取が少ない。また運動習慣や喫煙、健康診断未受診、および肥満者の割合も低所得層ほど高い傾向が示されている。[17] ファストフード店が提供する低価格な食事により、一日あたりに必要なカロリーは摂取できるものの、それらが脂質や糖質の偏った食事であることは想像に難しくはない。貧困世帯を対象としたフードバンクの利用に見られるように、価格変動により購入できない食材が支給されれば、その分他の食材に費やすことが可能となり栄養バランスの良い食事を摂ることがで

きる。

　たとえば子どもの食事で特に気をつけていることにおいて、栄養バランス（72.0％）と回答した割合がもっと高い[18]。しかし実態は、経済的にゆとりのある家庭とゆとりのない家庭において週4～6日以上、穀類以外の摂取数は魚、肉、卵、大豆、野菜、果物、乳製品、飲料のいずれもゆとりのある家庭の方が高い。一方で甘味飲料、菓子、即席麺、ファストフードの摂取数はいずれもゆとりのない家庭の方が高い統計が示されている。

　さらにあしなが育英会を利用している高校生において、所有している情報通信機器、とりわけコミュニケーションツールとして重要な位置づけにあるスマートフォンは87.6％が所有している[19]。これは全国の同世代（84.3％）と比較して同水準にあり、維持費が決して安価ではないツールの保有の有無から前述の衣食のように貧困の疑念を抱くことは難しい。

学歴で分断される社会

　準義務教育化した高等学校への進学は、奨学金の申請や定時制・通信制などの選択・利用で達成可能かもしれない。だが、それを選択せざるを得ないような家庭状況であれば、不安定な就学期間を強いられかねない。文部科学省は2013（平成25）年度の全国学力調査から、①学力の把握・分析、②学力に影響を与える要因の把握・分析、③教育施策の検証・改善、④効果的な指導方法の把握・分析、に重点を置いた「きめ細かい調査」に乗り出した[20]。特筆すべきは、②学力に影響を与える要因の把握・分析、における「家庭の経済状況等による教育格差の状況の更なる把握・分析」である。ここで高校卒業後の予定進路を年収別に概観すれば、世帯年収の増加に伴い新たに学費・その他諸経費を要する四年制大学への進学率は高まっている（図表Ⅳ－12）。

　四年制大学進学以外の進路選択のうち、年収400万円以下の世帯では就職がもっとも多いが、年収の増加と共に減少傾向にある。これは世帯年収が高ければ教育投資に値する進学を選択できる機会があり、あえて就職を選択しなくても良いと考えることができる。実際に年収の増加に伴い、埋没費用に

154　第4章　日本に見る所得格差の現状

図表Ⅳ－12　高校卒業後の予定進路（両親年収別）(単位：%)

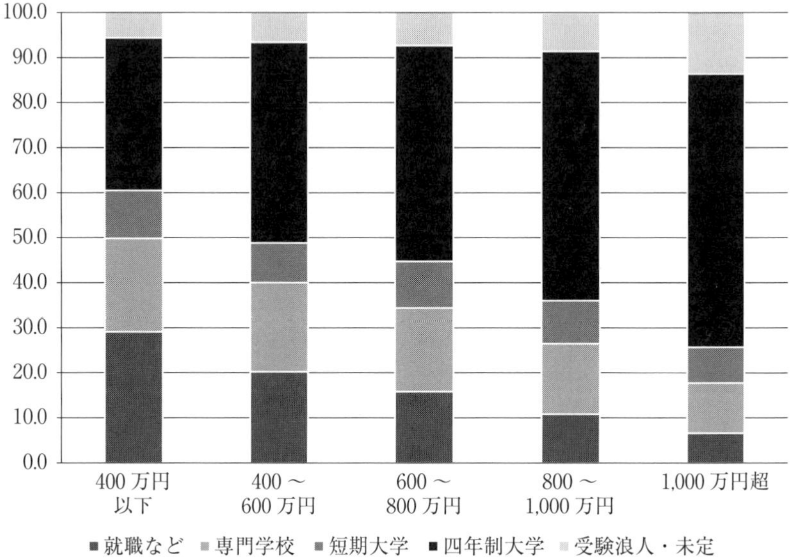

100.0
90.0
80.0
70.0
60.0
50.0
40.0
30.0
20.0
10.0
0.0

400万円以下　400～600万円　600～800万円　800～1,000万円　1,000万円超

■ 就職など　■ 専門学校　■ 短期大学　■ 四年制大学　■ 受験浪人・未定

出所：東京大学大学院教育学研究科大学経営・政策研究センター「高校生の進路追跡調査　第1次報告書」
（http://ump.p.u-tokyo.ac.jp/crump/resource/crumphsts.pdf）

なりかねない受験浪人・未定を選択する率が唯一上昇しており、年収1,000万円超の世帯では四年制大学進学以外の選択として、もっとも高い率を示している。つまり、両親の年収が高ければ子どもはその恩恵を受ける可能性が高まり、進路選択において複数の選択肢を得ることができる。たとえば学業成績について、あしなが育英会を利用している高校生は経済的に恵まれていない子どもはその家庭環境の印象から、その成果も芳しくないと思われがちである。しかしそれらに属する子どもたちの成績は上位40.3%、中位20.9%、下位33.3%であり全国の同世代がそれぞれ25.2%、25.1%、46.2%であることを鑑みれば、必ずしも劣勢ではない[21]。ただし、学業優秀であっても経済的な問題を抱えているため、その後の進学を断念するケースは少なくない。

このように世帯年収により、進路選択に差が生じかねないということは、年収が低い世帯で生まれ育った子どもほど、学ぶ機会に加えて正規雇用として就業する機会も失われる可能性がある。最終学歴別に雇用の機会を概観すれば、男女ともに高校・旧制中卒、専門学校・短大・高専卒、大学・大学院卒の順に正規雇用に就く比率が高くなる。たとえば20代男性の非正規雇用就業率は高校・旧制中卒（27.8%）、大学・大学院卒（14.3%）、20代女性も高校・旧制中卒（50.5%）、大学・大学院卒（23.8%）の通り、倍の差が生じている[22]。一部、僅差も確認できるが仮に非正規雇用に含まれた場合、その弊害は前述の通りである（図表Ⅳ-13）。

　つまり世帯年収が低ければ、正規雇用に就く可能性が高まる大学・大学院卒の機会を得ることができず、非正規雇用に就くリスクが高まる。さらに、一般的な企業の給与体系に基づけば、高学歴ほど初任給は高い（図表Ⅳ-14）。

　このように高学歴ほど正規雇用に就業する割合が高く、低学歴ほど非正規雇用の割合が高くなる[23]。そこで形成されたコミュニティがその後の交際、婚姻、そして出産に結びつきやすくなる。つまり学歴による雇用形態や貧困の再生産がその後の子世代、孫世代へ続く可能性を秘めている。

　学歴が優遇されやすい労働市場であるが、学歴を得るには時間と費用を一定期間、投資しなければならない。卒業後、正規雇用に就けるか否かは不確実であり、仮に大学・大学院に進学、卒業・修了後に非正規雇用での就業を余儀なくされた場合、正規雇用で就業した同世代の高校・旧制中卒と比較すると相対的に年収平均は低い統計が示されている[24]。多くの場合で高学歴に従い好待遇を得られる条件は、同じ雇用形態で比較した時のみである。奨学金申請率の増加に見られるように、進学する機会は大学数の増加や奨学金の貸与により保たれているが、それに伴う機会費用を回収するには正規雇用でなければならない。それにも関わらず、大卒以上で10%程度の非正規雇用に就業する割合は、その後の貧困を生み出す根源となり得る。

　このように現在の学歴で分断される社会において両親、もしくは一方が大

図表Ⅳ-13 15歳以上の役員以外の雇用者の構成割合（性・年齢階級、学歴別）

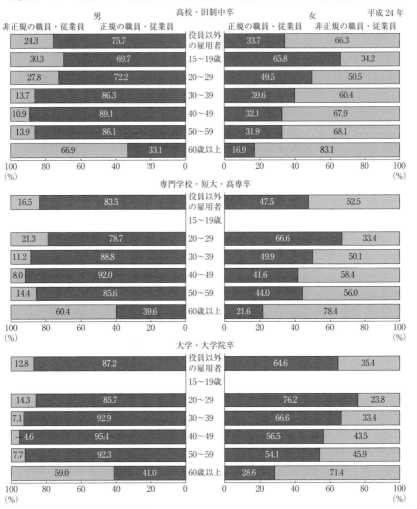

注：1）福島県を除いたものである。
　　2）「勤め先での呼称不詳」を含まない。
　　3）「在学中」を含まない。
出所：厚生労働省「平成24年国民生活基礎調査の概況」
　　　(http://www.mhlw.go.jp/toukei/saikin/hw/k-tyosa/k-tyosa12/dl/12.pdf) p. 11。

2 所得と富の不平等　157

図表Ⅳ-14　学歴別初任給額及び対前年増減率の推移
（2006～2016年）（単位：千円、％）

		大学院修士 課程修了	大学卒	高専・短大卒	高校卒
男女計	2006年	224.8(2.0)	196.3(1.2)	168.5(1.1)	154.4(1.0)
	2007年	225.0(0.1)	195.8(-0.3)	168.5(0.0)	155.7(0.8)
	2008年	225.9(0.4)	198.7(1.5)	169.7(0.7)	157.7(1.3)
	2009年	228.4(1.1)	198.8(0.1)	173.2(2.1)	157.8(0.1)
	2010年	224.0(-1.9)	197.4(-0.7)	170.3(-1.7)	157.8(0.0)
	2011年	234.5(4.7)	202.0(2.3)	172.5(1.3)	156.5(-0.8)
	2012年	226.1(-3.6)	199.6(-1.2)	170.1(-1.4)	157.9(0.9)
	2013年	228.1(0.9)	198.0(-0.8)	172.2(1.2)	156.0(-1.2)
	2014年	228.3(0.1)	200.4(1.2)	174.1(1.1)	158.8(1.8)
	2015年	228.5(0.1)	202.0(0.8)	175.6(0.9)	160.9(1.3)
	2016年	231.4(1.3)	203.4(0.7)	176.9(0.7)	161.3(0.2)

＊カッコ内の数値は、対前年増減率
出所：厚生労働省「平成28年賃金構造基本統計調査（初任給）の概況」
　　　（http://www.mhlw.go.jp/toukei/itiran/roudou/chingin/kouzou/16/dl/02.pdf）p. 8。

卒者であれば大学進学・卒業における職業選択の可能性が拡大することは理解している。しかし、高校・旧制中卒であれば未知の領域ゆえ進学の利点を子どもに伝え、促すことは難しい。

教育機会の喪失

　貧困の連鎖の要因は富や所得だけではない。生活保護受給世帯の子どもは幼少期から両親が働かずに定期的に生活保護を受給し、金銭を得ている姿を見て育ってきたため就業意識が芽生えにくい。また、低所得者向けの就学援助も補助金給付では必ずしも目的通りには使われない実態があり、子どもの進路にも影響を与える。

　さらに生活保護要件として、労働可能な者には労働が求められる稼働能力の活用が挙げられる。厚生労働省は高等教育機関への進学に際して、稼働能力の活用に基づき生活保護を認めていない。これを回避するために世帯分離

図表Ⅳ-15　一般世帯と生活保護世帯の高等教育機関への進学率（単位：%）

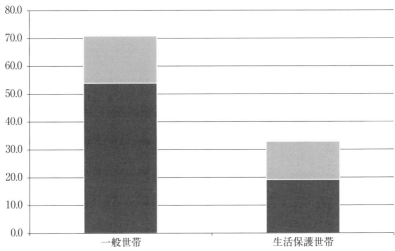

出所：文部科学省「子供の貧困対策に関する大綱」
（http://www.mext.go.jp/b_menu/shingi/chukyo/chukyo0/gijiroku/__icsFiles/afieldfile/2014/10/01/1352204_3_2.pdf）

を用いることが一般的であるが、その分の生活保護受給が減額されるため進学した子どもは別途、生活費を捻出するための労働を学業と並行して強いられることになる。もしくは進学の利点を理解できない両親であれば、生活保護受給額を減額してまで子どもを進学させることを選択しないかもしれない。

　生活保護受給世帯での進学は世帯分離により達成可能であるが、減額された分の生活保護費と学納金を捻出するための労働は必須であり、負担となる。実際、一般世帯と生活保護受給世帯の高等教育機関への進学を概観すると、進学率は2倍以上の差が生じている（図表Ⅳ-15）。

　たしかに高等教育機関へ進学することで、待遇の良い職に就くことができるかもしれない。しかし各業種でそのような人材を求めているわけではない。同世代で仕事を分業することで、学歴を要因とした分断社会から学歴に

よる共生社会を構築しなければならない。すなわち全員がホワイトカラー労働者の国において、ブルーカラー労働者は誰が担うのか、という問題が生じる。したがって全てを高等教育機関に進学させることは得策ではない。しかし、それを望んでいるにも関わらず経済的理由による断念は、機会の平等の観点から見直すべきである。

　つまり最終学歴によって正規・非正規雇用に就く比率が異なることや、賃金に差が生じることについて教育の格差がその一因とすれば、教育格差が所得格差を誘発していることになる。この負の連鎖を食い止めるには、いずれかの世代で教育の機会を平等に与え是正に努める必要がある。貧困により親から子への教育に対する投資が削減されてしまうことで、十分な教育が施されなくなることが懸念される。その結果、個人が得られるべき教育の水準と質は相対的に低下する。これにより、何を行えば幸福を得ることができるか、という価値判断が容易ではなくなる。

　また、正しい価値判断に基づいた消費選択により、幸福を得ることが困難となりかねない。義務教育後の高等教育（主に高等学校・高等専門学校への進学）が準義務教育化している現在、そこで学び将来の進路選択の幅を広げなければ、社会全体の幸福向上の実現は困難となる。これは義務教育により識字率が99.9%を誇り、高等教育が準義務教育化した日本特有の課題であるが、幸福の追及のために教育が不可欠であることは一般的に認知されており、このような高等教育を保証することで国益を保持することは、今後の発展途上国に対するモデルケースとなり得る。

3　所得と富の平等化

非正規雇用者の待遇

　子どもの貧困が相対的貧困に比例することに示されるように、世帯主となり得る年齢層の雇用形態が非正規雇用者であれば、その世帯が貧困に陥る可能性は高まる。

　また、初婚年齢が上昇し晩婚化が進む現在、世帯主が非正規雇用であるリ

図表Ⅳ-16　年齢階級別非正規就業者の割合の推移（1987〜2012年）（単位：％）

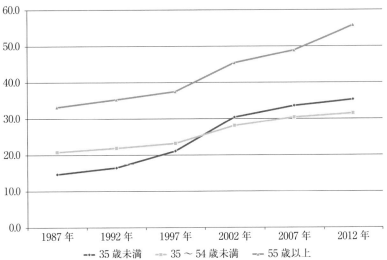

出所：総務省・統計局「平成24年就業構造基本調査」
（http://www.stat.go.jp/data/shugyou/2012/pdf/kgaiyou.pdf）

スク、ならびに非正規雇用同士が婚姻することのリスクは最終的にその世帯の貧困を生み出しやすくする。総務省の統計によれば、生産年齢人口において中堅の年齢層に位置付けられる35歳未満の非正規雇用の割合は約三分の一を占めている（図表Ⅳ-16）。非正規雇用の平均年収は分散しているものの、その年収で自活できない状態を強いられるのであれば、その世帯の生活が窮地に追い込まれたときに社会保障の助けが必要となる。これが拡大すれば負の連鎖に陥り、社会保障制度そのものを崩壊させてしまう要因になりかねない。これを是正するには前述の同一労働同一賃金の他に、①最低賃金制度の見直しや、改正労働契約法による②正社員転換制度が挙げられる。

　まず最低賃金制度について、2008（平成20年）度に改正された最低賃金法は最低賃金の決定基準の見直しや罰則の強化、派遣労働者への適用関係など多岐にわたるものである。具体的な改正内容は、以下の通りである。

1．地域別最低賃金・特定最低賃金（旧産業別賃金）の変更
・ 生活保護に係る施策との整合性も配慮する（地域別最低賃金）。
・ 法令を下回る支払いに際して罰金上限額を2万円から50万円に引き上げ（地域別最低賃金）。
・ 労働基準法に基づき罰金上限額を30万円に引き上げ（特定最低賃金）。
2．適用除外規定の見直し
・ 使用者が都道府県労働局長の許可を受けたときは、一定範囲の労働者（障がい者、試用期間者、職業訓練者）は、最低賃金の適用が除外され、法律で定められた減額が適用される。
3．派遣労働者の適用最低賃金の変更
・ 派遣先の地域産業の最低賃金を適用。
4．最低賃金額の表示の変更
・ 時間、日、週、月で定められていた表示単位が時間額のみとなる。

　この改正により非正規雇用の就業条件は、多少ではあるが改善された。しかし、これまで触れてきた格差の是正や貧困に対しては、さらに検討が必要となる。平等化の実現にむけて留意すべき点は、労働市場において自らの意志で非正規雇用を選択する労働者が存在することである。このことは当該市場に限ったことではないが、これを念頭に諸問題に対する議論を展開しなければならない。

　重視すべき点は意図しない選択を強いられ負の連鎖に陥った世帯、およびそこに属する労働者に対する救済策を講じることである。ではどのような手段が適切であろうか。それはやむを得ずその選択を強いられた非正規雇用と正規雇用との間に存在する賃金体系の見直しである。これにより相互間にある程度発生している賃金格差、およびそれを根源とした貧困を是正することが期待できる。賃金体系の見直しは、次の2つの方法を考えることができる。

　一点目は、非正規雇用よりも給与面・社会保障面で待遇の良い正規雇用に

162　第4章　日本に見る所得格差の現状

図表Ⅳ－17　最低賃金（2016年度）と2012年度比増加分（単位：円）

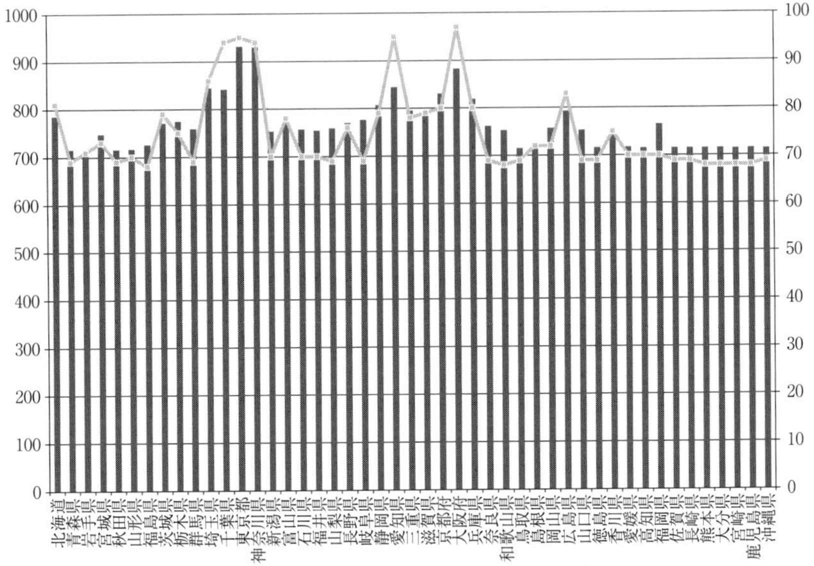

出所：厚生労働省「平成24年度地域別最低賃金額改定の目安について」
　　　（http://www.mhlw.go.jp/stf/houdou/2r9852000002g9ku.html）同、「平成28年度地域別最
　　　低賃金額改定の目安について」（http://www.mhlw.go.jp/stf/houdou/0000131557.html）

　登用することである。企業は業績に応じて、安定的な事業を展開するべきである。そのためには、健全な人的資本の配置が不可欠である。業績が好転していれば生産性の高い労働者を正規雇用として受け入れるべきであり、利益の増進に努めることで双方の便益が満たされることになる。

　二点目は、非正規雇用の最低賃金の見直しである。つまり最低賃金を引き上げることで、正規雇用との賃金格差を是正することである。最低賃金には地域差があるものの最低賃金でフルタイムの労働を強いられた際、その月収は10数万円前後である。[26]この水準では貧困に近い生活を強いられる可能性が高く各種投資や貯蓄、ひいては社会保険料の支払いも困難である。

　これらを実施するためには次の方法が考えられる。一点目は先の正社員転換と併せて後述する。二点目については最低賃金と生活保護水準の差、いわ

3 所得と富の平等化 163

図表Ⅳ-18 正社員転換制度による無期雇用転換のイメージ

2010年	2011年	2012年	2013年	2014年	2015年	2016年	2017年	2018年
換算されない			通算5か年					
有期雇用								無期雇用

2010年	2011年	2012年	2013年	2014年	2015年	2016年	2017年	2018年	2019年	2020年
換算されない				通算5か年						
有期雇用				空白期間6か月超	有期雇用					無期雇用

出所：筆者作成。

ゆる逆転現象を是正するために段階的な最低賃金の引き上げが実施された[27]（図表Ⅳ-17）。最低賃金の引き上げは格差是正だけではなく、労働者の意欲向上にもつながる。しかし、前述の通り企業の労働力に対する人件費総額は決まっており、安易な引き上げは経営を圧迫しかねない。経営者の主義・主張が全面に取り入れられた伝統的な日本の労使関係は、従事関係により賃金の引き上げには消極的であった。その反面リストラクチャリング、特に解雇と比較すると賃下げはリスクが低く双方が受け入れてきた。このように企業が自主的に最低賃金を引き上げることは、特にバブル経済崩壊以降においては慎重であり、物価水準や経済情勢を鑑みて政府の誘導がある程度容認されるべき事柄である。これらを達成できる企業は労働市場や日本経済全体においても有益をもたらす存在であり、橘木・浦川［2012］も主張のように非効率な企業を市場から追放することは、国内の労働力人口の減少やグローバル経済による競争の激化を踏まえれば、決して非現実的ではない[28]。

　次に正社員転換制度、および前述一点目について有期雇用者が同一の企業で通算5か年を超えて勤務した場合、当該制度によって無期雇用に転換できるようになる（図表Ⅳ-18）。非正規雇用の大半は単年度契約の有期雇用であり、極めて不安定な労働環境にある。これを無期雇用にすることで、その不

164 第4章 日本に見る所得格差の現状

安の払拭が期待される。ただし、当該制度は2014（平成26）年度以降から換算されるため、それ以前の雇用期間は含まれない。また、途中で6か月以上の離職期間があった場合、それは換算されないなど制約がある。さらに当該制度は雇用期間を保証するものであり、各種待遇の是正・改善は企業の任意による。したがって所得格差が抜本的に解決されることは期待し難い。また、通算5か年を妨げる行為として企業側による雇い止めが行われることも想定される。

他の救済策

　では、仮に最低賃金を引き上げるとすればどのような労働者をその対象とすべきか。これまでの非正規雇用に該当する労働者は、学生や主婦、高齢者であり、いずれも背後に世帯主や夫、年金受給などにより特に所得の増大に努める必要はなかったが、世帯主が非正規雇用労働者として従事しているケースも少なくはない。したがって、むやみに非正規雇用全体の最低賃金を引き上げてしまえば、世帯主を担う低所得者の救済にも繋がるが、それ以外の非正規雇用者も恩恵を受けることになりかねない。大橋［2009］も推奨しているように、最低賃金の引き上げについてはよりきめ細かい設定が必要になる。[29] すなわち、労働時間別に減額率を設けることにより、多様な非正規雇用労働者の賃金体系の細分化が可能となり、最低賃金の引き上げが実施できるようになる。また、これを労働者間で解決するには正規雇用者の労働の一部を非正規雇用、もしくは失業者に与えて失業率を改善するワーキングシェアリングの考えを採用することができる。ただし労働者、特に既存の正規雇用一人あたりの賃金は減少しかねない。一方でワーク・ライフ・バランス（仕事と生活の調和）の実現には、当該手段によって達成する可能性を秘めているため、全面的に否定することもできず、引き続き慎重な議論が求められる。

高年齢者雇用の位置づけ

このような現役世代の雇用を通じた所得の拡大や平等化を脅かす対象となり得るのが高齢者雇用である。少子高齢化に伴い、生産年齢人口の減少は免れない。伝統的な日本的雇用慣行が継続されれば、持続可能な社会は成立することは難しい。ここに高齢者雇用を容認する一方で、現役世代の雇用を奪うジレンマが生じかねない。実際に改正高年齢者雇用安定法以降、企業には定年の廃止・引き上げや継続雇用制度の導入の義務が生じた。団塊の世代が退職し始める2007（平成19）年以前は企業規模により高年齢者雇用の確保措置に差が生じていたが、当該年以降は中小企業も90％超が取り入れ始め、現在では全企業の99％がこれを実施している[30]。当該制度改正以降、雇用確保措置の内訳を時系列で概観すれば①継続雇用制度の導入、②定年の引き上げ、③定年制の廃止に関して企業規模を問わず、いずれも大きな変化はない。つまり全企業の99％がいずれかの措置の継続と並行して、本来採用されるべき若年層の雇用を圧迫している可能性が指摘できる。生涯現役社会を掲げる高年齢者の再雇用は、知識や経験を企業経営に活かすことができる反面、現役世代の雇用を奪いかねない。前述の同一労働同一賃金で指摘した通り、企業全体の人件費総額が一定であれば高年齢者の雇用は現役世代の代わりとして位置付けられる。前掲図表Ⅳ－8より、50代をピークに減少する賃金形態を踏まえれば、知識に長け経験が豊富な高年齢者を再雇用すれば、20代と同水準の費用で最大の便益を得ることができる。さらに平均寿命、および健康寿命が延びれば企業の裁量により高年齢者雇用は拡大し、それに伴い若年層の雇用が圧迫される可能性がある。このように労働を通じた対価は世代間によって隔たりがあるだけではなく、人生設計における消費、投資、貯蓄が不十分であることにより本来あるべき経済活動を歪めかねない。

4　世代間格差の是正

絶対数による優位性

日本の個人金融資産の総額は、約1,700兆円越と推測される[31]。年代別の保

166 第4章 日本に見る所得格差の現状

図表IV－19 年代別にみた一世帯あたりの金融資産、負債、借入金 (2013年)(単位：%、万円)

	金融資産保有額	負債平均	借入金のある世帯の割合	借入金のある世帯の残高
20歳代	219	294	31.3	1,013
30歳代	379	902	55.7	1,668
40歳代	700	953	54.9	1,823
50歳代	1,067	660	53.1	1,300
60歳代	1,535	246	27.6	981
70歳以上	1,581	191	16.7	1,334

出所：金融広報中央委員会「知るぽると」
（https://www.shiruporuto.jp/public/）

有額を概観すると高齢者層にその多くが集中している反面、負債平均は資産の少ない現役世代が多くを抱えている（図表IV－19）。これが意味するところは正常な経済活動が社会で行われず、消費が停滞することにある。つまり各種ローンの返済や生活支出が少ない高齢者ほど可処分所得が高く、将来設計に対して多額の支出を要する現役世代ほど低い構図は、経済成長時に達成された消費と生産の均衡が保たれないことにある。団塊の世代は企業福祉における初期後退世代に位置し、それ以上の世代と比較すると待遇は低いものの現役世代との間に生じる世代間格差では圧倒的に優遇されている。

　高齢者世代がこれまで納めてきた税金や社会保険料は、受給される際に納税総額よりも多く得ることができ、若年層や労働者は受給額よりも負担額が多い算出がなされている。これに対する措置を講じなければ、世代間の社会保障に関する不平等を埋めることはできない。実際に年齢別で現在の生活に関する満足度を概観すれば所得・収入、および資産・貯蓄に関して現役世代は双方が約40％を推移、もしくは10％程度の差が生じているが高齢者は双方が約50％を推移し、その差も少なく高い満足度である（図表IV－20）。各種ローンの返済や退職後の生活設計が求められる30〜50代の資産・貯蓄に対する

図表Ⅳ-20 現在の生活の各面での満足度―所得・収入・資産・貯蓄（単位：％）

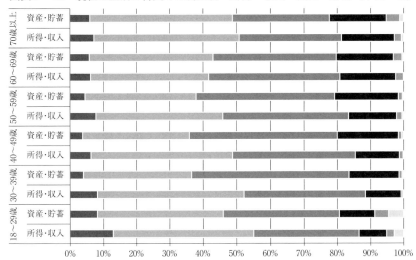

出所：内閣府「国民生活に関する世論調査」
　　　（http://survey.gov-online.go.jp/h28/h28-life/index.html）

満足度は全て40％を下回っている。

　このように現役世代の負担が増え、不満を抱えている世論を考慮すれば世代間を超えた負担のあり方を再構築しなければならない。

　上記図表Ⅳ-20の通り高齢者の満足度は高く、社会を支える年齢層が低い。そのため、高齢者も含めた負担の検討も視野に入れなければならない[33]。なぜならば個人金融資産のうち半数以上は高齢者が占めており、今後ますます社会保障費が肥大化することを鑑みれば、高齢者という大枠のみで議論を展開することは危険である。これに類似する主張は不公平感を唱える若年層を中心に見受けられるが、民意による選挙制度でそれを覆すことは困難である。なぜならば、少子高齢化による人口比率に基づけば若年層の絶対数は高齢者層のそれよりも少なく、シルバー民主主義が成立している。仮に選挙を通じて若年層を優遇し高齢者層を冷遇する公約を掲げた政党が現れても、当

図表Ⅳ−21　各年齢における国政選挙の投票率の推移（1990〜2014年）

	20歳	21歳	22歳	23歳	24歳	25歳	26歳	27歳	28歳	29歳	30歳	31歳	32歳	33歳	34歳	35歳	36歳	37歳	38歳	39歳	40歳	41歳	42歳	43歳	44歳
1970年[46]	50.5		26.9	43.3		25.5	38.3		40.8		48.5	44.2		47.9	46.9	60.5		50.7		68.2	54.2		56.4	49.1	50.4
1971年[45]		28.8	41.1		23.1	36.9		39.2		43.4	42.5		46.9	46.4	59.3		51.1		66.3	53.2		54.1	48.9	48.5	
1972年[44]	30.5	40.2		22.5	33.8		36.6		43.2	41.1		44.7	49.3	59.5		50.5		67.3	52.0		55.0	48.1	46.8		
1973年[43]	43.5		21.8	33.1		34.5		42.4	39.0		42.8	41.9	57.2		47.7		65.4	51.3		54.2	47.3	45.8			
1974年[42]		20.9	31.1		32.9		37.7	35.7		41.4	41.4	53.8		47.8		64.5	50.0		53.9	47.7	45.9				
1975年[41]	22.9	31.6		32.7		36.6	34.8		38.9	39.4	53.6		45.3		63.6	49.6		51.4	47.0	45.9					
1976年[40]	33.5		32.0		35.8	33.4		38.0	37.2	52.9		45.2		62.8	47.4		52.8	45.5	44.8						
1977年[39]		31.9		35.3	33.6		35.8	37.1			43.7		61.3	48.1		50.6	46.5	43.6							
1978年[38]	33.9		35.0	31.4		36.2	35.0	48.6		42.1		60.4	45.8		50.3	43.8	44.2								
1979年[37]		34.8	30.1		32.5	32.6	46.9		39.2		57.0	44.5			44.7	41.9									
1980年[36]	37.6	29.9		32.4	31.2	44.8		40.1		56.1	43.5		48.0	41.5	40.7										
1981年[35]	31.8		32.4	34.3	43.7		37.8		52.7	41.6		49.0	41.4												
1982年[34]		31.1	30.1	43.1		34.8		52.3	39.7		43.8	40.7	39.8												
1983年[33]	33.1	31.0	41.0		34.4		50.6	38.8		43.3	39.7	39.4													
1984年[32]	33.0	42.3		31.8		48.5	36.4		41.2	38.4	37.4														
1985年[31]	46.4		32.6		47.0	36.0		40.1	35.3	37.3															
1986年[30]		32.4		46.9	34.7		38.4	35.2	35.9																
1987年[29]	33.0		44.7	33.2		37.7	34.8	35.3																	
1988年[28]		46.5	33.2		36.8	33.2	35.5																		
1989年[27]	48.3	31.6		34.3	31.8	32.3																			
1990年[26]	35.9		34.6	32.2	31.8																				
1991年[25]		34.2	30.8	29.9																					
1992年[24]	36.7	29.7	28.5																						
1993年[23]	31.4	27.4																							
1994年[22]	30.9																								

*縦軸は生まれ年と2016年時の年齢

出所：総務省「第31回〜第47回衆議院議員総選挙年齢別投票率調」

（http://www.soumu.go.jp/main_content/000255968.pdf）

同「第15回〜第24回参議院議員通常選挙年齢別投票率調」

（http://www.soumu.go.jp/main_content/000440530.pdf）

該政策を実現することは難しい。このような数の論理による多数決が成立する場合、コンドルセルールやボルダルールも一手段として検討し、民主主義の下の平等を問わねばならない。そもそも世代間の資産格差は予てより生じていた問題であるが、現在ほど深刻ではなかった。しかしながら定期収入のない高齢者が人口比率の多数を占めてきたため、数の論理と社会保障の充実を盾に掲げた公約が中年層を取り込み、高い投票率を確保した。つまり自身が高齢者層に属した時、その恩恵を受けるためには高齢者を優遇する公約に賛同し、投票することが最適である。[34] 実際に投票率を概観すると、いずれの年齢層も選挙権を得た当初は低い投票率だが、徐々に高まっている（図表Ⅳ−21）。

　このような行為を選択する背景には美人投票や、顕示選好の考え方が潜んでいる。通常の投票行為は自身の支持する政党、つまり効用を最大限に満たす公約を掲げた政党に投票する。

　しかし世論調査を通じて他政党が優勢であり、その公約によれば自身も一

図表Ⅳ-22　顕示選考理論に基づく選択

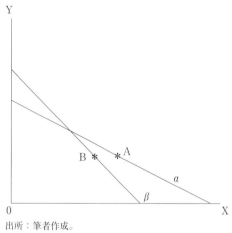

出所：筆者作成。

定の効用を得ることが判明すれば、当初の選択とは異なり他政党に投票する。たとえば、自身の年齢層や地域を優遇してくれる他政党への投票がそれに値する。

さらに政党Aの支持者において、効用を満たす制約aでは政党A、政党Bのいずれも選択可能である。支持者は政党Aを選好するためそこから得られる効用は$U_A > U_B$である。一方、政党A支持者において、効用を満たす制約$β$では政党Bのみの選択となる。この場合、政党Bを選択せざるを得ないが政党Aを選択できない状況下につき、顕示選好の弱公準が満たされている。たとえば、選挙区において支持政党が立候補せず自身の年齢層や地域を優遇する他政党の選択肢があれば、それを選好することが値する（図表Ⅳ-22）。このように意図しない選択は、本来あるべき政策の実現を歪める可能性がある。

前述の通り、世代間格差が生じた現在ではこのような結果が度々発生しているように思われる。その場合の政権公約や政策目標は意味をなさず、社会問題の抜本的な解決には遠く及ばない。

給付型奨学金設立のためには

前述の通り現役世代が冷遇される現在において今後、持続可能な社会を達成するためには若年層の教育・労働の機会の確保が不可欠である。しかしながら低所得世帯ほど教育に対する投資や機会が乏しく、これを社会保障によって補うには給付型奨学金が有効である議論がなされている。貸与型奨学金を拡充させる選択肢がある中で、給付型奨学金への期待は次のように整理することができる。

古典派経済学、特に A. スミスに代表されるように従来は人間の感情が重視されてきたが近代経済学、とりわけ行動経済学の功績に見られるように人間は限定的な合理性を追求・選択すると位置付けられる。不確実性や将来不安、そしてリスク回避など現代社会を取り巻く環境は絶えず変化を伴う。貸与型の奨学金は借金と同等であり、将来の見通しが不十分な中であえてリスクを冒してまで申請、受給、進学することを避けようとする行為は、前述の合理性の追求による選択によって説明することができる[35]。特に低所得者層ほど可処分所得が低く、なにより将来不安による教育投資には消極的である。

返還に際して延滞者と無延滞者を年収別に概観したところ、貧困ラインに位置付けられる年収100～200万円未満の延滞者が24.2％と最も多く、年収200～300万円未満で20.5％、年収300～400万円未満は12.3％と大きく改善される。延滞者の年収200万円未満の総計が約60％（無延滞者は約30％）に示されるように、貸与型奨学金のリスク回避には安定した収入に加え、一定額の給与が得られる職に就かなければ、貧困に陥る引き金となり得る[36]。

延滞者の返還義務に関する認識が無延滞者と比較して不十分であることは、個人の意識の問題と位置付けられるが、延滞が始まった理由の約70％は家計の収入の減少であり、延滞に歯止めがかからない負の連鎖の要因として、返還者自身が低所得であることが約50％、次いで親の経済困難が約40％である。職業選択の自由の下に就業したが、そこで十分な労働対価が得られないことや、親の経済困難は外的な要因であることが伺える。低所得に加え、返還義務の二重苦に陥れば、たとえ機会が与えられ悪循環から脱出・挽

4 世代間格差の是正　171

回したと仮定しても、それまでの損失の回収や継続する返還義務により他者
とは異なる人生設計を描かねばならない。

　つまり日本的雇用慣行、特に終身雇用制度の崩壊に伴い仮に卒業後、就業
した場合でも以前のように安定かつ高収入、手厚い福利厚生が保障されてい
るわけではない。この将来不安を払拭するには、貸与型から給付型の奨学金
の新設が急務である。全国大学生活協同組合連合会の調査によれば、奨学金
の申請は減少傾向にあり、各種費用は貯蓄を切り崩す世帯が増加している。
これは貸与型のリスク、および返還義務が生じる卒業後の就業が不確実であ
ることが理由と推察される[37]。

　もちろん財政難の状況下で財政確保は喫緊の課題だが、問題はその基準・
対象者は何を用いて峻別するかにある[38]。児童養護施設退所者、生活保護受給
世帯出身者、低所得世帯出身者、父子家庭・母子家庭など、いわゆる一般的
な家庭から逸脱した子どもたちが置かれている状況は多様であり、どのよう
な機会の平等を提供すべきかが問われる。大学が独自に給付・貸与する奨学
金であれば経済的事情を有する学生に加え、優秀な学生を確保するための目
的として容認されるが、政府主体となれば財源が税金である以上、納税者で
ある国民が納得しなければ持続的な社会保障としての機能そのものが失われ
かねない[39]。

　一方、各大学が実施する授業料免除の制度は事実上の給付型奨学金として
位置付けることができるが基準の大半は入試選抜時、もしくは在学中の学業
優秀である。つまりそれは前掲図表Ⅳ-12に示されるように、教育の機会が
世帯所得に比例することを鑑みれば、貧困層に属する子どもが給付する可能
性は低くなることを意味する。勤労勤勉の象徴・二宮金次郎像、および幼少
期の野口英世に代表されるように、貧困からの唯一の脱却手段は教育であっ
た。それの機会をどのように提供するかは、少子高齢化時代を迎え再び若者
が金の卵と呼ばれる現在において、真剣に取り組まねばならない課題であ
る。実際に諸外国と比較すると日本は高い授業料にも関わらず、公的補助は
低い位置づけにある（図表Ⅳ-23）。

172 第4章 日本に見る所得格差の現状

図表Ⅳ－23 授業料と公的補助（奨学金）水準の高低による4モデル

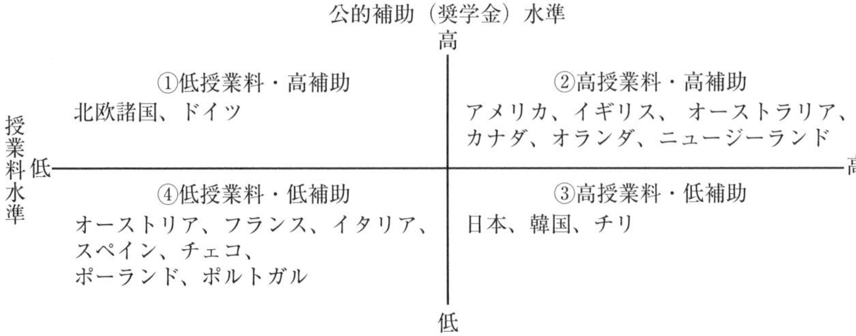

公的補助（奨学金）水準
高

①低授業料・高補助
北欧諸国、ドイツ

②高授業料・高補助
アメリカ、イギリス、オーストラリア、
カナダ、オランダ、ニュージーランド

授業料水準　低 ——————————————————————— 高

④低授業料・低補助
オーストリア、フランス、イタリア、
スペイン、チェコ、
ポーランド、ポルトガル

③高授業料・低補助
日本、韓国、チリ

低

出所：齋藤千尋、榎孝浩「諸外国における大学の授業料と奨学金」
　　　（http://dl.ndl.go.jp/view/download/digidepo_9426694_po_0869.pdf?contentNo=1）p.3。

教育バウチャー制度の検討

　世帯主の雇用形態に変化や救済がなく、所得格差が続けば最終的に子ども
の教育の機会を失うことになる。その結果、世代間を通じた格差の連鎖が懸
念される。M. フリードマン［2008］の提唱する教育の必要性は、民主的で
安定した社会を実現させるために最低限の読み書き算術を修得し、共通の価
値観を広く根付かせるためにある、としている[40]。たしかに日本の義務教育は
それを達成しており、世界的に見て極めて高い識字率と高等教育機関への進
学が実現されている[41]。しかし、一定水準の知識を有した国民間であっても必
然的に能力差が生じ、それが次の差を誘発・決定づける要因となり得る。現
物給付（現金の支給）は使用目的が広がり、弱者救済の目的のために支給さ
れたにも関わらず、他の消費や貯蓄に充てられてしまうことが懸念される。
国民の選択のインセンティブが当該市場を通じて教育の競争を活性化させ、
格差の根源である教育の機会の均等化が図られるのであれば、バウチャー制
度の活用を検討するべきである[42]。似て非なる双方を比較すると、次のように
示すことができる。

　バウチャーは補助としての性質を持ち合わせているが、需要者の選択に委
ねられるため自由度は比較的高い。ただし、利用に対しては限定的である。

なぜならばバウチャーは一種の引換券であり、使途制限のある交換媒体（チケット）にほかならない。これに対して補助金は、一つの事柄に対しての補助である。結果的に政府の一方的な施策になりかねない。バウチャーと異なり、使途制限のない現金が交換媒体であるということが特徴である。この選択肢の拡大を図るバウチャーは、万能な補助政策ではないとしている。なぜならば使途目的が制限されていることは所得是正が目的として採られたときには、使途目的は制限されているからである。したがって抜本的な所得格差を是正する対策にはなりえない。各家計の状態は政府よりもそこに属する当人たちの方が詳しく、ニーズも把握しているからである[43]。

　つまり社会主義の失敗のように中央政府が個々の広く複雑なニーズを把握し、それを十分に満たすことは困難である。中央政府がそこまで賢くないとすれば市場の自由、すなわちバウチャーによる利用制限のある補助が求められる。

　その対象を教育の選択に限定、すなわち教育バウチャーを実施することで現金の支給や減免などによる補助よりも、確実に教育の機会均等に向けられる利点がある。また、企業や組織集団を経ずに需要者へ直接配布することは、これまで多く見受けられていた魅力あるサービスを提供する供給者を選択する体系から、選択されるための魅力あるサービスを提供する供給者を生み出すことに繋がる。教育とは元来、公平性を保つために差が生じてはならない聖域として競争が避けられてきた。しかし、このようなシステムが他の公共性を有するサービスや社会保障に適宜、採用されれば大きな転換を迎えることが期待される。

　実際に大阪府・大阪市では①経済状況に影響されない教育機会の提供、②経済的負担を軽減させ可処分所得を増やし地域活性化を図ることを目的に、塾代助成事業を実施している。助成金を現金給付ではなくバウチャーを利用することで、教育投資が確実に対象者に仕向けられることは、従来の助成事業とは一線を画している。その助成額は月額10,000円であり、一見すると十分ではないように思われる。しかし小学校6年生、および中学校3年生を対

象とした学校外教育支出と学力の相関結果によれば、一定の教育投資が行われた場合、各試験の平均点を上回る可能性が高い（図表Ⅳ−24）。

　たとえば小学校6年生における平均点は国語A（62.7点）、国語B（49.4点）、算数A（77.2点）、算数B（58.5点）である。これは10,000〜15,000円未満の教育支出が行われていた場合、上回ることのできる点数である。中学校3年生に関しては分散しているが、5,000〜10,000円未満の教育支出が行われていれば、概ね平均点に達する点数を得ることができる。

　そもそも小学校6年生の子どもをもつ世帯において、平均点を上回ることのできる学校外教育支出10,000〜15,000円未満を支払える世帯は500〜600万円の世帯年収で12.8％、それ以下の世帯は10％を下回る。しかしこの額を5,000〜10,000円に引き下げた場合、貧困世帯（200万円未満）でも約四分の一が支出できる。前述の助成金（月額10,000円）と合わせれば、10,000〜15,000円未満の教育支出を捻出することができる。

　さらに中学3年生の子どもをもつ世帯において、支出をしない世帯は貧困世帯で約三分の一を上回る。しかし同世帯で14.4％が5,000〜10,000円の学校外教育支出を行っていることを踏まえれば、先と同様に助成金内でそれを賄うことが可能であり、支出していた分を他の消費にまわすことができる[44]（図表Ⅳ−25）。通塾が準必須化することで義務教育による水準よりも高い教育を同世代が享受する現代では、それを受講しなければ平均以下となり得る。成熟化した社会においてそれは喜ぶべき一方で、通塾ありきの教育・進学は貧困層には負担となるため、その是正に努めるべきである。

　学校教育を補助する学習塾教育に対する競争を推奨することは、公教育を否定するものではない。通塾ありきの教育を容認するのではなく、タブー視されてきた学校教育に対する競争と質の向上にむけたメッセージであり、今後の社会保障に影響を与える可能性がある。

平等化のジレンマ

　平等化を促進させることは、正しい選択と言えるのだろうか。効率性と公

図表Ⅳ−24　家庭の学校外教育支出と学力の関係（単位：点）

	小学校6年生				
	国語A	国語B	算数A	算数B	％
支出なし	53.4	39.6	67.9	48.0	13.2
5千円未満	58.8	44.7	74.4	54.7	14.0
5千円以上1万円未満	61.3	47.6	76.2	56.4	23.5
1万円以上1万5千円未満	63.2	50.6	78.0	59.0	17.2
1万5千円以上2万円未満	64.0	52.0	79.5	60.9	11.0
2万円以上2万5千円未満	66.8	54.2	80.6	62.9	7.3
2万5千円以上3万円未満	69.2	56.7	84.2	64.9	4.5
3万円以上5万円未満	74.2	61.3	85.1	70.6	5.6
5万円以上	79.7	63.8	88.9	76.2	3.9
平均／合計	62.7	49.4	77.2	58.5	100.0
	中学校3年生				
	国語A	国語B	数学A	数学B	％
支出なし	71.6	61.5	54.1	32.9	16.5
5千円未満	75.4	66.8	59.2	38.3	6.4
5千円以上1万円未満	77.5	69.5	63.5	42.4	12.4
1万円以上1万5千円未満	76.8	67.2	63.9	41.0	9.2
1万5千円以上2万円未満	75.5	66.6	64.4	41.3	10.5
2万円以上2万5千円未満	76.3	66.6	65.0	41.5	13.1
2万5千円以上3万円未満	77.1	68.0	66.9	44.2	12.7
3万円以上5万円未満	79.6	71.8	69.7	47.6	16.4
5万円以上	79.5	73.0	70.3	48.2	2.8
平均／合計	76.3	67.3	63.5	41.4	100.0

出所：国立大学法人お茶の水女子大学「平成25年度全国学力・学習状況調査（き
め細かい調査）の結果を活用した学力に影響を与える要因分析に関する調
査研究」
（https://www.nier.go.jp/13chousakekkahoukoku/kannren_chousa/pdf/
hogosha_factorial_experiment.pdf）p. 16。

176　第4章　日本に見る所得格差の現状

図表Ⅳ－25　世帯収入と学校外教育支出の関係
（上段：小学校6年生、下段：中学校3年生）（単位：％）

	支出なし	5千円未満	5千～1万円	1万～1万5千円	1万5千～2万円	2万～2万5千円	2万5千～3万円	3万～5万円	5万円以上	合計
200万円未満	29.9	21.2	24.9	10.9	4.8	3.5	2.4	1.2	1.3	100
200～300万円	25	19.4	27.6	13.1	7.5	4.2	1.4	0.9	1	100
300～400万円	20	18.1	26.9	15.9	8.9	4.6	2.9	1.8	0.8	100
400～500万円	15.4	16.6	29.5	18.8	9.3	4.6	2.2	2.7	1	100
500～600万円	10.4	13.9	25.8	22	12.8	6.7	3.8	3.1	1.5	100
600～700万円	9.7	13.6	19.9	21.5	11.5	8.8	6.1	5.4	3.5	100
700～800万円	7.2	9.9	22	17.9	15.5	10.4	6.1	7.4	3.5	100
800～900万円	3.4	6.7	20.9	18.7	14.5	11.7	6.6	11.9	5.5	100
900～1,000万円	5.1	10	16.8	15.3	13.1	10.4	10	10.9	8.5	100
1,000～1,200万円	5	8.7	14.3	13.5	14.1	11.3	9.4	12.8	11	100
1,200～1,500万円	4.7	3.4	11.5	13.6	9.2	13.8	8	18.2	17.6	100
1,500万円以上	1.5	4.4	6.6	8.3	6.3	8.7	6.3	24.9	33	100

	支出なし	5千円未満	5千～1万円	1万～1万5千円	1万5千～2万円	2万～2万5千円	2万5千～3万円	3万～5万円	5万円以上	合計
200万円未満	34.9	9.4	14.4	9.6	9.1	7.6	6.2	7.9	0.9	100
200～300万円	28.8	10.6	15.1	8.4	9.6	10.2	8.8	6.9	1.5	100
300～400万円	23.7	8.1	14.5	10.6	10.2	13.2	9.5	8.8	1.3	100
400～500万円	18.3	7.3	15	10.4	11.3	13.1	12.2	11.2	1.3	100
500～600万円	15	6.2	13.4	10.6	12.1	14	12.6	14.2	1.9	100
600～700万円	11.3	6.1	12.2	9.2	11.8	15.4	15.1	17.6	2.1	101
700～800万円	10.7	4	11.9	9.3	11.2	14.8	16.4	19.6	3.8	102
800～900万円	6.9	3.5	9	7.8	10.7	14.8	16.9	27.6	2.8	100
900～1,000万円	6.9	4.1	9.4	6.2	10.5	15.7	16	25.5	5.7	100
1,000～1,200万円	5.4	3.1	8	6.9	8.4	13	17.1	30.5	7.5	100
1,200～1,500万円	5.6	5.1	6.9	8.6	5.7	9.9	16.5	32.1	9.5	100
1,500万円以上	6.9	2.3	5.1	7.5	7.3	8.9	15.4	29.2	17.5	100

出所：国立大学法人お茶の水女子大学、前掲書。

平性がトレードオフの関係にあるように、平等化を促進させていくことにより、一部の国民に不平等を強いてしまう可能性も考慮しなければならない。たとえばM. フリードマン［2008］の考えを用いると、全国民の平均を上回る財産を保有している富裕層の超過分を均等に分配すべき、という主張は正当か否かということである。[45]

　平等化政策の是非について、M. フリードマンは次の2点の疑問を投げかけている。第一に、社会のあり方として平等を目的とする政府の介入は、どのような根拠から正当化できるか。第二に、現実の社会において実際にとられた政策にどの程度の効果があったのか、という点である。[46]前述の通り、資本主義経済の下ではどの程度平等を求め、それを補うための政府介入を容認するかは、未だ不明確である。強いて挙げるならば一時的な失業状態、景気低迷とその当時の与党政権に対する政治不信が重なれば、その方向に向かう可能性はある。

　また、効果については急速に進む高齢化と膨大する財政赤字の下では、短期間で効果を測定することは困難である。実際に高齢者層の生活に対する満足度が相対的に高いように、年齢層を超えて皆が満足のいく平等化を実現させていくことは究極的には社会主義であるが、その行く末は過去の共産主義圏の失敗から明らかである。いずれの政権もM. フリードマンが既に指摘していたように、その政策根拠と効果が実際の国民に還元されなければ、その地位を維持することは難しくなる。

1 ）　たとえば、ワークライフバランスを重視する考えが拡大しているのはこの典型である。
2 ）　大竹・白石・筒井［2010］pp. 15 − 17。
3 ）　OXFAM「An Economy for the 99%」(http: //oxfam. jp/news/bp-economy-for-99-percent-160117-en.pdf)
4 ）　瀬野［2011］pp. 374 − 377。
5 ）　民主党政権発足2年後の「マニフェストの中間検証」では、社会保障と税の一体改革のために、近い将来に消費税率を10%に引き上げることを示している。民主党マニフェスト検証委員会「マニフェストの中間検証」

178 第4章 日本に見る所得格差の現状

（http://www.katsuya.net/upload/pdf/20110826manifesto_chukan.pdf）p. 10。ま
た、新規国債発行額を概観すると40兆円台を推移しており、小泉・安倍・福田・麻生
政権時の平均30兆円台と比較すれば、政府規模は肥大化している。財務省「一般会計
税収、歳出総額及び公債発行額の推移」（http://www.mof.go.jp/tax_policy/sum-
mary/condition/003.htm）

6） アダム・スミス［2013］pp. 30-38。

7） ジニ係数は45度線とローレンツ曲線の間に生じた弓形面積を2倍した指数によっ
て示され、0≦1の値を取る。簡単な計算方法として、45度線以下の三角形から第1
～5層で構築される三角形、および台形を引けば求めることができる。
　世界銀行の規定に基づけば0ほど所得格差は小さく、1ほど所得格差は大きく0.4
以上で暴動・争乱が生じやすくなる警戒ライン、0.5以上を危険ラインと位置付けて
いる。

8） 統計年度により数値は異なるが、国民の所得を高所得順に並べた中央値の半分が
貧困ラインとされている。概ね100万円台前半を推移している。

9） 正社員以外の労働者を活用する理由は賃金の節約が最も多く、2010（平成22）年
調査（43.8％）と比較すると2014（平成26）年調査（38.8％）は多少改善されている
ものの、依然として高い。厚生労働省「平成26年就業形態の多様化に関する総合実態
調査の概況」（http://www.mhlw.go.jp/toukei/itiran/roudou/koyou/keitai/14/dl/
gaikyo.pdf）p. 11。
　労働者側の満足度も雇用の安定（正：59.6％［47.8％］、非：24.7％［21.9％］）、
福利厚生（正：33.6％［24.9％］、非：8.9％［5.1％］）、教育訓練・職業開発（正：
19.0％［12.9％］、非：7.1％［2.6％］）の各項目で正規雇用の満足度が高く、前回調
査（カッコ内）と比較して差は拡大している。同、p. 28参照。また、厚生労働省
「一般職業紹介状況」（http://www.mhlw.go.jp/file/04-Houdouhappyou-11602000-
Shokugyouanteikyoku-Koyouseisakuka/0000146333.pdf）に示されるように、常に非
正規雇用の有効求人倍率が正規雇用のそれを上回っており、雇用の調整弁となってい
る。

10） 総務省「平成24年就業構造基本調査」（http://www.stat.go.jp/data/shugyou/
2012/index.htm）p. 59。

11） 2001（平成13）年以前は労働力調査特別調査、2002（平成14）年以降は労働力調
査詳細集計により統計が取られている。双方は調査方法や調査月などが相違するた
め、現時点までの統計も含まれている後者を用いて作成した。

12） その定義は正規・非正規の雇用形態を問わず、同じ仕事に従事した労働者に同一
の賃金を支払うことにある。政府のセーフティーネットは第一次安倍内閣時に「再チ
ャレンジ支援総合プラン」として提言されている。そこでは正規・パート労働者間の

均衡待遇の確保、パート労働者の正規雇用への転換を推進することを掲げている。

多様な機会のある社会推進会議「再チャレンジ支援総合プラン」（http://www.kantei.go.jp/jp/singi/saityarenzi/hukusenka/dai2/siryou1_1_2.pdf）p. 3。

13） 格差状態にある上層に属する者は、競争の下でそれ相当の努力と成果を得てきた。そのような行為に見合った報酬や評価が得られなければ、社会の発展は望めない。

14） 貝塚［2006］p. 5。

15） 耳塚寛明「家庭背景と子どもの学力等の関係」（http://www.nier.go.jp/07_08tsuikabunsekihoukoku/07_08_tsuikabunseki_houkokusho_3_1.pdf）pp. 150-151。

16） 文部科学省「学校給食費の徴収状況に関する調査の結果について」（http://www.mext.go.jp/b_menu/houdou/26/01/__icsFiles/afieldfile/2014/01/23/1343512_1.pdf）

17） 厚生労働省「平成26年国民健康・栄養調査」（http://www.mhlw.go.jp/bunya/kenkou/eiyou/dl/h26-houkoku.pdf）p. 33。

18） 厚生労働省「平成27年度乳幼児栄養調査結果の概要」（http://www.mhlw.go.jp/file/06-Seisakujouhou-11900000-Koyoukintoujidoukateikyoku/0000134460. pdf） p. 14。

19） あしなが育英会「あしなが高校生アンケート調査結果」（http://www.ashinaga.org/archives/001/201412/54869c3094038.pdf）p. 5。

20） 文部科学省「全国的な学力調査に関する専門家会議（第3回）配付資料・資料2-1：「きめ細かい調査」の基本的な枠組み（案）」（http://www.mext.go.jp/b_menu/shingi/chousa/shotou/085/shiryo/attach/1314707.htm）

21） あしなが育英会、前掲書、p. 9。

22） 女性の労働力人口は平均初婚年齢、および第一子出産時平均年齢が20代後半から30代前半に集中していることに伴い、30代の労働力人口がそれ以前と比較して低い。また、出産・育児が一段落する40代の雇用形態を概観すると、平均初婚年齢・第一子出産時平均年齢以前のキャリア、つまり正規雇用の形態で労働する割合が約20％減少し、正規・非正規雇用の割合が逆転している。

さらに改正児童福祉法（2015（平成27）年4月）により学童保育の対象が、「小学校に就学している児童であって、その保護者が労働等により昼間家庭にいないもの」に改正された。増加傾向にあった学童入所児童数は、同年に初めて100万人を超えた。全国学童保育連絡協議会 （http://www2s. biglobe. ne. jp/Gakudou/2015kasyosuu. pdf）。このように女性の活躍が推進される一方、就学年齢を迎えた子どもを預ける施設不足が懸念されている。

180　第4章　日本に見る所得格差の現状

女性の年齢階級別労働力人口比率（2015年度）（単位：％）

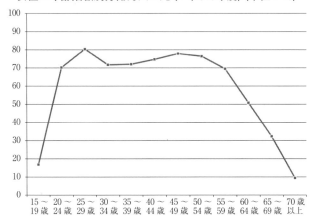

出所：総務省・統計局「労働力調査（2015年度）」
（https://www.e-stat.go.jp/SG1/estat/GL08020103.do?_toGL08020103_&listID=000001151858&requestSender=estat）

女性の年齢階級別雇用形態人口比率（2015年度）（単位：％）

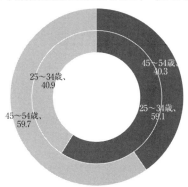

■正規　■非正規

出所：総務省・統計局、前掲書。

23) 厚生労働省「平成25年若年者雇用実態調査の概況」（http://www.mhlw.go.jp/toukei/list/dl/4-21c-jyakunenkoyou-h25_gaikyou.pdf）p. 19より、正社員以外の労働者として勤務した理由のうち「元々、正社員を希望していなかった」と回答した割合

新規学卒者の離職状況（2013年3月卒業者の状況）（単位：％）

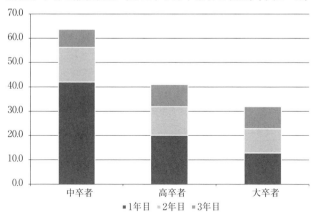

出所：厚生労働省「新規学卒者の離職状況（平成25年3月卒業者の状況）」
(http://www.mhlw.go.jp/file/04-Houdouhappyou-11652000-Shokugyouanteikyokuhakenyukiroudoutaisakubu-Jakunenshakoyoutaisakushitsu/0000140936.pdf)

は中卒（37.7％）、高卒（20.3％）であり、高専・短大卒（10.4％）や大卒（4.5％）と比較して高い。職種・業種はさておき、正規雇用に就くことはその後の安定した人生設計において不可欠にもかかわらず、就業意識が低い。また、全体的に低いが「家庭の事情」と回答した割合も高専・短大卒（3.1％）、大卒（0.9％）に対し、中卒（7.2％）、高卒（8.7％）ほど高くなる傾向にある。つまり家庭内での何らかの諸事情が子どもの意欲や選択肢を削いでいることも否めない。さらに就業後3年以内の離職率も、学歴に比例して低下している。

24) 久我尚子「学歴別に見た若年労働者の雇用形態と年収～年収差を生むのは「学歴」か「雇用形態（正規・非正規）」か」(http://www.nli-research.co.jp/files/topics/53589_ext_18_0.pdf?site=nli) p. 3。
25) たとえば矢崎［2009］、中室［2015］。
26) 労働基準法に基づけば1週間の労働時間は40時間である。全国平均2011（平成23）年度の最低賃金（737円）で規定時間を働くと、生活保護の給付額より低いケースが多い。
27) 逆転現象の弊害は、最低賃金を基準にフルタイム労働による賃金がそれを下回る、もしくは同水準であった場合、労働意欲を衰退させることにある。2012（平成24）年

182　第4章　日本に見る所得格差の現状

各都道府県に適用される目安のランク

ランク	都道府県	増加分
A	千葉県 *、東京都 *、神奈川県 *、愛知県、大阪府 *	25円増
B	茨城県、栃木県、埼玉県 *、富山県、長野県、静岡県、三重県、滋賀県、京都府 *、兵庫県 *、広島県 *	24円増
C	北海道 *、宮城県 *、群馬県、新潟県、石川県、福井県、山梨県、岐阜県、奈良県、和歌山県、岡山県、山口県、香川県、福岡県	22円増
D	青森県 *、岩手県、秋田県、山形県、福島県、鳥取県、島根県、徳島県、愛媛県、高知県、佐賀県、長崎県、熊本県、大分県、宮崎県、鹿児島県、沖縄県	21円増

＊印の都市は逆転現象が生じていた地域。
出所：厚生労働省「平成28年度地域別最低賃金額改定の目安について」
　　　（http://www.mhlw.go.jp/stf/houdou/0000131557.html）

度の統計で逆転現象が生じていた地域、および政令指定都市を中心に増加分が目立つ。

28)　橘木・浦川［2012］pp. 116‐122。

29)　大橋［2009］p. 13。

30)　厚生労働省「平成27年「高年齢者の雇用状況」集計結果」（http://www.mhlw.go.jp/file/04-Houdouhappyou-11703000-Shokugyouanteikyokukoureishougaikoyoutaisakubu-Koureishakoyoutaisakuka/271021_1.pdf）、同（http://www.mhlw.go.jp/file/04-Houdouhappyou-11703000-Shokugyouanteikyokukoureishougaikoyoutaisakubu-Koureishakoyoutaisakuka/271021_2.pdf）

31)　日本銀行調査統計局「2016年第3四半期の資金循環」（https://www.boj.or.jp/statistics/sj/sjexp.pdf）p. 1。

32)　注目すべきは10〜20代の所得・収入に対する満足度が全体を通じて最も高いことである。推測するに、世帯主であるか否かが影響している。

33)　提唱される幅広い年齢層への負担とは、高齢者を含めた負担の検討に他ならない。

34)　もちろんその他の要因、たとえば社会的使命や成人としての自覚の芽生えなどもある。

35)　もっとも進学することによって将来、職業選択の幅が増えると理解していても目先の利益、たとえば進学せずに就職すれば確実に賃金を得られることや、希望する進学先へ確実に合格できるか否かは限定的な合理性によるものである。

36)　独立行政法人日本学生支援機構「平成26年度奨学金の返還者に関する属性調査結

果」（http: //www. jasso. go. jp/about/statistics/zokusei_chosa/__icsFiles/afieldfile/
2016/07/07/h26zokuseichosa_shosai.pdf）p. 15。

37) 全国大学生活協同組合連合会［2017］pp. 8‒9。

38) 各大学は優秀な学生を確保する手段として、独自に給付型奨学金を設けている。やや乱暴な議論だが志望校に固執せず、定員割れを起こしている大学へ入学すれば学生は奨学金を享受でき、大学側は学生を確保することができる。市場の原理に委ねれば財政を圧迫せず、双方が利益を得ることは理論上可能である。

39) 後述する教育バウチャーも同様だが、社会全体の教育支出を誰がどの程度、どのような形で負担すべきかが課題である。また、費用対効果の高い投資であるか否かも問われる。

40) M. フリードマン［2008］p. 172。

41) 総務省・統計局「日本の統計」（http://www.stat.go.jp/data/nihon/index.htm）、同「世界の統計」（http://www.stat.go.jp/data/sekai/index.htm）

42) バウチャーとは政府の発行する券・チケットである。その主要な使用目的は、①換金されるバウチャーを利用することで、供給者に競争努力などを喚起させる、②配布することで消費における選択肢を広め、低所得者に対しての補助的な役割を備える、ことにある。ただし、個人的な見解として競争を促進するなどの性格を持ち、選択肢を増進させる手段として当該制度は、その財源である財政を圧迫しかねないため、本稿ではそれを唯一の理由として採用に際して慎重な考えを示しておく。

43) 内閣府・政策統括官室・経済財政分析担当「バウチャーについて―その概念と諸外国の経験」（『政策効果分析レポート』2001年 No. 8）（http://www5.cao.go.jp/kei-zai3/2001/0706seisakukoka8.pdf）p. 4。

44) たとえば教育バウチャーが給付されれば、それに費やしていた支出を食費や学資保険、住居費、医療費などのために使うことができる。

45) M. フリードマン、前掲書、p. 300。

46) M. フリードマン、前掲書、p. 293。

参考文献

1．アダム・スミス、高哲男訳『道徳感情論』講談社学術文庫、2013年。

2．安部由紀子・玉田桂子「最低賃金・生活保護額の地域差に関する考察」（労働政策研究・研修機構『日本労働研究雑誌』2007年6月号 No. 563、労働政策研究・研修機構）pp. 31‒47。

3．大竹文雄、白石小百合、筒井義郎『日本の幸福度―格差・労働・家族』日本評論社、2010年。

184 第4章 日本に見る所得格差の現状

4．大橋勇雄「日本の最低賃金制度について―欧米の実態と議論を踏まえて―」（労働
政策研究・研修機構『日本労働研究雑誌』2009年12月号 No. 593、労働政策研究・
研修機構）pp. 4 – 15。

5．小塩隆士「所得格差と貧困」（『経済セミナー』2009年6・7月号 No. 648、日本評
論社）pp. 102 – 109。

6．貝塚啓明『経済格差の研究―日本の分配構造を読み解く―』中央経済社、2006年。

7．瀬野隆「米国オバマ民主党政権の誕生と直面する経済政策課題―行き過ぎた金融規
制緩和と経済格差の是正―」（国士舘大学政経学会『グローバル時代の政治・経
済・経営』国士舘大学政政経学部創設50周年記念論文集、2011年、国士舘大学政経
学会）pp. 373 – 421。

8．全国大学生活協同組合連合会『2016年度保護者に聞く新入生調査報告書』全国大学
生活協同組合連合会、2017年。

9．橘木俊詔・浦川邦夫『日本の地域間格差』日本評論社、2012年。

10．田中修「資本主義と倫理について―世界経済危機を契機に―」（財務省『ファイナ
ンス』平成21年7月号通巻524号、大蔵財務協会）pp. 28 – 32。

11．内閣府『経済財政白書（各年版）』

12．中澤渉・藤原翔『格差社会の中の高校生―家族・学校・進路選択―』勁草書房、
2015年。

13．中室牧子『学力の経済学』ディスカヴァー・トゥエンティワン、2015年。

14．M. フリードマン・村井章子訳『資本主義と自由』日経BP、2008年。

15．矢崎隆夫『経済開発政策論』成文堂、2009年。

インターネット資料〈以下、全て2017.09.30アクセス済〉

1．あしなが育英会「あしなが高校生アンケート調査結果」（http://www.ashinaga.
org/archives/001/201412/54869c3094038.pdf）

2．大阪大学「子どもたちの学力水準を下支えしている学校の特徴に関する調査研究
（大阪大学）成果報告書」（http://www.mext.go.jp/b_menu/shingi/chousa/sho-
tou/085/shiryo/attach/__icsFiles/afieldfile/2011/10/25/1312364_02. pdf）（http: //
www. mext. go. jp/b_menu/shingi/chousa/shotou/085/shiryo/attach/__icsFiles/
afieldfile/2011/10/25/1312364_03.pdf）

3．金融広報中央委員会「知るぽると」（https://www.shiruporuto.jp/public/）

4．久我尚子「学歴別に見た若年労働者の雇用形態と年収～年収差を生むのは「学歴」
か「雇用形態（正規・非正規）」か」（http://www.nli-research.co.jp/files/topics/
53589_ext_18_0.pdf?site=nli）

5．厚生労働省「一般職業紹介状況」（http://www.mhlw.go.jp/file/04-Houdouhappyou-

11602000-Shokugyouanteikyoku-Koyouseisakuka/0000146333.pdf）

6．厚生労働省「国民生活基礎調査」（http://www.mhlw.go.jp/toukei/list/20-21kekka.html）

7．厚生労働省「新規学卒者の離職状況（平成25年3月卒業者の状況）」（http://www.mhlw.go.jp/file/04-Houdouhappyou-11652000-Shokugyouanteikyokuhakenyukiroudoutaisakubu-Jakunenshakoyoutaisakushitsu/0000140936.pdf）

8．厚生労働省「平成24年国民生活基礎調査の概況」（http://www.mhlw.go.jp/toukei/saikin/hw/k-tyosa/k-tyosa12/dl/12.pdf）

9．厚生労働省「平成24年度地域別最低賃金額改定の目安について」（http://www.mhlw.go.jp/stf/houdou/2r9852000002g9ku.html）

10．厚生労働省「平成25年若年者雇用実態調査の概況」（http://www.mhlw.go.jp/toukei/list/dl/4-21c-jyakunenkoyou-h25_gaikyou.pdf）

11．厚生労働省「平成26年国民健康・栄養調査」（http://www.mhlw.go.jp/bunya/kenkou/eiyou/dl/h26-houkoku.pdf）

12．厚生労働省「平成26年所得再分配調査報告書」（http://www.mhlw.go.jp/file/04-Houdouhappyou-12605000-Seisakutoukatsukan-Seisakuhyoukakanshitsu/h26hou.pdf）

13．厚生労働省「平成26年就業形態の多様化に関する総合実態調査の概況」（http://www.mhlw.go.jp/toukei/itiran/roudou/koyou/keitai/14/dl/gaikyo.pdf）

14．厚生労働省「平成27年「高年齢者の雇用状況」集計結果」（http://www.mhlw.go.jp/file/04-Houdouhappyou-11703000-Shokugyouanteikyokukoureishougaikoyoutaisakubu-Koureishakoyoutaisakuka/271021_1.pdf）同（http://www.mhlw.go.jp/file/04-Houdouhappyou-11703000-Shokugyouanteikyokukoureishougaikoyoutaisakubu-Koureishakoyoutaisakuka/271021_2.pdf）

15．厚生労働省「平成27年度乳幼児栄養調査結果の概要」（http://www.mhlw.go.jp/file/06-Seisakujouhou-11900000-Koyoukintoujidoukateikyoku/0000134460.pdf）

16．厚生労働省「平成28年賃金構造基本統計調査の概況」（http://www.mhlw.go.jp/toukei/itiran/roudou/chingin/kouzou/z2016/dl/13.pdf）

17．厚生労働省「平成28年賃金構造基本統計調査（初任給）の概況」（http://www.mhlw.go.jp/toukei/itiran/roudou/chingin/kouzou/16/dl/02.pdf）

18．厚生労働省「平成28年度地域別最低賃金額改定の目安について」（http://www.mhlw.go.jp/stf/houdou/0000131557.html）

19．厚生労働省・中央最低賃金審議会（http://www.mhlw.go.jp/stf/shingi/shingi-tingin.html?tid=127939）

20．国際連合「世界幸福度報告書」（http://worldhappiness.report/wp-content/uploads/

186 第4章 日本に見る所得格差の現状

sites/2/2016/03/HR-V1_web.pdf）

21. 国税庁「民間給与実態統計調査」（https://www.nta.go.jp/kohyo/tokei/kokuzei-cho/minkan/top.htm）

22. 国立大学法人お茶の水女子大学「平成25年度全国学力・学習状況調査（きめ細かい調査）の結果を活用した学力に影響を与える要因分析に関する調査研究」（https://www.nier.go.jp/13chousakekkahoukoku/kannren_chousa/pdf/hogosha_factorial_experiment.pdf）

23. 斎藤太郎「非正規雇用の拡大が意味するもの」ニッセイ基礎研究所 REPORT、2006年5月（http://www.nli-research.co.jp/report/report/2006/05/eco0605a.pdf）

24. 齋藤千尋、榎孝浩「諸外国における大学の授業料と奨学金」（http://dl.ndl.go.jp/view/download/digidepo_9426694_po_0869.pdf?contentNo=1）

25. 財務省「一般会計税収、歳出総額及び公債発行額の推移」（http://www.mof.go.jp/tax_policy/summary/condition/003.htm）

26. 全国学童保育連絡協議会（http://www2s.biglobe.ne.jp/Gakudou/2015kasyosuu.pdf）

27. 総務省「第15回〜第24回参議院議員通常選挙年齢別投票率調」（http://www.soumu.go.jp/main_content/000440530.pdf）

28. 総務省「第31回〜第47回衆議院議員総選挙年齢別投票率調」（http://www.soumu.go.jp/main_content/000255968.pdf）

29. 総務省「平成24年就業構造基本調査」（http://www.stat.go.jp/data/shugyou/2012/index.htm）

30. 総務省・統計局「家計調査」（http://www.stat.go.jp/data/kakei/index.htm）

31. 総務省・統計局「世界の統計」（http://www.stat.go.jp/data/sekai/index.htm）

32. 総務省・統計局「日本の統計」（http://www.stat.go.jp/data/nihon/index.htm）

33. 総務省・統計局「平成24年就業構造基本調査」（http://www.stat.go.jp/data/shugyou/2012/pdf/kgaiyou.pdf）

34. 総務省・統計局「労働力調査詳細集計・雇用形態別雇用者数」（http://www.stat.go.jp/data/roudou/longtime/zuhyou/lt51.xls）

35. 総務省・統計局「労働力調査（2015年度）」（https://www.e-stat.go.jp/SG1/estat/GL08020103.do?_toGL08020103_&listID=000001151858&requestSender=estat）

36. 多様な機会のある社会推進会議「再チャレンジ支援総合プラン」（http://www.kantei.go.jp/jp/singi/saityarenzi/hukusenka/dai2/siryou1_1_2.pdf）

37. 東京大学大学院教育学研究科大学経営・政策研究センター「高校生の進路追跡調査第1次報告書」（http://ump.p.u-tokyo.ac.jp/crump/resource/crumphsts.pdf）

38. 独立行政法人日本学生支援機構「平成26年度奨学金の返還者に関する属性調査結

果」（http://www.jasso.go.jp/about/statistics/zokusei_chosa/__icsFiles/afieldfile/2016/07/07/h26zokuseichosa_shosai.pdf）

39. 内閣府「国民生活に関する世論調査」（http://survey.gov-online.go.jp/h28/h28-life/index.html）

40. 内閣府・政策統括官室・経済財政分析担当「バウチャーについて—その概念と諸外国の経験」（『政策効果分析レポート』2001年 No. 8）（http://www5.cao.go.jp/keizai3/2001/0706seisakukoka8.pdf）

41. 日本銀行調査統計局「2016年第3四半期の資金循環」（https://www.boj.or.jp/statistics/sj/sjexp.pdf）

42. 耳塚寛明「家庭背景と子どもの学力等の関係」（http://www.nier.go.jp/07_08tsuikabunsekihoukoku/07_08_tsuikabunseki_houkokusho_3_1.pdf）

43. 民主党マニフェスト検証委員会「マニフェストの中間検証」（http://www.katsuya.net/upload/pdf/20110826manifesto_chukan.pdf）

44. 文部科学省「学校給食費の徴収状況に関する調査の結果について」（http://www.mext.go.jp/b_menu/houdou/26/01/__icsFiles/afieldfile/2014/01/23/1343512_1.pdf）

45. 文部科学省「子供の貧困対策に関する大綱」（http://www.mext.go.jp/b_menu/shingi/chukyo/chukyo0/gijiroku/__icsFiles/afieldfile/2014/10/01/1352204_3_2.pdf）

46. 文部科学省「全国的な学力調査に関する専門家会議（第3回）配付資料・資料2－1：「きめ細かい調査」の基本的な枠組み（案）」（http://www.mext.go.jp/b_menu/shingi/chousa/shotou/085/shiryo/attach/1314707.htm）

47. OECD「図表でみる教育：OECD インディケータ」（http://www.oecd.org/education/skills-beyond-school/EAG2016-Japan.pdf）

48. OXFAM「An Economy for the 99%」（http://oxfam.jp/news/bp-economy-for-99-percent-160117-en.pdf）

第5章　中国に見る所得格差の現状

胡　　東寧

1　胡錦濤・温家宝政権の誕生
2　中国における所得と富の不平等
3　求められている所得と富の平等化
4　胡錦濤・温家宝政権の平等化政策

　中国は過去30年余りの改革開放政策によって、驚異的な高度成長を続けてきたが、改革当初において、政府は社会主義と市場経済化の両立を掲げていた。しかしながら、市場経済化による急速な経済発展は、所得分配のバランスを崩すと同時に、都市農村間だけでなく都市内部でも所得格差をもたらした。今日では、中国の所得格差問題は深刻な水準にまで達していると言われている。

　この問題は、今後も中国において社会の安定と高成長が当然のごとく持続されることを意味しているわけではない。中国が抱えている問題はそれぞれに深刻なものであり、放置しておけば、経済社会へ重大な影響を及ぼす恐れは大きい。そうなる前に、政府が適切な対応を取ることが重要であろう。この点では、これまでの胡錦濤・温家宝政権は社会の安定と経済の持続的発展を実現するための諸問題の克服に向けて積極的に取り組みを進めている。これは中国政府が問題の所在を認識し、その解決に向けて真剣に取り組みつつあるといえ、将来のリスクを軽減させる方向に作用することは間違いないであろう。

　本章は、中国の持続的成長にとって大きなリスク要因であるとされている所得格差問題を取り上げ、格差拡大につながった中国の経済発展政策の経緯と格差縮小に向けた現政権の取り組みについて論じ、今後の中国における成長の持続可能性を考える際の参考に供しようとするものである。

190 第5章 中国に見る所得格差の現状

1　胡錦濤・温家宝政権の誕生

格差拡大につながった成長優先政策の流れ

　改革開放以来、中国政府は所得格差の拡大を容認する形で成長優先の経済発展政策を展開してきたが、2000年前後を境として遅れた地域の振興、いわゆる格差是正の方向に政策スタンスをシフトさせてきた。胡錦濤・温家宝政権はこの方向をさらに進め、経済成長の量的側面より質的側面を重視し、経済社会の調和ある発展を目指すとしている。本節では、中国経済政策の流れ、すなわち格差拡大につながった成長優先政策と最近における政策転換の経緯を見てみよう。

改革開放後における開発戦略の転換と「先富論」の提出

　中国経済の過去4半世紀以上にわたる急速な成長を遂げたのは、いうまでもなく1978年から始められた改革・開放政策である。従って、中国にはこれまで大別すると二つの開発戦略があった。すなわち、毛沢東型開発戦略と鄧小平型開発戦略である。開発戦略とは、開発目的とそのための手段・政策の体系を総称して開発戦略と呼ぶことにしよう[1]。

　毛沢東型開発戦略に含まれる政策目的には平等主義を中心とする「均富論」であった。それに対して鄧小平型開発戦略には「先富論」と呼ばれる不平等主義が含まれていた。それだけに、改革開放以後の中国の所得格差を考えるにあたって、市場化の進展という経済要因ばかりではなく、そのことにも密接に絡んで、政府が政策的に、意図的に格差拡大を容認したことも無視できない。

　毛沢東型開発戦略における「均富論」の経済理念は、一言で言うと「貧しきを憂うべからず、等しからざるを憂う」である。この理念の本質は効率性より公平性が重視され、その基本原則は「共同裕福」であった。これは社会主義の共同富裕の原則と見られ、具体的には、次の3点が挙げられていた。

　①　貧困は社会主義ではない。

② 一部の人、あるいは一部の地域だけ裕福になるのも社会主義ではない。言い換えれば、貧しくても平等な生活をするのが社会主義の公平原則であり、一律平等発展がその大前提である。

③ 最終的には共同発展、共同繁栄、共同裕福の目標に到達するというものであった。

こうした効率より平等の考えは、改革開放までの地域開発のモチベーションの１つとなり、開発がそれによって進められていた。そのため、毛沢東型開発戦略は地域格差や都市・農村格差にひどく敏感であり、計画期において軍事上の必要性からも工業の地域分散が意識的に行われてきた。しかし、こうした「ワンセット主義」の路線（中国語：大而全、小而全）は必ずしも経済的合理性に合致しない。工業は農業と異なり、規模の経済性が強く働くからである。ある意味で毛沢東型開発戦略は、効率性を犠牲にして分配の公平性を追求したと言える。それは地域間の均衡発展を目指す出発点がいいといえるものの、あまりにも地域間の均衡発展が過度に強調されすぎ、投資面では経済効率を無視した内陸優先、労働効率の差異が無視され、絶対的平均主義が強調された。

これに対して、鄧小平型開発戦略はそれまでの計画経済下の平等主義の弊害を打破し中国の経済発展を図るために、豊かになれるものから先に豊かになるという「先富論」を掲げ，中国の地域開発には極めて大きな戦略的転換が図られることとなった。「先富論」は「均富論」とは対極にあり、「条件のよい者・地域は先に豊かになってよい」という内容で、要するに効率性重視の立場である。この考え方に従って、「効率を優先し、公平をも併せ考える」という原則が提起され、この原則に基づき、条件のよい東部沿海部にまず優先的に諸種の優遇政策が適用されてきた。1978年12月に開催された中国共産党第11期中央委員会第３回全体会議で中国国内体制の改革及び改革開放政策は正式に打ち出した。その基本原則はこの「先富論」である。これは中国のそれまでの伝統的社会主義計画経済体制、毛沢東型開発戦略の一律平等発展の考えから大きく逸脱するものであった。改革開放以後、中国では地域間の

192　第5章　中国に見る所得格差の現状

経済発展レベルや技術水準における不均衡を認めながら、均衡発展の一面的
な強調と、政府の投資の重点配分等が直接的な介入という手段による伝統的
な地域政策への批判から、地域の成長と経済効率の向上を重視する地域開発
が提起されるようになった。その最も分かり易い事例が中国における経済特
区政策の展開である。それ故に、中国ではこうした条件のよい沿海地域から
重点的に地域開発を行い、その成果を次第に内陸部地域へ波及させていく政
策を「はしご政策」とも呼んでいる。

　その「はしご政策」とは、経済発展レベルと技術水準の地域経済格差が東
部沿海部から中・西部内陸に向かって梯子状に広がっているという現状認識
に基づき、東部の「先進技術地帯」が先に外国から先進技術を導入し、次
に、中部の「中間技術地帯」、最後に西部の「伝統技術地帯」へと梯子状に
徐々に普及させ、技術移転を進めるべきであるというものである。つまり、
国内経済の束縛の受けない海外との貿易により沿海地域の経済発展が促進さ
れ、そして、その効果が徐々に内陸にも浸透・波及し、中国全体の成長発展
につながると期待された。「はしご政策」に期待された効果は不均衡発展論
が主張した浸透効果・波及効果と深い関連性があると考えられる。

　従って、改革開放時代の中国は国の全体の経済発展を中心とした指導思想
を確立し、地域配置の面では、経済発展の重点を内陸部から沿海部へと移
し、中・西部から東部へと移行させた。そして、基礎条件、交通などのハー
ドウェアあるいは地域自身の蓄積能力が内陸よりはるかに優れている東部沿
海地域の優位性を際立たせ、大量の外資と内資が東部沿海部へ引き付けら
れ、全東部地域への投資の増加によって生産力の発展を牽引したことがわか
る。

　「先富論」のもとで、地域経済格差の拡大をもたらしたが、平均主義の打
破により経済活気をもたらせたことが明らかになった。初めて大多数の人々
の生活水準が着実に上がった。経済発展にとって最も大事なもの、つまり
人々のやる気、能動的精神、その結果としての生産性の向上、それにこうし
たダイナミズムを支え、また生み出す制度的措置である市場、これらの要素

が相互促進的に絡み合いつつうまく回り始めたからである。東部地域の経済の急速な成長が中国経済全体の高度成長に大きく貢献したことも無視できない。 これらの地域傾斜開発政策が行われなければ、東部の急速な経済発展はいうまでもなく、80年代以降の中国の高度成長も実現できなかったと思われている。

改革開放前後における中国の経済政策のレビューを通じて、均衡型から不均衡型への地域開発戦略の転換を実現し、閉鎖型から開放型への転換も実現したことを明確に確認することができた。この戦略的転換は、経済効率を重視し、各地域の比較優位性を十分に発揮するとともに、国際・国内の2つの市場、資源を効果的に利用して生産力を高め、中国経済の高成長を促進することとなった。しかし、限られた資源を発展潜在力の大きな地域に配分するという傾斜政策の実施により、一部の諸条件が恵まれている東部地域を速やかに発展させたことに対して、西部地域を含む広大な内陸部の経済成長が緩慢である。地域経済格差の拡大の問題は深刻な問題として存在している。

それ故に、「先富論」に対しては、その有効性を認めながら、地域区分の曖昧さ、後進地域の「キャッチアップ」や内発的発展、国際環境の利用の可能性の軽視、資源配分メカニズムや発展の波及メカニズムの問題点などについて、さまざまな側面からの批判が現れた。また、こうした地域経済格差をこのまま放置して、国内の政治的・社会的安定性が失われるという衝撃的な警告を発する論者も現れた。この現状に対して、中国政府は再び地域均衡発展の重要性を認識し始め、地域均衡発展戦略への転換と表明することとなった。

遅れた地域への取り組みと小都市形成の促進

発展から取り残された地域の扱いについては中国国内でもしばしば問題が提起されていたが、1988年9月、鄧小平は談話を発表し、「2大局論」の構想を述べた。「大局」とは全体の事局であり、物事の全体の成り行きであるが、中国の経済発展には順序があり、一律平等発展は不可能であるため、東

194 第5章 中国に見る所得格差の現状

部沿岸部では対外開放を精力的に推進し、この地域の経済と社会をより速やかに発展させることである。中・西部地域は、この大局を理解し、支持しなければならない。東部沿岸地域が、先にややゆとりのあるレベルまで（中国語：小康水準）発展したあと、より多くの財を出して内陸地域の発展を支援することである。東部沿岸部はこの大局に従わなければならない、最終には共同発展という目標を実現させる。

中国政府はまさにこの考え方に沿って2000年前後から遅れた地域の開発に本格的に取り組み始め、1997年3月の全国人民代表大会で発表した「国民経済と社会発展第9次5ヵ年計画と2010年長期目標要綱」は、「地域経済の協調的発展の促進」を強調し、地域発展の構想は不均衡的発展から協調的発展に転換していくことを正式に表明した。

2000年には西部地域を発展させるための「西部大開発戦略」を開始した。このプロジェクトはその年の秋に決定した第10次5ヵ年計画（2001年－2005年）に盛り込まれた。

その「西部大開発戦略」は鄧小平の「2大局論」の延長であると考えられる。1999年、当時の中国共産党総書記である江沢民は「中・西部地域の発展を加速し、西部大開発を実施するには、条件が基本的に備わっており、時期は既に熟した」と明確に指摘した。同年11月、中国共産党中央と国務院が招集した中央経済工作会議では次のように指摘した。

西部大開発戦略の実施は「党中央が全局を把握して、新世紀に向かって出した重要決定」であり、「直接的に内需拡大、経済成長の促進につながり、民族団結、社会安定と国家安全に関わり、東部地域と西部地域のバランスの取れた発展と最終的に共に豊かになることに関係する」という。このように、中国の地域開発の重点は再び内陸に戻ってきた。

前述のように、1997年以降再び提起されていた地域均衡開発政策は、東部と中・西部内陸地域の経済格差の縮小を目標とする点が、改革開放前の地域均衡政策と共通している。しかし、政策の本質に関しては、違っている。改革開放前の地域均衡政策は、社会主義の中央集権的な計画システムの下で地

域間の絶対均衡を追求するという特徴がある。1997年以降の地域均衡開発政策は社会主義市場経済の下で短期間でなく長期間に渡って地域経済格差の解消を求める特徴がある。また、1980年代以降の効率優先による地域不均衡開発政策を全面的に否定するのではなく、効率性と公平性の両立を重視する政策である。つまり、東部の経済を継続して発展させると同時に、中・西部の発展を図るという特徴である。この政策で示した効果は、以下のように考えられる。

① 地域傾斜開発政策の下で、東部の経済発展は全国の経済成長において重要な役割を果たしていたが、東部と中・西部内陸部との経済格差が拡大したと見られている。経済全体の発展のためには、東部の経済発展を抑えることなく継続して促進させることが重要でもあり必要でもあると言える。

② 中・西部内陸部と東部の格差が明らかであるが、東部を重視する改革開放政策によって、東部だけでなく、中・西部内陸部においても世界的にみても高い成長が実現したことは事実である。したがって、政策の重点の調整が中・西部及び東北部に移動することによって、中・西部、東北地域のより一層の高成長が達成され、最終的に東部との格差を縮めることが期待できる。中国の西北大学に所属する西部経済発展センターの『中国西部発展報告2012』により、2011年、西部の経済成長は最も速く、前年より14.03％増加し、東部、中部及び全国の平均水準よりそれぞれ3.42％、1.25％と2.25％と速かった。

③ 単純な経済総量を追求するだけでなく、中国経済の健全な成長持続に向け、持続可能の発展が念頭に置いた政策目標の設定は有意義であると考えられる。

次に、「西部大開発戦略」と前後して農村地域を発展させるための小都市の形成促進や戸籍制度の改革も徐々に進められていった。中国では都市と農村とが分割して管理される二元体制である。その体制下で農村が都市化の道を歩み始めたのである。従って、中国農村の20数年間にわたる改革と発展は

196 第5章 中国に見る所得格差の現状

都市化という歴史的プロセスを力強く推進している。中でも際だつのは小都市建設の勢いである。特に、2001年3月に第9期全人代第4回会議が採択した第10次5ヵ年計画（2001年～2005年）綱要の中には、初めて「都市化戦略の実施」が登場した。

当計画によれば都市化を、「小城鎮の重点的発展及び中小都市の積極的発展でもって、地域の中心都市としての機能を整備し、大都市の波及牽引作用を発揮し、都市の人口密集地区の秩序ある発展を誘導し、農民の所得増や富裕化に貢献しうる都市化水準の向上が、経済発展のために広大な市場と長期的原動力を提供し、都市と農村の経済構造を最適化し、国民経済の良性循環と調和的社会発展促進のための重大な措置」と位置付けており、都市経済の発展が雇用の受け皿としての都市機動力をよりいっそう高めるものと期待されている。

小都市は都市と農村の連結点であり、億万中国農民が安心して暮らせる故郷として、農村経済発展の重要なキャリヤーでもある。このような小都市には農村の社会経済文化、生態環境、農村のあり方、農民の生活ひいては農村文明の総合レベルが直接表れる。

しかし、郷鎮企業数の増加・規模拡大，あるいは都市部の出稼ぎ者の受け入れ能力に限界が見えている中，今後さらに億単位の余剰農業労働力を他産業に移転させるためには，新しい構想が必要となっている。このような背景を基づき、中国政府は村落に散在している郷鎮企業をある程度集中させ、それを中心に2～5万人の小都市を全国に大量に形成し、労働力の吸収能力を高めようとする小都市形成に関する促進策を打ち出していた。中国国家統計局の調査によると、当時92％の郷鎮企業が村に立地し、郷や鎮（郷，鎮政府所在地）に設立されたのはわずか7％で、県城（県政府所在地）に設立されたのは1％しかなかったのである。この分散している郷鎮企業を郷や鎮の交通・商業基盤の比較的に整備された所に集中させれば、生産・販売及びそれと直接に関わる道路・輸送、卸売りなどの物流産業の発達が期待できるだけでなく、従業員の生活基盤を形成する小売業、サービス業、不動産業等も発

生・繁栄してくるのである。その相乗効果で新規就業者数を50％増加することが出来ると見込まれていた。また、既存の鎮や「市」が6万ヵ所あり、各所に3,000人の新規就業が創出できれば、約2億の余剰労働力を吸収できる計算にもなる。

このような小都市の建設にあたっては、政府の行政指導と多少の優遇政策が必要であるものの、大量の政府財政投資を必要とせず、郷鎮企業や農家個人の投資で賄うことができる。当時の中国の中央テレビの報道によると、1990年～2000年の11年間で、中国各地に約9,000の小都市が建設され、年間平均1,000万の農村人口が小都市の市民になった。それによって、中国の都市化率は1990年の20％から2000年の36％に上昇したという。こうした農村地域で展開する小都市の建設は、農村人口の所得を高め、都市部と農村部の格差を是正するには有効な道であると思われている。

しかし一方では、小都市建設のような大事業を完成するのは、決して容易なことではない。当時のペースでは、既存の約4億の余剰農村人口を全部移転するには、40年間も掛かると計算されていた。スピードアップするために、郷鎮企業に対する金融面や税金面の支援策、農村地域のインフラ整備への財政投資の増加、農村市場の活性化、農村部の教育レベルの向上など、具体的な施策を確実に遂行していく努力が必要である。しかし、小都市形成は中国の地域協調発展の促進、所得格差の是正、都市化の推進による消費市場の育成及び持続可能な発展の実現にとって、極めて重要な役割を持っていることは否定できない。

全面的小康社会の実現を目指すと効率一辺倒から公平への軌道修正

1978年から開始された中国の改革開放政策は、2012年までで既に34年が経過した。中国の経済発展は、自身が様々な困難を克服しながら、市場メカニズムに従い、農村社会を中心とする伝統経済と国有企業を中心とする計画経済から徐々に脱皮し、市場化された近代経済に変貌しつつあると言える。この間、5億人の貧困問題を解決し新たな発展段階に入ったが、「先富論」と

198 第5章 中国に見る所得格差の現状

いう発展観に基づいた結果、10%を超える粗放な高成長によって経済格差を中心に様々な社会問題を抱えている。

改革開放以来の30数年間は、中国社会を経済発展の道に導くため、様々な概念、理論、目標などが打ち出されてきた。「先富論」をはじめとし、小康社会、社会主義市場経済、共同富裕論、三つの代表、和諧社会、科学的発展観等がある。それらのなかでは、「小康社会」を社会経済発展の段階的目標として鄧小平時代から、江沢民時代を経て、今日の胡錦濤時代に至るまで語られてきている。

鄧小平は「小康社会」を、中国が貧窮社会から豊かな近代国家に至る1つの発展段階として捉え、それは「衣食が満ち足りる状態は超えるが、富裕の状態までには至らない社会」であると提起した。さらに、鄧小平の「小康」という概念は中国の発展戦略とを繋げ、次のように述べたことがある。「われわれの目標の第一歩は、1980年の1人当り国民収入250米ドル（約2万3,750円）のレベルを基準として、1980年代末までに倍増し、1人当り500ドル（約4万3,700円）を実現することである。第二歩では、本世紀末までにさらに倍増し、1人当り800ドルか（約7万6,000円）ら1,000ドル（約9万5,000円）を達成したい。この目標を達成すれば、われわれは『小康社会』に入り、貧困の中国を小康の中国に変えることができる。そのとき国民総生産は1兆ドル（約95兆円）を超え、1人当りのレベルはまだ低いものの、国家全体の経済力が大きく増大する。そして、われわれの目標で最も重要なのは第三歩であり、それは21世紀に入り30〜50年にかけてさらに4倍増し、1人当り概ね4,000ドル（約38万円）というレベルを達成したい。そうなると中国は、中等国家のレベルを実現する[2]」という。

こうした鄧小平の小康社会に関する論断も、第一歩と第二歩は「先富論」という考え方に基づいたものであったと思われていた。しかし、第三歩は中国における「全面的小康社会」建設の初期シナリオであったとは捉えられていた。

「全面的小康社会」の建設の根底をなすものは、「先富論」に基づく発展観

ではなく、格差の解消を目指す「共同富裕論」という発展観であるべきであろう。中国で「全面的小康社会」の概念が本格的に提起されたのは2002年の半ば頃であり、さらに同年11月の中国共産党の第16回全国大会では、6つの側面から「全面的小康社会」の建設に定性的な定義が加えられたのである。江沢民が胡錦涛にバトンタッチする直前の同大会で、共産党の総書記としての最後の報告において小康社会を、農業社会から工業化、農村社会から都市化、伝統社会から近代化をそれぞれ実現するために中国が必ず経由しなければならない1つの発展段階として捉えた。また、小康社会の初期段階は達成されたので，これからは「全面的小康社会」の実現を目指し、2020年のGDPを実質で2000年の4倍、一人当たりで3,000ドル（約28万5,000円）以上にすることを目標にすることと設定した。そして、「全面的小康社会」の実現のためには、沿海部のみでなく内陸部等遅れた地域の発展が必要であり、それまで軽視されてきた地域格差の是正に取り組むことが必要となると認識した。

　従って、中国では、現在一般的に以下の5つの経済発展段階に分類および定義している。それは、次のようなものである。

① 貧困社会：貧窮状態。世銀の貧困ライン以下
② 温飽社会：衣食が満ち足りた状態。世銀の低収入国
③ 小康社会：部分的にいくらかゆとりのある状態。世銀の中低収入国
④ 全面的小康社会：全面的にいくらかゆとりのある状態。世銀の中上収入国
⑤ 富裕社会：裕福な状態（最富裕層も含む）。世銀の高収入国である。

　そもそも小康については、「先富論」をベースにした前世紀末における鄧小平による小康社会の段階的追求が既に実行されており、それは、1982年第12回共産党大会で「1990年までにGDPを2倍にして衣食を何とか保証される『温飽』水準に、世紀末までに4倍にして小康水準にまで引き上げて達成する」目標が設定され、結果3年前倒しですでに達成されたものとされているのではあるが、共産党第16回大会での小康社会到達に向けての設定目標で

は、その鄧小平による小康追求とその達成について、「現在到達した『小康』は依然低いレベルであり、全面的なものではなく発展がきわめて不均衡、人民の日増しに増大する物質文化への需要と立ち遅れた社会的生産の間の矛盾が依然深刻」であると見なしている。このように小康水準は、鄧小平が構想した時よりも、経済成長のみならず、物質・精神両面での生活の質の改善・充実、個人消費水準の上昇、社会福祉と労働環境の改善を含み、持続的成長のためには資源のより効率的な利用に依存した成長パターンへの転換が望まれるものと見なされている。つまり、物的資本以外に、人的資本、自然資本の蓄積が経済成長を促し、社会的厚生水準を引き上げるという考え方が「全面的小康社会」、すなわち、総合的な国力と国際競争力の強化、民主と法制の充実・完備、思想・モラル・科学、文化の資質向上、持続可能な発展能力の増強と生態環境改善、資源利用効率の向上で人間と自然の調和を促す社会の構築の背景にある。その実現のためにも従来の粗放的成長から持続的成長への新たな転換が模索されている。

　従って、このような「全面的小康社会」のポイントは「共同富裕」にほかならず、その目標には経済成長のほか、政治民主・法制目標、社会発展・人間開発目標も盛り込まれている。これまで達成した小康の初期段階と比べ、今後目指す「全面的小康社会」は、よりゆとりのある生活だけでなく、より平等な所得分配をも意味する。もっとも、全国平均で見て小康の初期段階が達成されたとはいえ、すべての国民がそのレベルに達しているわけではない。2000年でも、3,000万人がいまだ「温飽」問題を完全に解決できず、都市部でも一部の人々が最低生活保障ライン以下の生活を余儀なくされている。そして、相当数が衣食問題を解決したとはいえ、小康状態には達していない。江沢民報告においては小康社会を全面的に建設し、中部と西部地域、農村地域の発展を加速させ、社会主義の共同で豊かになる原則を体現する必要があるとしている。すなわち、小康社会の全面的建設は、十数億の人口に恩恵を及ぼすため、小康状態に達していないものは、早期実現を目標に努力しなければならないと主張する。また、都市部と農村部の格差の削減に関し

ては、20年後には工業化を基本的に実現し、農村労働力の割合を現在の50％から30％まで下げることが考えられている。それ故に、中国の経済発展は、現段階の「全面的小康社会」の建設において全体的に低水準の状態を脱出しているものの、地域発展の不均衡の状態にあるという特徴を有すると言える。

胡錦濤・温家宝政権による「和諧経済」の登場と公平・効率の両立

　中国政府は長い間、小康社会の実現を改革開放政策によって達成すべき目標に掲げてきた。それと共に、「全面的小康社会」を実現するには高い経済成長率を維持する必要があると認識した。しかし、単に成長率が高いだけでは不十分であり、成長の持続性を高めるための政策を強化していく必要があると考えていた。1993年の中国共産党第14期3中全会での社会主義市場経済についての基本方針は、それからまる10年経過した2003年10月の第16期3中全会で採択された「社会主義市場経済システムを完備するための若干の問題に関する決定」において正しかったものとして再確認され、今後はよりいっそう整備された市場経済システムの構築を目指す方向に向かうものとして位置付けられた。

　1993年〜2003年の10年間で、「三農」（農業、農村と農民）に関する深刻な問題、都市国有企業改革に伴うレイオフ・失業増大による社会不安と社会保障制度の整備不足、地域間および所得の格差拡大、不良債権問題、資源不足と環境汚染、国際競争力の不足などの課題が顕在化し、それら山積する未解決課題を前江沢民・朱鎔基政権から引き継いだ胡錦涛・温家宝新体制は政権発足当初の2003年から社会的弱者に対する配慮から経済発展や生活水準の向上および社会の全面的な進歩の実現のために公平および社会的安定を強調する「社会安全網」構築を念頭においた経済改革の方向性を模索している。

　前述のように、1970年代末期以来、中国では計画経済の時代の平等主義に伴う弊害が打破され、平等よりも効率を優先させる改革開放政策を推し進めた。その結果、富を形成できた者は裕福な暮らしができ、国民生活は改善さ

れてきたが、その弊害である所得再分配が不平等になり、様々な格差が表れてきた。特に、内陸部と沿海部、農民と都市住民、農業と工業及び都市部内等の所得格差が広がってきた。さらに、経済の急速的な発展に伴い、いくつかの歪みももたらした。例えば、経済成長に伴う環境破壊の深刻化、官僚の不正などが社会問題となっている。その中には、特に格差問題は、社会不安のみならず、持続的発展を脅かす問題に発展する可能性もある。従って、第11次5ヵ年計画では、中国が目覚しい経済発展を遂げたことを自賛しながらも、第10次5ヵ年計画中に、①投資と消費の不均衡、②過剰生産、③エネルギーの過剰消費と環境汚染の深刻化、④都市農村及び沿海内陸間の格差拡大、⑤教育や医療などの社会事業の遅延、⑥社会の不安定化といった問題が顕在化したことを認めている。

　こうした背景に基づき、胡錦濤・温家宝政権は、社会全体としては大きく発展する中で発生する上述のような問題に対処し、「全面的小康社会」は「調和の取れた社会」であることが強調されるようになった。すなわち、胡錦濤・温家宝政権は共同富裕を実現するために、社会的連帯感を重視するハーモニー・調和という意味を持つ「和諧社会」の実現を打ち出している。その「和諧社会」を実現するための指針として、「人を主体とした立場」(中国語：以人為本) から「社会全体の持続的な均衡発展を目指す」という「科学的発展観」が提示されている。第11次5ヵ年計画と第17回党大会報告に従えば、「科学的発展観」は中国共産党と政府が採るべき基本的な考え方として、都市と農村の発展の調和、地域発展の調和、経済と社会の発展の調和、人と自然の調和及び国内の発展と対外開放の調和という「5つの調和」の視点から、具体的には次のような5つの柱から構成される。

　　①　内需主導経済への移行
　　②　循環型経済への移行
　　③　高付加価値経済への移行
　　④　調和を意味する「和階社会」の実現
　　⑤　改革・開放政策の深化

1 胡錦濤・温家宝政権の誕生　203

図表V－1　科学的発展観の概観

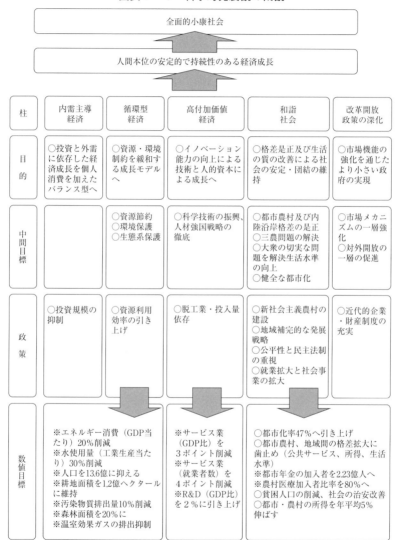

出所：環太平洋戦略研究センター　三浦有史、『胡錦濤政権の理想と現実―第11次5カ年計画の達成度を評価する』（環太平洋ビジネス情報）RIM 2010　Vol. 10　No. 37により作成。

「図表Ⅴ－1　科学的発展観の概略」に示したように、「和階社会」は「科学的発展観」を構成するひとつの要素といえるが、第11次5ヵ年計画のなかではこの二つの概念が同計画の基礎を構成するとして並列的に扱っている部分がある。また、第17回共産党大会報告では、「科学的発展と社会の調和は成り立たず、社会の調和がなければ科学的発展は実現出来なくなる」として、両者が強い補完関係にあることが強調されている。

　従って、「和階社会」の成否が消費水準の向上や人的資本の形成という形で内需主導経済や高付加価値経済への移行に、また、社会の安定性を通じて内外の投資や中国に対する国際的な評価に影響を与えるため、「科学的発展観」の中でも最も重要な要素と位置づけられていることがある。さらに、胡錦濤・温家宝政権の特徴は、「科学的発展観」と「和階社会」を中国共産党と政府が共有すべき国家の発展戦略に格上げすることで、それまでの「粗放型」と称される高成長路線の軌道修正を図ろうとしたことにある。経済成長に対する評価はGDP成長率で表されるスピードではなく、成長の持続性で測られるべきであり、そこに中国の将来がかかっていると考えたのである。

　前江沢民・朱鎔基政権後を受けた胡錦濤・温家宝政権は、「全面的小康社会」の実現という目標を与えられた形でスタートしたわけであるが、その「和諧社会」の理念は従来の経済成長に偏りがちであった政策から、公正・公平や自然との調和を重視した政策に転換するという方向を明確に示してきた。

　2005年3月、温家宝首相は第10期全人代第3回会議での政府活動報告で、「現在中国社会の発展には、農村の発展が遅れていること、人々の収入の格差が大きいこと、社会安定に影響する要素が多いこと、資源の制約や環境からの圧力が大きいことなどの問題が存在している。これらの問題に対して、中国政府は一連の措置を講じて、民主的な法による統治、公平と正義、誠実と友愛、満ち溢れた活力、安定した秩序、人と自然の和睦などで互いに対処できる調和の取れた社会の建設に力を入れる」と述べ，胡錦濤・温家宝政権の政策方向を明らかにした。

それ故に、胡錦濤・温家宝政権経済政策のキーワードとしての「都市農村一体化」や「三農問題」等は「和諧」政策の一環として捉え、さらに、成長方式も資源や生産要素を多投する粗放的（外延的）成長パターンから、資源や生産要素の使用を節約し、技術イノベーションを中心とする集約的（内包的）成長パターンへの転換を唱えられたが、これは「科学的発展観」の中に事実上含まれている。かくして、胡錦濤・温家宝政権の中心的経済政策とは、一言で言えば「公平（equity）」と「効率（efficiency）」を両立させ、しかも等しく発展していくことにあったと言える。換言すれば、胡錦濤・温家宝政権の目指している「和諧経済」はこの二つの政策課題の達成である。その中に、「和諧社会」に対しての調和すべき対象は主として沿海内陸及び都市農村間の所得格差であり、その実現度合によって社会の安定性は大きく左右されると考えられている。また、「科学的発展観」の要点は「小康」及び「和諧」の実現に加え、経済発展をあくまで国民の利益を増進する人間本位のものとすること、そして、資源や環境とのバランスを考慮したものとすることにあると考えられる。さらに、「和諧社会」を目標としての胡錦濤・温家宝政権は経済発展の成果を物的資本の量的拡大ではなく、経済成長の質と持続性に求めた。その鍵は、以下の3点である。

① 国民の健康や教育水準に象徴される人的資本
② 環境や資源の持続可能性に象徴される自然資本
③ 社会の安定性や相互信頼に象徴される社会資本
をいかに拡充するかである。

従って、胡錦濤・温家宝政権の取り組みは中国が歴史的な転換点にあることを意識したものと評価出来ると思われている。

2　中国における所得と富の不平等

中国の経済発展における問題の1つとして所得格差問題がある。中国は世界第3位の広大な面積を誇り，その地理的条件は地域によって大きく異なる。それ以外にもさまざまな条件が地域ごとで異なるが，これらの地域が同

206 第5章 中国に見る所得格差の現状

じ経済発展を遂げることは考えにくい。しかも，中国の人口の多くが農村部に存在する中で、経済発展が都市部地域に集中することになれば、格差はますます拡大することが予想される。

改革当初は、中国政府は社会主義と市場経済化の両立を掲げていた。しかしながら、市場経済化による急速な経済発展は、所得分配のバランスを崩すと同時に、都市農村間だけでなく都市内部でも所得格差をもたらした。現在では、所得格差問題は深刻な水準にまで達していると言われ、社会問題として注目されている。従って、本節では、中国における所得格差の動きを都市と農村間、地域間及び産業間に分けて考察してみる。

全体及び都市と農村から見る所得と富の不平等

周知のように、高成長が続く一方で、所得格差が拡大していることは現下の中国経済が抱えるひとつの大きな問題である。現段階の中国では、所得上位層10%の平均所得は下位層10%の23倍程度とされる。これは両端格差とされている。上位10%の人口が40〜45%の富を支配する一方、底辺10%の人口が保有する富は僅か2%にすぎない。上述データの何れも2000年代半ば後半の数字であった。さらに、2010年における都市部と農村部の一人当たり所得の比率は3.23：1であり、改革開放以来、最大の格差となった[3]。

中国国家統計局は、2008年まで所得格差の程度を示す代表的指標であるジニ係数を発表していたが、それによると、1978年から始まった改革開放以前は0.16にとどまっていた同係数は、その後改革開放の過程で一貫して上昇し、2008年には0.47と、一般的に社会不安等が生じやすい危険水準と言われる0.4を大きく超えている。以上の結果、世界銀行の推計によれば、中国の場合1980年代初期の0.27程度から2000年代初頭には0.45を超えるところまで上昇し、社会主義国ながら世界でもかなり不平等度の高い国となっている。

それと共に、2012年5月に西南財経大学が発表した「中国家庭金融調査報告」で最近の状況を見える。2011年時点で、世帯当たり資産保有の平均額（ここでの元と円との為替レートの換算は2013年3月20現在の換算レート平均で1

元＝約15円としている。以下同じである。）は、都市部247.60万元（約3,714万円、そのうち、金融資産は11.20万元、約168万円）、農村部37.70万元（約565万5,000円、同、3.10万元、約46万5,000円）と、格差は6.6：1（同、3.6：1）、平均可処分年収入では、都市部70,876元（約106万3,140円）、農村部22,278元（約33万4,170円）で、格差は3.2：1、さらに、0.5％の世帯が可処分年収入100万元（約1,500万円）を超えており、収入上位10％の世帯が57％の収入を支配している。国際比較の視角から見ると、金融先進国の中で所得格差が比較的大きいと言われている米国の場合、その国の議会予算局によって、2007年上位所得層1％の人口が23.5％の富を支配し、両端格差は14倍、比較的格差が小さいと言える。また、近年拡大傾向が見られる日本は、OECDのデータによって、2008年上位1％が9.2％の所得を支配しており、両端格差は10倍と言われている。それ故に、上述の国際比較から、日本はもちろん、米国に比べても、中国の格差は深刻であると分かる。

　所得格差の変動は、中国社会科学院経済研究所の所得分配課題グループによる第1回世帯サンプル調査のデータを利用することができる。この研究結果によって、都市世帯の実物所得と住宅手当及び農村世帯の自己住宅の家賃換算額を考慮した個人可処分所得について、推算された1980年末全国のジニ係数が0.382であった。全国サンプルの10分位所得層の中、最上位所得層の総所得が最下位所得層の総所得の7.3倍であった。しかし、同課題グループ2002年の調査結果より、当年全国のジニ係数が0.46近くにも達していると示された。また、各所得層の所得シェアを比較すると、2002年に最上位5％所得層が総所得の20％を、最上位10％所得層が総所得の32％を占めている。それに対して、最下位5％の所得シェアが1％未満であり、最下位10％の所得シェアが1.7％となっている。それ故に、最上位5％の平均所得が最下位5％のそれの33倍で、最上位10％の平均所得が最下位10％のそれの19倍であることが分かる。

　また、都市と農村を分けて見ると、1980年代末から90年代初頭にかけて、中国都市部における所得分配のジニ係数は約0.23で、改革開放の初期と比べ

208 第5章 中国に見る所得格差の現状

て不平等が拡大していたにもかかわらず、まだ低い水準にあった。しかし、
2002年になると、都市部における所得分配のジニ係数は0.33に達した。同時
に、高所得層と低所得層との所得格差がさらに広がった。2002年に都市部の
最も富裕な5％人口が都市総所得の15％を、最も富裕な10％人口が都市総所
得の28％を占めている。それと対照的に、最も貧困な5％人口の総所得に占
める割合はわずか1.2％で、最も貧困な10％人口のそれがただの3％に過ぎ
ない。つまり、都市部においては、最も富裕な5％人口の平均所得が最も貧
困な5％人口のそれの13倍近くあり、最も富裕な10％人口の平均所得が最も
貧困な10％人口のそれの約10倍である[4]。

　それと共に、中国国家統計局は、1980年代末に都市世帯所得分配の不平等
の程度は改革開放初期より明らかに高く、ジニ係数が40〜50％上昇したと結
論を付いた。また、実物所得と各種の実物手当を計算に入れるか入れないか
によって、所得格差についての計測結果にほとんど変わりがない。例とし
て、中国国家統計局は1988年の年世帯貨幣所得のジニ係数を0.23と推算した
が、中国社会科学院経済研究所の所得分配課題グループも、貨幣所得と実物
所得を含めた個人可処分所得のジニ係数が0.23という同じ結果を得た。

　農村では、2002年の所得分配のジニ係数は0.37と推算されている。農村に
おける所得格差の変化について研究により異なる結論があったが、次の二点
で一致している。

　一点目は、現在農村の所得格差は改革開放初期の水準より大きくなった。
関連研究によると、1978年に農村世帯の所得分配のジニ係数が約0.22であ
った[5]。つまり、25年間の経済移行・発展期にわたって、農村世帯の所得格差
が68％拡大した。

　二点目は、1997年以降農村所得分配の不平等指数が上昇し続けている。中
国国家統計の推算によると、農村部のジニ係数が1997年の0.33から2002年の
0.37へと4ポイント上昇した。2002年に農村部の最も富裕な5％人口が農村
総所得の18％を、最も富裕な10％人口が農村総所得の28％を占めている一
方、最も貧困な5％人口の総所得に占める割合はわずか1％で、最も貧困な

図表Ⅴ-2　中国における所得ジニ係数の変動

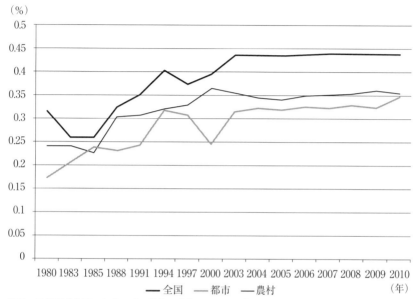

出所：田衛民「中国におけるジニ係数の計算及びその傾向に関する分析」、『人文雑誌』2012年第2号。

10％人口のそれが2.5％しかない。つまり、最も富裕な5％人口の平均所得が最も貧困な5％人口の約18倍であり、最も富裕な10％人口の平均所得が最も貧困な10％人口の11倍以上となっている[6]。

　所得格差とその変動については、2008年以後、中国国家統計局が全国サンプルのジニ係数の推算をあまり行わないため、関連研究グループの計測結果に基づいて検討するしかできない。『中国統計年鑑』から、都市と農村世帯の収入分布データが得られる。これによって、中国における全国、都市と農村それぞれのジニ係数を計算することができ、「図表Ⅴ-2　中国における所得ジニ係数の変動」となる。

　このデータによると、中国の所得格差は全面的に拡大してきていることを証明できる。都市世帯所得のジニ係数は1980年の0.173から2010年の0.347に

210　第5章　中国に見る所得格差の現状

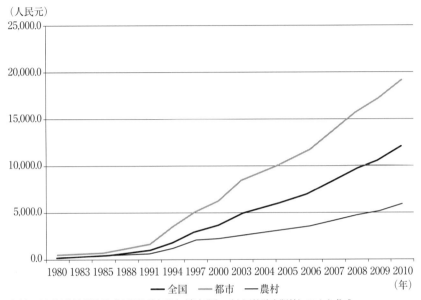

図表Ⅴ-3　全国・都市・農村の1人あたり所得の変化

出所：中国国家統計局編「中国統計年鑑」（各年版）、（中国統計出版社）により作成。

まで100.5％上昇し、年平均2.3％増加した。農村世帯所得のジニ係数は1980年の0.241から0.355にまで47.5％上がり、年平均1.3％増えてきた。さらに、全国の所得ジニ係数も年1.2％の速度で増え、1980年の0.315から2010年の0.438と43.7％上昇した。

このように、全国の所得ジニ係数の上昇は4つの段階を経過してきた。第一段階は1980年～1985年である。この段階は「激減段階」と言え、5年間で21.5％が下がり、年平均3.82％低下した。第二段階は1985年～1994年である。この段階は「激増段階」と言え、9年間55.6％が増加し、年平均5.1％上昇した。第三段階は1994年～2003年である。この段階は「波動段階」と言え、9年間わずか8.1％しか増えず、年平均増加率も1％しかなかった。第四段階は2003年～2010年である。この段階は「安定段階」と言え、ジニ係数は国際警戒線より高くなっているにもかかわらず、7年間0.002しか増加し

2 中国における所得と富の不平等 211

なかった。

　従って、全国及び都市、農村一人あたり所得の変化を対照して見ると、中
国の都市、農村間の所得は両方共安定的に増加してきていると分かる。しか
し、その増加の速度はかなり異なっている。農村世帯の所得ジニ係数は都市
世帯のそのよりかなり高いのである。それと共に、都市世帯所得ジニ係数の
波動は農村のそれに比べ、より激しいのである。従って、農村世帯所得ジニ
係数の曲線は、都市世帯のそのより相対的に滑らかとなっている。これは農
村世帯の所得格差が余り体制改革の段階的な成果の影響を受けず、ただ農村
経済発展過程における影響である。逆に、1980年代以来、所得格差の拡大に
つながる要因となっている体制や構造改革等はほとんど都市部で行われた。
それ故に、都市世帯所得の変動は農村より激しいのである。

　「図表Ⅴ－2　中国における所得ジニ係数の変動」と「図表Ⅴ－3　全
国・都市・農村の1人あたり所得の変化」のデータが示しているように、全
国の所得ジニ係数が都市と農村世帯所得ジニ係数を上回ることは都市と農村
間の所得格差が全国所得格差の重要な源であると思われている。全国の所得
ジニ係数の変動は都市と農村世帯の所得ジニ係数の推移とほとんど同じであ
った。1980～1985年、都市と農村の所得比は2.50から1.86に低下したと共
に、全国の所得格差も0.315から0.259にまで落下した。1985～1994年、都市
と農村の所得比は1.86から2.86にまで上昇したに連れ、全国の所得格差も
0.259から0.404と上がった。1994～2003年、都市と農村の所得比はさらに
2.86から3.23にまで上昇し、全国の所得格差も0.404から0.436と昇った。
2003～2010年、都市と農村の所得比は最初と最後の年において両方も3.23に
あったに伴い、全国の所得格差は高水準の安定状態となった。全国の所得格
差と都市、農村間の所得格差の強い関連性を持つことは都市、農村間の所得
格差が全国の所得格差の主な源であると証明できる。言わば、全国の所得格
差は強く都市、農村間の所得格差に左右されると言える。

　さらに、都市、農村間の所得格差については、絶対的格差と相対的格差の
2つ側面から見る方法もがある。上記の「図表Ⅴ－4　都市、農村間におけ

212　第5章　中国に見る所得格差の現状

図表V－4　都市、農村間における所得の変化

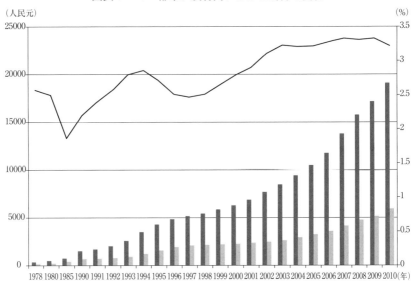

出所：中国国家統計局編「中国統計年鑑」（各年版）、（中国統計出版社）により作成。

る所得の変化」から分かるように、1990年代以降農村世帯の所得の増加幅が都市世帯より明らかに小さく、両者所得の絶対的格差が年々拡大している。都市世帯一人当たり所得は農村世帯の一人当たり所得より、1990年に823.9元（約1万2,358円）、1995年に2,705.3元（約4万580円）、2000年に4,026.6元（約6万399円）、2005年に7,238.1元（約10万8,572円）、そして2010年には13,190.4元（約19万7,856円）高い。つまり、過去の20年間にわたり、都市、農村間の所得の絶対的格差が15倍以上に上昇した。

　都市世帯と農村世帯の所得比の変動は相対的所得格差の変化を表している。1990年代以降、同比率は上昇、縮小、また上昇という推移が現れている。都市、農村間の所得格差は1990～1994年の間に拡大しており、所得比は1990年の2.2倍から1994年の2.9倍まで上昇した。その後、都市、農村間の所得格差に縮小の傾向が見られたが、3年しか続かなかった。所得比は1994年

2.9倍から1997年の2.5倍まで落下し、すなわち、1990年の水準に戻った。しかし、1998年から、都市世帯と農村世帯の所得比は上昇し続ける傾向に転じ、1997年の2.5から2000年の2.8倍に、さらに2006年の3.3倍にも達し、その後、2009年まで、この傾向を維持し、2010年には3.2倍となった。

地域区分から見る所得と富の不平等

中国を見る一つのポイントは、時間軸とともに「地域」という空間軸を持つことである。簡単に中国と言っても、13億近い人口が日本の25倍の国土に暮らしている国だからである。中国は歴史が古く、国土が広いために、いわゆる「地域主義」が中国には根強いことである。最北端の黒竜江省と最南端の海南省とでは、言語、文化及び人々の感情の面でイギリスとドイツ程の違いがあるといっても過言ではない。また、中国は多民族国家であるために、地域格差は民族格差にも結びつきかねないことである。さらに、沿岸の東部と内陸の西部、北と南との間で経済立地状況は極めて大きく異なることである。それ故に、中国の地域格差を見る際に、これがほかの国とは違った意味を持っていることに注意する必要がある。

中国で最もよく利用される地域区分は省別区分と地帯区分である。省別区分とは、全国に31ある一級行政区（省、直轄市、自治区）に基づく区分である。他方、代表的な地帯区分には、上記の一級行政区を沿海地域と内陸地域の2つに区分する方法と、沿海地域を東部地域とし、内陸地域をさらに中部地域と西部地域に区分する3地帯区分がある。具体的には、東部地域とは北京、天津、河北、遼寧、上海、江蘇、浙江、福建、山東、広東、海南と広西等12省が含まれ、中部地域には山西、内モンゴル、安徽、江西、河南、湖北、湖南、吉林と黒竜江等9省があり、西部地域では重慶、四川、貴州、雲南、チベット、陝西、甘粛、青海、寧夏と新疆等10省・自治区を含む。さらに、中国の国家統計局の統計には、東部、中部、西部と東北地方というような4地帯区分もあり、すなわち東北三省の遼寧、吉林と黒竜江省を東部地域から外れ、一つの部分として考える区分法である。

214　第5章　中国に見る所得格差の現状

図表Ⅴ－5　三地域区分による一人あたり GDP の相対格差

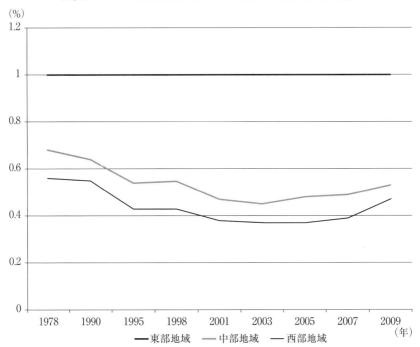

出所：中国国家統計局編「中国統計年鑑」（各年版）、（中国統計出版社）により作成。

　長期間、中国は深刻な地域間所得格差問題に直面している。巨大な都市・農村所得間格差が存在するため、地域間所得格差の一部は地域内における都市・農村世帯の人口構造の差異によるものである。その他に、都市部内及び農村部内における地域間格差によるものもある。農村部内における地域間所得格差について、改革開放の初期でも明らかな格差が出ていた。1980年代後半または1990年代初頭に入ってから、農村における産業化を進める中で、地域間の大きな不均衡が生じ、農村世帯所得の地域間格差が拡大する傾向にあった。ところが、1990年代後半、農業生産の不振と郷鎮企業の不景気を背景とし、農村部内の地域間格差に顕著な拡大傾向が見られなかった。それと違

図表Ⅴ－6　三地域区分による一人あたり GDP の変化

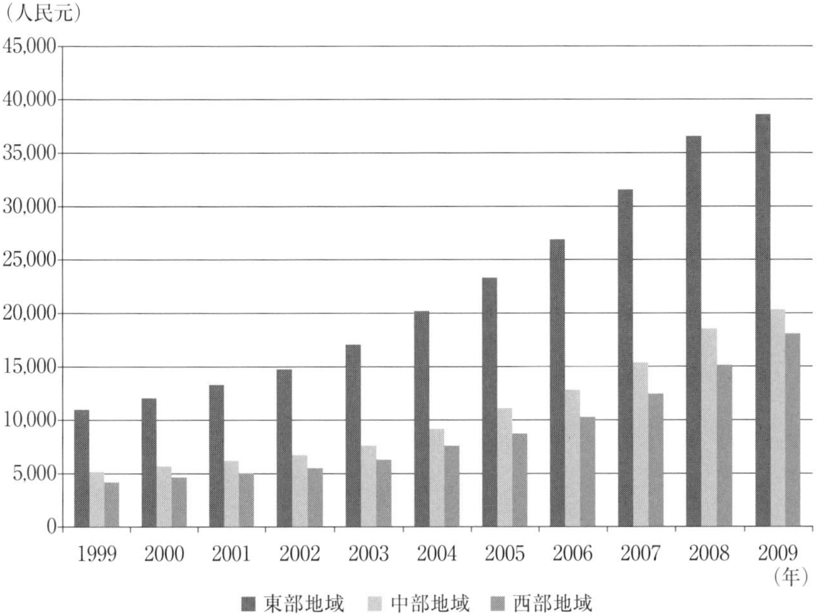

（人民元）

```
45,000

40,000

35,000

30,000

25,000

20,000

15,000

10,000

5,000

0
     1999  2000  2001  2002  2003  2004  2005  2006  2007  2008  2009
                                                              （年）
```

■ 東部地域　▨ 中部地域　■ 西部地域

出所：中国国家統計局編「中国統計年鑑」（各年版）、（中国統計出版社）により作成。

って、都市世帯所得の地域間格差は拡大し続けている。

　地域間の経済力格差を測定際には、一人当たり GDP は、その地域の経済力を表す代表的な指標であり、地域間の経済力を比較する時、多くの場合この指標が用いられる。「図表Ⅴ－5　三地域区分による一人あたり GDP の相対格差」から明らかなように、その格差が一時的に縮小することがあっても、東部と中部或いは東部と西部との間では、経済格差が依然として存在している。

　1978年時点での東部を1とする中部と西部の指数はそれぞれ0.66と0.56であったが、2003年のそれぞれは0.45と0.37であった。中部では0.21ポイント、西部は0.19ポイントそれぞれ低下したわけであり、この間、地帯間の経済格差は拡大したのである。2003年以後、中部と西部のそれぞれの指数は上

図表Ⅴ-7　四地域区分による都市世帯一人あたり所得

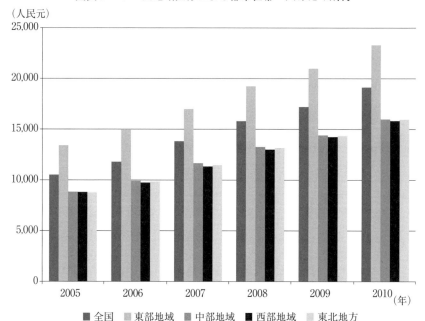

出所：中国国家統計局住民調査弁公室編「中国住民調査年鑑2011」（中国統計出版社）により作成。

がってきたが、3地域間の経済格差は明瞭にあったと分かる。

　数値から見ると、2010年、東部の一人あたりGDPは46,354元（約69万5,310円）に達し、西部は22,476元（約33万7,140円）しかなく、その差は23,878元（約35万8,170円）である。中部と東北地方のこのデータはそれぞれ24,242元（約36万3,630円）と34,303元（約51万4,545円）となり、わずか東部の52％と74％である。さらに、「図表Ⅴ-6　三地域区分による一人あたりGDPの変化」からは1999年～2009年の3地帯区分による一人あたりGDPの変化も分かる。

　次に、都市世帯一人あたり所得、農村世帯一人あたり所得の4地帯での格差の動向について見てみよう。

　上記の「図表Ⅴ-7　四地域区分による都市世帯一人あたり所得」のよう

2 中国における所得と富の不平等 217

図表Ⅴ－8 四地域区分による農村世帯一人あたり所得

（人民元）

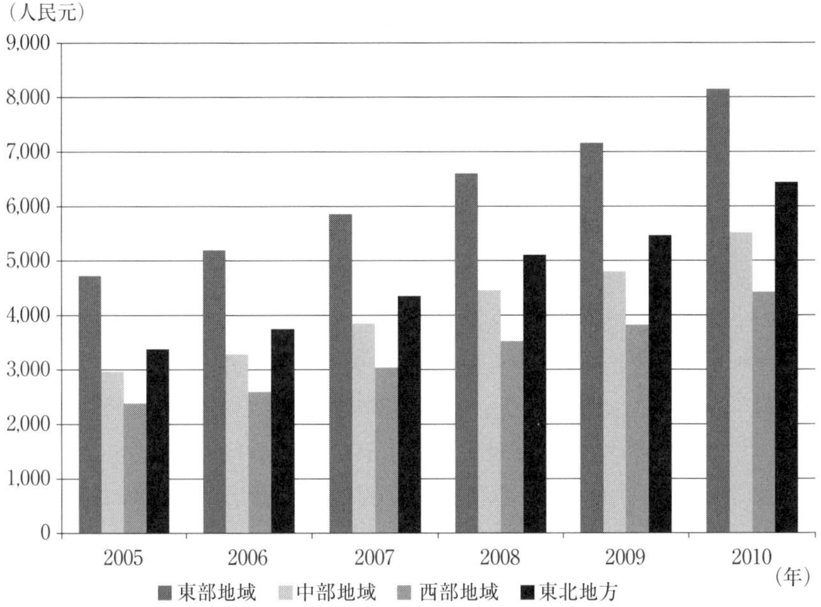

出所：中国国家統計局住民調査弁公室編「中国住民調査年鑑2011」（中国統計出版社）により作成。

に、2010年、東部地域の都市世帯一人あたり所得は全国の平均水準を超え、23,273元に達した。中部、西部と東北地方はそれぞれ15,962元、15,807元と15,941元であり、東部と西部の差は7,466元となった。4地域の所得比率（西部地域の数値を「1」とする。）も2009年の147.4：101.1：100：100.8から2010年の147.2：101.0：100：100.9と変わった。成長率から見ると、4地域は2010年の時点でほぼ同じく11％であった。従って、4地域における都市世帯一人あたり所得の成長率はほぼ同じようになったにもかかわらず、東部と他の地域の所得格差はあまり変わっていないと言える。

また、「図表Ⅴ－8 四地域区分による農村世帯一人あたり所得」で見ると、2010年、東部地域の農村世帯一人あたり所得は8,143元に達し、中部、西部と東北地方との差はそれぞれ2,633元、3,725元、1,708元であったこと

218 第5章 中国に見る所得格差の現状

が分かった。その成長率はそれぞれ13.8%、15.0%、15.8%と17.9%であると共に、西部は東部より2ポイント高かった。それ故に、以上のデータを示したように、中部、西部と東北地方の農村世帯一人あたり所得の増加は東部より速かったが、東部と他の地域の差は依然として存在していると無視できない。

さらに、省別区分による所得格差を見ると2010年の一人あたりGDPの全国平均が29,992元（約44万9,880円）に対し、最高は上海市で77,205元（約115万8,075円）、最低は貴州省で9,214元（約13万8,210円）、単純に比較で8.3倍の開きがある。都市世帯一人あたり所得、農村世帯一人あたり所得と都市労働者平均賃金等指標も同じ傾向となっており、上海のそれぞれは貴州省の2.3倍、4.0倍と2.2倍となった。全国の平均値に比べ、上海はそれぞれ2.57倍、1.67倍、2.36倍と1.81に対し、貴州省はわずか全国の0.31、0.74、0.59と0.83を占めていない。

上述の考察で各省間における所得格差の存在が明らかに示しているが、単年度による比較であるため、格差が拡大傾向にあるのか、縮小傾向にあるのかを調べるためには別の時点と比較する必要がある。そこで一人あたりGDPを改革開放政策が決定される1978年のものと比較する。この時、全国平均は379元（約5,685円）、上海市が2,498元（約3万7,470円）、貴州省が175元（約2,625円）であった。単純比較では、むしろこの年の方が格差は大きく、上海と貴州との差は14倍を越えている。しかし、全国平均と貴州との差は1978年の46%に対して、2003年では40%、2010年ではさらに31%と下落しており、貴州は平均に追いつかなくなってきている状況が分かる。

「図表Ⅴ-9 上海と貴州における都市と農村世帯一人あたり所得」を参照すると、都市と農村世帯一人あたり所得からも同じ傾向が見られる。都市世帯一人あたり所得の場合、上海と貴州の差は1995の1.82倍から2005年の2.29倍と上がり、その後ずっと2.2倍前後に維持している。それと共に、農村世帯一人あたり所得は1995年の3.91倍から2005年の4.39倍に上昇し、その後4倍前後にまで下落してきている。中国の各省間における所得格差は、

図表Ⅴ-9　上海と貴州における都市と農村世帯一人あたり所得の比較

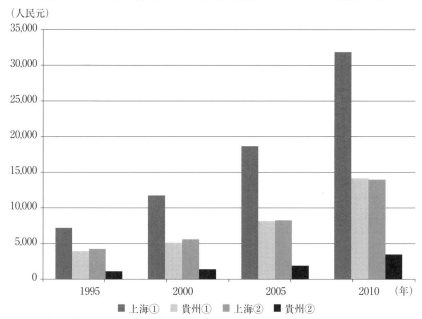

注：①＝都市世帯一人あたり所得、②＝農村世帯一人あたり所得。
出所：中国国家統計局住民調査弁公室編「中国住民調査年鑑2011」（中国統計出版社）により作成。

1990年代後半以降拡大傾向にあり、格差の拡大が経済発展に対する大きな障害になると考えられてきた。従って、この状況が続くのか、また格差が拡大するのかは引き続きこの動向について注視する必要があると思われる。

　以上のように、地域区分と省別区分の2つ視角から、一人あたりGDP、都市と農村世帯一人あたり所得等指標を用いながら、改革開放以後の中国の各地域間における所得格差を実際に計測してみると、各地域間における所得格差の存在とその長期的な拡大傾向が読み取れた。

産業区分から見る所得と富の不平等

　過去20年間には、中国の所得の対GDP比が大幅低下しており、産業間の

図表Ⅴ-10　国内総生産（収入側）の構成率

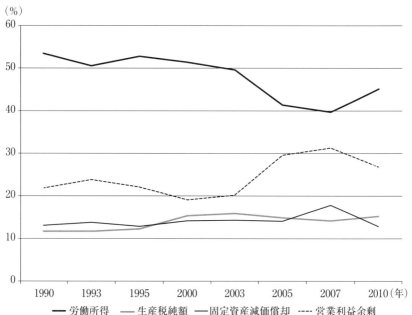

──労働所得　──生産税純額　──固定資産減価償却　----営業利益余剰

出所：中国国家統計局編「中国統計年鑑」（各年版）、（中国統計出版社）により作成。

賃金格差は拡大する傾向にある。「図表Ⅴ-10　国内総生産（収入側）の構成率」で、収入のGDP（Gross Domestic Product by Income Approach）構成率に関するデータをみると、所得の対GDP比は1990年に53.4％、1995年に52.8％、2000年に51.4％、2007年に39.7％と漸次低下し、2000年から2007年までの間に11.7ポイント下落した。2004年には国家統計局が個人事業者の所得を所得から営業利益に振り替えたが、それでも対GDP比の低下は続き、低下の流れは止まらなかった。

また1990年代初頭と比較するならば、所得の構造的変化も考慮する必要がある。第一に、1990年代初頭には事業機関と企業との給与にはそれほど大きな開きがなく、企業経営者と一般社員との給与の差も大きくなかった。当時は企業の社員は基本的に社会保障費を納める必要がなかった。第二に、1998

年以降、事業機関はたびたび給与の引き上げを行い、企業では管理職と一般社員との給与の格差が20倍以上に拡大した。第三に、1990年代中期以降、国有系の行政がらみの独占的産業は社員の給与が急速に上昇し、業界の平均所得格差が2倍前後から6倍以上に拡大した。第四に、現在の企業社員の所得全体のうち、基本所得の10％は年金、医療保険、失業保険などの社会保障費として納めなければならないものである。こうしたことから、この20年ほどの間に、企業の一般社員の実質的な所得の対GDP比は大幅に低下したと判断できる。

　国際比較から見ると、中国の所得の対GDP比は同じ発展段階にある国より、非常に低いのである。この比率がGDPの50～57％を占めるのは一般的であると思われている。所得の対GDP比の低下は、よく重化学工業を推進する段階にはあると思われているにもかかわらず、中国のような持続的に下落していく傾向は先進国の経験から見ると、余りなかった。例えば、日本と韓国の重化学工業を推進する段階においては、所得の対GDP比が40％以下の年があったが、長期に下がっていくことがなかった。また、欧米工業化諸国の場合、所得はGDPの中の最も高い比率を占め、その割合も工業化の推進に連れ上昇し、工業化の終了した時点で安定していく。それ故に、中国における所得対GDP比重の低下はある程度経済の発展段階と関係あると言えるが、1995年以後持続的に下落していくのは決して特別な発展段階にあるという原因だけで解釈することができない。

　所得格差の変動は個人の教育を受ける年限や労働熟練度だけに決められるのではなく、制度や構造的な要因にも明らかに不可欠であり、例えば産業、所有制度及び企業等である。様々な産業間における所得格差は主に以下のような所に現れている。①独占産業と競争産業の間、②新興産業と伝統産業の間、③知識集約産業と労働集約産業の間、④市場支配業界と非市場支配業界。所得格差拡大の合理性から考えると、一般的には独占産業の高収入は通常認められていなく、他の産業における所得格差の拡大に対しては認めている。さらに、独占産業は市場競争に基づく自然独占と行政手段による行政性

独占に細分化する。現在、中国の行政性独占産業の高収入は所得格差の拡大への影響が非常に大きく与えている。

　前述のように、中国における所得の対 GDP 比重は持続的に低下していくと共に、企業利潤の比重は大幅に上昇している。具体的な部門を見ると、主に国有部門、特に行政性独占産業部門である。これらの独占産業部門は獲得した超過利潤を利用し、その「内部配分」を通じ、産業間における所得格差の拡大への悪影響を与えた。1997～2007年、増加額に占める所得の比率は54.9％から40.8％にまで14.1ポイント下がり、その反面、企業利潤の比重は18％から30.7％にまで上昇し、12.7％ポイント上がった。具体的な産業から見ると、1997年～2007年の間における中国企業利潤の産業構成には紡績、食品、製紙、建築材料、機械、化学工業等完全競争業界の比重が低下してきている。逆に、金融、冶金、交通運輸倉庫業及び郵便通信業、不動産業、石炭、その他サービス業等国有経済、或いは独占性の高い産業の比重は大幅に上昇している。このような企業の利潤の上昇は産業成長、管理水準と生産効率の向上等要因につながっているにもかかわらず、全社会消費者の福祉、上下産業利潤が一部に奪われたと言える。

　また、各産業の賃金から見ると、1978～2009年の間、金融業、情報トランスミッション、IT サービスとソフト業、科学研究と総合技術サービス業、電力、ガス及び水の生産と供給業、文化、体育とエンターテイメント産業等は遥かに全国の平均賃金水準を上回っていたと同時に、その中の一部産業の賃金は近年全国の平均水準を超えたスピードで増加してきている。逆に、製造業、建築業、農業、ホテル・飲食業等の賃金水準は全国の平均水準に比べ、かなり低く、一部産業の賃金増加は全国平均速度より非常に遅かったのである。

　2011年、人力資源・社会保障部労働工資研究所が発表した最新のデータによると、所得が最も高い産業と最も低い産業との格差が15倍に拡大して、格差が世界一になったという。[8] さらに、2012年5月29日公表した国家統計局のデータにより、2011年の非民営企業と民営企業の平均賃金はそれぞれ42,452

元（約63万6,780円）と24,556元（約36万8,340円）となった。そのうち、最も高いのは非民営企業の中の「金融業」の平均賃金であり、91,364元（約137万460円）に達した。それに対して、年平均賃金の最も低いのは民営企業の中の「公共管理と社会機構」であり、その金額はわずか11,738元（約17万6,070円）であった。具体的に、非民営企業中の金融業、情報トランスミッション、の平均賃金は上位三産業となり、その金額はそれぞれ9.13万元（約13万6,950円）、7.06万元（約10万5,900円）、6.52万元（約9万7,800円）であった。最後にある3産業は、農業、ホテル・飲食業、水利・環境・公共設備管理業であり、それぞれの年平均賃金はわずか2.04万元（約3万600円）、2.78万元（約4万1,700円）、3.07万元（約4万6,050円）であった。民営企業の年平均賃金の絶対値は非民営企業より遥かに低く、その中に最も高いのは情報トランスミッション及びITサービスとソフト業、科学研究・技術サービスと地質調査業、金融業であり、金額はそれぞれ3.55万元（約5万3,250円）、3.13万元（約4万6,950円）と2.85万元（約4万2,750円）となった。民営企業中の平均賃金の最も低い3産業はそれぞれ公共管理と社会機構、農林水産業と住民サービス・その他サービス業であり、金額は1.17万元（約1万7,550円）、1.92万元（約2万8,800円）と2.05万元（約3万750円）であった。従って、国家統計局のデータを示したように、中国の非民営企業と民企業はその賃金の高い産業と低い産業がどれでも一致である。すなわち、金融業、IT産業及び地質調査業等は平均賃金のいい産業で、農林水産業、ホテル・飲食業及び社会機構等の平均賃金は余り高くないと言える。非民営企業の例をとして、その金融業の平均賃金は全国平均水準の2.15倍となり、農林水産はわずか全国平均の48％程度であった。2011年、非民営企業の最高賃金と最低賃金の比率は4.48：1であり、2010年の4.66：1より少し下がった。民営企業の年平均最高と最低賃金の比は2010年の3.50：1から、2011年の3.03：1である。同時に、非民営企業と民営企業における年平均賃金の格差は依然として大きい。2011年、非民営企業の年平均賃金の42,452元（約63万6,780円）に対し、民営企業の金額は24,556元（約36万8,340万円）となり、わずか非民営

企業の60％しか占めていない。また、同じ産業でも、非民営企業の平均賃金に比べ、民営企業の方は非常に低く、その格差も非常に大きいのである。例えば、同じ金融業でも、非民営企業の年平均賃金は9.14万元（約13万7,100円）に対し、民営企業のわずか2.87万元（約4万3,050円）であり、他の産業も同じ傾向になっている。

　さらに、一次分配の不公平さは産業間格差を拡大させる重要な要因であると思われ、特に、近年所得の一次分配の中で出稼ぎ農民労働者の所得は長年にわたり相当低く抑えられてきたと言われている。2008年には広州、深圳、杭州、南京、東莞、上海、無錫、蘇州、寧波の長江デルタ・珠江デルタ9都市の輸出加工企業における出稼ぎ農民労働者の平均所得は、各都市の都市部労働者の平均所得の40％にも満たないところがほとんどであった。格差が最も大きいのは広東省の東莞市で、都市部労働者の平均月収3,292元（約4万9,380円）に対し、出稼ぎ農民労働者は971元（約1万4,565円）で都市部労働者の30％にも達していない。

　供給が過剰な時には、一般の労働力価格は低く抑えられ、給与水準が相対的に低くなるのにも一定の合理性がある。中国には今なお整った効果的な集団的話し合いのメカニズムもうち立てられておらず、一次分配を規範化する労働法規もしっかりと実施されてはいない。例えば最低賃金、最低労働条件の確定などで、政府は関連規定を設けてはいるものの、執行や監督管理の状況は十分ではない。

　このほか一次分配では産業間の所得格差が非常に大きい。国家統計局が2010年発表したデータによると、中国証券業界の所得水準は労働者の所得平均の約6倍にあたり、所得が最も多い産業と最も少ない産業とでは差が11倍に達した。同研究所が発表した最新のデータによると、現在はこの差が15倍に広がっており、証券業を金融業に組み込んで算出しても、産業間格差は6倍になるという。その他の市場経済国での産業間格差をみると、同研究所が提供する資料によれば、2006〜07年に所得が最も多い産業と少ない産業との差が、日本、英国、フランスは約1.6〜2倍、ドイツ、カナダ、米国、韓国

は2.3〜3倍にとどまっている。最新の資料によると、中国の産業間所得格差はブラジルを抜いて世界一となった。これほど巨大な所得格差は市場競争がもたらした結果なのであろうか。明らかなことは、この格差は市場参入をめぐる行政の制限措置に深い関係があるということである。

3　求められている所得と富の平等化

　1978年以降、中国は平等の問題を棚上げにし、先に豊かになれる地域から、或いはそうした力のある個人からまず豊かになることが中国全体の経済発展につながるという考え方に立ち、改革開放及び市場経済化政策を推し進めた。特に、2001年12月に WTO に加盟した後、中国は広範な分野で一層の市場開放にコミットしており、市場がより効率的に機能するようになる他、市場の不備をついた不正利得の獲得＝不公正な所得格差の発生という事態も減少が期待されている。また、持てるものと持たざるものの間の格差を大きくする作用を有するため、市場経済の拡大はそれを支える制度の整備、特に様々な意味での弱者に対するセフティーネットの充実等を伴う必要があると思われている。

　それ故に、現段階の中国では、改革開放の成果を如何に国民全体に享受させるか、改革の真価が問われる時期に入ってきた。国民の不満や不安を少しでも和らげるように、所得分配の平等化及び連帯する諸制度の整備や社会福祉サービスの充実等が政府の重要課題として日程にのぼった。特に、21世紀に入ってから、中国の所得体制及び社会保障の改革は新しい摸索をはじめた。それは仕組み及び構想において従来とは違った取り組みである。

　従って、本節では中国の分配体制や社会保障制度の基盤になる社会構造を背景とし、所得体制や社会保障制度及び戸籍制度改革の展開と動向を見てみたい。

分配体制の改革と富の共享するメカニズムの構築

(1) 従来の分配体制の枠組

　毛沢東時代の中国には、低賃金を補う制度的措置としては「平均主義」と
それを励ます「精神的刺激」システムがあった。このような枠組の中には、
ボーナス制や出来高支払い制は重視されることなく、工場内においては賃金
格差も小さかった。従って、改革開放以前における中国の都市労働者にとっ
て、企業や行政機関等の職場＝「単位」は、単に賃金を得る場のみならず、
住宅を始め家族の生活の全てを包括する場であった。既得権益の束としての
「単位」を都市社会の中核的な要素とする、言わば「単位社会主義」である。
単位社会主義の主な構成要件は、次のようになっている。

　　① 勤労者の流動性の低さ。
　　② 貨幣賃金の低水準への固定、それとワンセットである単位を通じた福
　　　 利給付。
　　③ 分配における均分主義である。

　これによって、毛沢東時代に形成され、その後長い間に引き継がれてきた
企業内分配制度は、以下のような特徴がある。

　　① 社会主義における労働組合は、欧米諸国の組合と違って管理者に賃上
　　　 げや待遇改善を要求する対抗的組織ではなく、企業内における単なる福
　　　 祉管理機構でしかない。
　　② 所得税の再分配作用は弱い、国家や財政が行うべき社会保障機能を企
　　　 業が自ら行っている。典型的には年金制度や退職後の生活保障制度がそ
　　　 うであり、国家や自治体、或いは企業とは独立した福祉機構が年金を支
　　　 給するのではなく、退職後も企業が元の従業員の生活を面倒見でいるこ
　　　 とになる。当時の国有部門は特に、このような傾向は強かった。

　こうした背景から、中国の企業は「単位」と言われる「小社会」を形成
し、そこにおいては住宅、医療、教育を始めとして様々な実物分配を行って
いた。例えば、改革開放以前の都市における経済的不平等の主たる要因とな
る住宅問題は単純化すれば、所属単位の力（所有性、行政的位階、規模、主管

部門の違い等）及び単位内における個人の地位の関数であった。その後の中、長期的に住宅市場の形成を目指す住宅「商品化」改革によっても、従来の分配システムは根強く、住宅格差の構造に変化が生じていなかった。その原因は第一に、住宅「商品化」改革でも、単位が所有する住宅の低価格による内部的な売却を主な内容としており、従って単位間の住宅格差構造は維持されていた。第二に、持ち家に関わる個人の財産権には多くの場合かなりの制約があり、住宅市場形成の方向に進んでいるとは言えない。第三に、改革でも、単位自身の資金調達による住宅建設が増加していたが、その場合単位と住宅の結合は強まった。こうしたことにより、改革以前の格差構造はむしろ再編や強化されているという。

改革開放以後の分配体制の変化

　改革開放後の市場化改革と共に、従来の分配メカニズムは徐々に変化してきた。企業の効率性を上げるために終身雇用制という雇用制度や単位制という社会保障制度も変えざるを得なくなってきた。雇用制度についていえば、従来は計画体制のもとで就職や雇用は中央と地方の政府労働部門が「統一分配」していたが、改革と共にこの制度が次第に崩れ、現在は原則として大学の新卒者は自由に就職先を選べるようになったし、企業は自分で採用できるようになった。さらに、終身雇用制度を打破するために、1986年からは契約労働制が採用され、新規に雇用される労働者は企業と契約することになり、契約期間が満了後には実質上解雇もありうることになった。さらに、労働市場が最初は事実上、後には公式に認められるようになり、労働力の移動も一定程度可能になった。

　賃金制度も改革され、毛沢東時代のように平等主義的分配が否定され、ボーナス制や出来高払い制が復活した。1985年から企業業績とリンクした賃金制が開始され、業績の上がる企業と上がらない企業とでは従業員の賃金や報酬に格差が付けられるようになった。これは、本来雇用制度を変革してはじめてできる方式である。しかし、実際には両者は完全には対応していないた

228 第5章 中国に見る所得格差の現状

め、この制度の普及及び発展を妨げている1つの大きな要因なのであった。

「陰性収入」による分配体制の歪み

新制度の導入に伴い、勤労者の賃金外収入の不平等化は顕在化されてきた。それ故に、中国の直面する重大な問題である「陰性収入」を言及しなければならない。多くの中国人は正規の給料以上の表に出ない収入を得ていると言われている。これは、特に公務員や大型国有企業の幹部らが、給料の形ではない様々なフリンジ・ベネフィットの恩恵を受けていること、また現金収入についても、「白色収入」、つまり合法的な正規の収入以外に腐敗や汚職による非合法的な「黒色収入」、白色と黒色の中間である「灰色収入」が大きいと見られるためである。そして、こうした黒色収入、灰色収入が、表に出ない隠れた収入である「陰性収入」の大半を占めているというわけである。

一般的には、闇で行われる行為であるゆえに、どこの国でも陰性収入がどれほどの規模であるのか、はっきりした数字がない。従って、これまでいくつかの推計方法が展開され、その陰性収入の規模を計算している。陰性収入の推計を専門にしている中国人学者によると、2008年の陰性収入総額は約9.3兆元と増加傾向にあり、同年GDP31.6兆元（約474兆円）の約30％の規模となっているという。そのうちの80％は高額所得上位20％の層、62％が上位10％の層に帰属している。これによって、通常統計では、上述のように、上位10％の平均所得は下位10％の23倍と言われているが、実際には65倍の格差がある。推計の根拠としては、国家統計局の発表している城郷居民貯蓄増加額は3.5兆元（約52兆5,000億円）だが、銀行側の統計によると、銀行に貯蓄された金額は4.5兆元（約67兆5,000億円）増加、この他に、個人が住宅を購入した資金が1.8兆元（約27兆円）、自ら住宅を建築した資金が7千億元（約10兆5,000億円）、個人の株式・その他金融商品への投資が1.5兆元（約22兆5,000億円）、実物投資が2.5～3.5兆元（約37兆5,000億円～約52兆5,000億円）で、これらを合算すると11～11.5兆元（約16兆5,000億円～17兆2,500億円）

と、公表されている城郷居民貯蓄増加額3.5兆元（約52兆5,000億円）の約3倍となり、統計局によって把握されていない貯蓄額は7～8兆元（約105兆円～約120兆円）、これに消費遺漏分を加味すると、把握されていない収入は9.5～10兆元（約142兆5,000億円～150兆円）、高めに見て9.3兆元（約139兆5,000億円）というわけである[9]。従って、必ずしも陰性収入が、一方的に所得格差を拡大させているわけではないとの指摘もあるが、上記推計を前提とすると、明らかに、隠性収入を考慮した場合、所得格差は表向きの統計で言われている以上に大きいことになる。

　こうした隠れた収入の存在は、中国社会の中で、より広範かつ一般的のようであり、それだけに、その所得格分配等に与える意味合いは複雑となった。それ故に、隠性収入の範疇は、賃金本体に算入されない各種の手当て、企業や機関の副業的活動に関わる報酬等非常に雑多な内容を含んでおり、不平等化傾向を一意的に解釈することはできないが、大よそ以下の三点が考えられる。

① 　職務業績や資格や能力に応じた配分が、勤労所得の言わば外周部分から進んできていることである。これは均分原理や人頭基準から能力原理や「職位」基準への転換を意味する所で、単位社会主義変容の契機と言える。

② 　隠れた収入には、各単位が政府や主管部門の賃金規制を迂回して実績的な賃金支払いを行っている事実が反映されている。この場合、単位内部の分配原理は依然均分主義的な可能性があるが、単位間格差の拡大により、都市全体としては所得不平等化要因となり、ある意味で中国の分配制度はまだ不健全であると言える。

所得分配体制改革の取り込み

　2006年10月に開催された第16期中央委員会第6回総会において、初めて「社会主義和諧社会」に言及する「社会主義和諧社会建設に関する若干の重大問題に関する中国共産党中央の決定」が公表された。この文件の中には、

所得分配に関する社会公平を重視し、所得分配制度の整備や所得分配秩序の規範を社会公平と正義を保障する制度の重要な内容をとすることを強調した。政府は所得配分制度の改革に向け、中長期的な方針を策定し、第12次5ヵ年計画に従い、一次分配における労働報酬の比率を引き上げ、昇給を制度化、最低賃金基準を引き上げて、個人所得税改革を加速し、国民の給与収入と財産収入を増加させて、国民所得向上と経済成長を同時に推進、賃金と労働生産性を同時に向上させるとしている。具体的には、国家発展と改革委員会の報告書では、「最低賃金制度を具体化し、最低賃金基準評価制度を確立、各地の経済成長水準や企業の労働生産性、都市住民物価指数等の要素を踏まえ、最低賃金基準を引き上げるよう指導し、全国一律の企業報酬調査と情報発表制度の確立を加速させる」と説明した。

　2012年8月27日、「8年の論争を経た後、所得分配体制改革の全体方案が今年の10月に打ち出される見込みである」と報道された。この「方案」は10の問題にわたっており、これには収益を共に享受する制度、公共資源の譲渡収益を全国民が共に享受するメカニズム、高所得者に対する税制の調節、国有企業や金融機関の高級幹部の報酬管理、公務員に対する補助、事業単位に対する業績考課による給与等が含まれると言われている。

　問題の山積している所得分配制度改革を進めるにあたり、既得利益集団の利益を切り取ることを避けて通れないと考え、国家発展と改革委員会が独占企業の分配改革に突破口を見出そうとしている。権力により利益を得ている集団は、規則制定権・資源分配権・監督管理権等の権利を利用して、ほしいままにレントシーキングを行い、非合法収入・隠れた収入を獲得している。これによって、利益集団は改革の推進を阻み、公共政策の公平・公正をねじ曲げ、最終的には所得分配改革を有名無実にしているのである。そこから考えると、中国の所得分配改革が難産となっている最大の原因は、それが各種利益の葛藤に及ぶからであり、激しい駆け引きが存在することにあると思われている。

　従って、分配の公平を実現するために、中国の所得分配問題は民生問題と

して、単に最低賃金基準の引上げ、課税最低限の調整といった小手先の政策に頼るのでは既に無意味である。所得分配制度改革でブレークスルーを図ろうとすれば、敢えて制度の弊害を正視し、既得利益の阻止力を排除し、制度面から権力によるレントシーキング・独占経営・官商癒着等の行為に歯止めをかけ、合理的な規制・保障メカニズムを構築し、所得分配制度の実質的改革を推進しなければならない。

社会保障制度の充実と弱者保護に向けた取り込み

　市場経済の浸透に伴い市場を効率的に、かつ公正な形で機能させるための企業の情報開示、会計制度、倒産法制、裁判制度等の新たな制度の整備が必要になると思われている。従って、社会保障とその制度はどの国でもますます重要になってきている。しかし、現代中国の場合、その社会、経済、それに政治を考える上で、また今後を占う際、社会保障問題はとりわけ欠くことのできない重要性を持つと共に、他の国にはない特殊性を有している。

　中国では、計画経済時代に人民公社や国有企業を「単位」として、そこに属する人々の就業と生活サービス・社会保障を一体的に提供する仕組み＝「単位制度」が構築されていたが、改革開放後における市場経済化政策の下で人民公社が廃止され、国有企業が株式会社化、民営化されるに伴い、この「単位制度」は次第に形骸化し、崩壊していった。市場経済の下では、民間の事業主体が従業員の雇用と家族の生活サービス・社会保障までも一手に提供するような制度は維持できなくなり、個人が社会から分かれ、社会も国家も分離し始めた。それに伴い、個人、社会（職場）、それに国家（財政）が分担し合う、より近代的な社会保障構造が求められるようになった。逆に、このような構造が出来上がれば、従来の個人、社会、国家関係を大きく変貌させることにもなる。言い換えれば、中国社会が大きく近代化に向かって転身できるかの鍵の一つは、いかに社会保障制度を改革するかにあるといっても過言ではない。

　このような背景に基づき、中国の社会保障制度は市場経済導入のための条

件整備、国有企業経営の停滞や国家財政の悪化、「一人っ子政策」により加速された人口高齢化等を受け、従来の個人負担がない「国家－単位保障」制度の改革が、20世紀80年代から始まった。

20世紀の終わりまでに一連の関連する法規と条例の制定により、社会保障制度の雛型が構築された。それは年金保険、医療保険、失業保険を中心とする社会保険制度、社会福祉と社会救済制度（最低限生活保障制度）により構成される公的制度と、企業年金、慈善事業、民間保険、家庭保障及びコミュニティにより構成された私的保障からなるものである。

しかし、このような制度は決して満足できるのもではない。制度の構造上に多大な欠陥が見えている。また、社会主義市場経済への模索段階にある中国では、社会変動が激しいため、それに従って、社会保障制度も大きく変わってきた。

社会保障構造の変容

社会保障を広義に捉えた場合、資金とサービスの性質から見た現在の中国の社会保障は次の三つの柱から成り立っているといわれる。

① 社会保障：これは年金（中国語では養老保険という。）、労災保険（工傷保険）、失業保険、医療保険と出産育児保険（生育保険）の5種類がある。

② 社会福祉（社会福利）：そこには物価手当や障害者に対する福祉サービス、或いは民間の福祉事業によるサービス等、弱者に対する金銭的、物的な補助から成り立つ。

③ 社会救済（社会救助）：これは貧困家庭に対する扶助や災害援助などが含まれる。

一時帰休者に対する社会保障制度は、次のような「3本の保障線」から成り立っている。すなわち、第一線は再就職サービスセンターで、ここでは一時帰休者に対して基本的生活保障を行うことになっており、社会福祉に相当する。そこで3年間就職が決まらなければ失業するわけであるが、第二線の

失業保険制度が適用され、失業保険によって失業者を救うことになる。失業保険が切れると第三線である都市最低生活保障制度（日本の生活保護）という社会救済制度の出動となる。

これら3種類の社会保障制度のうち、改革開放以後最も大きく変化したのは社会保険の分野で、それまでは「保険」という概念さえなく、国家や集団が丸抱えて個人や家計を「揺りかごから墓場まで」面倒を見たのであった。従来は人民公社に属している限り、就職はもとより最低限の「保障」は受けられた。しかし、今日そうした体制は崩れつつあり、より大きな社会が単位となって人々の生活を相互に保障し合うような、そうしたより近代的な社会保障構造になりつつある。

このことを、資金の出資から見た社会保障構造として捉えると次のように言い換えることができる。すなわち、従来の「伝統的」社会保障体制のもとでは、極めて単純化していえば、国家が都市の、集団が農村の社会保障資金をそれぞれ全て負担していたのに対して、改革開放以後、国家、集団、企業、それに個人（家計）がそれぞれ分担し合う形を取るようになった。都市においては、従来単位と呼ばれる職場や企業が全面的に従業員とその家族の社会保障を請け負っていたが、しかし職場や企業は国家と一体化していたから、資金は全て国家が提供していたといってもいい。それに対して、改革開放以後は企業の独立性が高まり、国有企業といえども留保利潤は自分で使えるようになった。そうした状況下での企業社会保障資金は国家よりも企業それ自身が出しているといってもいい。それに対して農村では人民公社が解体した後、豊かな地域では集団、或いは末端基層レベルの行政単位が社会保障資金を出し、他方貧しい地域では末端の行政単位の社会保障資金が不足するために、国家が社会救済という形で資金を提供することになったのである。

社会保障における二重構造

視角を変え、社会保障の対象者から社会保障構造も見ることができる。そのために、まず背景としての中国の雇用構造を眺めておかなければならな

234 第5章 中国に見る所得格差の現状

図表Ⅴ-11 中国の雇用構造の変化

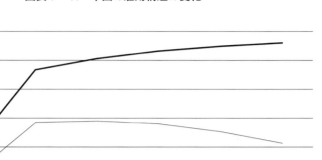

出所：中国国家統計局編「中国統計年鑑」（2011年版）、（中国統計出版社）により作成。

い。「図表Ⅴ-11 中国の雇用構造の変化」から分かるように、中国の産業構造は改革開放以後次第に多様化し、次のような傾向を見て取れる。まず、国公有有部門や部門が徐々に縮小していく反面、非国有部門が伸びてきた。また、農業部門の比重は次第に低下してきたのであるが、農村部門全体の割合はそれほど落ちているわけではない。1993年から1998年にかけてむしろ上昇している。それは農村内の郷鎮企業といった非農業部門が次第に多くの労働力を吸収するようになったためである。

それに対して、中国人力資源社会保障部のデータに基づいた「図表Ⅴ-12 社保障の加入人数の推移（2007年～2011年）」によって、公的社会保障の網（社会保険）は現在どこまでカバーしているのかを見ると次のようである。その年の都市と農村就業者総数はそれぞれ31,120万人と46,875万人であり、年金の参加人数は都市25,707万人、農村10,300万人であった。それぞれ都市

3 求められている所得と富の平等化 235

図表Ⅴ－12 社会保障の加入人数の推移（2007年～2011年）

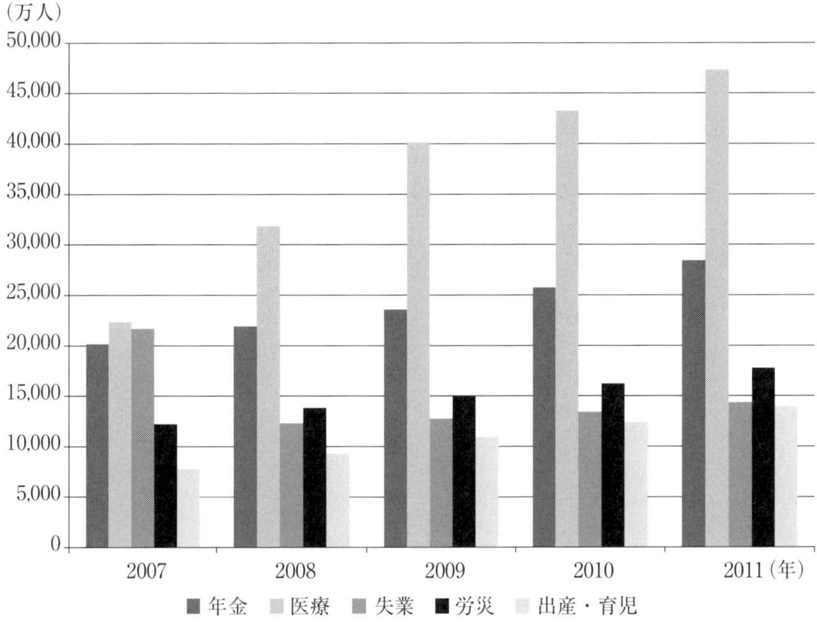

（万人）

```
50,000 ┤
45,000 ┤
40,000 ┤
35,000 ┤
30,000 ┤
25,000 ┤
20,000 ┤
15,000 ┤
10,000 ┤
 5,000 ┤
      0 ┴────────────────────────────────────────
          2007    2008    2009    2010    2011（年）
```

■ 年金　■ 医療　■ 失業　■ 労災　□ 出産・育児

出所：中国人力資源と社会保障部「2011年度人力資源と社会保障事業発展統計公報」、2012年6月5日。

と農村総人口に占める割合は82.6％と22.0％となった。これから明らかなように、農村に関しては制度化された社会保障はほとんど行き届いておらず、人民公社体制が崩れた今日、農民の社会保障は基本的には各地の県レベル以下の基層レベルにおける取り組みに任されている。その結果、沿海地域を中心として郷鎮企業が発達した一部の豊かな農村では、人民公社時代を遥かに上回る充実した無料の社会福祉が実施されているのに対して、内陸地域の遅れた農村では貧困に苦しみ、社会保障どころではない状況に置かれている。

　従って、現段階における中国社会保障の受益者構造から見ると、かつては都市と農村という単純な二重構造であったが、現在では、前者は公有部門と非公有部門、或いは制度化された部門と非制度化部門の2つの部門、後者は

豊かな農村と貧しい農村という、2つの二重構造が出来上がることになった。新しい制度や規則を作っても一律に実施できない状況は、中国において改革を推進し、実効性のあるものにすることがいかに難しいかを示している。

中国における社会保障制度改革の難しさ

　中国の社会保障制度改革は様々な問題に直面している。改革は進んでいるのであるが、まだ十分とは言えず、その難しさはどこにあるのか、及び改革を推進することを制約している要素は何であるか、ということを整理しておくことにしよう。

Ⅰ．参加率と企業の保険料負担回避行動

　上述したように、比較的進んでいる都市部でさえ社会保険への参加率は100％ではなく、また保険の種類によってばらつきが見られる。しかし重大なのは、法律によって決まっているにもかかわらず企業によっては意識的に参加を忌避していることであり、企業が保険料拠出を拒否している例が多々みられた。逆に、法律上保険料を支出しなくともよい郷鎮企業に対し、むりやり保険料を取り立てる地方も見られる。

　さらに、それとは全く逆に「隠れ就職」という現象が見られる。すなわち、レイオフの要件は「職がない」「収入がない」ことであるが、しかし実際には一時帰休者のうちかなりのものが隠れて就職しているようである。労働保障部が北京、遼寧、湖南等八省・市で行った調査では、レイオフ人員のうち約30％が程度は別にして何らかの職と収入を持っていたという。こうした隠れ就職が中国にとって望ましくないのは、彼らには収入があるのに社会保険料を支払わず、企業から宿舎等物的福祉を受け続けているからである。これは従業員の間にも大きな不公平感を与えることになる。

　こうした現象は、中国における制度化の実感を表しており、社会保障制度に限らないが、新しい制度や規則を作ってもなかなか守らない状況は、中国において改革を推進し、実効あるものにすることがいかに難しいかを示して

いる。

Ⅱ．地域間及び制度間における格差

中国の社会保険がまだ全国化していないことから、当然地域的なアンバランスが生まれる。また、上で述べたことであるが、所有制のタイプにより社会保険の普及度は異なっている。さらに、同一企業においても正社員とアルバイトとの間に大きな格差が見られる。中でも社会保障面における最大の格差は都市と農村の間に存在している。こうした格差が大きいと、全国統一化、公平化という社会保障の原則を貫くことは難しくなる。

中国においては地域格差が大きいが、それにある程度対応して社会保障の普及度も違ってくる。社会保障の参加率は沿海地区が一般に四割から七割であるのに対して、雲南、貴州、チベットは二割以下である。農村における社会保障カバー率の格差はさらに大きく、上海はすでに10％以上に達しているが、西部地区は2％そこそこである[10]。最終的には全国統一化された社会保障体制を築く必要があるが、現在のように地域間の格差が大きいとなかなかそうした構想は実現できない。結局は市レベルから省レベルへ、一歩一歩範囲を引き上げていくしか方法がないかもしれない。

ところで、地域間の社会保障格差と所得格差とは決して一対一に対応しているわけではない。北京や上海といった経済の発展した所では総合的に見ても社会保障は発展しているが、浙江や福建のように、経済的には発展しているものの社会保障制度が遅れている地域もある。逆に、寧夏のように一人当たり所得は低いが、社会保障は相対的に進んでいる地域も見られる。このような社会保障制度発達の地域的「温度差」が一体何に起因するのか、所得以外にどのような原因が考えられるのか、これからの研究課題の一つとなっている。

Ⅲ．官僚的利害調整と旧体制の残存

分配体制改革と同じように、社会保障制度改革も多くの部門に関わっており、そこには当然官僚的利害の対立というのが発生してくる。部門と部門、部門と地域との矛盾は社会保障制度改革に対しての官僚体制下における最も

深刻な矛盾であると思われている。例えば、1990年代の初めに、全国的な社会保険改革を推進し、かつ適当に一部門の特殊性を考慮して、中央政府は石炭、電力等11の業種に関して地域から独立した社会保険統一徴収システムを作ってしまった。[11]或いは、企業の年金制度の社会プール化を推進している労働部門と、都市集団企業や個人業者達の年金を取り扱う人民保険公司との確執は凄まじく、また人民保険公司と民生部とは農村年金制度をめぐって激しく対立しているという。[12]

　また、中国が目下本格的な市場体制へ徐々に転換する過程にあるだけに、どうしても旧体制の残渣は見られるし、また人々の古い観念はなかなか抜けきらない。退職後はそれまで勤めていた企業が全面的に生活の面倒を見てくれることこそ「社会主義の優越性」であると信じてきた労働者にとって、一部にしても個人が年金負担しなければならないのはどうしても納得できない。企業にとっても、社会保険の企業負担分は一種の税金と捉えてしまうから必死になって逃れようとする。さらに、中国における「地域主義」は根強く、地域間の所得平準化が進まないのと同様に、保険基金は地域を超えてプールすることはできない。そのためにはもっと強力な中央集権体制が必要である。従って、計画体制時代の古い意識や経済体制が残存する限り、部門や地域を超えた社会保険の全国化はなかなか進まない。

Ⅳ. 資金供給の弱体化

　まず、中国における財政依存度は先進国に比べても低く、財政の中でも中央財政の占める割合は、1994年の分税制改革以後高まったとはいっても、国際比較の視角から見ると余り高くないのである。財政基盤が弱い上に、財政資金はインフラ整備等経済基盤建設に向けられがちであり、社会保障に回せる資金が限られてきている。社会保障制度改革を進めるうえで、政府・財政の力はますます必要になって来ており、そのためにも一層強力な財政基盤を築き上げていくと共に、中央財政と地方財政のより密接な協力関係が築き上げられなければならない。

　また、企業から見ると、全ての業績がよく、成長が速いならば、これまで

のような社会保障制度改革でもやっていけるかもしれない。しかし、全世界に及ぼした金融危機によるデフレ傾向とそれに伴う失業・レイオフの増大といった状況は、社会保障制度の充実を必要とするばかりではなく、制度改革をやりにくくさせている要因ともなっている。先に述べたように、かなり多くの企業が保険料を支払わないことも、突き詰めれば企業業績が伸びず、悪化したためであろう。或いは、もし中国が十分豊かであれば、社会保障制度の改革に容易に取り組めたはずである。しかし、貧しいために資金が不足し、制度改革に取り組めない面がある。まして農村まで含めた「国民皆保険」制度が出来上がるのは、遥かに遠い将来のことであろう。

　さらに、年金制度改革を進め、年金基金を創設することは、単に年金資金の総額を増やしたばかりではなく、有力な貯蓄メカニズムを形成することにもなり、国有企業民営化の有力な手段になるし、また中国の金融・経済発展全体にとってプラスになることは間違いない。しかし、それには資金・資本市場が発達していなければならず、現在の中国における制限された市場では年金基金を創出することは難しい。このように、社会保障制度の確立と改革に当たり、関連する領域の他の制度を同時に整備する必要がある。国有企業改革と社会保障制度改革の関係にしても「鳥と卵」のような関係にある。国有企業さえうまく改革できるなら、少なくとも都市における社会保障制度の改革は遥かに簡単なものになるのかもしれない。

戸籍制度の改革と労働移動の阻害要因の除去
　一般的には、市場経済の浸透を所得格差の原因として指摘したが、逆に市場経済が十分に浸透していないことが格差拡大の大きな原因になっている面もある。特に、労働、資本或いは金融という要素市場について中国全体での統一市場が形成されておらず、都市・農村或いは地域ごとに分断された市場となっており、農業とその他産業間或いは地域間の大きな生産性格差＝所得格差につながっていると思われている。そうした状況をもたらしている諸要因の中でも、戸籍制度は労働移動を阻害し、中国における都市と農村や地域

240　第5章　中国に見る所得格差の現状

間の所得格差拡大の大きな要因となっているものであると言える。

戸籍制度及びその歴史的経緯

　中国の戸籍（中国語では「戸口」という）制度は、日本の本籍登録と住民登録を重ね合わせた機能を持ち、常住地での出生、死亡、結婚、離婚、移動を戸籍登録機関に届け出ることが義務化されている。戸籍登録は、行政機関によって基本的に同一世帯を一つの単位として登録が行われ、最終的に世帯ごとに一冊ずつ世帯全員分の登録事項を記した「戸口簿」を交付することになっている。国家秩序の維持、社会統制の徹底を図る点等では建国初期の工業化過程を支えた反面、都市戸籍と農村戸籍に区分したことにより二元的社会構造が確立され、世界で類を見ない中国独特の制度となった。すなわち、戸籍制度の確立に伴い、都市戸籍保有者と農村戸籍保有者は同じ国民でありながら二元的社会システムの中でそれぞれ生活し、或いは同じ都市という空間の中で特権的都市住民とそうでない農民工が共存し、異なった待遇を受けるという矛盾を内包している。戸籍制度は、中華人民共和国建国直後の1950年7月に制定された「都市戸籍管理暫定条例」によって全国都市部の戸籍登録制度が統一されたことが始まりである。1954年9月に公布された中国初の憲法では「公民の居住、移転の自由」（第90条）を定めている。その後、1958年1月、第一期全人代常務委員会が「中華人民共和国戸籍登録条例」を審議、採択し、その結果、同条例が事実上中国初の戸籍管理制度に関する法規となり、全国規模での戸籍登録制度の普及が進み、一元管理体制が進んだ。1980年代に入り、一部が改正されたものの、同条例が基本的に今日の戸籍制度の法的根拠となっている。「図表Ⅴ－13　中国戸籍制度の変遷」のように、中国の戸籍制度はおおむね五つの時期に分けてとらえることができる。

　第一期では、治安維持や国民登録が主な目的であったため、国民の移動は制限されていない。第二期では、都市部で食糧や日常物資の供給が逼迫し配給制になったことや就業機会が少なかったことにより、国家が配給する食糧を受ける人とそうでない人を厳格に区分するようになり、前者が「非農村戸

3 求められている所得と富の平等化 241

図表Ⅴ－13 中国戸籍制度の変遷

	期間	内容
第1期	1949～1957年	国民に居住と移転の自由が認められた時期。
第2期	1958～1977年	農村から都市への移転が厳しく制限された時期。
第3期	1977～1992年	移動制限が緩和された時期。
第4期	1992～2000年代	戸籍制度改革の試み。
第5期	2010年以後	中小都市への農村住民の移住促進による都市化の推進。

出所：三井物産戦略研究所・中国経済センター　バートル、『戦略研レポート・中国の都市化と社会の根底にある戸籍問題について』(2010年7月)、p. 2.

籍」(都市戸籍)、後者が「農村戸籍」となり移動が厳しく制限された。第三期では、改革開放政策の実施等により農業以外の収入を求める農民に対し、政府は暫定的な都市戸籍を与えるなど移動制限を緩和した。第四期では、1992年の鄧小平氏の「南巡講話」に象徴された改革開放政策が新たな段階に入った時期に、一部地域で都市・農村戸籍一本化の実験や、中央レベルでの改革構想等により戸籍制度改革への試みがなされた。そして2010年の全人代で中小都市への農村住民の移住促進による都市化の推進が打ち出され、戸籍制度をめぐっては新たな局面を迎えている。

戸籍制度に付随する様々な差別

　中国の戸籍制度に由来する各種弊害を端的に言えば、都市・農村の二元的社会構造が戸籍制度によって形成されたことにより、都市部と農村部の経済格差、都市と農村住民の所得格差が生じ、その問題が農村から都市部への出稼ぎ労働者を介し、中国全体の社会問題へと発展したことにある。経済原則からすれば、所得の低い地域から所得の高い地域への労働移動は自然の流れであり、その結果、経済全体の生産性が向上し、所得平準化の力が働く。しかし、中国では戸籍制度により地域間の労働移動が制限されてきたことから、所得の低い農村部には依然として多くの余剰労働力が存在して貧困の改善を妨げている。さらに、農村戸籍者は都市戸籍者と比べて様々な差別的取

242　第5章　中国に見る所得格差の現状

扱いを受けており所得や生活水準の格差拡大の原因となっている。

　職業から見ると、都市への出稼ぎ労働者が就くことの出来る職業は地方政府によって制限されており、低い賃金の3K的職種が中心である。また、出稼ぎの農村戸籍者は弱い立場にあるので、賃金のピンはねや不払いが頻繁に起きていると報道されている。また、社会保障制度上では、農村戸籍者と都市戸籍者では適用される社会保障制度が全く違う。近年の社会保障整備は都市戸籍者を対象に進められており、農村戸籍者を対象とした制度の整備はかなり遅れている状況である。例えば、農村の医療保険制度は全く貧弱で、少し高額な医療費は全て本人負担になっていることから、病気の発生時、病院に収容された農村戸籍者がこれを嫌って病院から逃げ出した事件が多く発生したといわれている。それと共に、農村戸籍者は都市に出て企業で働いても失業保険や年金制度の対象にならないので、解雇されても失業保険は支払われないし、老後の年金はつかない。逆に、各種社会保険の対象にならないので、企業にとっては安価に雇えることから、都市に立地した企業の農村戸籍者に対する雇用ニーズは大きいと言われている。さらに、教育面では、農村戸籍の子供は都市の小中学校には入学できない。そのため、出稼ぎ労働者の子女の多くが義務教育レベルの教育さえ受けられない状態にある。なお、上海市のような大都市には地方ごとに出身者の子供を受け入れる学校が多数作られているということである。農村における教育環境も整備が遅れており、9年制の義務教育もまだ全国に行き渡っていない。地方政府が授業料、実験器材費、軍事訓練費等の名目で費用を徴収する場合が多いため、貧しい農民の場合その費用が払えず、子女が学校に行けないケースもある。こうした児童の数は少なくとも2,700万人はいるという報道もある。こうした状況もあって、都市と農村の高校、大学への進学率の格差は非常に大きい。

　以上のような生活上の差別扱い以外には、農民に対する地方政府の強制的地上げもある。例えば、工場団地の造成、地区の再開発等に際して、地方政府による強制的地上げが行われており、住民が安価な代償で不便な土地に移住させられるケースが頻発している。こうした過程で、4,000万人の土地な

し農民が発生しているといわれている。強制的地上げは都市でも見られ貧困層をさらに貧困化させる原因となっている。これに反対するデモ（抗議行動）が農村、都市を問わずに、頻発している。

　また、都市とは異なり、農村では公共支出が農家の拠出金によって賄われる部分が大きく、農民は農業税等の税負担に加え、郷鎮政府や村民委員会（村の自治組織）から都市住民にはない様々な名目の負担が課されている。例えば、農村教育基金、民兵訓練基金、道路建設舗装基金等が徴収される。それ故に、低所得層の税負担が、都市住民の場合よりも農民の方がかなり重い。

　従って、中国社会の根底にある戸籍制度を背景とする農村・農民・農業、すなわち「三農」問題は、中国の社会・経済が今後持続的に発展する上での不安定要因となりかねない。戸籍制度は、都市と農村住民を異なる社会システムに組み込み、政府の都市重視の政策が農村地域の各種社会インフラの整備と農業の産業化を遅らせることになった。そして、経済発展を最優先事項とした鄧小平氏の「先富論」は、都市と農村住民の貧富の格差を拡大させるとともに、都市部へ流れる農村からの出稼ぎ労働者を中心とする大量の流動人口を生み出した。その結果、都市と農村の格差は都市の内部に持ち込まれ、深刻な社会不安の要因となった。

戸籍制度改革の試み

　中国では1990年代の後半頃から、遅れた地域で小都市の集積を高め周辺農村と一体的な発展を図るという考え方に基づく政策がとられるようになった。そのための重要な手段が小都市における戸籍制度の改革である。1997年から戸籍制度緩和の実験がいくつかの地域で実施されるようになり、それを踏まえて1998年8月中国政府は「『農村戸籍』を持つ者が一定期間小都市で就業し居住していれば、当該都市の戸籍を取得することができる」等の内容の規制緩和を公表した。さらに、中国政府は2001年3月制定の第10次5ヵ年計画で中国全土における「都市化」を重要課題とし、それに合わせて国家発

244 第5章 中国に見る所得格差の現状

展改革委員会が策定した「都市化発展重点計画」では、「いくつかの特大都市を例外とすれば、都市・農村が分断された就業政策を改め、各地区で実施中の農民や外地出身者の就業を制限する政策は廃止する」とされた。戸籍制度についても、2001年3月に「小都市では従来の農業戸籍、都市戸籍という戸籍上の区別を廃止し、戸籍登録は実際の居住地の行政機関で、『居住民戸籍』登録を実施すればよい」とする戸籍制度の大幅緩和方針が発布された。こうした方針の実施は地方政府に任されているが、2003年現在で戸籍制度の改革に着手した都市は中小都市の約50％に該当する2万都市に達し、その後も各地域で戸籍制度改革が進んでいると伝えられている。ただ一方で、北京、上海等大都市の戸籍取得は厳しく制限されたままである他、IMFによれば、緩和されたところでも都市戸籍取得の条件自体が多くの農民にとっては厳しいものであること、出稼ぎ農民に課していた課徴金制度がそのまま残されている場合が多いこと等農民の円滑な移動の実現にはいまだ多くの障壁が残っているようである。

　従って、戸籍制度自体の改革が時間を要すると考えられる一方で、そこから生じている「三農」問題が中国社会全体の問題へと発展した重要なファクターとして、都市部への出稼ぎ労働者である「農民工」の存在を無視することができない。「農民工」は、改革開放政策が実施された1978年の約200万人から2011年末までは、約2億5,000万人に昇った。[13]

　この背景に基づき、2010年、「三農」問題の解決に向けてさまざまな施策の一環として、これまで強調されてきた農村住民の都市部への移住促進策に加え、末端行政区画単位である「県」・「郷」・「鎮」の合併を進めて中核都市（中小都市）を形成し、製造業やサービス業の誘致を通じて農村住民を対象にした就業機会の創出、所得拡大につなぐ新たな取り組み方針が打ち出された。

　それを受けて、中国各地方政府レベルで独自の戸籍制度改革の試みも始まっている。しかし、具体的な施策においては、各地域の状況が異なるため、各地の実情に合わせた改革の試みが個別に行われており、1992年より広東

省、浙江省、山東省、山西省、河南省等で過度的措置として、「当地限定都市戸籍」、すなわちその地域だけに有効な都市戸籍制度を実施してきた。これに従って、現段階の戸籍制度改革は、全国規模での抜本的・統一的な解決までの道程は遠いと言わざるを得ないと見られている。

戸籍改革のうち、上海市は、2009年から、「居民証」保有者が一定の条件（「居民証」取得後7年経過、社会保険加入年数7年、所得税の納税、専門技術資格保有（「国家2級以上職業資格証書」）、無犯罪歴の6点）を満たす者に同市の「常住戸籍」を取得できる制度を開始した。

広東省では、2010年1月1日から、同省の戸籍を持たない農民工を含む流動人口に対し、これまで省内の深圳市や広州市で交付してきた臨時的な居留証であった「暫住証」の発行を取りやめ、省内の福祉サービスが受けられる「居民証」を発行した。さらに、同「居民証」取得後7年経過し、かつ納税義務を果たすなどの条件をクリアすれば、「常住戸籍」の取得も可能とした。2010年6月7日、同省戸籍を持たない農民工など流動人口に対し、個人の資質や就労状況などを点数制で評価し、高得点で合格した人から順番に都市戸籍への移転を許可する新戸籍制度を発表した。

深圳市では、1980年代初頭、経済特区のとして、技術保有、投資、納税、社会貢献、大学入学等の条件を満たした者に対し、市の戸籍を与えた。2008年、安定した職業と決まった住所を有する者に対し、「居民証」を発行し、「深圳市居民」に認定する制度を実施した。「居民証」の交付を受けた流動人口の子女は都市戸籍の子女と同様の義務教育が受けられる。また、「居民証」の取得後10年経過すれば、都市戸籍住民と同じように社会保障も受けられるとした。

鄭州市では、2001年、制度の大幅緩和を始めた。住宅の購入、企業設立、高学歴の3条件のいずれかをクリアした者に対し、同市の戸籍を付与する制度を実施した。2003年、年戸籍制度を全廃し、市内に居住する親戚や知人さえいれば、誰でも同市の戸籍を取得できることとした。しかし、急激な人口増加（約25万人）に都市機能が対応できず、2004年に前年に実施した措置を

暫時停止した。

　他には、2008年末までに、河北省、遼寧省、江蘇省、浙江省、福建省、山東省、湖北省、湖南省、広西チワン自治区、重慶市、四川省、陝西省、雲南省の13省直轄市自治区で相次いで「農業戸籍」と「非農業戸籍」の区別を撤廃し、都市と農村の戸籍登録制度の一元化を実施した。成都市は2009年1月より都市・農村住民が一体化した医療保険制度を導入してきた。

　従って、こうした中国の現行戸籍制度は、人口動態の把握や国民の身分証明をはじめ、都市人口の爆発的増加の抑制、社会の安定を図る意味では一定の役割を果たしてきたと考えられる。しかし、一方では中国社会の変容や時代の変化に伴い、結果的に、戸籍制度により固定化された二元的社会構造が経済発展を阻害しており、かつ政治、経済、文化教育など社会的資源配分に多くの歪みをもたらした。中国政府は、戸籍制度改革をはじめ農村重視の姿勢を強め、各種の政策方針を示しているが、半世紀にわたって固定化された戸籍制度を短期間で改め、各種弊害を除去し結果を出すのは容易なことではない。

4　胡錦濤・温家宝政権の平等化政策

　2004年頃から、胡錦濤・温家宝政権は「社会主義和諧社会」という言葉を打ち出した。これは高度経済成長の陰で噴出しているさまざまな社会問題への政策的、計画的な対応であり、社会主義和諧社会は経済最優先から社会重視への国のイメージチェンジとも言える。しかし、中国の複雑な社会構造を考えると、所得格差につながる諸制度改革を一挙に進めていくことは困難であるが、中長期の持続可能な発展の基礎を強化する観点からも、都市・農村間の格差につながる民生を重視する諸政策や最優先課題としての「三農問題」の解決が求められている。

　従って、本節では上述のような状況を踏まえ、「第12次5ヵ年計画」を中心に、胡錦濤・温家宝政権の経済政策の内容とその展開を整理することを通じ、富の平等化において重点的に取り組まなければならない問題点とその解

決策について検討する。

「第12次５ヵ年計画」から見る胡錦涛・温家宝政権の経済政策

⑴ 「第12次５ヵ年計画」の重要課題とその目標

「中華人民共和国第12次国民経済・社会発展５ヵ年要綱」（以下、「第12次５ヵ年計画」）は、５ヵ年計画は中期の政策運営方針であり、経済発展方式の転換を期間中（2011～2015年）の最重要課題に位置付けたとの評価が一般的である。

「第12次５ヵ年計画」は、主として経済構造を転換させ内需主導の経済構造を構築すると共に、所得分配を平等化することであり、次の４点に重点的に取り組んで行く方向性が明らかにされた。

第一に、市場メカニズムを健全化し、経済の活力を高める。

第二に、所得分配の平等を図る。

第三に、都市と農村の格差縮小し、「二元」の社会構造を解消する。

第四に、政府の収入増を抑え、小さな政府を構築する。

ここで打ち出されている方向性を見ると、主に内需拡大、格差の縮小と小さな政府の構築という３点に集約される。中国経済と社会の現状を踏まえれば、全く正しい試みといえる。ちなみに、第12次５ヵ年計画に盛り込まれている「10大任務」とは以下に示す通りである。それは上の４つの方向性を具体的な政策にブレークダンしたものである。これからの５年間、具体的に何をやっていくかの柱になるものであると思われている。

① 内需拡大戦略を堅持し、経済の平穏で比較的速い発展を維持する。

② 農業の現代化を推進し、社会主義新農村建設を加速する。

③ 現代産業体系を発展させ、産業のコア競争力を引き上げる。

④ 地域の協調的な発展を促進し、積極かつ穏当に都市化を推進する。

⑤ 資源節約型・環境友好型社会の建設を加速し、生態文明の水準を引き上げる。

⑥ 科学技術・教育興国戦略と人材強国戦略を深く実施し、イノベーショ

ン型国家の建設を加速する。

⑦　社会建設を強化し、健全な基本公共サービス体系を確立する。

⑧　文化の発展・大繁栄を推進し、国家の文化ソフトパワーを引き上げる。

⑨　改革の堅塁攻略の歩みを加速し、社会主義市場経済体制を整備する。

⑩　互恵とウィンウィンの開放戦略を実施し、対外開放水準をさらに高める。

　具体的には、同計画の第一編が計画期間中の全般的な課題や主要目標を凝縮した総論である。第一編第2章は指導思想と題され、「科学的発展観を主題とし、経済発展方式の転換加速を主線（＝主要路線）とする」ことを提唱している。科学的発展観と経済発展方式の転換の関係についても言及し、経済発展方式の転換が「科学的発展観で必ず通らなければならない道」と定義した。これらを総合すると、経済発展方式の転換が期間中の最重要課題と位置付けられようになると言える。

　「第12次5ヵ年計画」第一編第3章において、経済発展、科学技術・教育、資源・環境、人民生活のような4分野の24項目が主要数値目標として掲げられている。主要目標の内、最も注目されるのは実質GDPの年平均成長率である。7.0％という水準は、「第11次5ヵ年計画」期間中の年平均11.2％の実績を大きく下回るのみならず、第11次5ヵ年計画で設定された成長目標よりも0.5％ポイント低いものであった。成長率目標を7.0％とした主な理由の一つは、1人当たり実質可処分所得の伸び率に関する目標との整合性確保であると思われている。消費主導型の成長や国民の生活水準向上等を勘案した経済発展方式の転換を目指す場合、1人当たり可処分所得の持続的拡大が不可欠である。それ故、「第12次5ヵ年計画」の原案段階において、「個人所得が経済発展とほぼ同率で伸びること」が提案されたのであろう。中国の2000年以降の実質GDP成長率と1人当たりの実質可処分所得の増加率をみると、前者が後者を総じて上回っている。これらを考慮し、1人当たりの実質可処分所得の年平均伸び率が7％超、実質GDP成長率は年平均7％と、実現可

4 胡錦濤・温家宝政権の平等化政策 249

能なペースで個人所得の伸びが経済成長率を少しでも上回る構造への転換を
念頭に置きながら、中央政府はこの目標を設定したとみられる。

⑵ 「第12次 5 ヵ年計画」の「主線」としての経済発展方式の転換

　2006年からの第11次 5 ヵ年計画や第17回共産党大会の政治報告は、投資主
導型の経済成長を改め、消費主導型成長への転換を目指している姿勢を内外
にアピールする内容となっていた。しかしその後、2008年のリーマンショッ
クに端を発した世界金融危機により、 4 兆元（約60兆円）規模の景気刺激策
の実施や金融緩和といった景気対策が優先され、経済成長方式の転換は棚上
げされた。エネルギー消費量の削減も、第11次 5 ヵ年計画で示した目標達成
が一時危ぶまれる状況に陥った。胡錦濤・温家宝政権は「第12次 5 ヵ年計
画」において、経済発展方式の転換を再び図ろうとしている。 5 ヵ年計画の
性格上、「第12次 5 ヵ年計画」は数多くの目標や重点プロジェクトを盛り込
んでいるが、経済発展方式の転換を同計画の最重要事項としていることは明
らかである。

　こうした施策の背景には主として、内外環境の変化に対する危機感から、
経済発展方式の転換を提起したと考えられるが、中国にとって有利な条件が
揃っている時期にこそ、転換を図るべきという考え方も併記されている。科
学技術発展における後発の優位性、中国市場における巨大な潜在需要などが
有利な条件としてあげられている。試練はチャンスでもあるという主張のよ
うに、転換を説得するための論理展開を示したに過ぎない要因も含んでいる
ものの、総じて客観的な理由に基づき、今が好機と判断し、経済発展方式の
転換を最重要課題と位置付ける「第12次 5 ヵ年計画」が策定されたことは注
目に値する。

　また、経済発展方式の転換の国内要因も回避することができないことであ
り、これは「中等所得国から中等先進国に移行する重要段階であるだけでな
く、矛盾が増大し、高みを目指して登り峠を越えるカギとなる段階でもあ
る」としており、間接的な表現ながら、中国経済が「中所得国のワナ」に陥

250　第5章　中国に見る所得格差の現状

るかどうかの岐路に立っていると言える。同時に、政府が資源や環境面における制約の増大や様々な不均衡（所得格差、投資－消費等）に直面し、投資偏重で量的拡大志向の強い「伝統型成長モデル」が継続困難になっていることを認めた。加えて、生活水準の質的向上を目指す取り組みで進展がみられながらも、住宅、医療・衛生、環境保護、社会保障などの面における大衆の期待との間での「かなり大きな開き」、すなわち、現行の取り組みでは国民の生活面での要望に応えきれていないとの見解がある。

　消費拡大に向けて、「第12次5ヵ年計画」は「個人所得の増加加速」及び「住民の消費期待の改善」の2つを掲げた。そして、この2つを実現するための主な取り組みを示したのが第八編であり、生活水準の向上や社会保障制度の拡充について言及していた。具体的には、その第八編は7つの章に表わされ、重要ポイントは次のようである。

　第一に、公共サービスの面では、サービスの範囲や基準を明確化した上で、政府による財政支援制度の改善や管理責任の分担（中央―地方）を推進し、基本公共サービスの提供における競争メカニズムの導入、非基本公共サービスでの参入規制を緩和する。

　第二に、雇用については、税金や費用の減免、研修補助金支給等の措置を通じ、大卒者、農業からの移転労働力、都市部の就職困難者の就業を促進し、就職に関する情報提供や統計の整備及び起業の奨励等にも注力する。

　第三に、所得分配については、税や社会保障による再分配機能の強化し、期間中、最低賃金水準を年平均13％以上引き上げるとともに、賃金の増加及び支払いを保障するための仕組み（賃金ガイドラインの策定、賃金に関する集団協議の奨励）を整備する。

　第四に、社会保障の面では、農村部における新型社会養老保険（年金）による全面カバーの実現や都市部における職工の移動に伴う年金のポータビリティ事務の確実な実施、最低生活保障水準の適正な引き上げ（都市・農村いずれの水準も、期間中年平均10％以上引き上げ）を推進する。

　第五に、医療衛生制度については、重大な伝染病や風土病等の予防及び発

生時の対処能力を強化しながら、医療施設や医師へのアクセス難の解消や薬価の見直しに注力する。

　第六に、住宅問題については、福祉的住宅建設を推進する上で、地方政府が地元の住宅価格の安定等に責任を負いながら、税制や金融による需要の合理的誘導を促進する。

　第七に、人口問題については、「1人っ子政策」を基本国策として堅持しながら、シルバー産業（介護サービス）の育成や民間資本による参入奨励等を促す。

　さらに、個人所得増加の具体策として、①起業を含む就業機会の拡大、②個人所得税の課税最低限や税率の見直しによる低・中所得者層の税負担の軽減、③最低賃金水準の引き上げ、賃金ガイドラインの策定や賃金に関する集団協議の奨励といった賃金の適正水準での増加及び支払いを保障するための仕組みづくりなどが盛り込まれた。特に、最低賃金水準の引き上げでは、年平均13％以上という数値目標も明記されている。あらゆる方面から、所得を増やし、消費の底上げにつなげようとする政府の姿勢が強くうかがえる。なお、就業拡大措置の重点対象に、大卒者、農業からの移転労働力、都市部の就職困難者をあげている。こうした人々が都市において苦しい生活を強いられ、社会不安のリスクが高まっていることに配慮したものと考えられる。「住民の消費期待の改善」関連では、①農村部における新型社会養老保険（年金）による全面カバーの実現、②都市部における職工の移動に伴う年金のポータビリティ事務の確実な実施、③最低生活保障水準の適正な引き上げ等の措置が示された。最低生活保障水準については、都市、農村それぞれ、年平均10％以上引き上げるという数値目標も付記されている。記載内容は、将来に対する不安を除去し、個人の消費マインドを高めるために社会保障制度の拡充を加速させたい政府の意向が強く反映されているといえよう。

⑶　「第12次5ヵ年計画」に重要視された所得格差の是正

　第12次5ヵ年計画では所得格差を縮小し、都市と農村からなる「二元」社

252　第5章　中国に見る所得格差の現状

会の構造を解消するとしている。しかし、問題の解決はそれほど簡単なことではない。

　所得格差の拡大は市場競争促進による必然的な結果である。市場経済の特性は市場メカニズムに則って資源分配と所得分配を行うことであり、その結果、強い者はさらに強くなる傾向がある。一般的には、所得分配は第1次所得分配と第2次所得分配に分けることができる。また、第1次所得分配は国民所得が労働分配率と資本分配率に分けられ、中国では労働分配率はわずか40％しかなく、それに対照して、日本とアメリカはそれぞれ62％と78％である。労働分配率が低く抑えられた結果、低所得層が増える。資本分配率が高いため、国家と企業がより多くの所得を手に入れている。最近、中国の国内では、「国富民窮」、すなわち、国は豊かになったが、民は依然として貧しいという問題が提起されている。「第12次5ヵ年計画」では、国を強くし民を豊かにする「国富民強」が目標になる。

　そして、第2次所得配分は所得課税によって各所得層間の所得再分配を進めることである。しかし、中国の現状では、富裕層に対する課税は必ずしも十分ではない。例えば、所得課税は日本に倣って累進課税であるが、実際に累進課税の対象とされているのは賃金所得のみである。それ以外の雑所得は定率課税となっている。富裕層の所得構造を見ると、賃金所得よりも、資産所得や移転所得が圧倒的に大きな比率を占めている。従って、中国の現行の所得税は富裕層にとって有利な税制になっている。さらに、財産移転にかかる相続税や贈与税の課税が未だに導入されていない。

　現行第12次5ヵ年計画では、発展方式の転換に加え、「人民生活の改善を図ること、そのために、都市部で新たに45百万人の雇用機会を創出し、経済成長と同程度（7％程度）の収入の伸びを実現すること、合理的な所得分配状況を速やかに形成すること、社会保障制度を改善していくこと」が目標として明示的にうたわれ、成長の成果が広く一般に行き渡ることが目指されている。

　所得格差是正の最も有効な直接的手段は、最低賃金の引き上げである。

2012年2月8日、全国ベースの5ヵ年計画に対応して、労働・社会保障部、財政部、発展改革委員会、教育部等関連7部門が共同で発表した「促進就業規画（2011年〜2015年）」では、計画期間中の最低賃金水準の年平均伸び率を13％以上としている。これは、5年で最低賃金水準がほぼ倍増することを意味するし、大部分の都市部では、最低賃金水準の当該地区平均給与に対する比率が、現在の20〜30％から40％以上にまで上昇するという。また、同規画によっては、都市部の就業者を4,500万人、農村から移動してくる労働者を5,000万人増やし、95％以上の都市部で就業支援サービスプラットフォーム（基層労働就業服務平台）を設立し、職員組合の形成を促進する上で集団交渉による賃金引上げのメカニズムを強化することになる。具体的には、現在、このメカニズムを有している企業は全体の50％程度だが、これを2015年までに80％に引き上げるとしている。[14]

　しかし、格差の主たる原因が、収入にあるのか富の所有にあるのかについての認識がなお共有されておらず、またアプローチを市場経済理論に基づくものとするのか、中国の実態を踏まえたものとするのかの違いもあり、格差に対する共通の認識ができておらず、是正のための方策については、なお様々な意見があるようであり、同規画でも、「収入分配改革方案」については引き続き検討し、細部をまとめるのになお一定の時間が必要であるとされている。

⑷　「第12次5ヵ年計画」の構成要素としての税制改革

　マクロレベルで国家経済を管理するための重要な手段である租税は、「第12次5ヵ年計画」でも重要な構成要素となっている。当該計画を実施するための税制改正や経済活動をより高いレベルに発展させる上で阻害要因となっていた制度を排除するための改革が予定され、今後5年間及びそれ以降の租税政策が示されることが期待されている。当該計画で提示されている税制改正案のうち、主要なものは次の通りである。

　まず、増値税と営業税については、①現行の物品サービス税の体系におい

254　第5章　中国に見る所得格差の現状

て、増値税は物品の販売に対して課税され、営業税はサービスの提供、無形資産の譲渡および不動産の売却に対して課税されている。②仕入税額控除（相殺）が認められていない現行の営業税の仕組みはサービス提供に対し二重（多重）課税をもたらし、サービス産業の発展の妨げとなっている。③ただし短期的に、物品の製造に密接に関連する一部のサービス（運搬、組立ておよび据付けなど）は、試験的に増値税の対象に組み込まれる可能性がある。

　また、消費税については、①現行法上消費税の対象となっている物品の一部はもはや「ぜいたく品」とみなすことはできず、故に、もはや消費税の対象とはならないものである、②貴重な資源の過剰使用を減らす目的で、消費税の適用範囲を拡げ、高エネルギー（資源）消費製品および環境汚染製品を含める可能性がある。消費税の対象となる製品に関する更なる指針が求められる、③消費税は、もともと高率の営業税の対象となっている一定の高級娯楽サービスにも課税されることとなろう。

　さらに、企業所得税については、①2008年以降、中国は企業所得税制度を大幅に改正してきた。よって、向こう5年間において、企業所得税制度に関する重要な改正は計画されていない、②しかし、租税政策担当責任者が指摘しているとおり、現行の企業所得税制度を改善する必要性はまだあり、科学技術の革新（ソフトウェア産業、IC産業など）を促すことは最優先事項となろう。

　そのほかには、本計画において、資源税の適用範囲が拡大され、かつ課税標準が修正され、また、現行法上天然資源に課されている一定の付加金が撤廃されるか、もしくはこれが資源税に組み込まれることになっている。さらに、現行の汚染物質の排出に対する付加金が、汚染物質排出にかかる環境税に置き換わることになっている。

　中国共産党中央政治局は2012年7月31日に会議を開き、この会議では「安定的経済成長の維持」の新たな意味が提起された。現在のマクロ調整において、「安定的経済成長の維持」を一段と重要な位置に据えた上で、改革・イノベーションを活発化することも強調された。

そのうち、既に始動している営業税から増値税（付加価値税）課税への試験的切り替えの対象範囲の拡大は、構造的減税政策の大きな一歩であり、2012年下半期及び2013年は、引き続き積極的に推進するべきである。注意しなければならないのは、営業税から増値税課税への試験的切り替えを実施した後、一部の業種と分野では税負担が増加することである。これに対し、いち早く対策を講じる必要があり、営業税から増値税課税への試験的切り替えが、企業の経営にもたらす不利益を軽減するべきである。

その他、構造的減税政策は企業の自主的なイノベーション等の生産・経営活動における研究・開発関連の資金投入も対象範囲とするべきであり、所得税の控除・免除などの税収面での優遇策を徹底する必要がある。企業の設備の刷新と技術革新の実施を財政面から誘導することで、経済効率を上げるための良好な基盤を築くことになる。

構造的減税政策以外にも、不合理な費用の徴収や罰金などの税収面以外での負担を軽減することが不可欠である。構造的減税政策が確実に効果を発揮し、多数の企業がより多くの優遇を受けられることで、企業が発展する潜在力を引き上げ、良好な市場環境の構築を実現する。

胡錦濤・温家宝政権の最優先課題としている「三農問題」

(1) 「三農問題」と三農政策

第2節で、中国における所得格差の中には、都市と農村の格差は最も深刻であると見られた。それ故に、都市と農村の格差是正は特に重要な課題となっている。2011年の中国では、総就業者7億6,105万人のうち、農村は54.4％を占め、しかも総就業者の36.7％が農業を初めとする第一次産業で働いていた。これによって、中国は依然巨大な農村人口を抱える農民国家なのであると言える。

中国では、1980年代後半からの体制改革の重点が農村から都市へ移されたにつれ、農業、農村、農民問題の重要性に対する認識は比較的低下していった。従来の農業搾取、農村軽視、農民差別が存続した結果、食糧を初めとす

256　第5章　中国に見る所得格差の現状

る農業生産が不安定となり、学校教育、医療といった公共サービスの供給が不足し、農村の疲弊、荒廃が目立つようになった。それに伴い、農家の所得増が減速し、都市住民との所得格差が拡大してきている。こうした状況が2000年代に入ってから顕在化され、「三農問題」の解決なくして持続的な経済成長がありえないという認識は、共産党の指導部を含め広く共有されるようになり、中国は再び農村に目を向けざるを得なくなった。

　2003年、胡錦濤・温家宝政権が発足した後、政府は「三農問題」の解決を最優先の政策課題に位置づけた。翌年から7年連続で「三農問題」に関する政策文書を「中央1号文件」として発布した。共産党中央と国務院との連名で発布される「中央1号文件」は当年の最重要政策課題を扱うものとして慣例化され、政府の社会経済政策に対する基本姿勢を知るシグナルとして社会的に認知されている。これは「三農問題」の深刻化・顕在化の必然的な帰結であり、中国政府が「三農問題」の解決に本気に取り組もうとする強い決意の現れであると言えるが、同時に、「三農問題」の解決がいかに難しいかも窺われる。さらに、総人口の約3分の2を占める農民の収入を底上げし、個人の消費拡大で経済の高度成長を実現していく必要性があり、農村都市間の所得格差を是正し安定した社会秩序を維持することも経済成長にとって必要不可欠の条件であると考えられる。

　こうした考えに基づき、「三農問題」を解決する施策は、「三農」への投資を重点に、内需を拡大させ、積極的な財政政策を実施していく方針が示された。具体的にはまず、農村インフラ建設及び社会事業の発展に向けた投資を大幅に増加させ、固定資産投資の予算に占める農業、農村の比重を高め、新規に増発される国債の使途を「三農」に傾斜させていくことや、農業補助金をさらに増加させることなどが打ち出されている。また、出稼ぎ労農者（中国語で農民工という。）の就業を積極的に拡大していくことも強調した。農民工の就業面での難しさや賃金の低下といった問題に対して、関係部門が有効な措置を取り、農民の収入増加に努力していくことが求められた。他方では、中国政府が消費拡大の切り札として期待するのが農村市場であり、農民

の収入増加により、農業、農村の発展を図り、中国の経済発展を活性化するという方針も示している。

(2) 新農村建設の展開

　中国の農村社会は血縁・地縁関係の上に成り立っており、限られた範囲内では相互扶助の原理が働き、共同体的な生活がある程度できるようになっていた。しかし、学校教育や医療、道路のような生活インフラ、文化施設など現代社会にとって必要不可欠な公共サービスの供給は村民同士の力だけでは不十分である。人民公社が解体した1984年以降、村民に最低限の医療サービスを提供する合作医療制度が消滅した。1994年の税制改革をきっかけに、農村教育への財政投入が激減し、農村部の教育はもっぱら農民からの課徴金に依存せざるを得ない。ほかに、道路の建設費も農村幹部の給与や事務経費まで農民が負担しなければならなかった。村民自治という名の下で、農村は高度成長の外に放り出されたのである。その結果、高い教育費の重圧に耐えきれず子供を学校に行かせなくなった農民が続出し、高い医療を払えず病気にかかっても必要な医療を受けられない、或いは、病気や天災でたちまち貧困に陥ってしまう現象も珍しくない。学校教育や医療といった公共サービスはきわめて貧弱な状態にあり、農村の荒廃、疲弊はだれの目にも明らかであった。2006年に、「中央1号文件」の表題に「新農村建設」が躍った。

　第一に、農村部の小中学校を対象に授業料・教材の無償化を実施し、貧困地域では寮生活を送る生徒に生活補助金も支給する。

　第二に、農家人口を対象に新しい農村合作医療制度を導入、普及する。また、制度の有効性を高めるために、農家の納める保険料を安くし、中央と地方政府が保険基金の主要部分を負担する。

　第三に、農村の道路、図書室等生活インフラの整備を加速し、必要な財源を中央と地方政府が分担する。これは新農村建設構想の三つのポイントである。高度成長が続き、中央の財力が強大化したこともあり、新農村建設の成果に目を見張るものがある。中卒までの9年制義務教育が全国農村で完全実

258　第5章　中国に見る所得格差の現状

施され、農家は子供の教育費の重圧から解放された。医療保障において、地域間の格差が大きく、入院患者の医療費のみを対象とする地域も多いが、9割以上の農家人口が新型合作医療制度に加入し、病気で一気に貧困化してしまうことは少なくなっている。9割超の自然村まで舗装された道路が開通し、上水道、図書室、医務室などの普及率も大幅に向上している。

(3)　農民の収入と政治的権利

　公共サービス等の整備に注力する一方、中国政府は政治面においても農村重視の姿勢を打ち出している。本来農業従事者にすぎない農民は、中国では身分のような意味合いを併せ持っている。1980年代以降、農村工業の発展で多くの農業戸籍者＝農民が工場で働き、1990年代以降、都市への出稼ぎで数多くの農民が離村するようになった。ところが、離農しても離村しても、当人の戸籍の転出入や農業から非農業への転換が認められず、農民という用語法は次第に実態からかけ離れ、ある種の身分と化してしまった。農民工は、非農業戸籍の都市住民が享受する教育、医療・年金等の社会保障を受けられないばかりでなく、この不公平さを変えるための意思表示も十分には出来ずにいる。人民代表大会という権力機関はあるものの、各レベルの代表を選ぶ際に、農民と都市民の間に大きな不平等が横たわっていた。

　2010年の全人代において、全人代の代議員選出方法についての審議が行われ、これまでの人口比で見た都市優遇の規則を改め、農民の発言力を拡大する法改正に着手することを決定した。日本の国会議員に相当する「人民代表」一人を選ぶ人口は現在、農村と都市が「4：1」の比率となっているが、2011年までに「1：1」に改めるとし、省自治区など地方レベルの人民代表大会の代表選出の際も同様に行うとした。今回の法改正によって、都市と農村の一票の格差が是正され、国政における内陸部、農村部の発言力が向上し、政治の民主化が促進されると指摘されている。換言すれば、中国の今後の発展戦略はこれまでの「農村を犠牲にして都市部の工業化を優先する」段階から「農村と都市の均衡を図る」段階に入りつつあるとも言える。

改革開放の30年余り、農家の所得は7倍増大し、農村部の絶対的貧困人口は1978年の2億5,000万人から2007年の1,500万人程度まで減少した。高度成長が広大な農村住民にも多くの果実をもたらしていることは紛れもない事実である。しかし他方、都市と農村の間に所得格差が広がり続け、新政権発足時には3.2倍となった。絶対的貧困人口も、世界銀行の基準で測るなら、いまだ1億数千万人に上っている。農民の相対的、絶対的貧困は依然として深刻な問題であり、背景に農民の政治的権利に対する制度的差別がある。農民の経済的貧困はその政治的権利の欠乏に由来し、農業問題も農村問題も実にこの農民問題に帰すべきだといっても過言ではない。

近年、非農業戸籍の都市住民を対象としていた諸制度を農民にも適用しようとする動きが広がっている。例えば、①2004年より一定の所得を下回る農民に最低生活保障制度を適用し生活費の補助を行うこと、②2008年より都市部で働く農民工に労働諸法の適用を徹底し、採用、賃金等で農民差別をなくすこと、③2009年より定年（女性55歳、男性60歳）を迎えた農民に新型農村養老保険制度を新設し、国民皆保険を実験的に始めたこと、④2010年より1980年代以降生まれの新世代農民工の都市定住を促進し、そのための制度改革を加速すること、などである。

要するに、中国政府は、長年置き去りにされた農民の国民としての権利回復をようやく意識し、そのための努力を払おうとしている。作られた差別を正すのには人為的な努力が必要ということであると思われている。胡錦涛・温家宝政権発足後、農村都市間の所得格差が拡大し続けており、問題の根深さも窺われる。しかし、農家所得の伸び率が向上し、近い将来、格差縮小への転換が期待されている。

中国は今後も農村都市間の格差是正がどこまで実現でき、どれぐらいの年月を要するかである。農民は、今まで国から搾取され続けただけに、近年の農政転換を歓迎し、いまのところ、増収と権利拡大の歓喜に浸っている。ところが、2010年3月の選挙法改正で、農民と都市民の政治権利が同じように改められている。高い教育を受けた農民は今後、自らの政治権利に目覚め、

260　第5章　中国に見る所得格差の現状

自分たちの貧困状況が実に長年の制度差別に起因したものだと気づくように
なれば、その喜びは一転して社会への不満に変わるかもしれない。特に、高
度成長が終わり、パイが増大しなくなると、現状への不満が何らかのきっか
けで一気に噴出する危険性も依然としてある。中国政府は様々な事態を想定
し、問題の発生・拡大を未然に防ぐことができるのか、政権の真価が問われ
ている。

⑷　貧困問題への取組み

　中国は約13億4千万人を抱える人口大国であり、しかも低所得の発展途上
国であるため、貧困は発生しやすいと考えられる。1980年代半ばから貧困削
減政策を明示的に掲げ、「国家八七扶貧攻堅計画（1994～2000年）」、「中国農
村扶貧開発綱要（2001～2010年）」、「中国農村扶貧開発綱要（2011～2020年）」
といった計画を策定・実施してきた。

　2011年11月16日、中国国務院弁公室は、2001年以来10年ぶりとなる「農村
貧困削減に関する白書」を発表した。高成長を続け、GDP規模で世界第二
位となった中国であるが、所得格差が拡大する中で、貧困問題の解決は、依
然として重要な政策課題になっていることが改めて示された。

　白書によれば、農村貧困人口は2000年の9,422万人から、2010年末には
2,688万人、対農村総人口比で見ても、10.2％から2.8％へと大幅に減少し
た。同期間、592の貧困救済重点地域で、一人当たり生産額は2,658元（約3
万9,870円）から11,170元（約16万7,550円）、年平均17％上昇、また農民一人
当たり収入は1,276元（1万9,140円）から3,273元（約4万9,095円）、年平均
11％（何れも物価上昇分未調整）の上昇と、何れも全国平均を上回った。貧困
救済目的の中央・地方の財政支出は、2001年の127.5億元（約1,912億5,000万
円）から2010年349.3億元（約5,239億5,000万円）に増加し、10年間の総支出
は2043.8億元（約3兆657億円）にのぼった。このうち、中央の支出は2001年
100億元（約1,500億円）から2010年222.7億元（約3,340億5,000万円）へと年
平均9.3％の増加し、10年間の累計投入額は1,440.4億元（約2兆1,606億円）

である。総支出2,043.8億元（約3兆657億円）の71.3％にあたる1,457.2億元
（約2兆1,858億円）は、中央・地方政府が指定した貧困救済重点地域に投入
された。その後、2011年12月、財政部が明らかにしたところによると、貧困
救済目的も含め、農村支援の中央の財政支出は、2010年1,618億元（約2兆
4,270億円）、2011年2,000億元（約3兆円）以上（うち貧困救済目的は270億元、
約4,050億円）、2012年も大幅に増やし、特に貧困救済目的予算は前年比20％
以上の増加を示している。白書では、中央・地方の貧困救済対策の特徴とし
て、以下の3点が指摘されている。

　第一に、資源の開発や商品の生産増を通じ、貧困地域が市場原理に誘引さ
れて自立的に発展できるようにする。

　第二に、貧困救済開発規則に沿い、毎年、貧困救済重点地域を対象に財政
資金や外部資金（援助資金）を不断に投入し、党、中央政府、各地方政府、
軍、警察など関係組織が一丸となって取り組む。

　第三に、地域内の相互扶助、地域の主体的な参加を図る。

　中国では以前から、急速な経済成長に比し、貧困基準の引き上げが追いつ
いていないとの認識から、基準は年々引き上げられてきた。以前は絶対貧困
と低収入者が区分され、2007年時点で、年間収入ベースで、絶対貧困は785
元（約1万1,775円）以下、低収入1,067元（約1万6,005円）以下とされてい
たが、2008年に貧困基準として1,067元（約1万6,005円）に統一され、2009
年～2010年には、これが1,196元（約1万7,940円）に引き上げられた。さら
に、2011年、上記白書の発表後の中央貧困救済（中国語では「扶貧」）開発工
作会議で2,300元（約3万4,500円）にまで引き上げられた。2010年末の同工
作会議では1,500元（約2万2,500円）とする案が検討され、2011年4月に同
案が国務院に提出され、その後、1,800元（約2万7,000円）、2,300元（約3
万4,500円）等複数の案が検討された模様であるが、最終的に、大幅引き上
げとなる2,300元（約3万4,500円）が採用された。中国にとって、貧困基準
の引き上げは、国内的には貧困問題、所得格差問題を政府が重視しているこ
とを示す意味がある一方、対外的には、中国がなお多くの貧困人口を抱えた

262　第5章　中国に見る所得格差の現状

途上国であることを主張できるという二重の意味があると思われる。

　従って、貧困ラインの定義見直しに合わせて、将来的に、低保のラインも引き上げられ、また、その他の一般的な貧困救済関連支出も増加することになると思われている。後者の大部分、少なくとも70％以上が貧困地域のインフラ整備に当てられ、農民に直接行き届く分は少ない。貧困救済重点地域への一般的な貧困救済関連支出が、当該地域のインフラ整備に対する中央からの財政補助という色彩が強いのに対し、低保は言わば生活保護手当で、直接貧困層に現金が支給されるので、所得再配分効果は高いとみられている。それ故に、中国では、従来のインフラ整備に充てる貧困救済関連支出を通じて貧困救済に一定の効果は挙げてきたものの、所得格差の是正までは図れなかった。このため、近年においては、所得分配に直接影響を与える低保に力を入れるようになってきたというのが現状である。もとより貧困解消⇒格差是正⇒消費拡大のルートを確保することは、現行12次5ヵ年計画で目指している内需主導型への発展モデルの転換のためにも不可欠となる政策課題である。貧困削減をめぐる中国のこれまでの顕著な成果と、他方でその過程で生じた所得格差の拡大という現象は、貧困問題解決のため、成長重視のマクロ的アプローチと、所得再配分効果の高いミクロ的、直接的なアプローチのバランスをどうとっていくのかという古くて新しい、そして普遍的な問題を改めて提起している。

　こうした状況から、これまでの中国では「成長本位」の政策がとられ、所得分配の平準化の努力は必ずしも十分ではなかった。同時に、都市と農村を二分する戸籍制度が導入され、農村戸籍を持つ人は都市では社会サービスを受けることができず、半ば差別されることも少なくない。それゆえに、中国政府は安定した成長を目指し、持続可能な成長を実現していかなければならない。安定した成長を目指すために、地方の幹部の業績評価を、経済成長率だけではなく、雇用の安定化や環境の改善等から見る総合的な評価システムに切り替えていくことが求められている。

　したがって、今後の政策的観点から見ると、胡錦涛・温家宝政権の発足時

から唱えた「共同裕福論」を中心とした「和諧」的な経済政策の中核は、「共同」であり、そこでは中国の長期安定性と協調性を脅かす「富の二極化」を防ぎ、分配の平等化を実現することを目指すことになると思われる。

1) 中兼和津次著『中国経済発展論』、有斐閣、1999年、p. 39。中兼の研究によって、中国のこれまで採用してきた開発戦略は三つ（スターリン型開発戦略、毛沢東型開発戦略と鄧小平型開発戦略）があったとされている。そのうち、特に1955年以後、毛沢東型開発戦略と鄧小平型開発戦略は主に採用された。この分類を用い、中国の各時期の経済政策の特徴を説明したい。また、開発戦略についての解説はいろいろなところでなされているが，中兼を参照されたい。

2) これは1987年4月に鄧小平がスペイン首相と会見した時の談話である。なお、このときの米ドルと日本円との換算率は2013年3月20日現在の1ドル＝98円としている。

3) 金森俊樹「中国経済：経済大国が抱える貧困と所得格差」、大和総研「中国経済」、2012年8月1日。上述のデータはいずれも、中国国家統計局が発表する統計や社会科学院の推計によるものである。

4) 李実・岳希明「中国都市・農村所得格差調査」、「財経」2004年第3と第4号合併号。

5) 趙人偉・李実「中国住民所得格差の拡大とその原因」、「経済研究」1997年第9号。

6) 李実・岳希明「中国都市・農村所得格差調査」、「財経」2004年第3と第4号合併号。

7) 中国国家統計局『中国統計年鑑』(2011)。地域区分は4区分となり、東部と中部それぞれには遼寧、吉林と黒竜江省の数値が含まれておらず、東北地方を単独として計算している。

8) 「中国の産業別所得格差、最大15倍に拡大」、「人民網日本語版」2011年2月11日。

9) 中国改革基金会国民経済研究所副所長が、上海交通大学海外教育院主催シンポジウムで明らかにした。「人民網日本語版」2012年1月11日。

10) 朱　慶芳「我が国社会保障現状三題」、「人民日報」、1999年8月8日。

11) 鄭　功成「中国特色のある社会保障の道を論じ」、中国労働社会保障出版社、2009年9月、p. 102参照。

12) 張　紀濤「中国における社会保障システムと社会保険制度の大改革」、「海外社会保険情報」NO. 123、1998年参照。

13) このデータは中国人力資源と社会保障部の2012年6月4日に公表したものである。（「新京報」2012年6月5日参照。）

14) 中国中央政府ホームページ（www.gov.cn）2012年2月8日10時25分、中華人民共和国国務院官房により。

第6章　マレーシアに見る所得格差の現状

矢﨑　隆夫

1　所得格差問題の特徴
2　所得と富の不平等
3　所得と富の平等化
4　ナジブ政権の平等化政策

1　所得格差問題の特徴

　ASEAN は東アジアの経済統合の中心的存在であり、2015年には ASEAN 経済共同体が創設され、物だけでなく、サービス貿易、投資、熟練労働者の移動、資本の移動、輸送やエネルギーの協力など広範な自由化が行われる人口6億2000万人の巨大な市場である。それは CLMV：後発 ASEAN の4ヵ国、先発 ASEAN4グループ1の2ヵ国、先発 ASEAN4グループ2の2ヵ国、先進 BS の2ヵ国に分類されており、マレーシアは先発 ASEAN4グループ2に分類されている[1]。すなわち高所得国のブルネイとシンガポールを除き、マレーシアは ASEAN のなかでは一早く離陸を遂げ、上位中所得国入りを果たした域内経済のリード的な位置に達しているが、高度成長期が終わり中所得国の罠に陥ったとみなされている[2]。マレーシアは同じ先発 ASEAN4グループ2のタイと比較して多民族国家であるため、所得格差は地域や都市部と農村部の格差に加え、民族格差の問題が伴っており、それらの複合要因が格差を顕在化させている。従ってマレーシアの所得格差の特徴を理解するためには、まず民族構成の歴史的な変遷を考察する必要がある。

民族格差の発生経緯

　マレーシアは、マレー人、華人及びインド人からなる複合民族国家であ

266　第6章　マレーシアに見る所得格差の現状

る。この民族の多様性は主にイギリスの植民地支配がもたらしたものである。歴史的には、先住民族であるマレー人の諸王国は6世紀以降栄枯盛衰を繰り返しながら、15世紀初頭に成立したマラッカ王国がマラヤ半島全域に版図を拡大した。マラッカ王国は1511年にポルトガルに占領され崩壊したが、イスラムを受容しスルタンを頂点としたマレー社会の基礎構造を形成した。1641年にオランダがポルトガルからマラッカを占領すると、中国からの移民を積極的に受け入れ華人が経済基盤を確立した。その後、1786年にイギリスがペナンを、1826年にシンガポールを植民地化すると、マラッカの華人はそれらの都市にも移住し商業や専門的職業に従事し海峡華人と呼ばれた。これらの海峡華人は、イギリス植民地政府との密接な関係の下で実業家として活躍した。彼らは植民地下での第1期の華人移民である。19世紀の半ばには、マレーシア半島の西岸部で錫鉱山の鉱脈が発見されると、錫鉱山開発ブームに乗って移民が流入した。中国南部（福建省、広東省）などから、経済的困窮、天災、政治的動乱などにより、大量の華人が鉱山労働者として移住し、華人資本、イギリス資本の鉱山会社で働くようになった。彼らは植民地下での第2期の華人移民である。20世紀にはいるとゴム栽培のプランテーションが自動車の需要と相まって急速に開拓された。植民地政府はその労働力を華人だけでなく、南インドのタミル人にも求めた。この時期には華南地域からの移民の集落が、鉱山、生産物の集散地、出荷港、交通拠点などにできた。この労働移民は第2次世界大戦期まで続いた。彼らは植民地下での第3期の華人移民である。[3]

　インド人は、同じイギリス植民地の移民であり、気候が似ており、低水準の生活に適応し、出身が小作農で単純な作業に適しており、イギリスの支配に順応した。19世紀のマレーシアのインド人口の約80％は南インド出身のタミル人で、主にヨーロッパ人や華人資本家が経営するプランテーションや鉄道会社の労働者であった。彼らはインド政庁によって援助された労働移民と、援助されない労働移民に区分された。前者には、リクルートによる年季契約労働者、自由・独立労働者、カンガーニ労働者、リクルートによらない

労働者があった。北インド出身の移民も流入したが、商業、専門職、事務職、軍、警察などの職業に従事する者が多く、彼らは労働移民とは異なる移住者であった。[4]

　華人もインド人も、出稼ぎ人口の一部は長期滞留人口へ、さらには定着人口へと移行していく過程があった。坪内（2009）は、女子移民の存在が家庭生活を伴うことによって、長期滞在ないし定着化を促進した側面があることを指摘している。[5] 山田（2000）も、インド政庁の働きかけにより女性の移民が増加し、それがインド人のマレーシア定住化を促進したとしている。[6] このように華人とインド人の労働移民のなかから定住者が増えてきた。

　マレー人については、イギリス植民地政府は、錫鉱山の鉱夫やプランテーション労働者には不向きであるとして、マレー人の大半を占める農民層を植民地経済に積極的に取り込むことはしなかった。[7] 従って、マレー人は植民地経済発展の恩恵を受けることが少なかった。

　このようなイギリス植民地下の民族集団ごとの職業的な分布は、州単位で見れば混在していたが、都市と農村の分布では、農村に定住するマレー人、都市で商工業を営む華人、錫鉱山で働く華人、プランテーションで働くインド人といった大まかな住み分けができていた。華人とインド人の移民は契約期間終了後に商業や専門職に従事し定住する者が増加しマレーシア経済への影響を強めていったのに対し、マレー人は一部が官僚として都市で活動していた以外は、大多数が農村で伝統的農業を営んでいた。従って、従事する職業の差異が、華人・インド人とマレー人の所得格差の拡大をもたらす原因となった。

独立後の格差是正の法的枠組み

　マレーシアは独立後の国家施策として民族間所得格差是正が課題となっていたが、1957年8月27日施行のマレーシア連邦憲法ではその枠組みが策定された。この憲法は、国民の基本的人権として、法の下での平等（第8条）、言論、表現、集会、結社の自由（第10条第4項）を認めている。政治体制で

は、議会制民主主義制度、議院内閣制の下での三権分立、立憲君主制などを定めているが、「2種類の国民」を想定して両者の権利に格差を付ける規定がある。ここでは、国民を「マレー人」と「非マレー系住民」に区別し、マレー人の権利を保護・優遇する諸規定が含まれている。この規定は「マレー的価値の優先」と「マレー人の特別な地位」の2つに大別ができる。この規定の施行に際しては、当時の与党連合である国民戦線（BN）のなかの統一マレー国民組織（UMNO）とマレーシア華人協会（MCA）の間で協議と取引が行われた。金子（2001）は、この規定について以下の特徴を指摘している。[8]

1. 経済ナショナリズムを強調せずに自由主義経済体制を継続し、経済関係閣僚職の割り当てを含む経済政策立案の実権を華人に与える。
2. 政治面において主たる決定権をマレー人側に与えるとともに、相対的に経済力の低いマレー人に対しては、「マレー人の特別な地位」を制度化することによって保護・優遇する。
3. 華人及びインド系移民の市民権の取得条件を緩和する代償として、言語、教育などの文化面でマレー的価値を優遇する。

　ここでのマレー的価値の優遇とは、① イスラームを国教とする。（憲法第3条）、② マレー語を単一の国語及び公用語とする。（憲法第152条）、③ 国家元首である国王を連邦内の9つの州のマレー統治者（スルタン）による互選によって決める。（憲法第32条）、④ マレー語を媒体とする統一的な国民教育体制を設立する。（1957年教育令）のことである。

　ここでのマレー人の特別な地位とは、① 公務員職への任用、② 奨学金等に関する便宜供与、③ 商取引や事業に関する認可証・ライセンス供与の3点に関するマレー人への優先的割り当ての設定（憲法153条）である。憲法第153条は、非マレー系住民の占有率が高い公務員職、第二次・第三次産業部門及び高等教育を中心とした教育部門において、マレー人の比率拡大を目的にしていた。さらに憲法第89条は、マレー人保留地制度を規定し、非マレー系住民の土地所有を制限することで、土地と結びついたマレー人の伝統的な

社会システムを温存するねらいがあった。これらの特権を享受できるマレー人については憲法160条に規定されている。それは、① イスラーム教を信仰し、② 日常的にマレー語を話し、③ マレーの習慣に従う者とされている。しかしながら、非マレー系の人々に配慮し、マレー的価値の優先とマレー人の特権については、留保条件が定められた。それらは、① 言語に関しては、他の言語の使用、教授、学習を妨げたり、禁止はしない。(憲法152条)、② 教育に関しては、初等教育では華語、タミル語、英語を教授用語とする公立、私立学校は認められた。中等教育でも公立の英語学校やタミル語学校以外は存続が許されていた。

　マレー人の特権の行使については非マレー系住民の既得権益を侵してはならないとされ、宗教についても「イスラームは国教である。ただし他の宗教も平和と調和の下に実践され得る。(憲法第9条)」との付帯条件が付されている。

民族暴動の発生

　1957年の独立後、マレーシア連邦憲法の下でマレー人と非マレー系の人々の格差是正を目的とした法的枠組みが施行された。しかし、ラーマン初代首相の政策は、民族間の経済格差を是正するための開発政策はとらず、植民地時代からの自由放任政策を引き継ぎ、マレー人と非マレー人との対立を極力避けるために民族融和政策を堅持した。これは、マレー連邦憲法が経済格差是正のためにマレー人優遇策を規定しても、非マレー系住民の既得権益を侵してはならないとする付帯条件があるため、非マレー系勢力がラーマン政権を牽制できたことにある。ラザク副首相は、ラーマン首相とは異なる権威主義的な開発政策を提示したが、第1次マレーシア計画 (1969-70年) ではこれまでの農村・農業開発政策のままで、マレー人の経済格差是正施策は採用されなかった。[9] 従って、独立後も憲法153条があるものの、マレー人の経済的地位が改善されないまま、その不満は華人に向けられていた。このような背景のなかで発生したのが、1969年5月13日の民族暴動であった。この暴動

は、総選挙から3日後に起こり、数日間で死者196人、負傷者439人の犠牲を出す大惨事となった。5月10日の総選挙では華人系野党が躍進し、数日後に予定されていたサバ、サラワク両州の選挙結果次第では、連邦議会における「連盟」の安定多数（憲法改正に必要な3分の2の議席）の確保が難しくなる可能性があった。このような情勢のなかで暴動は選挙の勝利を祝うための華人とインド人の祝賀行進にマレー人が襲ったことが引き金となって発生した。暴動の原因は、既述の通り、直接的には総選挙の結果、華人系野党勢力が台頭したため、経済だけでなく政治の分野まで華人に支配されるではないかとの危惧がマレー人の間にあったことにある。しかし、その背景には歴史的に植民地期から続いていた民族間の経済格差問題があり、独立後も改善されなかったことが原因の根本にあった。国王は事件の翌日、憲法の規定に則り、ラーマン首相の進言に基づいて非常事態宣言を行った。これに伴って、連邦議会と州議会は停止され、予定されていたサバ・サラワク両州の総選挙も中止された。[10]以後、非常事態宣言は、1971年2月まで続くが、その間は、ラーマン首相に代わってラザク副首相が議長を務める国家運営評議会（National Consultative Council: NOC）に直属する総理府の国家統一局（Department of National Unity: DNU）と1970年に設置された各界の有職者から成る国家諮問委員会（National Consultative Council: NCC）の経済委員会が民族間の経済不均衡問題について討議を行った。[11]その NCC 経済委員会の報告書をもとに作成されたのが新経済政策（New Economic Policy: NEP）であり、1971年から1990年までの経済計画の指針となった。なお、NEP とそれ以後の経済計画については、本稿では第3節で論じている。

2　所得と富の不平等

　一国の経済社会の繁栄と安定のためには、持続的な経済成長と所得分配の平等化の両立は不可欠である。経済の成長、安定化及び所得再分配の均衡は、全ての国の政府に課された経済政策の課題である。所得再分配においては、国民の幸福度向上及び社会的公正の見地から、所得格差の是正と貧困の

撲滅が重要な課題となっている。クズネッツ仮説は、経済発展の初期の段階では所得格差が比較的小さいが、経済発展が進むと所得格差が広がり、転換点を過ぎると所得格差は縮小に転ずるとするが、マレーシアはこの仮説に当てはまる事例である。マレーシアは、1960年代には5.2％の平均成長率であったが、1970年代から高度経済成長期にはいり、1970年代には8.3％、1980年代には6.0％、1990年代には7.2％、2000年代以降はやや鈍化してはいるが2010年までは5.3％を達成し、1人当たりGDPは2013年に10,000ドルを超えている。しかし2020年に先進国入りを目指す「Malaysia's Vision 2020」では、2010年までは7.5％、2011－2020年は6.5％の計画のため、その達成の目途は立っていない。[12]従って現在のマレーシアは中所得国の罠からの脱却と所得格差是正との均衡をどのように取り組むかが現政権による経済政策の課題となっている。

　マレーシアにおける所得格差の特徴の第1は、民族間の所得格差の存在である。それは複合民族国家を構成するマレー人（ブミプトラ　土地の子）、華人（中国人）、インド人及びその他の先住民族間の所得格差の問題である。第2は、都市部と農村部の所得格差の存在である。それは各民族が主として従事する職業に起因する居住地域の相違による所得格差の問題である。第3は、地域や州ごとの所得格差の存在である。それはマレーシア国内での産業集積度や工業化の進展度などの相違に起因する所得格差の問題である。これらの特徴のなかで、マレーシアの開発政策は多民族国家であるがゆえに、1957年の独立後から今日に至るまで民族間の経済格差是正が最重要課題となっている。そこで本節では、マレーシア全体の所得分配の変化と現状、所得格差の変化、及び貧困発生率と極貧率の変化をデータで確認し、次に州別の所得格差と貧困発生率比較、及び都市と農村の所得格差と貧困発生率比較を検証し、最後に民族集団別の所得格差と職業・職種、株式所有比率、貧困率、失業率、及び学歴格差の比較について分析し、民族間格差の現状について考察する。

　図表Ⅵ－1より、月間平均所得の格差及び変化について2の点が解る。第

272 第6章 マレーシアに見る所得格差の現状

図表Ⅵ－1 月間平均所得 (上位20%、中位40%、下位40%)

年 度	月間平均所得		
	上位20%（RM）	中位40%（RM）	下位40%（RM）
1980	1,930	561	205
1995	5,202	1,777	693
1997	7,006	2,202	840
1999	6,268	2,204	865
2002	6,377	2,261	890
2009	9,987	3,631	1,440
2012	12,159	4,573	1,847

出所：マレーシア統計局、世帯所得調査レポート 1999、2004、2012。
Poon Wai Ching (2015) *Malaysian Economy* より作成。

1に、1980年では上位20%は中位40%の3.4倍、下位40%の9.4倍であった
が、32年後の2012年において上位20%は中位40%の2.7倍、下位40%の6.6倍
で、上位20%と中位40%及び下位40%の月間平均所得の格差は縮小してい
る。また、同期間の中位40%と下位40%を比較すると、1980年は中位40%が
下位40%の2.7倍であったが、2012年には2.5倍で殆んど変化していない。第
2に、1980年から2012年までの32年間で、上位20%の月間平均所得は6.3倍、
中位40%は8.1倍、下位40%は9.0倍に増加し、上位20%と中位及び下位40%
との格差が縮小している。

次頁の図表Ⅵ－2から月間所得世帯階層の分布の変化の全体像を1995年か
ら2012年の18年間で見ると、2,000リンギ未満の世帯は1995年には67.5%で
あったが、2012年には22.8%へ減少した。一方2,000リンギ以上の世帯は、
同期間32.5%から77.4%へ増加している。また、400リンギ以下の貧困層は、
同期間10.6%から0.5%へ減少し、5,000リンギ以上の富裕層は、同期間
6.7%から33.6%へ増加した。また2,000－2,499リンギの中間層は同期間
8.9%で1997年から2009年はほぼ2.0%増加しているが、2012年は8.9%で変
化していない。1995年から2012年の平均実質GDP成長率は、2回のマイナ

図表Ⅵ-2 月間所得世帯階層の分布（%）(1995－2012)

所得階層（RM）	1995	1997	1999	2002	2004	2007	2009	2012
499以下	10.6	6.3	6.0	3.8	2.8	1.7	1.2	0.5
500-999	23.9	18.6	19.0	15.4	13.5	6.8	6.1	4.5
1,000-1,499	19.9	18.3	18.8	16.5	15.8	15.8	14.2	8.5
1,500-1,999	13.1	13.7	13.9	13.4	13.2	13.5	11.9	9.3
2,000-2,499	8.9	10.1	10.1	10.4	10.8	11.2	10.7	8.9
2,500-2,999	6.1	6.9	7.3	8.3	8.2	8.6	8.6	7.1
3,000-3,499	4.2	5.4	5.7	6.3	6.5	7.1	7.3	9.4
3,500-3,999	2.8	4.0	3.9	4.7	5.2	5.8	6.3	7.3
4,000-4,999	3.8	5.6	5.5	6.7	7.2	8.6	9.5	11.1
5,000以上	6.7	11.1	9.8	14.7	16.8	20.8	24.2	33.6
合　計	100	100	100	100	100	100	100	100

出所：マレーシア経済計画局世帯所得調査。
Poon Wai Ching (2015) *Malaysian Economy* より作成。

ス成長（1998年のアジア金融危機後で－7.4%、2009年の世界金融危機後で－1.5%）を考慮すると5.0%となる。ここではトリクルダウン効果により相対的には貧困層がより上位の層へシフトし、富裕層が増加したことが解る。なお、2012年の分布率を1995年の分布率で割ると、2,000－2,499リンギの中間層に変化がなしとして、他の全ての所得階層について、所得水準が高い層ほど分布率の変化幅が大きくなっていることが解る。

マレーシアの所得階層区分

マレーシアでは、月間1,500リンギ未満を低所得世帯、1,500リンギ以上3,500リンギ未満を中所得世帯、3,500リンギ以上5,000リンギ未満を上位中所得世帯、5,000リンギ以上を高所得世帯と区分している。この区分に従えば、低所得世帯は1995年には54.4%であったが、2012年には13.5%へ減少している。中所得世帯は1995年に32.3%であったが、2012年には34.7%へ微増

している。上位中所得世帯は1995年に6.6％であったが、2012年には18.4％に増加している。高所得世帯は1995年には6.7％であったが、2012年には33.6％に増加している。この分布の変化から、1995年から2012年までの18年間に低所得世帯が1／4に減少し、中所得世帯は0.7％の増加に留まり、上位中所得世帯は2.7倍に増加し、高所得世帯は5倍に増加した。一方1995－2012のジニ係数は0.456から0.431へ0.025の改善が見られることから、マレーシア全体としては同18年間で低所得世帯の所得が増加し、上位中所得世帯と高所得世帯の所得がさらに増加しているが、中所得世帯が微増に留まっており、全体として見れば所得格差は僅かながら縮小していると解することができる。

マレーシアの貧困ライン

マレーシアの場合、「貧困ライン」は絶対的貧困を測定する基準と見なされ、「Poverty Line Income（PLI）」と呼ばれている。PLIは、基本的な衣食住を満たすために必要な世帯当たりの所得／月（RM：リンギ）と定義され、世帯あたりの月間所得がPLIに満たない状況は絶対貧困（absolute poor）、また世帯あたりの所得がPLIの半分に満たない状態は極貧（hardcore poor）と定義されている。PLIは、国家経済行動評議会（NEAC: National Economic Action Council）と経済計画局（EPU: Economic Planning Unit）により設定さ

図表Ⅵ－3　貧困ライン月間所得（RM）2005年改定

	都市部	農村部	全体
マレーシア半島	663	657	661
サ　　バ	881	897	888
サラワク	777	753	765
全　　国	687	698	691

出所：第9次マレーシアプラン。
　　　Habibah Lehar, Yaacob Anas, Tey Hwei Choo (2014) *Malaysian Economy* より作成。

れ、世帯所得調査（Household Income Survey: HIS）、世帯支出調査（HES）のデータ、及び消費者物価調査の結果を基に定期的に見直されている。また、PLI は地域ごとの物価差を考慮して、マレー半島部、サバ及びサラワクと農村部・都市部別に設定されている。PLI は2005年に改定されたが、サバ及びサラワクがマレーシア半島より高いのは、遠隔地であるため輸送費用の発生に伴い、財やサービスの費用が高くなることに関係がある。

マレーシアのジニ係数

ジニ係数は所得の分配状況を表し、零が完全平等、1が完全不平等を意味しているが、Wu（2009）は、その社会の平等性の目安として、0.2以下は平等な社会、0.2〜0.3は比較的平等な社会、0.3〜0.4は穏当な社会、0.4〜0.5は警告状況、0.5以上は不平等な社会と分類している。図表Ⅵ－5の通り、マレーシアのジニ係数は、独立時の1957年は0.412で10年後の1967年は0.444であった。NEP のスタート時の1970年に0.513となり、1979年まで0.5以上が続き不平等が拡大していた。ピークは1976年の0.557であり、その後は低下を続け不平等は改善されている。1984年のジニ係数は0.483であったが、その後は0.40台の中半の水準で僅かに変動しながら推移し、2012年は0.431であった。クズネッツ曲線で考えれば、1976年が転換点であったと見ることもできるであろう。因みに2014年のデータでは、デンマークが0.26、日本が

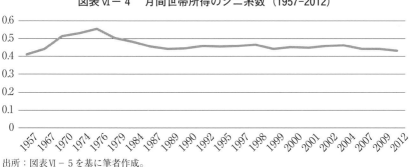

図表Ⅵ－4　月間世帯所得のジニ系数（1957-2012）

出所：図表Ⅵ－5を基に筆者作成。

276 第6章 マレーシアに見る所得格差の現状

図表Ⅵ-5 マレーシアのジニ系数 (1957-2012)

年 度	ジニ系数	年 度	ジニ系数	年 度	ジニ系数
1957	0.412	1989	0.442	2001	0.450
1967	0.444	1990	0.446	2002	0.461
1970	0.513	1992	0.459	2004	0.462
1974	0.530	1995	0.456	2007	0.441
1976	0.557	1997	0.459	2009	0.441
1979	0.505	1998	0.468	2012	0.431
1984	0.483	1999	0.443		
1987	0.456	2000	0.452		

出所：マレーシア統計局，Yearbook of Statistic Malaysia.
　　　：財務省，Economic Report.：経済計画局，Malaysia plan.
　　Poon Wai Ching (2015) *Malaysian Economy* より作成。

図表Ⅵ-6 所得世帯に占める貧困発生率と極貧率 (1957-2012)

年 度	貧困発生率	極貧率	年 度	貧困発生率	極貧率
1957	51.2	n.a.	1997	6.1	1.4
1970※	49.3	n.a.	1999	8.5	1.9
1976	37.7	n.a.	2000	16.5	3.9
1979	37.4	n.a.	2001	8.7	2.1
1980	32.1	n.a.	2002	6.0	1.0
1984	20.7	6.9	2003	7.5	1.4
1987	19.4	5.1	2004	5.7	1.2
1989	16.5	3.9	2007	3.6	0.7
1990	16.5	3.9	2009	3.8	0.7
1992	12.4	2.9	2012	1.7	0.2
1995	8.7	2.0			

注：貧困発生率は貧困ライン所得以下の月間所得世帯率。
　　極貧率は食糧貧困ライン以下の月間所得世帯率。Poon Wai Ching (2015)
　　Malaysian Economy より作成。
出所：マレーシア経済計画局。※マレーシア半島のみ。

2　所得と富の不平等　277

0.33、米国が0.39、トルコが0.40であり、マレーシアの所得の不平等度は
2012年の時点でもまだ相対的に高いと言える。

貧困の定義

　マレーシアにおける貧困の定義は、絶対的貧困、相対的貧困及び極貧の３
種類に分類されている。３種類の貧困の概念は既述の貧困ライン（PL1）に
結びついている。PLI は、食糧、衣服、履物という３つの家計の必需品と、
非食糧要因、たとえば家賃、燃料、交通、通信、健康、教育、レクリエーシ
ョンなどの支出を考慮して消費者物価の変動に基づき毎年調整される。これ
には、半島マレーシアと北ボルネオのサバ及びサラワクとでは異なった消費
者物価指数が使用される。絶対的貧困の基準である PLI は、既述の通り、
マレーシア半島、サバ及びサラワクの北ボルネオと都市部及び農村部とでは
異なる。

　図表Ⅵ－６の通り、PLI 以下の所得の世帯の貧困発生率は、独立時の1957
年には51.2％であったが、30年後の1987年には19.4％に、さらに20年後の
2007年には3.6％に、2012年には1.7％まで減少している。他方、極貧は1989
年に導入された定義である。極貧は、国際協力銀行の定義で世帯当たり所得
が PL1の半分に満たない状態と既述したが、実際には PLI は、食糧 PLI と
非食糧 PLI から構成されており、前者は栄養士、栄養学者、医療専門家の
助言に従ってバランスがとれた必要な食事の内容に基づいて策定されてお
り、後者は衣服、家屋、交通などに基づいて構成されている。図表Ⅵ－６の
極貧率は、食糧 PLI 以下の世帯当たり所得の発生率を示している。極貧率
は1984年には6.9％であったが、20年後の2004年には1.2％に、2012年では
0.2％まで減少している。このように数値で見る限り、マレーシアの貧困削
減はかなり進んでいる。これの背景については、長期経済計画における貧困
削減プログラムの内容と効果を検証する必要があると思われるが、詳細は第
３節で論じている。

地域（州）別の所得格差

マレーシアは、半島マレーシアとボルネオ島北部からなる連邦国家である。連邦は、連邦憲法のもと、半島マレーシアに所在する11州、ボルネオ島北部の2州（サバ、サラワク）と3カ所の連邦地域（クアンラルプール、ラブアン、プトラジャヤ）から構成されている。統治機構は、元首である国王と国会（立法）、内閣（行政）、裁判所（司法）からなる。州はそれぞれ元首のもと憲法を制定しているなど、国家に準じた位置付けになっている。半島マレーシア11州の内、9州ではイスラム教国における世襲の統治者であるスルタンが、その他の4州では国王に任命された州長が元首となり、一院制の州立法議会が置かれている。[14]

マレーシアは、イギリス植民地時代の植民地政府の開発政策の影響が今だに続いている。すなわち、マレー半島に近代都市が成立したのは、植民地経済が確立され、華人、インド人労働者が流入した時期と重なっている。植民地政府による錫鉱山やプランテーションの開発はマレー半島の西岸部が中心であった為、そこで鉄道が敷設され生産物の集積、輸出のための都市が形成された。マレー半島の東海岸や北部、北ボルネオは鉱山資源開発や大規模プランテーションの開発があまり見られなかったことから都市の発達が遅れ、経済開発もマレー半島の西岸地域に比較すると遅延していた。従って、図表

マレーシアの行政区分

2 所得と富の不平等　279

図表Ⅵ－7　州別月額平均所得と貧困発生率（2009年及び2012年）

州　名	平均月間所得（RM）		貧困発生率（％）	
	2009	2012	2009	2012
先進地域				
ジョホール	3,835	4.658	1.3	0.9
マラッカ	4,184	4.759	0.5	0.1
ヌグリセンビラン	3,540	4.576	0.7	0.5
ペラック	2,809	3.548	3.5	1.5
ペナン	4,407	5.055	1.2	0.6
セランゴール	5,962	7.023	0.7	0.4
クアラルンプール	5,488	8.586	0.7	0.8
W. P. プトラジャヤ	6,747	8.101	n.a.	n.a.
後進地域				
ケダ	2,667	3,425	5.3	1.7
クランタン	2,536	3,168	4.8	2.7
パハン	3,279	3,745	2.1	1.3
プルリス	2,617	3,538	6.0	1.9
サバ	3,144	4,089	19.2	7.8
サラワク	3,581	4,293	5.3	2.4
トレンガヌ	3,017	3,967	4.0	1.7
全　国	4,025	5,000	8.8	1.7

出所：マレーシア経済計画局 世帯所得とベーシックアメニティー調査報告
（2009、2012）。
Poon Wai Ching (2015) *Malaysian Economy* より作成。

Ⅵ－7の先進地域と後進地域の分類はそのような歴史的経緯を反映してい
る。

　上記図表Ⅵ－7で、先進地域の月額平均所得を州別に比較すると、2009年
はプトラジャヤが1位、2012年にはクアラルンプールが1位となっている。
プトラジャヤはマレー人の官僚のための政治行政都市である。クアラルンプ

280　第6章　マレーシアに見る所得格差の現状

ールは首都でありマレーシア最大の商業都市である。先進地域の最下位は、2009年及び2012年ともマレー半島北部のペラックとなっている。貧困発生率は、2009年及び2012年ともマラッカが最も低くペラックが最も高い。他方、後進地域の月額平均所得を比較すると、2009年及び2012年ともボルネオ島北部のサラワクが最も高く、マレー半島北部のクランタンが最も低い。貧困発生率は、2009年及び2012年ともにマレー半島中部のパハンが最も低く、北ボルネオ島のサバが最も高くなっている。

都市化の進展

　都市人口の比率の上昇と所得水準の上昇との間には緩やかな相関関係があり、所得の上昇は産業構造の変化と工業化の進展と関係がある。また、都市の発展は経済、社会、文化及び歴史的な変遷などと複合的な関係を有している。マレーシアの州別都市化率を歴史的に分析し地域格差の変遷について考察する。

　マレーシアの人口は1957年の7.38百万人から、2012年には29.51百万人へ55年間に3.9倍に増加した。このなかで都市人口は1957年の19.0%から2010年には71.0%へ増加した。マレーシアの2011年及び2012年の人口増加率は1.7%で世界平均の1.2%や近隣のアセアン諸国であるインドネシア（1.2%）やタイ（0.5%）より高く、今後平均1.1%で増加し2020年までに31.6百万人になると見込まれている[15]。マレーシアの都市は、歴史的経緯から都市人口に占める華人の比率が高い特徴がある。図表Ⅵ－8から解るように、1970年代は、先進地域では半島西岸部のセランゴール、ジョホール、ヌグリセンビランの都市化が顕著である。後進地域では半島東岸部のトレンガヌ、クランタンの都市化率が高い。1980年代は、先進地域ではヌグリセンビランは微増であるが、他の5州はいずれも急速な都市化が進展した。これは新経済政策（NEP）の進展により、半島西岸は工業団地開発と大都市周辺のニュータウン開発が進んだことによる。後進地域では半島北部のケダと北ボルネオのサバ及びサラワクの都市化が顕著であるが、これは地域開発の進展によるもの

図表Ⅵ－8　州別都市化率（1970－2010）（%）

州　名	1970	1980	1991	2000	2010
先進地域					
ジョホール	26.3	35.2	48.0	63.9	71.9
マラッカ	25.1	23.4	39.4	67.3	86.5
ヌグリセンビラン	21.6	32.6	42.5	55.0	66.5
ペラック	27.5	32.2	54.3	59.3	69.7
ペナン	51.0	47.5	75.3	79.5	90.8
セランゴール	9.5	34.2	75.0	88.3	91.4
後進地域					
ケダ	12.6	14.4	33.1	38.7	64.6
ケランタン	15.1	28.1	33.7	33.5	42.4
パハン	19.0	26.1	30.6	42.1	50.5
プルリス	12.6	8.9	26.7	33.8	51.4
サバ	16.9	19.9	32.8	49.1	54.0
サラワク	15.5	18.0	38.0	47.9	53.8
トレンガヌ	27.0	42.9	44.6	49.4	59.1
全　国	28.3	34.2	51.1	61.8	71.0

出所：マレーシア統計局 General Report of the Population and Housing Census of Malaysia 他。
Jomo Kwame Sundaram, Wee Chong Hui (2014) *Malaysia@50 Economic Development, Distribution, Disparities* より作成。

と思われる。1990年代になると、先進地域では、ジョホール、マラッカ、ヌグリセンビランの都市化は進展したが、半島北部の都市化は進まなかった。これは第二の産業集積が始まった時期でありペナン島の成長が停滞した。後進地域では、サバ及びサラワクの都市化は地域開発の進展で着実に進んでいる。2000年代は先進地域ではマラッカの都市化が顕著であるが、セランゴールを除き他の4州も10%前後の都市化が進んだ。これは「マレーシア構想2020」の下で策定された国家展望政策の進展により、産業誘致がこれらの諸州で進んだことを示している。後進地域ではタイ国境の半島北部2州のケ

282　第6章　マレーシアに見る所得格差の現状

図表Ⅵ－9　都市部と農村部の人口比率（1957－2010）（%）

分　類	1957	1970	1980	1991	2000	2010
農村部	91.0	73.2	65.8	49.3	38.0	29.0
都市部	19.0	26.8	34.2	50.7	62.0	71.0

出所：マレーシア経済計画局 Yearbook of Statistics. Jomo Kwame
Sundaram, Wee Chong Hui (2014) *Malaysia@50 Economic
Development, Distribution, Disparities* より作成。

ダ、ブルリスの都市化が顕著である。このようにマレーシアの都市化は、国家
開発政策に基づく地域開発と産業・工業化計画の進展と密接な関係を有する。[16]

都市部と農村部の所得格差

　上記図表Ⅵ－9の通り、都市部の人口は、1957年の19%から2010年には
71.0%へ増加している。同期間の都市化の過程は、以下の通り5つの段階に
分けて説明することができる。[17]

　第1期は、1957年から1970年までの時期であり、都市の人口比率は19.0%
から26.8%に増加した。この時期の都市化は緩慢で、農村から都市への移動
よりも農村間の移動が多くなされた。農村から都市への移動があっても、主
な都市での雇用の受け皿はサービス部門であった。

　第2期は、1970年から1980年までの時期であり、都市の人口比率は26.4%
から34.2%に増加した。この時期の都市化は新経済政策（NEP）に基づき産
業基盤整備や自由貿易地区の開発整備が行われ、建設業、製造業などが農村
から都市への人口移動の受け皿となった。また人口の自然増の影響もあり、
第2期の都市化率は第1期より高くなった。

　第3期は、1980年代であるが、世界不況の影響にもかかわらず、都市の人
口比率は1980年の34.2%から1991年には50.7%へ増加した。

　第4期は、1990年代であるが、経済のグローバル化が進展し海外からの直
接投資が急増した。都市の人口比率は1991年の50.7%から2000年には62.0%
に増加した。

図表Ⅵ－10　都市部と農村部の平均月間世帯所得比較
（1957－2012）（RM）

分　　類	1957	1970	1979	1992	2002	2012
農村部	166	200	523	1,009	1,729	3,080
都市部	307	428	1,045	2,050	3,652	5,742
都市部／農村部	1.84	2.14	1.99	2.03	2.11	1.86

出所：マレーシア経済計画局世帯所得調査，Yearbook of Statistics.
Poon Wai Ching (2015) *Malaysian Economy* より作成。

　第5期は、2000年代以降であるが、巨大都市開発が実施され、マレー半島の西海岸の都市にアジア諸国からの直接投資が集中した。都市の人口比率は2000年の62.0％から2010年には71.0％へさらに増加した。

　図表Ⅵ－10は、都市部と農村部の平均月間所得を1957年から2012年までの55年間で比較したものである。農村部の世帯所得に対する都市部の世帯所得の格差は、1957年の1.84倍から最高で1970年の2.14倍の間で推移している。この期間ではほぼ2倍前後の変動である。また都市部の所得は1957年には307リンギで、2012年には5,742リンギと18.7倍の増加であったのに対して、農村部の所得は1957年に166リンギで、2012年には3,080リンギと18.5倍の増加であった。農村部と都市部の格差は1992年には1：2.03であったが、2012年は1：1.86であり、格差の縮小は遅々としている。

　図表Ⅵ－11は、都市部と農村部の所得階層格差を1974年から2009年まで比較したものである。都市部では上位20％の下位40％に対する月間平均所得は、1974年には10.45倍であったが、2009年には6.33倍へ低下し格差は縮小している。他方、農村部においても同期間で上位20％の下位40％に対する月間平均所得は、1974年の7.99倍から2009年の5.84倍に低下し格差は縮小している。そこで都市部と農村部の格差縮小率の変化率（2009年の倍率に対する1974年の倍率）を比較すると、都市部は1.65、農村部は1.36となることから、都市部は農村部に比較して上位20％と下位40％の格差の縮小率が高いことが

284 第6章 マレーシアに見る所得格差の現状

図表Ⅵ-11 都市部と農村部の所得階層格差の比較
(1974-2009)(RM)

所得階層	1974	1984	1995	2002	2009
都市部					
上位20%	1,798	4,111	6,474	9,085	11,348
中位40%	441	1,355	2,323	3,265	4,296
下位40%	172	521	942	1,344	1,794
$\frac{上位20\%}{下位40\%}$	10.45	7.90	6.87	6.76	6.33
農村部					
上位20%	735	2,110	3,153	4,057	6,033
中位40%	240	756	1,235	1,612	2,313
下位40%	92	292	515	699	1,033
$\frac{上位20\%}{下位40\%}$	7.99	7.23	6.12	5.80	5.84

注:マレーシア半島のみ。
　　1995年以降はマレーシア市民のみ。
出所:マレーシア経済計画局。
　　　Jomo Kwame Sundaram, Wee Chong Hui (2014)
　　　Malaysia@50 Economic Development, Distribution,
　　　Disparities より作成。

解る。

　3つの所得階層の1974年から2009年の月間平均所得増加率の比較の結果は以下となる。

1．上位20%：　都市部 6.31倍、農村部 8.20倍

2．中位40%：　都市部 9.74倍、農村部 9.63倍

3．下位40%：　都市部 10.43倍、農村部 11.20倍

　上位20%と下位40%は都市部より農村部の方が月間平均所得の増加率は高いが、中位40%の増加率には差異が殆ど見られないことが解る。

　図表Ⅵ-12は、都市部と農村部のジニ係数を1974年から2009年まで比較し

図表Ⅵ-12 都市部と農村部のジニ系数比較 (1974-2009) (%)

分　類	1974	1984	1995	1999	2004	2009
都市部	0.541	0.468	0.431	0.432	0.444	0.423
農村部	0.473	0.450	0.410	0.421	0.397	0.407

注：マレーシア半島のみ。
　　1995年以降はマレーシア市民のみ。
出所：マレーシア経済計画局。
　　　Jomo Kwame Sundaram, Wee Chong Hui (2014) *Malaysia@50*
　　　Economic Development, Distribution, Disparities より作成。

たものである。全ての年度においてジニ係数は都市部が農村部より高いことが解る。すなわちこの期間では都市部の方が農村部より所得不平等が大きい。しかし都市部も農村部もジニ係数は1974年から2009年に向かって趨勢的に低下している。因みに都市部は1974年に0.541で2009年には0.423であり0.118の低下で、農村部は1974年に0.473で2009年には0.407であり、0.066の低下であった。

　図表Ⅵ-13は、都市部と農村部の貧困発生率と極貧率を1957年から2012年までの55年間で比較したものである。1957年には、農村部の59.6%の世帯が貧困ライン以下で、都市部は29.7%の世帯が貧困ライン以下の所得であった。それが2000年には農村部が21.1%に低下し、都市部は7.1%に低下した。さらに2012年には農村部が3.4%に低下し、都市部は1.0%に低下した。また極貧率は1990年には農村部が5.2%で都市部が1.3%であったが、2012年には農村部が0.6%で都市部が0.1%に低下した。貧困発生率と極貧率はいずれも全ての年度において農村部が都市部より高く、農村の貧困撲滅対策の重要性が理解できる。しかしながら2012年の貧困発生率と極貧率から判断すれば、貧困削減対策は成功と見ることができる。

民族集団別所得格差

　図表Ⅵ-14は、民族集団別人口構成を1970年から2013年まで表したもので

286 第6章 マレーシアに見る所得格差の現状

**図表Ⅵ－13　農村部・都市部の貧困発生率と極貧率比較
（1957－2012）（%）**

年　度	貧困発生率			極貧率		
	農村部	都市部	全国	農村部	都市部	全国
1957	59.6	29.7	51.2	n.a.	n.a.	n.a.
1970	58.7	21.3	49.3	n.a.	n.a.	n.a.
1980	39.5	16.3	32.1	n.a.	n.a.	n.a.
1990	21.1	7.1	16.5	5.2	1.3	3.9
2000	21.1	7.1	16.5	5.2	1.3	3.9
2012	3.4	1.0	1.7	0.6	0.1	0.2

注：マレーシア半島のみ。
　　貧困発生率は月間世帯所得が貧困ライン所得以下の世帯率。
　　極貧率は月間世帯所得が食糧貧困ライン以下の世帯率。
出所：マレーシア経済計画局。
　　　Poon wai ching (2015) *Malaysian Economy* より作成。

ある。マレーシアは1970年にはブミプトラが56.0%、華人が34.3%、インド
人が9.0%、その他が0.1%であった。2013年には、ブミプトラが62.4%、華
人が22.1%、インド人が6.7%、その他が0.8%、非マレー市民が8.0%であ
った。同43年間にブミプトラが6.4%増加し、華人が12.2%減少し、インド
人が2.3%減少し、その他が0.1%増加し、非マレー市民が8.0%新たに加わ
った。その他とはオランアスリ族（Orang Asli）と呼ばれる半島の先住民族
や北ボルネオの先住民族のことである。非マレー市民は外国人居住者で東南
アジア諸国やインド、ネパール、ミャンマーなどから労働移住者を受け入れ
ている。マレーシアの15歳から64歳までの労働人口は、1970年には52.2%で
あったが、2000年には62.0%、2012年には68.3%に増加している[17]。

　図表Ⅵ－15は民族集団別の月額平均所得の格差を比較したものである。全
国ベースのデータである1979年と30年後の2009年の比較を行うと、ブミプト
ラが7.3倍、華人が5.0倍、インド人が5.2倍増加しており、ブミプトラの増
加率が最も高く、2位がインド人、3位が華人となっている。ブミプトラの

2 所得と富の不平等　287

図表Ⅵ－14　民族集団別人口構成（1970－2013）単位百万人

民族＼年度	1970	%	1990	%	2000	%	2013	%
ブミプトラ	6.1	56.0	11.2	61.7	14.3	61.1	18.4	62.4
華　人	3.7	34.3	5.0	27.6	5.8	24.5	6.5	22.1
インド人	0.9	9.0	1.4	7.8	1.7	7.2	2.0	6.7
その他	0.1	0.7	0.5	2.9	0.3	1.2	0.3	0.8
非マレー市民	―	―	―	―	1.4	6.0	2.4	8.0
合　計	10.8	100	18.1	100	23.5	100	29.6	100

出所：マレーシア経済計画局、1970－2013.
　　　Habibah Lehar, Yaacob Anas, Tey Hwei Choo (2014) *Malaysian Economy* より作成。

図表Ⅵ－15　民族集団別月間平均所得格差の比較（1970～2009）(RM)

民族集団	1970※	1979	1989※	1999	2009	増加率（1979～2009）
ブミプトラ	172	492	940	1,984	3,624	7.3
華　人	394	1,002	1,631	3,456	5,011	5.0
インド人	304	756	1,209	2,702	3,999	5.2
華人の平均所得／ブミプトラの平均所得	2.29	2.04	1.74	1.74	1.38	
インド人の平均所得／ブミプトラの平均所得	1.77	1.54	1.29	1.36	1.10	
華人の平均所得／インド人の平均所得	1.30	1.33	1.35	1.28	1.25	

注：※マレーシア半島のみ。※1989年はマレーシア市民のみ。
出所：マレーシア経済計画局。
　　　Jomo Kwame Sundaram, Wee Chong Hui (2014) *Malaysia@50 Economic Development, Distribution, Disparities* より作成。

　月間平均所得に対する華人の月間平均所得は、1979年が2.04倍であったが、2009年には1.38倍まで縮小している。ブミプトラの月間平均所得に対するインド人の月間平均所得は、1979年が1.54倍であったが、2009年には1.10倍ま

288 第6章 マレーシアに見る所得格差の現状

で縮小している。華人の月間平均所得に対するインド人の月間平均所得は、1979年が1.33倍であったが、2009年には1.25倍まで縮小している。3つのケースで最も格差の縮小が大きいのは、ブミプトラと華人の格差縮小であり倍率の変化率は1.47、2位がブミプトラとインド人の格差縮小であり倍率の変化率は1.40、3位が華人とインド人の格差縮小であり倍率の変化率は1.06となっている。これらのデータから解るように、ブミプトラと非ブミプトラの所得格差は縮小している。

　図表Ⅵ-16は民族集団内の所得格差を比較したものである。全国ベースのデータに特定し1979年と2009年を比較すると、下位40%に対する上位20%の月間平均所得は1979年でブミプトラは7.77倍、華人は7.95倍、インド人は7.23倍であった。華人の所得格差が最も高く、2位がブミプトラ、3位がインド人であった。2009年では、ブミプトラは6.9倍で最も高く、2位が華人の6.41倍、3位がインド人の6.32倍であった。1979年と2009年を比較すると、ブミプトラ、華人、インド人ともに上位20%と下位40%の所得格差倍率は、其々0.87、1.54、0.91低下しているので、全体の所得格差は30年間で縮小していることが解る。しかし2009年は1999年に比較してブミプトラ、華人、インド人ともに所得格差倍率が高くなっていることは、民族内所得格差が拡大したことを裏づけている。このように所得格差問題は、民族間の格差に取組むだけでなく、民族内の格差是正が必要になっていることが解る。

　図表Ⅵ-17は民族集団別にジニ係数を比較したものである。全国ベースのデータである1979年と2009年を比較すると、1979年においては、華人が0.474で最も高く、次がブミプトラで0.468、インド人は0.460で最も低い。30年後の2009年ではブミプトラが0.440で最も高く、次が華人で0.425、インド人が0.424で最も低い。同30年間の変化では3民族集団ともジニ係数は低下しているが、その低下数はブミプトラが最も低く0.026、次がインド人の0.036、華人は0.049で最も高い。これは1979年と2009年を比較するとブミプトラの所得不平等が、華人やインド人より大きくなったことを意味し、既述の民族内の所得階層格差比較の結果と整合的である。

2 所得と富の不平等　289

図表Ⅵ−16　民族集団内の所得階層格差の比較（1970-2009）(RM)

民族集団	1970※	1979	1989※	1999	2009
ブミプトラ					
上位20%	444	1,274	2,264	4,855	8,976
中位40%	151	429	832	1,810	3,272
下位40%	57	164	356	742	1,300
上位20%／下位40%	7.79	7.77	6.36	6.54	6.90
華人					
上位20%	1,036	2,630	3,925	8,470	12,152
中位40%	331	859	1,482	3,168	4,560
下位40%	136	331	633	1,271	1,897
上位20%／下位40%	7.62	7.95	6.20	6.66	6.41
インド人					
上位20%	821	1,966	2,844	6,456	9,774
中位40%	237	636	1,093	2,460	3,569
下位40%	112	272	523	1,092	1,547
上位20%／下位40%	7.33	7.23	5.44	5.91	6.32

注：※マレーシア半島のみ。※1989年はマレーシア市民のみ。
出所：マレーシア経済計画局。
　　　Jomo Kwame Sundaram, Wee Chong Hui (2014) *Malaysia@50 Economic Development, Distribution, Disparities* より作成。

　図表Ⅵ−18は民族集団別雇用形態の比較を表したものである。マレーシアにおいては、独立時の1957年には、全体の雇用の内、賃金雇用は56.7%で43.3%は自営業や家庭労働などの非賃金労働によって構成されていた。ブミプトラの農民や華人の自営業者は非賃金雇用者であったが、ブミプトラは工

290 第6章 マレーシアに見る所得格差の現状

図表Ⅵ-17 民族集団別ジニ系数比較 (1970-2009)

民族集団	1970※	1979	1989※	1.999	2009
ブミプトラ	0.466	0.468	0.429	0.433	0.440
華　人	0.466	0.474	0.419	0.434	0.425
インド人	0.472	0.460	0.390	0.411	0.424
マレーシア合計	0.513	0.505	0.422	0.443	0.441

注：※マレーシア半島のみ。※1989年はマレーシア市民のみ。
出所：マレーシア経済計画局。
Jomo Kwame Sundaram, Wee Chong Hui (2014) *Malaysia@50
Economic Development, Distribution, Disparities* より作成。

図表Ⅵ-18 民族集団別雇用形態比較 (1980-2010) (%)

雇用形態	年度	ブミプトラ	華人	インド人	その他
経営者	1980	2.6	5.8	4.6	4.1
	1990	1.4	6.0	1.6	2.3
	2010	2.7	8.1	4.0	2.8
自営業者	1980	32.9	24.7	8.3	32.1
	1990	24.4	17.6	7.5	22.0
	2010	19.2	16.6	10.0	20.9
家庭労働者	1980	9.2	5.4	3.3	10.1
	1990	12.0	9.4	3.7	10.9
	2010	5.2	4.7	1.5	7.2
被雇用者	1980	55.2	64.1	83.8	53.8
	1990	62.2	67.1	87.2	64.6
	2010	73.0	70.6	84.5	69.2
各年の雇用率計		100	100	100	100

出所：マレーシア統計局労働力調査他。
Jomo Kwame Sundaram, Wee Chong Hui (2014) *Malaysia@50 Economic
Development, Distribution, Disparities* より作成。

業化や都市化の進展とともに賃金雇用者になっていったのに対して、華人の自営業者は小規模の会社経営を行うようになっていった。華人とインド人は被雇用者になる者もいたが独立思考がブミプトラより強くそれは雇用形態に反映されている。経営者は1980年と2010年の比較ではブミプトラは殆んど増加していないが、華人は増加している。自営業者は、ブミプトラ、華人とも減少しているが、インド人は微増となっている。家庭労働者はブミプトラ、華人、インド人ともに減少している。被雇用者はブミプトラが大きく増加しているが、華人とインド人は微増にとどまっている。

　図表Ⅵ-19は民族別専門職の構成率を比較したものである。多くの国では専門職は上位所得層を構成していることが多い。上位所得者には他にも実業家、高級官僚、政治家などがあるが、1995年及び2005年の構成と変化を確認することで、民族集団別の上位所得層の構成を知る手がかりとなる。専門職全体の構成比率が最も高いのは華人で1995年には52.1%で、2005年には48.7%を占めており、2005年には1995年に比して3.4%の増加となった。2位がブミプトラで1995年には32.0%であったが、2005年には6.8%増加して38.8%になった。インド人は1995年には13.1%であったが、2005年には10.6%へ2.5%減少している。職種内訳を見ると、華人で最も多いのは会計士であり75.2%を占めている。これは華人の高い実業界比率と関係がある。ブミプトラで最も多いのは測量技士であり1995年には47.4%、2005年には48.2%となっている。インド人で最も多いのは獣医で1995年には31.9%、2005年には32.2%となっている。弁護士は1995年は華人が43.3%で最も多く、ブミプトラは29.0%であったが、2005年にはブミプトラの弁護士が華人を上廻るようになった。建築士は1995年は華人が69.7%で最も多かったが、2005年には53.1%へ減少し、ブミプトラが28.5%から45.3%へ増加している。医者は1995年に華人が31.2%、ブミプトラが31.3%とほぼ同率であったが、2005年には華人が28.9%、ブミプトラが36.7%で逆転した。歯科医及びエンジニアも1995年と2005年では華人とブミプトラの比率が逆転している。このように専門職へのブミプトラの進出は進んでおり、これは民族集団間の

292　第6章　マレーシアに見る所得格差の現状

図表Ⅵ-19　民族別専門職構成率比較（1995-2005）（%）

職　種	年度	ブミプトラ	華　人	インド人	その他	計	実　数
会計士	1995	16.1	75.2	7.9	0.8	100	8.844
	2005	20.8	73.6	4.4	1.2	100	21.589
弁護士	1995	29.0	43.3	26.6	1.1	100	5.976
	2005	38.0	37.1	24.1	0.8	100	11.750
建築士	1995	28.5	69.7	1.6	0.2	100	1.471
	2005	45.3	53.1	1.4	0.2	100	3.001
医　者	1995	31.3	31.2	26.8	10.7	100	14.395
	2005	36.7	28.9	26.6	7.8	100	15.574
歯科医	1995	32.1	45.1	21.1	1.7	100	1.932
	2005	44.4	35.1	8.4	1.9	100	2.608
獣　医	1995	40.3	25.2	31.9	2.6	100	838
	2005	39.0	32.2	24.8	4.0	100	1.339
エンジニア	1995	37.0	56.1	6.9	0	100	31.085
	2005	46.0	47.6	5.4	1.0	100	49.201
測量技師	1995	47.4	4.8	2.8	5.0	100	2.935
	2005	48.2	47.0	3.2	1.6	100	4.290
合　計	1995	32.0	52.1	13.1	2.8	100	71.843
	2005	38.8	48.7	10.6	1.9	100	109.352

出所：Malaysia, Mid-Term Review of The Seventh Malaysia Plan 1990-2000.
　　　The Ninth Malaysian Plan 2006-2010, 2006 より作成。

所得格差縮小の要因の一つになっている。

被雇用者の職種構成

　図表Ⅵ-20は、被雇用者の民族別職種構成を1970年から2010年までの40年間で比較したものである。民族集団毎の特徴は次の通りである。

1．ブミプトラは、1970年に農業労働者が72.0％であったが、2010年には

図表Ⅵ-20　民族別被雇用者の職種別構成比較（1970－2010）(%)

職　　種	年度	ブミプトラ	華人	インド人	その他	計
上級オフィサー・マネジャー	1970	24.1	62.9	7.8	5.2	100
	1985	34.8	57.5	5.1	2.6	100
	2010	42.7	45.7	7.3	4.3	100
専門・技術労働者	1970	47.0	39.5	10.8	2.7	100
	1985	58.8	30.9	8.7	1.6	100
	2010	60.0	27.9	8.3	3.8	100
事務労働者	1970	35.4	45.9	17.2	1.5	100
	1985	54.1	37.8	7.6	0.5	100
	2010	60.5	30.5	6.8	2.2	100
※サービス・営業労働者	1970	26.7	61.7	11.1	0.5	100
	1985	33.2	59.2	6.8	0.8	100
	2010	58.2	29.4	4.9	7.5	100
農業労働者	1970	72.0	17.3	9.7	1.0	100
	1985	75.9	15.2	8.2	0.7	100
	2010	66.4	7.7	1.9	24.0	100
手工芸関係労働者	1970	n.a.	n.a.	n.a.	n.a.	n.a.
	1985	n.a.	n.a.	n.a.	n.a.	n.a.
	2010	51.5	31.9	4.7	11.9	100
生産労働者	1970	34.2	55.9	9.6	0.3	100
	1985	47.3	41.8	10.5	0.4	100
	2010	58.2	14.9	14.4	12.5	100
単純労働者	1970	n.a.	n.a.	n.a.	n.a.	n.a.
	1985	n.a.	n.a.	n.a.	n.a.	n.a.
	2010	53.8	11.5	7.2	27.5	100

※1970年及び1985年は営業労働者のみ計上。

出所：NECC レポート、Table28; 6MP, Table1-9; MTR7MP, Table3.6; 9MP, Table16-4 Jomo Kwame Sundaram, Wee Chong Hui (2014) *Malaysia@50 Economic Development, Distribution, Disparities* より作成。

294　第6章　マレーシアに見る所得格差の現状

66.4％に減少した。

　他方、サービス・営業労働者は26.7％から58.2％に31.3％増加し、事務労働者は35.4％から60.5％へ25.1％増加し、生産労働者は34.2％から58.2％へ24.0％増加した。経済発展に伴い農村部から都市部へ移動したブミプトラの多くは、これらの職種へ吸収されていったことが解る。

2．華人は、1970年には上級オフィサー・マネージャーが62.9％で1位であったが、2010年には45.7％に17.2％減少した。2位のサービス・営業労働者は61.7％から29.4％に32.3％減少した。生産労働者は55.9％から14.9％に41.0％減少した。ここでは生産労働者がブミプトラでは増加しているので、この40年間で華人からブミプトラにシフトしたことが解る。

3．インド人は、1970年には事務労働者が17.2％で1位であったが、2010年には6.8％に10.4％減少した。専門・技術労働者は10.8％から8.3％に2.5％減少したが、生産労働者は9.6％から14.4％に4.8％増加している。

4．農業労働者は、ブミプトラ、華人、インド人とも同期間で減少しているが、その他で2010年に24.％となっている。これはブミプトラが3K職を嫌い、プランテーションなどでは外国人労働者を雇用しているためである。農業部門の外国人労働者は2009年には18.2万人を雇用し、内訳はインドネシア人が約半分を占め、他にインド人、パキスタン人、バングラディッシュ人、ミャンマー人、ネパール人などを受け入れている。[18]

富の所有権格差是正

　マレーシアにおいては、民族集団別の資本所有権格差是正が重要な課題である。政府は、第3次マレーシア計画（1976-1980）において、ブミプトラの株式所有比率を30％以上にする計画を策定した。これを実現するために、政府は1970年代後半にブミプトラ投資基金（Yayasan Pelaburan Bumiputra: YPB, 1978年）、国営持株会社（Peradalan Nasional Berhad: PNB, 1979年）、国営投資信託会社（Amanah Saham Nasional Berhad: ASN, 1979年）などからなる投

図表Ⅵ−21　民族集団別株式所有比率（1970〜2008）(％)

分　類	1970	1990	2000	2008	増加率（1990−2008）
ブミプトラ	2.4	19.3	18.9	21.9	2.6
非ブミプトラ	34.3	46.8	41.3	36.7	− 10.1
華　　人	27.2	45.5	38.9	34.9	− 10.6
インド人	1.1	1.0	1.5	1.6	0.6
その他	6.0	0.3	0.9	0.1	− 0.2
外国人	63.3	25.4	31.3	37.9	12.5
会社名義	n.a.	8.5	8.5	3.5	− 5.0
合計（％）	n.a.	100.0	100.0	100.0	―
合計（百万 RM）	n.a.	108.4	332.4	581.8	＊5.36

注：マレーシア半島のみ。　　　　　＊2008年の1990年に対する株式額面価格の倍率。
出所：マレーシア経済計画局。
　　　Poon Wai Ching (2015) *Malaysian Economy* より作成。

　資信託スキームを整備した[19]。しかしブミプトラ資本の30％目標は、NEP が終了した1990年までに達成されなかった。達成されなかった理由は、ブミプトラに対する株式取得の優遇制度があっても、ブミプトラは取得した株式資本の売却利益を求めて短期間で売却するからであった[20]。2009年にナジブ政権が発足すると、一部のサービス業に関して、株式保有の30％をブミプトラに割り当てる規制は撤廃され、さらに上場に際しブミプトラに株式資本の30％を割り当てる制度が廃止された。

　図表Ⅵ−21は、民族集団別株式所有比率を比較したものである。1970年にブミプトラの株式保有比率は2.4％であったが、1990年には19.3％、2000年には18.9％、2008年には21.9％になった。しかしその後は30％には至らずに低迷した。他方、非ブミプトラの内訳は華人が多く、ブミプトラ優遇政策の30％条項が発動された後でも、常に株式保有比率はブミプトラを上廻っていた。外国人の株式保有比率は1970年に63.3％であったが、その後大きく下落した。これはアジア金融危機の影響によるものと推測されるが、1990年に

NEP の期限が到来し新たに NDP（National Development Policy）が発動されると再び保有率は増加していった。

貧困格差の是正

貧困度数は、貧困発生率と極貧率によって測定される。貧困とは所得世帯が貧困ライン（PLI）以下の状態にあることを指す。図表Ⅵ-22は、民族別に1970-2012の貧困度数を表したものである。貧困発生率について、1970年にはブミプトラの65.0%が貧困状態にあったが、2012年には2.2%へ減少し

図表Ⅵ-22　民族別貧困度数（1970-2012）(%)

年　度	民族集団	極貧率	貧困発生率
1970	ブミプトラ	n.a.	65.0
	華人	n.a.	26.0
	インド人	n.a.	39.2
1990	ブミプトラ	n.a.	20.8
	華人	n.a.	5.7
	インド人	n.a.	8.0
1999	ブミプトラ	2.9	12.4
	華人	0.2	1.2
	インド人	0.3	3.5
2007	ブミプトラ	1.0	5.1
	華人	0.1	0.6
	インド人	0.3	2.5
2012	ブミプトラ	0.3	2.2
	華人	0.0	0.3
	インド人	0.2	1.8

出所：マレーシア経済計画局　世帯所得調査（1999、2004
及び2012）。
Poon Wai Ching (2015) *Malaysian Economy* より作
成。

た。華人は1970年には26.0%が貧困状態にあったが、2012年には0.3%へ減
少した。インド人は1970年には39.2%が貧困状態にあったが、2012年には
1.8%へ減少した。極貧とは所得世帯が食糧貧困ライン以下の状態にあるこ
とを示す。極貧率について、1999年にはブミプトラの2.9%が極貧の状態に
あったが、2012年には0.3%に減少した。華人は1999年に0.2%が極貧の状態
にあったが、2012年には零になった。インド人は1999年に0.3%が極貧の状
態にあったが、2012年には0.2%に減少した。このようにマレーシアの貧困
削減は着実な成果を上げている。

民族集団別失業率格差

　民族別失業率格差は図表Ⅵ-18の雇用形態と、図表Ⅵ-20の被雇用者別職
種構成と経済成長に伴う産業構造変化との不整合により顕在化する。図表
Ⅵ-23は民族集団別の失業率を1970年から5年毎に2010年まで計上したもの
である。図表Ⅵ-23から以下の推測が可能である。

1．1970年はインド人の失業率が最も高く、次がブミプトラで、華人が最も
　　低く、2010年もこの順位には変化が見られない。インド人の失業率が華
　　人やブミプトラより高いのは、被雇用者の比率が華人とブミプトラより
　　高いため、景気変動による雇用の変動の影響を受けやすく、失業の感応
　　度が他の民族集団より高いことによると推測できる。また華人の失業率
　　がブミプトラやインド人より低いのは、経営者と自営業者の合計がブミ
　　プトラやインド人よりも高く、また被雇用者でも華人は上級オフィサ
　　ー・マネージャーの比率がブミプトラやインド人よりも高いため、景気
　　低迷期においても短期間での失職の可能性が低く、失業のリスクがブミ
　　プトラやインド人より低くなるためと推測できる。

2．1970年に比較して2010年の失業率はブミプトラ、華人、インド人ともに
　　半分以下に低下している。これはマレーシアの高度経済成長の成果によ
　　るもので、1985年のみ失業率が高いのは、この年に米国経済を中心とし
　　た世界不況が発生し、一次産品価格の下落により、マレーシア経済が

298 第6章 マレーシアに見る所得格差の現状

図表Ⅵ-23 民族別失業率格差の比較 (1970-2010) (%)

年 度	ブミプトラ	華人	インド人	その他	合 計
1970	8.1	7.0	11.0	3.1	8.0
1975	6.1	6.3	10.5	9.2	6.7
1980	6.5	3.9	6.3	3.3	5.6
1985	8.7	5.5	8.4	5.0	7.6
1990	5.8	4.5	4.9	1.7	5.1
1995	4.6	1.5	2.6	0.4	3.1
2000	4.6	1.5	2.7	0.8	3.1
2005	4.9	1.9	3.0	2.4	3.8
2010	3.9	2.5	4.3	2.0	3.4

注：1970年から1980年まではマレー半島のみ、1985年から全国ベース。
出所：マレーシア統計局労働力調査報告、マレーシア財務省経済報告。
　　　Jomo Kwame Sundaram, Wee Chong Hui (2014) *Malaysia@50 Economic Development, Distribution, Disparities* より作成。

　0.9%のマイナス成長になったことが主因と推量される。

教育制度と民族別学歴格差

初等教育：

　マレーシアの初等教育は日本の小学校に相当するが、マレー語を教授用語とする国民学校（National School）と、中国語やタミル語を教授用語とする国民型学校（National-type-School）の2種類がある。就学年数は6年間であるが義務教育ではない。国民型学校の卒業生は、中等教育を受ける前にマレー語を習得するために移行学級で学ぶ必要がある。

中等教育：

　中等教育は、下級中等学校（日本の中学校に相当）と上級中等学校（日本の高等学校に相当）の2種類がある。下級中等学校は3年間、上中等学校は2年間の就学年数である。

高等教育：

　高等教育は、ポリテクニック、カレッジ及び大学の3種類に分類できる。上級中等教育卒業生が大学に入学するためには、1年または2年間大学予備課程（Post Secondary Level）へ進学し高等教育試験を受験する必要がある。予備課程の教育機関としては、フォームシックス（大学予備課程）とブミプトラのみを対象にしたマトリキュレーションコース（大学入学プログラム）がある。ポリテクニックは工学及びビジネス教育を3年間行う。カレッジは商業、応用科学、技術分野の教育を行い、教員訓練カレッジ、公立カレッジ、大学付属カレッジの3種類がある。大学は公立大学10校と国際大学1校がある。他に300を超える私立の教育機関、センター、カレッジがある。

非正規教育：

　非正規教育には、イスラム宗教教育機関として、初等教育学校（Sekolah Rendah Agama）と中等教育学校（Sekolah Menengah Agama）がある。また華人のためには華人独立高等学校があり、中国語による中等教育を行っている。この高等学校の上級中等教育では科学、工学、芸術なども指導している。この他に国際的なカリキュラムに基づくインターナショナルスクールがある[21]。

　図表Ⅵ-24は、就業者の学歴層別民族格差を表したものである。全体では、1985年には初等教育修了者が39.7％、中等教育修了者が42.2％、高等教育修了者が4.7％、非正規教育修了者が14.1％であった。2010年には、初等教育修了者が16.7％に23％減少、中等教育修了者が55.5％に13.3％増加、高等教育修了者が24.2％に19.5％増加し、非正規教育修了者は3.6％に10.5％減少した。民族集団別の初等教育では、1985年には修了者はブミプトラ、華人、及びインド人ともにほぼ40.0％前後であり、それが2010年にはほぼ13％に低下した。中等教育では、1985年には修了者は華人が47.1％で最も高く、次がインド人で45.3％、ブミプトラは37.8％であった。2010年にはブミプトラ、華人、インド人ともに増加している。増加率が最も高いのはブミプトラ

300 第6章 マレーシアに見る所得格差の現状

図表Ⅵ-24 就業者の学歴層別民族格差（1985-2010）(%)

学 歴	年 度	ブミプトラ	華人	インド人	計
全 体	1985	100.0	100.0	100.0	100.0
	2010	100.0	100.0	100.0	100.0
非正規教育	1985	18.9	6.9	9.3	14.1
	2010	3.1	1.3	2.5	3.6
初等教育	1985	38.9	41.0	41.6	39.7
	2010	13.0	13.7	13.0	16.7
中等教育	1985	3.8	47.1	45.3	42.2
	2010	56.9	59.8	61.1	55.5
高等教育	1985	4.4	5.9	3.8	4.7
	2010	27.1	25.1	23.4	24.2

出所：マレーシア経済計画局、労働力調査レポート。
Jomo Kwame Sundaram, Wee Chong Hui (2014) *Malaysia@50 Economic Development, Distribution, Disparities* より作成。

で、次が華人、インド人が最も低い。高等教育では、1985年には、修了者は華人が5.9％で一番高く、次がブミプトラで4.4％、インド人は3.8％で最も低い。2010年にはブミプトラ、華人、インド人ともに増加している。増加率が最も高いのはブミプトラで、次がインド人、華人が最も低い。非正規教育では、1985年にブミプトラが18.9％で最も高く、次がインド人で9.3％、華人が6.9％で最も低い。2010年には、ブミプトラ、華人、インド人ともに減少した。減少が最も大きいのはブミプトラで、次がインド人、華人が最も低い。ここでは就業者学歴について次の解釈が可能と思われる。すなわち1985年から2010年までの25年間で、ブミプトラ、華人、インド人のいずれも就業者人口のなかで初等教育修了者が減少し、中等教育修了者と高等教育修了者が増加した。また非正規教育修了者はいずれの民族集団も減少した。中等教育修了者と高等教育修了者の増加率が最も高いのはブミプトラで、非正規教育修了者の減少率が最も大きいのもブミプトラであった。高等教育修了者で

ブミプトラの増加率が他の民族集団より高いのは、ブミプトラ子弟への優遇策の影響によることが推測される[22]。また非正規教育修了者の減少率でブミプトラの比率が最も高いのは、農村部を基盤としたイスラム宗教教育機関の就学者が減少してきたことなどによるものと考えられる。

ジェンダーによる学歴格差

図表Ⅵ-25は、就業者の性別学歴格差を表したものである。初等教育修了者率は1985年及び2010年のいずれも男性が女性を上廻っている。初等教育修了者率の1975年から2010年の減少率は男子が女子よりも高い。中等教育修了者率は1985年及び2010年のいずれも男性が女性を上廻っている。中等教育修了者率の1975年から2010年の増加率は男子が女子よりも高い。高等教育修了者率は、1985年は男生が女性を上廻っていたが、2010年は女性が男性より高

図表Ⅵ-25　性別就業者の学歴格差
(1985-2010)(%)

学 歴	年 度	男性	女性
全 体	1985	100.0	100.0
	2010	100.0	100.0
非正規教育	1985	8.9	23.8
	2010	3.1	4.3
初等教育	1985	42.9	33.6
	2010	18.2	14.1
中等教育	1985	43.4	40.1
	2010	58.3	50.6
高等教育	1985	4.8	4.5
	2010	20.3	31.0

出所：マレーシア経済計画局、労働力調査レポート。
Jomo Kwame Sundaram, Wee Chong Hui (2014)
Malaysia@50 Economic Development, Distribution,
Disparities より作成。

302 第6章 マレーシアに見る所得格差の現状

図表Ⅵ－26 公立大学におけるブミプトラ入学比率 (1970－2013) (%)

民族 ＼ 年度	1970	1980	1990	2001	2002	2013
ブミプトラ学生	54.2	63.1	74.6	55.0	68.0	77.0
非ブミプトラ学生	45.8	36.9	25.4	45.0	32.0	23.0

出所：Majlis Perunding an Ekonomi Negara Kedua レポート（2001）他。
New Straits Times (2002, May 10). Poon Wai Ching (2015) *Malaysian Economy* より作成。

くなっている。1985年から2010年の高等教育修了者の増加率は女性が男性より高い。非正規教育修了者率は1985年及び2010年いずれも女性が男性より高い。非正規教育修了者率は1985年から2010年には男性と女性いずれも減少している。またその減少率は女性が男性より高い。この事実から次の解釈が可能であろう。すなわち就業者の内、2010年にはほぼ半数以上が中等教育修了者となったが、男性が女性を上廻っている。高等教育修了者率は2010年には、1985年に比較して男性は約4倍、女性は約6倍増加し女性が男性より高くなった。非正規教育修了者は、2010年には女性が男性より多いが、1985年に比較して、男性は約3分の1、女性は約5分の1に減少した。マレーシアの企業や官庁における近年の女性の社会進出は、このような女性の高学歴化によってある程度理解ができる。[24]

　図表Ⅵ－26の表は公立大学におけるブミプトラの入学比率を表したものである。1970年に54.2％であったブミプトラの入学率は、2002年には68.9％に増加した。マレーシアの高等教育において、貧困削減のためにブミプトラがよい高い教育を受ける機会を確保するために始めた公立大学におけるブミプトラ子弟の優先入学制度がある。この制度は、公立大学にブミプトラ55％、華人35％、インド人10％の比率枠を設定していた。しかしながら、実際にはこの枠は遵守されず、ブミプトラの入学比率は1980年に63.1％、1985年には67.0％、1988年には66.0％、1990年には74.6％となり枠を逸脱していた。そこでこの制度の運用の透明性について議論が展開され、以前のマハティール

首相は、2002年にこの割り当て枠廃止を宣言し、能力主義を導入して公立大学への入学は試験結果によるものとした。その結果、ブミプトラは2013年さらに増加して77.0％となり、非ブミプトラは23.0％に減少した。非ブミプトラの内訳は、華人が19.0％、インド人が4.0％となっている。

　マレーシア教育省は2013－2025年の13年間の国民教育政策の青写真を、国際機関、内閣、教員、学長、親と学生などから広範囲の意見を聴取し2012年に策定した[23]。その内容は以下の通りである。

1．国際基準の質の教育への平等な機会の提供。
2．全ての子供がマレー語と英語に堪能になることの保証。
3．マレー人の主導的な価値観の育成。
4．選択した職業に向けての教育の改善。
5．全ての学業における教育指導者の高度な実践の確保。
6．必要性に応じた問題解決能力の国家教育部や学校への付与。
7．マレーシア全土に良質な学習を拡げるための情報通信技術への投資。
8．内閣の発信能力と役割の改善。
9．親、コミュニティー及び私的部門との協力。
10．直接的な公的説明責任に対する透明性の向上。

　マレーシアでは、既述の通り大学入学プログラムへの進学は基本的にはブミプトラの子弟しか認められず、ブミプトラにとって公立大学への進学が容易になっている。従って華人やインド人の子弟は大学予備課程に進学して大学を目指すか、海外留学を目指すことになる。また中等教育においても、将来のエリート養成の役割を果たしている全寮制中学校への入学がブミプトラの子弟に限られている。この全寮制中学校への予算配分は、通常の中等学校課程の約3倍に及んでおり、ブミプトラ優遇策の教育面での施策になっている。教育面でのブミプトラ優遇政策の成果を見ると、既述の通り、2010年では被雇用者の内訳では上級オフィサー・マネージャーは絶対数で華人がまだ優位であり、専門・技術労働者でも人口に対する比率では華人が優位な状態

にある。ブミプトラ保護政策は、競争心や勤労観を削ぎ、起業意欲や自助努力を阻害していないのか、その弊害にも注視し2013-2025年の国民教育政策の成果を見守っていく必要があろう。[25]

3　所得と富の平等化

マレーシアは1957年のイギリスからの独立後ラーマン政権の下で民族融和政策と自由放任政策を推進していた。ラーマン政権は民族間の所得格差縮小と民族の融和を課題として、主に農業に従事していたマレー人の所得向上のために注力したが、それは政府による介入を農村部に限定したレッセ・フェール政策であり、マレー人と華人の所得格差縮小の際立った成果は見られなかった。その後、マレー人と華人との所得格差を背景に、1969年5月13日に大規模な暴動が発生したことは既述の通りである。暴動の後1970年8月31日に政府はルクネガラ（国是）を制定し法による遵守を国民に呼びかけた他、1971年3月に憲法改正を行い、ブミプトラ政策の強化を図った。また、1971年には1990年まで20年間に亘る新経済政策（OPP1-NEP）を発動した。これは独立後の自由放任政策から国家主導の開発主義への転換であり、その後のマレーシア経済の発展に大きな影響を与えた。すなわち、NEP発動以後のマレーシアは、市場経済を基礎に国家が市場へ積極的な介入を行う政府主導による開放型の開発主義国家になった。

マレーシアおけるに開発体制は、国家構想、開発政策、長期総合計画、5ヵ年計画、年次計画、工業化マスタープラン、地域計画と多層的な構造になっている。そこでは国家構想の下に、全体の方向性を整えるために10年から20年の開発政策が策定され、それを具体化した該当期間の長期総合計画が策定され、5ヵ年計画が策定され、年次計画で予算が策定され、さらに工業化マスタープランと地域ごとの開発方針を定めた地域計画が策定されている。ここでは相互の整合性が重要になるが、計画中途での見直しと修正は適宜必要に応じて行われている。これをPoon Wai Ching（2015）の分類に基づき集約すると次頁の通りとなる。ここでは記載に際して5ヵ年計画及び年次計[26]

画は省略した。

国家政策の構造

1. 国家構想

　　マレーシア構想2020（Vision2020, 1991 – 2020）

2. 開発政策

　　新経済政策（New Economic Policy (NEP), 1971 – 1990）

　　国家開発政策（National Development Policy (NDP),1991 – 2000）

　　国家展望政策（National Vision Policy (NVP), 2001 – 2010）

3. 長期総合計画

　　第1次大要展望計画（First Outline Perspective Plan (OPP1), 1971 – 1990）

　　第2次大要展望計画（Second Outline Perspective Plan (OPP2), 1991 – 2000）

　　第3次大要展望計画（Third Outline Perspective Plan (OPP3), 2001 – 2010）

　　新経済モデル（New Economic Model (NEM), 2011 – 2020）

　　・政府改革プログラム（Government Transformation Program (GTP)）

　　・経済改革プログラム（Economic Transformation Program (ETP)）

4. 工業化マスタープラン（Industrial Master Plans (IMPs), 1986 – 2020）

　　・第1次工業化基本計画（IMP1：1986 – 1995）

　　・第2次工業化基本計画（IMP2：1996 – 2005）

　　・第3次工業化基本計画（IMP3：2006 – 2020）

5. 地域計画（Corridor Malaysia）

　　・北部回廊経済地域（Northern Corridor Economic Region (NCER)）

　　・東部沿岸経済地域（East Coast Economic Region (ECER)）

　　・南部ジョホール経済地域（South Johor Economic Region (SJER)）

　　・イスカンダールマレーシア（Iskandar Malaysia (IM)）

　　・サバ開発回廊地帯（Sabah Development Corridor.(SDC)）

　　・再生可能エネルギーのサラワク回廊地帯（Sarawak Corridor of Renewable Energy (SCORE)）

306 第6章 マレーシアに見る所得格差の現状

図表Ⅵ－27 マレーシアの経済計画の構造（1971-2020）

年度	1970	1975	1980	1985	1990	1995	2000	2005	2010	2015	2020
国家構想						マレーシア構想2020（1991－2020）					
開発政策	新経済政策（1971－1990）					国家開発政策		国家展望政策			
長期総合計画	第1次大要展望計画					第2次計画		第3次計画		新経済モデル	
5ヵ年計画	2次	3次	4次	5次	6次	7次	8次	9次	10次	11次
工業化マスタープラン					第1次計画		第2次計画		第3次計画		

出所：Poon Wai Ching（2015）*Malaysian Economy* より作成。

　図表Ⅵ－27は、マレーシアの経済計画の全体構造を表したものである。経済計画は全体で5層になっており、斜線は策定がなかった期間である。中期計画は1次計画が1965年から始まっている。開発政策は国家展望政策（NVP）以降にはなく、ナジブ政権以降に始まった新経済モデル（NEM）については、Poon Wai Ching（2015）は長期総合計画の範疇に分類している。全ての開発政策及びその実行計画としての長期総合計画には、民族別所得格差の縮小と貧困の撲滅が挙げられている。マレーシアの長期総合計画を規定しているのは国是であり、国是の原則には憲法153条に基づくブミプトラの特権とイスラム的思想が包含されている。本節ではまず国是を確認し、3つの開発政策及びナジブ政権以降の長期総合計画である新経済モデルの内容を検証し、所得平等化及び貧困対策がどのように政策目標に位置付けられ実行されたのかを論じる。また国家構想としての「マレーシア構想2020」の概要と所得平等化の理念について検討する。最後に伝統的なアプローチに加えて、イスラム教を国教とするマレーシアにおけるイスラム思想の所得平等化に関する見方について集約し、政府や民間の所得平等化の対応にどのような影響を与えているのかを考察する。

1．国是（ルクネガラ）

　マレーシアが1970年8月31日に発表した国是（ルクネガラ）は、次の5つの柱からなるが、これは国民に社会的近代化の考え方と精神的な支柱を提供

している。

宣言：(1) マレーシア国民の統一を達成する。

(2) 民主的な方法を維持する。

(3) 富の平等な分配が行われる社会の創出。

(4) 多様な文化・伝統に対する自由なアプローチを確保する。

(5) 近代的科学と技術に根ざした進歩的社会の建設。

この国是（ルクネガラ）は以下の5つの原則により目的が達成されると考えられている。

原則：(1) 神への信仰。

(2) 国王、国への忠誠。

(3) 憲法の尊重。

(4) 法の支配。

(5) 良い行動とモラル。

　政府はルクネガラ（国是）を制定の上、法の遵守を国民に呼びかけ、1971年3月に憲法改正を行なった後に、1971年から1990年まで20年間の新経済政策（OPP1-NEP）を発動した。国是の原則は、イスラム教徒であることがマレー人の資格要件としているので、華人とインド人をいかにしてマレー人としての国民の統合に組入れるかが後の課題となった。

2．新経済政策（New Economic Policy (NEP), 1971－1990）

　NEP は、1969年の民族紛争を契機にマレーシアの国民の統合を目的として、それに必要なマレーシア国民のアイデンティティを育成することを国家建設の方針とした。その方針に沿った施策として、貧困の撲滅と社会の再編成の2つが目標の柱として提示された。貧困の撲滅は民族の別を問わず実施し、社会の再編成は経済的に劣後していたブミプトラ優遇の施策が所得格差縮小のために組込まれているが、目標の具体的な施策は以下の通りである。

貧困の撲滅

(1)　低生産性部門の農林水産業の生産性向上と所得の向上を図る。対策とし

て、二期作の推進、排水、灌漑施設の整備、中小企業に対する資金、技術提供など。

⑵ 土地開発、近代的漁業・林業、商工業の振興による低生産性部門から高生産性部門への人的資源の移動、資金、技術の援助、教育、訓練の促進。

⑶ 低所得者層の生活水準向上を目的としたサービスの提供。対策として、住宅の建設、電気・水道・公共交通費の補助、医療、教育機会の改善。

⑷ 労働需要の掘り起こし。民族の別を問わない若年層の雇用機会の創出。

社会の再編成

⑴ 都市部と農村部の発展の均衡。

⑵ 経済の各部門のあらゆる階層の雇用に対して人口の人種別構成比を反映。

⑶ 生産資本の所有と経営におけるブミプトラの比率を30％まで引上げ。

⑷ 商工業活動の30％を所有し経営するブミプトラ商工業コミュニティーを創出。[27]

　NEP の理念は、公平と均衡が伴う経済成長を確保しながら、ブミプトラ政策によって民族間、地域間、都市部と農村部の所得格差を縮小していくことが国民の統合の目的に適うとするものであった。これらの具体的な数値目標は、第2次5ヵ年計画実施中の1973年に発表された。新経済政策（NEP）の推進を可能にしたのは、政府による積極的な経済活動への介入であった。ラザク首相は国家主導型の開発主義によりブミプトラ政策を明確にし、行政、軍隊、警察など政府機関のブミプトラ比率を引き上げ、昇進もブミプトラを優遇した。

　NEP は成長戦略と産業政策の視点から2期に分けることができる。第1期は1971年の始動期から1980年前半までの輸入代替工業化の時期で、重化学工業化と生活必需品の国内産業保護及び一次産品などの輸出促進による工業化が実施された。第2期は1980年代半ば以降でマハティール首相の（Look

East 政策）により、外資主導型輸出志向工業化への転換が行われた高度経済成長期である。NEP 期の20年間における政策重点項目、貧困削減施策を5ヵ年計画ごとに列挙すれば、以下の集約ができる[28]。

(1) 第2次5ヵ年計画（1971 – 1975）　輸入代替工業化期。（行政活動の拡大）
　　政策重点項目：貧困撲滅、社会構造改革、農業の再活性、主要部門の成長と雇用創出。
　　貧困削減施策：雇用創出、教育・訓練設備の充実、農村開発。
(2) 第3次5ヵ年計画（1976 – 1980）輸入代替工業化期。（行政活動の継続的拡大）
　　政策重点項目：雇用における民族間のバランス、教育・訓練設備の充実、公営企業の利用。
　　貧困削減施策：貧困層の生活の質的向上。（農村部のインフラ整備）
　　　　　　　　　雇用創出と雇用機会の民族間の均等化。
　　　　　　　　　農業部門の商業化・生産性向上。
　　　　　　　　　非農業部門での雇用拡大。
(3) 第4次5ヵ年計画（1981 – 1985）　輸出指向型産業への転換。（行政活動の規模縮小）
　　政策重点項目：政府支出の構造調整。
　　　　　　　　　経済構造改革：農業の役割縮小、製造・建設・金融部門の寄与増大、国家農業政策による農業の再活性化。
　　貧困削減施策：上記第3次5ヵ年計画期と同様。
(4) 第5次5ヵ年計画（1986 – 1990）　輸出指向型産業。
　　政策重点項目：資源の効率的活用、科学技術の促進、民営化の促進、輸出主導型工業化。
　　　　　　　　　国内貯蓄の増加・海外投資の促進、農業の活性化。
　　貧困削減施策：農村部の生活の質的向上、農村部インフラ整備。
　　　　　　　　　非農業部門への就労促進。

310 第6章 マレーシアに見る所得格差の現状

　このような NEP の20年間における貧困削減施策の効果は、前節で既述の通りマレーシア半島の貧困率を1970年の49.0％から1990年に16.7％に引下げた。それに費やした国家予算に占める貧困対策費は、第2次5ヵ年計画時に32％、第3次時に30％、第4次時に世界不況の影響で24％に低下、第5次時には26％にやや回復した。

　社会再構築による民族格差縮小では、ブミプトラの株式保有率を前節で既述の通り、1970年の2.4％から、1990年には30.0％に引上げた。1970年代は市場への政府の介入が積極的に行われ、ブミプトラ資本の育成と中間層を増加させるために公的な機関を設立し、公的部門が民間事業会社へ出資し経営に介入する方法が取られた。[29]1970年代は華人資本が小売、卸売り、ゴム農園、錫鉱山、交通、小規模製造業、金融を支配し、外国資本が大規模農園、貿易会社、鉱山、大銀行、保険業等を支配しており、政府は国家開発公社（State Economic Development Corporation: SEDC）を通じて経営参加を行った。1970年代の輸出指向型製造業は低技術で労働集約型が主体であった。自由貿易区（非関税地域 The Free Trade Zone）が開発されたのもこの時期であり、高度経済成長は、労働集約的輸出指向型工業化と公的部門の拡大によってもたらされた。実質賃金の増加も顕著で失業率が低下したのも前節で既述の通りこの時期であった。[30]NEP の中間期の1981年にマハティールが首相に就任すると、一次産品市場価格の下落、エレクトロニクスを中心とした輸出市場の低迷、石油とガスの海外からの投資、及び華人ビジネスの対する差別による国内投資の減退により国内の公的債務が増加し、経常収支の赤字問題が発生した。この時期には政府は農業の近代化を提唱し、生産性の向上と近代的な経営管理による商業化や、サバ及びサラワクのプランテーション農業の振興を行なった。マハティール首相は日本や韓国は重工業を発展させるために政府が市場への介入を行い、官民が一体となって協調する政策にマレーシアが見習うようにルックイースト政策を提唱した。[31]マハティールはマレーシアカンパニーをスローガンにして、私的部門と公的部門の協調と補完体制を奨励し、マレーシア製の乗用車プロトンを三菱自動車と提携して生産し、以前

政府が始めた事業で収益性がある公企業の民営化を実施した。またマハティールは日本の労働倫理を賞賛しそれはイスラム的価値観と一致するとして、その理解のためのキャンペーンを立ち上げ、イスラム銀行と国際イスラム大学を設立した。[32] NEP 期の重工業化は、1980年に設立されたマレーシア重工業公社（Heavy Industry Corporation of Malaysia）と呼称される公的機関が推進した。この公的機関は地場の結合を強化させ、ブミプトラの中小企業を促進し、外国企業との協調による技術開発や地元の R & D への投資を行なった。NEP の後半にはいった1985年頃には経済自由化に関する政府の政策転換が始まった。すなわち1980年代の半ばまでの政府の市場への介入に対してブミプトラを含め国内で不満が出始めていた。そこで政府は経済の自由化を進めたところ、東アジアの日本と、後には台湾の企業の進出が活発に行われた。これらの海外直接投資は新たな雇用を生み、マレーシアへの技術移転に貢献した。1990年に NEP は終期を迎えたが、図表Ⅵ-6 の通り、貧困発生率が低下したことは評価されている。また民族別格差の縮小についても、図表Ⅵ-15の通り進展が見られた。しかしながら公平と均衡が伴う経済成長を持続させるためには、グローバル化のなかで、一層の自由化と競争に対応ができるブミプトラ起業家の育成や経営能力の向上とより高い動機づけが求められている。[33]

3．国家開発政策（National Development Policy (NDP), 1991-2000）
目標

　NEP に続いて策定された国家開発政策（NDP）は、長期総合計画の第2次計画として実行され、5ヵ年計画では、第6次と第7次として施策が行われている。NDP の目的は NEP を引継ぎ国民の統合と適切な社会の創造にある。国民の統合は社会と政治の安定にとっては基本となるが、NDP においては、社会的インフラや農業と工業を基盤とした開発に焦点を当てている。また1991年から国家構想である「マレーシア構想2020」が同時に始動したことから、NDP は、経済活動を中心に2020年までに先進国を目指すことを目

標にしている。

戦略

NDP は、NEP の 2 つの課題であった民族別所得格差、貧困削減はまだ問題が残されていたので引継がれた。しかし貧困削減とマレーシア社会の再構築過程のなかで、4 つの新たな範囲が追加された。その上に 8 つの新たな開発戦略目標が「マレーシア構想2020」を達成するために導入されている。

4 つの新たな範囲

1. NEP の下での反貧困戦略の焦点を、極貧の撲滅と相対的貧困の削減に移行させる。
2. 経済の近代部門へのブミプトラの雇用を増加させるために、活動的なブミプトラ商工業コミュニティーを形成する。
3. 社会を再構築するために私的部門により多く依存していく民活を重視する。
4. 成長と分配の目的を達成するために基本的に必要な人的資源の開発に一層焦点を当てる。

8 つの開発戦略目標

1. 均衡のとれた経済成長。
2. 経済部門間の均衡がとれた発展。
3. 社会的、経済的不平等の是正。
4. 国民の統合の強化。
5. 健全な社会の育成。
6. 人的資源開発。
7. 科学と技術の強化。
8. 環境と生態の保護。

NDP の公正が伴った成長の概念は NEP のそれと類似している。すなわち、「マレーシア構想2020」を達成するためには、毎年 7 ％から 8 ％の経済成長が必要であり、富の増加分を特定の貧困集団に公平に分配するとしている。また均衡がとれた発展は、第一次、第二次、及び第三次の全ての部門に

行き渡り、社会的、経済的不平等は、是正した後に排除しなければならないと考えている。成長と発展の持続から生ずる経済的な果実は、マレー半島、及びサバ州とサラワク州の様々な民族集団や、州及び都市部と農村部に公正に再分配し、それが結果として国民の統合強化に繋がると考える。このようにNDPの理念は、進歩的な社会は、全ての市民がより多くの福祉を享受し、向上心があり国民としての誇りと意識を高揚するときに達成することができるとしている。またNDPは、工業部門への挑戦には、勤労者の生産性向上を目指して訓練を施し、規律を正し熟練することを重視している。このようにNDPの理念には、近代的な産業国家を建設するには、科学と技術の文化が不可欠な構成要素であり、さらに環境や生態の保護を通して持続的発展を確保することが織込まれている。

達成度

1．GDPの増加

NDPの期間、平均実質GDP成長率は6.8%であった。この成長率はNEPの期間より低いが、1997年及び1998年のアジア金融危機の影響を勘案すれば、良い実績と見做すことができる。GDPは1990年の791億リンギから2000年には2,093億リンギに2.64倍となった。

2．貧困の削減

貧困発生率は1990年の17.1%から2000年には7.7%に低下した。農村部の貧困発生率は1990年には21%から2000年には10.3%に低下した。また都市部の貧困発生率は1990年には7.5%から2000年には2.2%に低下した。

3．公平な所得の分配

ブミプトラの平均月間総世帯所得は、1990年から2000年までに5.5%増加した。同期間の華人は4.6%、インド人は6%の増加率であった。

4．雇用機会の増大

2000年の失業率は3.1%であった。被雇用者は1990年には670万人であったが、2000年には930万人となった。

5．ブミプトラの雇用の増加

314　第6章　マレーシアに見る所得格差の現状

第1次セクターのブミプトラの比率は、1990年には29.0%であったが、2000年には18.8%に減少、第2次セクターの同比率は1990年には30.5%から2000年には32.3%に増加した。

第3次セクターの同比率は1990年には40.5%から2000年には49%に増加した。

6．生活の質の向上

マレーシア人の生活の質の向上は、同期間の男性と女性の生存余命年数、幼児の死亡率、人口比の医師人数、識字率、水と電気の供給に見ることができる。このように、NDPは、NEP期に比較して政府の関与を抑制して民営化を進め、全てのコミュニティーの社会経済参加を促進しながら均衡的な成長を維持していこうとする計画であった。ここでは公正と均衡のある発展が強調されているが、多民族を国民の統合に向けることを目指した計画の理念が根底にあり、国民の統合のための民族間格差、地域間格差の縮小に焦点が当てられている。

4．国家展望政策（National Vision Policy (NVP), 2001-2010）

NVPの実行計画は、長期総合計画の第3次計画として策定され、内容は以下の通りである。

理念

知識を基盤とした社会を目指す。（Knowledge based society）

目的

1．Bansa Malaysiaの進歩と繁栄を確固たるものにする。
2．全要素生産性の向上により生産性を向上させ、生産費用を削減する。
3．内需主導型成長の達成。
4．国際収支均衡のため輸入を減少させ、サービス料の受け取りを増加させる。
5．生産部門とサービス部門の強化。
6．低インフレ率と価格の安定性の維持。

7．公共部門収支の黒字化。

8．適切な国内貯蓄の維持。

政策

1．マレーシアを「知識基盤社会」（Knowledge based society）にする。

2．国内投資と戦略分野に対する外資導入による経済成長の加速。

3．知識集約を通じての農業、製造業、サービスのダイナミズムの向上。

4．オラン・アスリ、サバ州、サラワク州の先住民族を含む世帯所得下位30％層の所得水準と生活の質の向上と極貧の撲滅。

5．2010年までのブミプトラ資本所有比率を少なくとも30％に引き上げる。

6．ブミプトラの経済主要部門への参加の向上。

7．知識基盤社会をサポートする人的資源開発の刷新。

　NVPのスローガンは、「知識を基盤とした社会」の実現に向けて、労働集約型の産業・業種から知識集約型の産業・業種への転換が2020年までに先進国になるために不可欠とした点である。また農業も製造業とともに重点産業として、プランテーションの商業ベース化と大規模農業への再編、アグロビジネスの育成を進めた。具体的には、製造業をハイテク製造業へと進展させ、R＆Dと生産イノベーションを進め、労働集約型の産業、業種から知識集約型への転換を進めることであった。サービス業は、旅行業、医療、金融、情報技術、運輸の育成、また新分野には、ソフトウェア開発、コンテンツ開発、インターネット開発の推進を重視した。

　民族格差問題では、NVPはブミプトラの資本所有比率30％の目標に加え、インド人の資本所有比率を2010年までに3％に引上げること、公務員にブミプトラ以外の人種を従来以上に登用する方針を打出している。

　NVPに対応する長期総合計画は第3次計画であるが、その計画の後半に対応する5ヵ年計画（第9次マレーシア計画（9MP））では、大規模な地域開発事業が計画されている。それらは、以下の5つの地域から構成されている。

1．東部沿岸経済地域（East Coast Economic Region）

マレーシア半島東岸部のクランタン、トレンガヌ、パハン、ジョホールの総合開発計画、豊かな自然のツーリズム拠点、石油、ガス、貿易拠点、インフラと物流拠点の開発。

2．イスカンダール開発地域（Iskandar Malaysia）

ジョホール州南部の大規模開発計画である。企業の免税、外国人労働者雇用、外資への出資規制免除などにより外資企業を誘致する。金融、教育、医療、物流等を誘致。

3．北部回廊経済地域（Northern Corridor Economic Region）

ペナン、プルリス、ケダ、ペラックの4州を対象に、生物工学先端農業、機器製造業、旅行業、多国籍企業のための物流総合管理のクラスターをつくる。

4．サバ開発回廊地帯（Sabah Development Corridor）

サバ州の開発計画で、林業、農業、石油、ガス、アグロビジネス、観光開発などを重点としている。

5．サラワク再生可能エネルギー回廊地帯（Sarawak Corridor of Renewable Energy）

サラワク州の開発計画で、水力発電、石炭、天然ガス、観光、重工業の誘致。

達成度

NDP の目標に対する達成度は必ずしも充分とは評価されていない。2001-2010年の成果は以下の通りである。

1．年平均経済成長率目標は7.5％であったが、2001年から2010年までの実質 GDP 成長率は3.4％であり未達に終わった[34]。

2．NDP 期には生活の質的向上の成果が確かに見られた。すなわち、2006年から2008年まで毎年220キロの道路が建設され、1万世帯が電化され、1万8千世帯に水道が設置され、7千の農村部の家屋が建設または修復された。しかしながらサバとサラワクでは道路と結合されていない多くの村落があり、サバとサラワクの4分の1の世帯の電気がまだ設置され

ておらず、約40％の世帯に水道の設備がない。2010年にはまだ44,000の
極貧世帯が存在し、マレーシア半島では約90％の世帯に水道が普及して
いるが、サバとサラワクでは57％しか普及していない[35]。NDP期の中間
に当たる2004年には、マレーシア全体の貧困率は5.7％で、内農村部の
貧困率は1.9％、都市部の貧困率は2.5％であった。極貧率は1.2％であ
ったが、サバの貧困率は23％、サラワクの貧困率は7.5％で地域間格差
が改善されていない[36]。

　NVPはマハティール政権下で策定され、2009年にマハティール首相引退
後は、アブドラ首相が引き継いだが、目標は必ずしも充分に達成されず、就
任期間には見るべき開発の成果は見られなかった。そのなかで、2008年3月
の総選挙では野党が躍進し、アブドラ首相は退任し、ナジブ政権が登場し
た。しかしながら第9次5ヵ年計画で策定された5件の地域開発計画はナジ
ブ政権に引継がれ、今後の進展が期待されている。

　NDPとNVPはいずれもNEPの基本的な目的である貧困の削減と社会の
再構築の理念を基に策定されている。その差異は、NDPは民族の再構築と
所得分配の目的よりも、均衡的発展を強調したのに対して、NVPは国民の
統合と多民族国家にあって政治的結合体としてのマレーシア国民（Bangsa
Malaysia）を強調した。NVPは公的部門の活性化と効率化を進めた上で、私
的部門の競争力を強化する方法を選択した。

5．新経済モデル（New Economic Model (NEM), 2011 - 2020）

　新経済モデル（NEM）は、2010年3月30日にDatuk Seri Najib Tun Razak
首相がNEPとNDPの継続計画として公表したが、主な目的は以下の通り
である[37]。

1．マレーシアを2020年までに高所得の先進国になる道筋をつける。1人当
　たり国民所得を10年間で、7,000ドル（RM23,000）から15,000ドル
　（RM49,000）に引き上げる。15,000ドルは、世界銀行の高所得国の最低
　ラインである。

318　第6章　マレーシアに見る所得格差の現状

2．NEM は、民族に関係なく所得格差を縮小し、貧困を削減する。

3．全ての低所得集団の所得水準を向上させる努力に焦点を当てる。

4．環境と天然資源に与える影響を配慮し、次世代への持続的経済成長を強調する。

　すなわち、NEM はこれらの高所得、包括性、持続性の3点を達成するために、次の4つの政策の柱（改革プログラム）を設定している。[38]

改革プログラム

1．一つのマレーシアの概念（1 Malaysia Concept）

　未来に向かって全てのマレーシア人が一つになることを目指す。

2．経済変革プログラム（Economic Transformation Program (ETP)）

3．政府変革プログラム（Government Transformation Program (GTP)）

　基幹経済分野（National Key Result Areas (NKRAs)）の強化（詳細は注39を参照）

4．第10次マレーシア計画（2011－2015）

　先進国になるための発展プログラム。（5ヵ年計画）

　上記の改革プログラム目標を達成するために、NEM は下記8つの改革戦略を設定している。

改革戦略

　1．民間部門の再活性化、2．質の高い労働力育成と外国人労働者への依存軽減、3．競争力のある国内経済の創造、4．公共部門の強化、5．透明性が高く市場融和的な行政の構築、6．知識を基礎にした経済の構築、7．成長分野の強化、8．持続性のある経済成長

　上記の改革戦略に見られる特徴は、市場志向性、良好な行政、地域的な結合、起業家的、革新的の5つに分類が可能である。また、NEM が強調する施策は以下の12に集約することができる。[40]

1．強いリーダーシップ。　　　　　4．達成度に関する継続的な還元。

2．政治の安定。　　　　　　　　　5．民間部門の役割の拡大。

3．人々からの強い支援。　　　　　6．労働力の質的向上。

新旧 アプローチの比較

旧アプローチ	新アプローチ（NEM）
主として資本蓄積による成長 低付加価値製品輸出の低い技術労働に伴う生産と物的インフラへの投資に焦点を合わせていた。	生産性向上による成長 高付加価値製品やサービスに対する適切な規模の民間投資、また人材により支えられた革新的な制度や最先端技術に焦点を合わせている。
経済への国家の支配的な介入 選別的経済部門における大規模且つ直接的な公共投資。	民間部門主導の成長 民間投資と市場活性化のための部門間及び部門内の競争の促進。
中央集権的な経済計画 経済的決定に対する連邦政府のガイダンスと承認。	意思決定における分権的な自律性 成長の主導権を発揮し支援するために国と地方政府に権限を与え、地域での競争を奨励する。
均衡がとれた地域成長 発展からの利益を国中に還元するための経済活動の分散。	集積と回廊を基盤とした経済活動 規模の経済のための経済活動の集中とより良好な支援サービスの提供。
特定の産業と企業の選好 選別的企業に対する金融支援を通じての優先的な取扱いの認可。	技術的に実力のある産業と企業の選好 より高い付加価値の製品とサービスを起業家が開発できるための革新とリスクをとることへの支援の認可。
米国、欧州、日本の市場への輸出依存 伝統的な市場への消費財とコンポーネントを供給するための生産の連鎖。	アジアと中東志向 投資、貿易やアイデアの交流を促進するために、積極的に地域での生産と金融ネットワークを開発し統合させる。
外国人熟練労働者の制限 地元の労働者が海外の人材にとって代わることに対する危惧。	技術力のある専門家を保持し引寄せる。 革新的で高い付加価値の経済を促進するため、地元と海外の両方の人材を取込むこと。

出所：Mardiana Nordin, Hasnah Hussin (2014) *Malaysian Studies Second Edition* Oxford Eajar Sdn. Bhd., p. 348 より作成。

7．外国労働者への依存の軽減。

8．競争的で公正な経済。

9．公的部門の強化。

10．低所得の罠からの脱出。

11．知識の開発のためのインフラの提供。

12．国家資源の効果的な開発。

320 第6章 マレーシアに見る所得格差の現状

次に、Madina Nordin, Hasnah Hussin（2014）の指摘に基づき、NEM と
それ以前のアプローチを比較して、特徴の相違について考察する[41]。

前頁の対比表から NEM の特徴は、既述した市場志向性、良好な行政、地
域的な結合、起業家的、革新的であることが理解できる。NEM の目標は、
人々の生活の質の向上にあり、3つの点に焦点を当てている。すなわち高い
所得、持続性、民族を超えた包括性であり、所得下位40％の所得層の向上を
重視している。NEM は一つのマレーシア国民を第1とした理念の下で、政
府変革プログラム（GTP）、経済変革プログラム（ETP）、政治変革プログラ
ム（PTP）、社会変革プログラム（STP）の4つの分野のプログラムに基づく
実行戦略で構成されている。NEM の実行戦略は具体的には5ヵ年計画であ
る第10次及び第11次マレーシア計画により実施される。

NEM を実行する基礎的な理念は、多民族国家マレーシアにおいては一つ
のマレーシアのアイデンティティを全ての民族の間で共有し、経済格差の縮
小や貧困撲滅の成果を平等に享受することが前提となる。そこで次に、一つ
のマレーシアの概念について、憲法並びに首相府の見解から確認し、NEM
の基本的な「国民の統合」に向けた考え方を理解していく。

ナジブ政権の一つのマレーシアの概念

マレーシア憲法の関連規定

連邦憲法の Part II 8．平等の規定では、(1)で全ての人々は法の前には平
等で、法により平等な保護を受ける資格があると規定している。また(2)で市
民に対して、宗教、人種、思想、出生地、性だけの理由での公的機関におけ
る雇用、財産の取得、保持、処分、取引、ビジネス、職業、聖職、及び雇用
の差別を禁止している[42]。

一つのマレーシア（1 Malaysia）

ナジブ政権の1 Malaysia は、2009年の発足時に導入されたが、その考え方
は People First、Performance Now の理念の下で、憲法の規定に沿ってマレー
シア人の願望を適えることにあり、具体的には4つの考え方が根底に

ある。その第1は、2020年までに国民が切望する進歩的な国家を実現するためには、国民の統合が不可欠であること、第2に、1 Malaysia は国家建設の継続的課題であること、第3に、統合は独立以来国家を誘導する中心的な原則として定着してきたが、1 Malaysia はマレーシアの人々の間で統合と友愛の精神を再認識することを求めることで達成されること、第4に、国が進歩するためには、まず人々が進歩しなければならず、民族の間で互いに受容する態度を育てることが国民の統合を強固なものにすることであり、これらが達成されれば、国家の発展が円滑に進むとの考え方である。1 Malaysia の内容について、ナジブ政権は統合を進めるために国民が以下を実践するように示唆している。[43]

統合の中心的な要素

1．受容

1 Malaysia は、様々な民族の間で1つの国家の市民として互いに尊重し寛容であり、他の民族の独自性を受容してコミュニティーの中で生活をすることを強調する。

2．国民の身分

1 Malaysia は、連邦憲法及び国是を基礎に実行することを保証することを原則とする。

3．社会正義

あらゆるマレーシア人は保護され排除はされない。この正義は様々な民族の様々な段階で勘案される。必要に応じて人々を保護する政府の政策や憲法の規定は実行が継続される。これら上記3つの統合のための中心的な要素は、多民族間では、相互の尊敬、謙遜、節度、礼儀正しさの実践によって達成されるとしている。

願望する価値観の融和

1．高い実績の文化

この要素は、あらゆる事柄や仕事において能力を発揮して最善をつくす

こと、無関心や怠惰は進歩的な社会では存在しない。

2. 正確の文化

マレーシア人は全ての義務に対して正確であること、効率性を優先すること。外の世界がマレーシアは全ての面で質と正確性を優先する国であることを認めるようにする。

3. 知識の文化

国は人々が高度に知的である場合のみ発展し成功する。知識の文化は常に人々に最新の知識と生涯学習を求める。

4. 誠実の文化

マレーシア人は義務の実行に際しては、高いレベルの誠実性を持たなければならない。誠実性は、義務や責任を遂行するに際して正直であること、清廉潔白で効果的であることの美徳が備わっている。また利己的な行動を慎むことが求められている。

5. 忍耐の文化

マレーシア人はどのような分野の取組みであっても目標達成のためには、苦難に直面したとき、高い水準の自信と強い闘争心、ハードワーク、献身、忍耐が最善の要素であり、安易に諦めてはいけない。

6. 忠誠の文化

忠誠の原則は、国民は所属する民族や集団よりも国への忠誠を優先しなければならない。また、組織のリーダーへの忠誠心は、信用の基本である。

7. 知恵の文化

知恵は、他の仲間の気分を害することなく力や気づかいにより問題に取組む方法を導く。

8. 革新と受容の文化

マレーシア人はどのような分野の取組みであっても、何か新しいことや革新的なことの準備をして、より良いことへの変化や問題を取扱う場合に、新たな解決方法を探すことに大胆であり、常にパイオニアであるた

めの準備が必要である。受容は力なしで何かを誠実に受け入れることで、寛容は他に力以外の選択がないときに已む無く受け入れることである。このように、一つのマレーシアは、高い業績、正確性、知識、統合、忍耐、忠誠、知恵、革新を切望する価値観として民族に関係なく国民に実践を求め、国民の統合を推進する。なお、一つのマレーシアの成果と評価については、第4節で論じている。

6．マレーシア構想2020（Vision 2020, 1991－2020）

　マレーシア構想2020は国家構想として1991年に導入され、2020年までに名実ともにマレーシアを先進国にする目的で、同年まで年平均7％の経済成長を達成する目標が掲げられた。その内容は、次頁の9つの戦略的な挑戦目標が掲げられているが、あくまで国家構想であり、具体的な政策は開発政策で計画され、さらに実施施策はその下に位置する長期総合計画で策定されている。30年間の構想に対応する開発政策は、1991－2000年が国家開発政策（NDP）であり、2001－2010年が国家展望政策（NVP）であり、2011－2020年が新経済モデルである。其々の実施施策は開発政策に対応する長期総合計画で策定されており、第2次計画及び第3次計画がそれに該当する。但し第4次の長期総合計画は策定されておらず、実施施策は新経済モデルがその役割を兼ねている。（図表Ⅵ－27では新経済モデルを長期総合計画覧に掲載している。）

　この構想でマレーシア政府が想定する先進国の条件とは、次の13項目を備えていることである。

1．高潔性、2．規律、3．勤勉、4．卓越性、5．創造性と革新、6．競争力、7．忍耐心、8．自助努力、9．節約、10．知識と技術習得に対する姿勢、11．企業の社会的責任、12．労働者の福祉、13．労使協調の精神。

　マレーシア構想2020は、計画開始の1991年から30年間に年平均経済成長率7％をベースにあらゆる面で先進国の水準に到達させようとするもので、以

324 第6章 マレーシアに見る所得格差の現状

下の9つの目標を掲げている。

目標

1．共通の認識と運命を有する統一されたマレーシア国民を創出すること。
2．心理的に開放され、安全で信念と自信を有する発達したマレーシア社会を創出すること。このマレーシア社会はどこにも追従せず、他国の人々から尊敬を受けなければならない。
3．多くの発展途上国の手本になりうるコミュニティーに根ざすマレーシア民主主義を促進し発展させること。
4．市民が宗教的、精神的な価値観に厳しく、高邁な倫理基準に順応している道徳的、倫理的な社会を確立すること。
5．それぞれの（民族）の生活習慣、宗教と文化を自由に実践し、表現し1つの国民としての帰属感を持つ社会を創出すること。
6．技術の使用者としてだけでなく、未来の科学や技術への貢献者となり、革新的で未来志向の科学的、進歩的な社会を建設すること。
7．国民の福祉が国家や社会に帰属するのではなく、家族制度を軸として個人に対して思いやりのある社会を建設すること。
8．経済的に公正で経済発展に十分協調する社会を確保すること。
9．競争的で、躍動的な経済を有する社会の建設に挑戦すること。

出所：Ahmad Sarji 編（1993）*Malaysia's Vision 2020* Pelanduk Publications, pp. 93－95. を基に筆者が訳出。

　マレーシア構想2020の目標達成のための戦略は、以下の5つに集約されている。

戦略

1．輸出主導の成長と自由経済市場
2．技術集約的産業
3．高度技術と知識集約
4．国際化

5．工業化の加速

　なお、マレーシア構想 2020に関する見解として Abdulrahim Abdulwahid（2016）は、「その目標達成には、マハティール元首相は9つの挑戦があることを確信している」として以下を紹介している。[44]

目標達成に向けての挑戦

1．安定の享受、平和、国内の全ての民族の完全な融和があること。
2．進歩的で自由なマレーシア共同体であること。
3．その役割が技術の利用だけでなく、未来の科学技術に貢献する技術革新を支援する科学的共同体であること。
4．個人の利益の前に集団の利益を重んじる多元的文化に関心を抱く共同体であること。
5．全てのマレーシアの州における貧困の削減だけでなく、経済的正義、富の平等な分配、経済的な進歩における十分な協力を達成すること。
6．食糧と健康管理を提供し先進国マレーシアは中間層の活力があり、貧困を克服しようとする全ての人々に対して機会を提供すること。
7．構想にある急速な経済成長の達成には、30年に亘って平均7％の成長率が必要である。それは意欲的な成長率であるが、もし我々が良く働くように動機づけたいのであれば、その意欲と予測は高く設定すべきであること。
8．目標の達成には、2020年の GDP は9,200億ドルと1990年の1,150億ドルを8倍にしなければならないこと。
9．長期間において自ら競争力を有し支える力がある経済は、危機に直面しても活気があり、堅固であること。

　マレーシア構想2020は、2011年以降4つの柱により NEM の傘の下で実行されていることは、NEM の箇所で既述の通りである。それは経済成長と所得再配分政策を一つのマレーシアの理念の基で、大胆な構造改革を実行する

326 第6章 マレーシアに見る所得格差の現状

総合的な経済社会政策である。すなわち国民の統合という社会構造改革、経済構造改革、環境的持続性を配慮しつつ、人間開発を尊重した生活の質的向上を目指すものである。しかしながら、そこに描かれたビジョンは西欧先進諸国をそのままモデルとしたものではなく、イスラム先進国を目指した独自の構想である。またマレーシアの多民族国家としての特異性は、他のアセアン諸国とは異なる社会的開発環境が存在することを意味している。Elsa La-faye de Micheaux（2015）は、この構想について「技術進歩と開放性を選択した政治的且つ社会的な保守主義的傾向の特色を有し、民族主義的近代性の要素が残っているとして、この構想は十分に発展した個人主義的で世俗化した西欧諸国を見習うことと同じではない。」と指摘している。ここでは、マレーシア構想2020は、特に発展途上にある他のイスラム諸国から非西洋型開発モデルとして注目されている。

7. 所得平等化のためのイスラム的制度

　マレーシアの国教はイスラム教であり、図表Ⅵ-14の通り2013年には人口の62.4%がブミプトラでムスリムである。イスラムは、ブミプトラの価値観や日常行動、さらには社会・経済に様々な影響を与えているが、イスラムの特色を集約すれば次の説明が可能である。

　まず、イスラムに改宗するには、2人以上のムスリムの証人を前に信仰告白をすれば、ムスリムになることができる。イスラムは儀礼の実践を重んじる宗教であり、イスラム法に従って生活することが求められる。信仰と行為では、神への奉仕に関わることをまとめたものが「六信五行」である。六信とは、1.神、2.天使、3.啓典、4.預言者、5.神の意志、6.来世と審判である。信仰の行為をあらわす5行とは、1.信仰告白、2.礼拝、3.喜捨、4.断食、5.メッカ巡礼である。[46]

　所得不平等の是正と貧困対策

　イスラムでは所得格差を緩和し、貧者や困窮者を救済するために3.の喜捨（ザカート）が信徒に義務づけられている。これは、聖典コーランの

「9．悔悟章マディーナ啓示129節 60」の教えが根拠となっている[47]。ザカートは義務的な賦課金であるが、他に自主的な慈善寄付金としてサダカがある。ザカートは文字通り、浄化のことであり、それは、道徳、経済及び社会的な範囲を含む。ザカートは富の貪欲さを排除し、貧困問題を解決するために有効活用される。ここでは国を通じて、生活のベーシックニーズが社会の全ての構成員に供給されることを保証している。また、機会の不平等によって富が一部の人々の手に渡る弊害を取り除く役割を果たす。ザカートの資金は個人に対しては2つの対象者のために支出される。第1は貧困者に対してであり、第2はザカート資金の管理者や他者の利益のために負債を負っている人や、アッラーの目的のために働いている人々のための支出である。ザカート資金の支出項目は、3つに分けられている。第1は社会福祉として理解されている項目で、収入と富の分配の平等化が目的である。第2はイスラムの布教に関する支出である。第3はザカートを徴収したり分配したりすることに伴う管理費用である。第1の収入と富の分配の平等化は財政政策に包含されており、第2のイスラムの布教に関する支出は社会の融和、経済協力やムスリム共同体との連帯に関わる支出を指している。イスラムの概念におけるザカートは社会福祉プログラムとは異なる。近代社会における納税は国家に対する個人の義務であるが、ザカートはムスリムに対する国家や社会への義務と考えられているだけでなく、アッラーに対する義務と看做されている。ザカートは通常の手取収入に対して所定の税率で課せられる。マレーシアにおいては、国税であってもその趣旨に鑑みてムスリムであるブミプトラのみに課され、異教徒である華人やインド人には課されない。ムスリムのザカート納税は所得税等とは別に一般的には年次で確定申告時に行っている。マレーシアにおいてはこのように全ての国民が対象となる社会福祉制度に加え、ムスリムである貧困ブミプトラはザカートの恩恵を受けることができる。すなわち、所得再分配と貧困政策は、ムスリムの場合には2つの制度が法的な強制力により併存している。イスラムの所得不平等是正に対する法的手段はザカートだけではない。聖典コーランに定められイスラム法によって

328　第6章　マレーシアに見る所得格差の現状

規定されたムスリムに対する所得再分配に関連した制度全体を集約すれば以下の通りとなる[48]。なお、ザカート歳入の推移については、注48を参照されたい。

イスラム法に基づく所得再分配制度

1．法的強制手段
(1)　能動的手段
　・ザカート（イスラム税）
　・相続法
(2)　抑制的手段（禁止事項）
　・利子の適用
　・富の秘蔵
　・浪費
　・不健康なビジネス

2．任意的手段
(1)　余剰金の慈善
　・サダカ
(2)　任意的慈善
　・寄付金

イスラムの経済思想

1．経済発展と成長

イスラムにおける経済開発の目的

イスラムにおける経済開発の究極的な目的は、単なる物資的な繁栄ではなく Falah（ファラハ-アラビア語）を達成することである。Falah とはコーランの教義に基づく幸福、安寧及び自制的生活であり、Falah を達成するためには全ての経済活動を道徳的に管理することが求められる。経済活動で許容される行為は Halal（ハラル-アラビア語）と呼ばれ、許容されない行為は Haram（ハラム-アラビア語）と呼ばれ、酒造、賭け事、人身売買、密輸、マネーロンダリング、利子、投機、浪費など非道徳的行為がこれにあたる。イスラムは社会の人々に機会の平等を求める。すなわち、性別、階層、信条、人種、社会的地位に関係なく、知識の習得は全ての人に平等に与えられることを求めている。イスラムは投資を奨励するが、富の貯蔵や凍結は認めておらず、富の増加はザカートを通じて分配することを義務づけている。イスラ

ムは Falah の達成には物質面と精神面のニーズを分けることはできず、人々の間に所得や富に格差があっても地上と天国のアッラーの無尽蔵の宝には全ての人々が同等の権利を有すると考えられている。イスラム的経済システムでは、人々は経済的代理人としての役割を果たしており、発展は人々の人格の成長としてとらえ、物質的な発展は精神的な高揚を達成するための手段として使用するものとしている。そこでは社会的発展と経済的発展を一体化させることを主張する。マレーシア構想2020には、十分に発展した先進国の条件として、イスラム的価値観が包含されている。構想の目標４．では「市民が宗教的、精神的な価値観に厳しく、高邁な倫理基準に順応している道徳的、倫理的な社会を確立する。」とあるが、これは経済成長が社会的、道徳的な退廃や、環境破壊を引き起こすことを指摘しており、市民は宗教に強く、精神的な価値観に強い道徳的で倫理的な社会を建設すべきであると提起している。ここでの宗教は国教であるイスラムであり、イスラム的価値観に基づく社会の建設を目指している。

２．所得分配と不平等

　イスラムにおける経済活動の目的は、物質的ニーズと精神的ニーズを分け隔てせずに、精神的な安寧を達成するための手段として物質的ニーズを満たすと考えられている。イスラムにおける貧困の定義では、５つの領域で自分の基本的なニーズを充足するための必需品を所有していなければ、その人は貧困者と見做される。その５つの領域とは、宗教、自分の身体、知識、子供、富である[49]。イスラムは、貧困者からはザカートは徴収しない。貧困者や極貧者が基本的なニーズで必需品と見做される食糧、衣服、家屋、教育、健康管理を自分で負担できなければ、非貧困者からザカートを徴収し、政府が彼らにそれらの補償を行う。すなわちイスラムでは非貧困者は社会に対して集合責任を負っている。サダカは、個人の自主的な慈善であり、余裕のある非貧困者がザカートに加え国に対して支払うものである。人は其々異なる能力と可能性や境遇のなかで暮らしており、不平等はつきものである。所得と

330 第6章 マレーシアに見る所得格差の現状

富の不平等是正のためにイスラム経済システムは再分配の機能を有している。イスラムにおける相続では、もしムスリムが逝去すれば、負債を清算した後の故人の遺産は、イスラム法が定める比率で親族の間で分配される。もし故人に近親者がいない場合には、国が貧困者や極貧者に分配するために財産を引き継ぐ。イスラムの見地から利子は社会経済的悪の根源であり、資本に対しての利益だけを受け取るのは不謹慎と考えられている。すなわち、預金者が僅かな利子を受け取り、その資金を金融機関が融資し、借入人が利益を上げた場合、利子は金融機関に払うが、借入人の利益は元の資金の出し手である預金者には還元されないので、結果として少数の人々への所得と富の集中を引き起こすと見做される。また投機行為、ポルノ、武器や軍需品、映画、タバコ、ギャンブル、酒業、豚肉の販売もイスラムでは禁止されている。しかし投資は奨励されており、イスラム金融ではイスラム法に準拠した投資スキームが開発されている[50]。ザカートの納税方法は、マレーシアではイスラム銀行にザカートファンド口座が開設されており、銀行がムスリム顧客に株式配当などを支払う場合に、ザカートが差引かれて顧客口座に振り込まれ、徴収されたザカートはザカートファンド口座にプールされ、後に国の口座に振替えられる[51]。

3. 新古典派経済学とイスラム経済学の目的比較

　経済の成長、所得分配と平等化についての目的概念は、新古典派経済学とイスラム経済学には相違がある。Ataul Hug（1993）の比較表により次頁で対比を行い相違内容の確認を行う[52]。

　次頁の対比表から解ることは、イスラム経済学が想定する経済人は新古典派経済学が想定する合理的経済人ではなく、同胞ムスリムとの連帯や宗教的な帰依、献身を引受ける社会的な結合を基盤として経済行為を行う存在である。Ataul Hug（1993）は、先進諸国の所得格差、環境汚染、社会の精神的退廃問題を指摘して、ムスリムの立場でイスラム経済学的視点の必要性を強調している。

新古典派経済学の目的	イスラム経済学の目的
1．道徳的及び精神的資源よりも物理的、物質的資源の制約を条件として財とサービスを最大化すること。	1．現在または将来に個人または社会に好ましくない影響をもたらさない財やサービスにのみに生産を制限すること。従って道徳的、精神的制約が物質的資源の制約に加えられる。
2．上記の目的に従って生産資源を割り当てること。	2．他の目的に一致させるために、財とサービスの生産に対して二者選択的な使用により資源を割り当てること。
3．物的、人的に使用できる全ての資源を十分に活用すること。	3．全ての入手可能な資源の十分な使用を達成すること。
4．1人当たりの国民所得の増加を通じて全ての人に対する生活水準の向上を目指す。すなわちこの世界においては物質的成功を中心に考える。	4．社会の恵まれない人々に基本的な必需品が十分に提供されるように適切な配慮を行うこと。
5．恵まれない人が社会によって十分に面倒を見られるような状態をつくること。 ＊上記目的を達成するための条件は下記の4点である。	5．全ての社会の構成員が贅沢や浪費的ではなく、慎み深いライフスタイルを送れるように社会的、道徳的、精神的な考慮により計測された生活水準を向上させること。
1．全ての生産者及び消費者は理性的に行動し利益と効用を最大化する。	6．少数の個人の手中にある所得や富の集中を防ぐこと。
2．上記の想定を追求するに際していかなる活動や決定の選択をも拒否することは、生産者と消費者の双方にとって自由である。	7．生活費を得るための経済活動において、全ての人が参加できる判断の基礎を確立すること。
3．生産物と要素価格は完全に競争的な市場の条件の下で決定される。	8．能力、効率性、技術によって全ての人に職業の選択や決定をするために平等な機会を創出すること。
4．全ての要素価格は限界生産性に従って支払いが行われる。	9．現世と来世においてアッラーから最大の祝福を受ける目的だけで全ての活動を引き受けること。

出所：Atul Hug (1993) *Development and Distribution in Islam*, pp. 8-10. に基づき作成。

4．所得分配のイスラム的な見解

　次頁は他のシステムには見られないイスラム的経済システムの所得分配基準である[53]。

332　第6章　マレーシアに見る所得格差の現状

1．自由な社会を効果的に利用するで普遍的な兄弟愛に貢献すること。
2．隣人、貧しい親類や困窮者の救済。
3．自分自身の利益と社会全体の利益のためにできるだけ多くの個人的自由を活用すること。
4．精力的に使用可能な人的資源と物的資源を人々に供給することで、安定した経済の生産構造を支えるために、極端に些細なことや浪費を回避すること。
5．ベーシックニーズを経済的に恵まれていない人々に供給する責任を国に委ね、同時に恵まれた人々が占有している資源を効果的且つ適切に使用すること。
6．物質的側面より人間的側面を重視すること。

　Ataul Hug（1993）の見解では、純粋に物質主義を基礎とする理論は普遍的兄弟愛の概念を考慮していないとしている。またイスラム経済システムの基礎的要素が隣人や困窮者の救済にあるとして、富裕者はその責任を自覚する必要性を強調している。すなわち、物資的な価値よりも道徳性や精神的価値を重視しているのがイスラム経済学的見解である。

　マレーシアは、1980年代初期よりイスラム化を導入してきた。すなわち近代市場経済部門と並行して、イスラム的制度を並存させその調和に努めてきた。政府は1983年にイスラム銀行を設立し、イスラムの原理に基づく金融サービスの育成を行った。その結果、2013年にイスラム金融機関は全体の銀行資産4分の1、世界全体のイスラム銀行資産の13％を占めるまで成長した[54]。マハティール元首相は、イスラム的価値観をマレーシアコミュニティー全体の生活様式に浸透させ、それは政治的にも均一化を図るための要素であり、経済発展の障害にはならず、西欧型の民主主義に適合するとしている[55]。そのような背景のなかで、政府はイスラム的価値観政策（Islamic Value Policy）を発動している。この政策は行政サービスにおける生産性向上のために、学歴や技術的能力だけでなく全ての宗教と民族が受け入れることのできる共通

の態度や価値観に依存するという政策である。政府はそれを行政職員に対して定期的な説明や説得を通じて浸透するように努めている。このように所得分配平等化政策において政府は、NEP 以降イスラム化の志向を基礎にブミプトラ政策により格差是正の進展を目指しながら、華人やインド人との融和にも配慮し、一つのマレーシア国民としての国民の統合を進める均衡政策の舵取りを行ってきた。

4　ナジブ政権の平等化政策

　2009年に発足したナジブ政権は、「一つのマレーシア」というスローガンを掲げてスタートした。このスローガンは、多民族の融和と繁栄をもたらす、統合の原理（principle of integration）に基づいている。同化政策をとった場合には、一国の中にいる多民族の国民を団結させることは難しいため、マレーシア政府は統合の原理によって国民が団結するという目標を達成しようとした。この国民の統合は政権発足後にどのような成果をもたらしたのか、それは2013年 5 月に行われた総選挙を通じて国民の審判が問われることになった。まずマレーシアの議員内閣制を確認した上で、第13回総選挙の結果からナジブ政権の一つのマレーシア政策の支持基盤について検証する。

マレーシアの議員内閣制

　マレーシアの国会は下院と上院の二院制で各州には州議会がある。下院の議員の任期は 5 年で定数は222議席である。小選挙区制を採用し選挙権と被選挙権はいずれも21歳以上のマレーシア国民となっている。上院は各州 2 名（13州で計26名）および国王が指名する44名の計70名で、国王が指名する44名は実際には与党連合が政党ごとに割り当て数を決めている。上院議員の任期は 3 年で任期中の解散はないが、通算 2 期までしか議員にはなれない。州議会は一院制で、州議会議員の任期は 5 年で定数は州によって異なる。小選挙区制を採用し選挙権と被選挙権は21歳以上のマレーシア国民となっている。首相は国会の解散を決定し国王に報告し国王が国会を解散する。

334　第6章　マレーシアに見る所得格差の現状

マレーシアの政党体制

　マレーシアの政党は与党連合と野党連合及びその他の政党の3つから構成されている。

与党連合

　現在の与党連合は国民戦線（マレー語略称はBN）と呼ばれる。BNの前身はマラヤ連盟であり、それは1955年にブミプトラ政党の統一マレー人組織（UMNO）、華人系政党のマラヤ華人協会（MCA）、及びインド系政党のマラヤインド人会議（MIC）により結成された。1963年にマラヤ連邦、シンガポール、サバ、サラワクが合体し新連邦マレーシアを形成すると、MCAはマレーシア華人協会、MICはマレーシアインド人会議に改称した。1973年にマラヤ連盟は野党2党を取り込んで現在の国民戦線（BN）に改称した。

野党連合

　野党のなかでブミプトラの支持基盤をもつ汎マレーシア・イスラム党（PAS）、華人の支持基盤を基に民主行動党（DAP）、及び人民公正党（PKR）が2008年の総選挙後に人民連盟（PR）を結成した。与党連合も野党連合も其々支持基盤の民族集団は異なるが、政策連携の面では統合を実現している。

第13回の総選挙結果

　2013年4月3日に国会は解散となり5月5日に投票が行われた。投票率は84.4％であった。定数222の内、与党BNが139議席、野党PRが89議席を獲得して与党BNが政権を維持した。因みに、第12回の選挙結果は与党BNが140議席、野党PNが80議席であった。全国ベースでは、ブミプトラのUMNOは121の選挙区で候補を立てて88人が当選、華人のMCAは37の選挙区で7人が当選、インド人は9つの選挙区で候補を立てて4人が当選した。これを図表Ⅵ－14の民族集団別人口構成と比較すると、2013年では華人が総人口の22.1％を占めているが、与党連合の議席では6.0％を占めるのみとなった。インド人は総人口の6.7％を占めるが、与党連合の議席では3.0％を占めるのみとなった。一方野党連合では、ブミプトラに支持基盤のあるPAS

は73の選挙区で候補を立て21人が当選、華人に支持基盤のある DAP は51の選挙区で候補を立て38人が当選、PKR は99人の候補を立て30人が当選した。また、この選挙の得票数では、BN が約523万票、PR が約561万票で、PR は得票数で勝ったが議席数で負けるという現象が起きた。山本（2017）はこの背景として「小選挙区制で死票が多くなることに加え、選挙区ごとに1票の重みが異なることが挙げられる[57]」と指摘している。ナジブ政権は2008年の第12回の選挙結果とほぼ同じ選挙結果の基盤の上で継続して選出されたと言える。

ナジブ政権の経済政策

2009年に発足したナジブ政権の目標は、マハティール政権以降実施されてきたマレーシア構想2020を実現することにあるが、首相の直属機関である国家経済諮問評議会（NEAC）は、その目標に向けて高所得経済へ転換するためには経済変革が必要であるとして、「新経済モデル（NEM）」を2010年3月に発表したことは既述の通りである。それは経済開発の受益者をブミプトラだけでなく、マレーシアの全ての民族を対象にして、複数の民族を超えて一つのマレーシアのアイデンティティを認識していることに特色がある。従って、同モデルは、従来のブミプトラ政策は否定しないが、見直すべきとの立場を採っている。また、同モデルは民間投資の活性化を図り、多民族が享受できる包括的な成長を実現するために、従来の開発主義に替えて自由市場経済主義を基礎にしている。新経済モデル（NEM）では、所得平等化の見地よりこれまでのブミプトラ主体のアプローチから、民族とは無関係に低所得層と零細企業へのアプローチへ転換している。ここでの低所得層とは貧困ライン以下の世帯を含み、且つ所得分布で下位40％の世帯（240万世帯）が主な対象となるが、実際にはブミプトラが主な該当者となっている。

新経済モデルを具体化するための最初のプログラムは2010年6月に発表された「第10次マレーシア計画（2011-2015年）」であるが、同計画は従来のブミプトラ政策を進展させた新しいアプローチを提示している。その内容は1．市場経済と融和的な関係、2．能力主義の採用、3．真のニーズ（必要

性）をベースとする、４．透明性の尊重の４つから構成されている。[58]

　ナジブ政権はブミプトラ層の支持を主な基盤にしていることから、新経済モデルでは従来のブミプトラ政策の見直しを実施しつつも存続させる方法を選択した。しかしブミプトラ系右派団体のなかには、見直しに反発し新経済モデルに反対する動きがあった。一方で華人とインド人のなかにはブミプトラ政策に対する不満が歴史的に存在していることは既述の通りである。ナジブ政権は、2009年の誕生以降 NEM の４つの柱である、一つのマレーシアの概念の浸透、政府変革プログラム（GTP）、経済変革プログラム（ETP）、第10次及び第11次５ヵ年計画に取り組んできた。そこでまず GTP と ETP の進捗について考察する。

政府変革プログラム（GTP）

　政府は社会の近代化と生活の質の改善を図るために国家重要成果分野を定め、従来の貧困からの脱出を目的とした経済開発中心の政策から、生活の質の向上を目指す政策への転換を図った。具体的には下記７項目が挙げられている。[59]

１．生計費の援助。

　一つのマレーシア教育クーポン制度で、初等教育と中等教育は100リンギ、高等教育は250リンギを援助する。日用品の購入援助で、85の指定店舗で市価より２～４割引での購入ができるクーポンの配布、168の指定クリニックで１回１リンギの治療が受けられる制度、その他ゴム、織物、住宅、タイヤなどについても購入援助計画がある。

２．低所得者の生活の質的向上。

　図表Ⅵ－６の通り、政府は貧困発生率を2012年には1.7％まで低下させることに成功した。貧困撲滅プログラムを通じて106,967名が仕事の斡旋、小ビジネスの起業、農業への参加など様々な登録を行い、数千人がマイクロファイナンスを受けている。このプログラムで登録者の89％が３年以内に貧困から脱している。現在政府は、住宅省、地方政府、クアラルンプー

ル市役所などと協力して低所得者向けの住宅供給に乗り出している。

3．農村部開発

政府は農村部開発では基礎的なインフラの整備を進めている。このプログラムの開始以来、3,300の道路が建設され、140万戸が安全な水にアクセスできるようになり、47万戸が電気の供給を受けられるようになった。農村部の貧困者のために5万3千戸の家屋が修繕された。その結果、26万6千の家計と、約100万人が恩恵を受けた。

4．教育の充実

政府は子供達が未来の国のリーダーになるとの認識から、可能な限り早い年齢から教育を受けることができるように整備を行った。その結果、就学齢期前の学校への在籍者が増加し、2009年には67％であったが2012年には同じ年齢層の80％に達しほぼ77万人になった。マレーシアでは、初等教育の小学校は最高の1から最低の7までランク付けをされているが、2012年にはレベルが6と7の学校もしくは40％を占めるランクが低い学校を、1から5のレベルに合計で165校のランキングを引上げることに成功した。

5．都市の公共交通機関の整備・拡充

クアラルンプールのLRT（Light Rail Train）やMRT（大量高速輸送システム）の延長、KTMコミュターの6両への車両増設、バスの無料化や待時間表示などの改善計画がある。

6．汚職の追放

マレーシアは国家重要成果分野に汚職の追放を入れている唯一の国である。汚職指数は2012年には世界ランキングで54位となりアセアン諸国では3位となった。2009年から3年間で14の裁判所で400件の汚職を取り扱い、内260件が2012年末までに判決が下されている。

7．犯罪防止。

犯罪防止計画により、3年間で27％の発生削減に成功した。ロイヤル・マレー警察の装備強化と組織化を進め国民本位の警察を目指している。

338 第6章 マレーシアに見る所得格差の現状

経済変革プログラム（ETP）

　2010年10月から開始した経済変革プログラムは民間部門主導への経済構造の転換を目指し、12の国家重点経済領域（National Key Economic Areas: NIKEAs）を定めている。その分野は、以下の通りである。[60]

重点領域	主なプロジェクト
1．石油・ガス	国営石油会社ペトロナスの海外開発事業を重視。
2．パーム油産業	パーム油加工産業（バイオマスなど）の世界のハブにする。
3．農業	規模の経済とITによる農業加工業の振興。
4．金融サービス	イスラム金融の国際センター、イスラム資本市場の拡大。
5．卸売・小売業	中間層の増加に伴い小売業の近代化を図る。
6．観光業	就業人口の16％が従事するエコツーリズムの振興。
7．情報通信技術	MSC開発支援。
8．教育サービス	15万人の留学生確保。
9．ビジネス・サービス	建設・環境分野の支援サービス。
10．民間医療	医療観光の振興。（年間100万人の外国人受け入れ）
11．電子・電気産業	設計、検査、精密機械加工への支援強化、R＆D。
12．大クアラルンプール圏開発	大量高速輸送システム（MRT）など。

出典：*Economic Transformation Programme, Annual Report 2013* を基に筆者が訳出。

　2014年5月に発表されたETPの過去3年間（2011−2013年）の実績報告書によると、ETP投資案件は総計196件、投資予定額2,193億リンギ、雇用創出43.8万人に達した。民間投資の伸び率は2010年から連続5年間年率15％台の2桁成長となり、対GDP比率は2010年の12.8％から2013年には16.9％へ増加した。

　このようにナジブ政権発足後のGTPとETPの進捗は順調であるが、実

行に際しては全ての民族とコミュニティー及び地域を対象とした社会の再構築と、バランスがとれた経済成果の分配が求められる。政府が実施する全ての社会経済開発は、国民の統合と調和が伴う市民化し、発展した社会形成のガイドラインとなるが、それを円滑に実行するためには民族間に公平で差別のないことが前提となる。

　次に、ナジブ政権下で NEM に基づいた 5 ヵ年計画の後半に該当する第11次マレーシア計画（2016-2020）の内容を考察する。この中期計画はマレーシア構想2020の最終期の実施施策となる。第11次マレーシア計画の特徴は、まず第 1 に包括性である。包括性とは公平な社会に向けて、民族に関係なく全ての人々の福祉を向上させることを目標とした総合的な社会経済施策を意味している。これは同時期の開発政策である NEM に対応しており、目標実現のために主に 6 つの分野に重点が置かれている。その分野とは、1. 潜在的な生産性の発揮、2. 下位40％の所得層に焦点を当てた所得向上と中間層の拡大、3. 技術と職業訓練教育の強化、4. 環境に配慮した持続的成長、5. 革新から経済的富の創造への転換、6. 競争的機会への投資である。

　包括性と併せ同計画が重視しているのは国民の統合である。それは第10次計画からナジブ政権が多民族社会から一つのマレーシア人社会を創造するためのスローガンとしてきた「サツ・マレーシア（Satu Malaysia）」に向けての施策である。サツ・マレーシアとはマレー語で一つの Malaysia を意味するが、その内容は「ナジブ政権の一つのマレーシアの概念」で既述の通りである。

マレーシア人間開発レポート（2013）Malaysia Human Development Report 2013 (MHDR)

　MHDR はマレーシア経済の成長を包括的に分析しており、第11次マレーシア計画の参考にされている。このレポートの貢献は包括的な成長を課題としていることである。すなわち MHDR は家計の所得に加えて財やサービスを購入する能力、資金借り入れや補助金受給のアクセスへの能力も考慮にい

340　第6章　マレーシアに見る所得格差の現状

れて、多元的に問題の発見と政策の提言を行っている。MHDR の内容は、マレーシアの経済成長、民族と地域の所得不平等や環境に関わる包括性と排他性、経済成長と人間開発の制度的側面の分析を行っている。その課題は所属する民族集団を超えた貧困者に対する経済成長の成果の公平な分配、公平な社会参加の機会と弱者保護の向上、政策形成と実行における人々の参加である。[61] MHDR の政策提言は以下の通り6つの分野を対象にしている。

1．成長政策：1980年代、1990年代の6％以上への成長率の回復、政府の透明性と汚職対策。

2．財政・課税政策：歳入調整とより公平な税負担、歳出の合理化。

3．労働市場政策：雇用機会の平等、最低賃金の改善、労働組合への権限付与、女性の労働参加率向上、外国人労働者の役割認識。

4．中小企業とインフォーマル部門政策：中小企業の資金調達支援、インフォーマル部門へのマイクロファイナンス支援、参入障壁の撤廃、独占とカルテル化の阻止。

5．社会政策：汚職の防止、教育アクセスと質的向上、健康管理、住宅の購入、子供の貧困対策。

6．法制度改革：ジェンダー、教育への平等な権利、権利としての健康管理、社会的包括法、情報の自由法、連邦財政制度の強化、汚職防止機関と司法の独立性確保。

国民の統合

　第11次マレーシア計画の第2の特徴である国民の統合について、ナジブ首相は2015年10月25日に「国民の統合のための協議会（NUCC）」を立ち上げた。これは異なる政党の代表による様々なバックグランドの30名のメンバーから構成されている。[62] NUCC は、国民の統合に関係のある11つの分野に注目している。それらは、民族、宗教、階層、教育、言語、世代間、性別、地理、場所、政治、ガバナンスである。国民の統合の障害となる差別については、2017年3月21日発刊の「Malaysia Racial Discrimination Report 2016」

4　ナジブ政権の平等化政策　341

に10項目の差別が指摘されている⁶³⁾。また NUCC 報告の最も重要な内容は、以下の9つの項目に集約ができる⁶⁴⁾。

NUCC（国民団結協議会）報告の要点

1．マレーシアにおける民族と宗教間の協議の頻度は増えている。これは異なる共同体の理解を深めていくことに繋がり、より全体的で包括的なアプローチを採用している。またこのことは、より大きな社会的結合と国民の統合を創造する。

2．実際の国造りに重要な多民族と多宗教の関わりを高めるために、民主的な知識と政治的な成熟度を向上させること。

3．国家の基礎としての連邦憲法3条、4条、8条、10条、11条、152条、153条及び181条の位置付けについて全体的にバランスがとれた理解を行うこと⁶⁵⁾。またあらゆるマレーシア人は、マレーシア憲法の歴史的、法的、政治的な発展並びに市民としての権利と責任の認識を深めていくこと。

4．調停や争い事の解決のための非司法的な仕組みの設置。あらゆるマレーシア人は、この仕組みを利用することができ、その方法が正当で公正で透明性が高いことに自信をもって感じること。

5．下位40％の所得階層の地域住民は、公共部門のサービスに十分にアクセスができること。
　あらゆるマレーシア人は、民族、宗教、政治的信条、居住地、性別に関係なく、仲間でありマレーシアの市民として扱われていると感じること。

6．民間部門と公共部門の双方の職場で、民族や性別で採用や昇進にばらつきがある傾向を改善すること。

7．マレーシア語に熟達することや他の共同体の言語に強くなることで、多民族の文化を理解し認識すること。

8．民族の関係と国民の統合の程度が定期的に監視され見直しがなされること。

342　第6章　マレーシアに見る所得格差の現状

9．NUCC の制度による施策や仕組みを強化すること。

　これらの内容は、国民の統合の目的を実現する為に特定の提言で補完されている。第11次マレーシア計画の下で、地方政府のプログラムのなかでは1．の民族と宗教間の協議が実際に実行されている。また2．3．4．及び6．は、国民融和法（National Harmony Act）として提案されようとしている。[66]

社会階層構造の特徴

　NEP の期間は、植民地期に形成された社会構造、すなわち、1．ブミプトラは政治的優位を享受し、2．華人は経済活動に特化し、3．ブミプトラは農村に居住し農業活動を行い、4．華人は都市に居住し商業活動に従事する社会構造を再編成することで所得格差を縮小することを目指していた。そこでは高度経済成長を通じてトリクル・ダウン（自動浸透）効果を期待したが、それは期待と異なった結果をもたらした。すなわち、NEP の期間を通じてマレー人社会に中産階級が育ってきたが、それは華人とブミプトラとの所得格差縮小をもたらす誘因としてだけでなく、特定のブミプトラが豊かさの恩恵を受ける傾向があったため、ブミプトラ社会の中で格差が発生する結果となった。マレーシアにおける所得格差是正の課題は、高度経済成長が進展するに伴いブミプトラと華人との所得格差から、ブミプトラ社会および華人・インド人社会内の所得格差へ、またブミプトラとマレー系少数先住民族との所得格差是正に複雑化してきている。そこで Syed Husin Ali（2015）の分析視点を引用して社会階層という見地から現代マレーシア社会の構造を集約すると、以下の分類が可能である。[67]

　上層階級

1．貴族（特権的ブミプトラ）、2．政治家及び上級公務員（ブミプトラ）、3．成功した実業家（華人が多い）、4．成功した専門職（華人が多い）、ここでは、3．と4．のブミプラと華人は、様々な組織を通じて協力しており、1．と2．のブミプトラが3．の華人企業に天下る事例もある。上層

階級は社交クラブのメンバーとしての関係を通じて、民族を超えた関係を築いている。

中間層

1．中級公務員（ブミプトラが多い）、2．専門職（医師、技術士、教育者は非ブミプトラが多くライフスタイルが西洋化されている。）、3．ビジネスマン・マネージャー（非ブミプトラが多い）1．2．3．いずれも国や地方における政府政党の支持者が多い。

下層階級

1．農民（ブミプトラ、一部に華人の農民もいるがブミプトラ化している。クランタン州）、2．下級官僚（ブミプトラ及びインド人）、3．商工業労働者（華人が多いがゴム産業ではインド人が多い）3．では労働者間で相互理解と協力関係がある。1．と3．の間には大きな社会的障壁があり相互不信が見られる。

Syed Husin Ali（2015）の視点では、第1に、「マレーシアの社会階層構造には民族別の仕切りがあり、その仕切りがさらに細かく仕切られている。その民族的な仕切りを横切り同じ階層の人々を横に結びつける相互の関係がある。従って民族の利益と所属階層の利益と2つの力が社会のなかで働いている。マレーシアでは民族の利益に基づいた政治政党活動は自由であるが、階層間のイデオロギーを信奉する活動には制約がある。第2に、ブミプトラが政治権力を把握し、華人が経済活動を仕切っているのは実際には上層階級のエリートである。そこでは民族の仕切りを超えて相互に協力し合っている。民族間の緊張が文化的な問題から発生しているように見えても、基本的な原因は経済的な問題にある。[68]」と論じており、社会階層構造を決定づけている所得格差是正の重要性を指摘している。Syed Husin Ali（2015）が主張する3階層の特徴は、既述した図表Ⅵ－15,16,18,19,及び20から判断できる結果と整合的である。

社会のアイデンティティの特徴

マレーシア連邦憲法では、マレー語を話し、イスラムを信仰し、マレー慣習によって日常生活を送る人をマレー人（ブミプトラ）と定義している。イギリスがマレーシアの植民地経営を行っていた19世紀には、移民の華人、インド人と先住者ブミプトラは職業と生活面で分断されていた。そこでは土地の所有権を有するスルタン階級が、イギリス植民地政府の下で移民から利権を得ていた。イギリスはマレーシアが独立するに際し、ブミプトラに支配権を委譲し政治的な優位性を与えたが、彼らはその特権により経済的優位性を獲得するにはまだ至っていない。他方、宗教面を考察すると、ブミプトラと華人は分別されている。すなわちブミプトラはイスラムを信仰しているが、国教として認知されており、個人的な宗教というより信仰共同体としての役割を担っている。他方、華人は仏教、儒教、道教を信仰しているが、イスラムのように国教として統合されているわけではない。ブミプトラがイスラムから他の宗教に改宗した場合には、アウト・カーストと看做されブミプトラとして社会から認められなくなる。従って、ブミプトラには信仰を選択する自由はないと言える。イスラムでは「啓典の民」以外との結婚は認められておらず、経済活動、生活様式、慣習など全てに亘って信徒の生活に影響を与えている。「啓典の民」とは、聖書を啓典として認めるキリスト教徒、ユダヤ教徒のことである。ここで差別と言う見地から考えると、華人は宗教の壁から非ムスリムである以上、同化することは難しく、反対に同化しなくてもアラブ系やインドネシア人はムスリムなので同類と看做されている。このような状況から解るように、イスラム信仰共同体は国家を超える存在であり、個人や経済社会に対する介入度や影響力は他の宗教に比較して高いことに特徴がある。

立本（1996）は華人とインド人でブミプトラ化した人々を次のように説明している。「まず華人ではババ中国人と称される人々がおり、それは19世紀になって労働者として移入してきた華人ではなく、それ以前にマラッカなどに定着して、マレー語を日常的に使用し、マレーの慣習をある程度取り入れ

ている華人である。但しムスリムでないことが多く、ブミプトラに生活様式は同化していても華人のアイデンティティが維持されている。次にインド人では、ジャウィ・プラナカンと言う人々がおり、ペナンなどに多いインド系ムスリムのマレー化した人々のことである。これらの人々は、19世紀、20世紀のマレー文学勃興に寄与したマレーインテリをたくさん生み出した人々でもある。[69]」

マレーシアはこのように、ブミプトラ、華人、インド人だけから構成されているわけではなく、他にも、オラン・アスリと呼称される先住民や、オラン・ラウトと呼称される家船生活を続ける漂海民や、もう1つの海洋民と称される南スラウェシに住むブギス人、またブギス人の南に同じ海洋民と呼称されているマカッサル人が存在する。これらの人々は現在大多数が農業に従事しているが、歴史的には船で外へ出て行って海賊や傭兵などになっていることが多かったので海洋民と看做されている。

マレーシア社会のアイデンティティの特徴は、このように多民族性、非同化性及び国際性にあり、その核となっているのは、立本（1996）説では、マレー語と言う言語（バハサ・ムラユ）、宗教（アガマ・イスラーム）、慣習（アダット・ムラユ）の3つである。[70]この特徴は現在の社会構造が形成される過程で政治や経済、社会に様々な影響を与えてきたと言える。

ナジブ政権のイスラム化政策

ナジブ政権は、政権発足時から多民族から構成されたマレーシア国民が未来に向かって統合していく「一つのマレーシアの概念」を提起したが、それは3つの原理から構成されている。[71]第1は、受容の原理であり、多民族間の異なる宗教や生活様式を相互に尊重することである。第2は、国家としての地位の原理であり、統合と愛国心の国民への浸透である。第3は、社会正義の原理であり、多民族から構成された国民はその背景や宗教に関係なく福祉や社会的な場において公正に扱われることである。ナジブ政権は「一つのマレーシアの概念」を実行するために、多民族間の統合と相互理解を進める

346 第6章 マレーシアに見る所得格差の現状

「The Al-Wasatiayyah」と呼称されるイスラム的認識論に基づく融和の概念を使用した[72]。この概念は4分野から構成されている。第1は、富の分配である。蓄積された富はアッラーのものであり、アッラーから委任を受けた人間はその富を特定の集団が占有してはならず、全ての民族集団に公平に分配されなければならないとする。第2は、政治的権力の分配である。政治的権力は民族間で分かち合うことが社会的正義であり、民族間でイデオロギー的な相違が存在しても、政治的勢力の分配は民族の勢力を反映させるべきとしている。すなわち人口の大多数がマレー系ムスリムであっても、華人やインド人もそれなりに政治的なリーダーシップを発揮できるものとする。第3は、言語である。マレー語がマレーシアのアイデンティティであっても、中国語やタミル語を無視するのではなく、国民に他言語の学習を奨励することで国内の民族間の関係を強化することである。第4は、教育である。イスラム的価値観に基づき、教育は精神面と物質面の両方の知識を統合すべきと考えられている。従って国は学校教育では科学や芸術だけでなくイスラム学を履修科目に入れている。さらに政府は宗教学を通常の教育機関以外で教育することを提唱している[73]。

　ナジブ首相のイスラム化の思想は、スンニー派イスラム的価値観に基づく社会の改革であり、多元的共存主義や自由主義、また西欧的ヒューマニズムを基礎にした思想とは異なる内容で、彼は演説を通じてそれを国民に表明している[74]。ナジブ首相は、イスラム化政策の一環として、2014年8月にシャリア指標を公表し、2015年2月10日より施行した[75]。シャリア指標とは、イスラム的ガバナンスを補完するために、立法、政治、司法、教育、文化、インフラ、環境、社会の8つの分野のシャリア基準（イスラム法基準）を包括的に補完したものである。ここではマレーシアはシャリア指標を公的に採用した最初の国になった。ナジブ首相はシャリア指標の公表と同時に、ウラマー（イスラム法学者）達に、同指標がイスラムによる統治を方向づけるだけでなく、富の公平な分配の助力となることを求めている[76]。

　マレーシア連邦の法秩序は連邦議会で立法化されたイギリスの Common

Law を基礎にした連邦憲法を柱にしており、市民裁判所が司法を管轄している。そこではイスラム法は連邦憲法の下で、各州内で州のシャリア裁判所がムスリムの住民に対して司法権を有している。イスラムの擁護者は、究極的にはイスラム法が憲法の基本となり、シャリア裁判所が連邦の完全な司法権を掌握する方向を目指そうとしている。この動きは首相府が、数年間に亘ってシャリア裁判所が市民連邦裁判所と同じ権力を有するように、国家宗教協議会と協力して討議を重ねてきたことに言及していることからも察することができる[77]。

　社会と経済のイスラム化を進めるには、立法だけでなくそれを実施に移す官僚機構のイスラム化が必要である。ナジブ首相は官僚機構の最構築を検討しているが、それらは宗教部門のイスラム局、イスラム裁判所、軍隊と警察の安全保障サービス部門、経済制度の設置の分野に及んでいる[78]。それぞれの詳細は注78）に掲載したが、なかでも連邦の制度で重要なものは経済部門におけるイスラム制度の設置である。マレーシアにおいては1983年にイスラム金融条例が発布され、イスラム金融業務の許可と規制に関する基準が明確化された。これらには The Banking and Financial Institution Act に加え、イスラム銀行業務を規制する The Islam Banking Act、Islamic Financial Service Act、及びイスラム保険業務を規制する The Takaful Act がある。

　ナジブ政権のイスラム化政策は、マレーシア構想2020の下で、一つのマレーシアと The Al-Wasatiyyah の概念の実践を通じて、多民族の国民を統合し融和を図る努力を重ねながら、イスラム先進国の実現を追求することにある。そのための手段としてのイスラム化政策は、既述の通り、立法、司法、行政、安全保障、経済、教育、文化までを広範囲に包含する大改革である。所得格差の平等化と経済成長の促進は、マレーシア構想2020とそれを構成する諸施策の目標と一致している。しかしナジブ政権は、一つのマレーシアと The Al-Wasatiyyah の概念の実践に失敗すれば、国内の民族間対立が表面化して社会が不安定化する危険性を常に抱えている。またマレーシアにおいては、リベラル・イスラムや多元的共存主義も存在し、これらが今後の一つの

348 第6章 マレーシアに見る所得格差の現状

マレーシアに向けた統合政策の過程で障害になることも予想される[79]。すなわち、非西洋型のイスラム的近代化を進めようとする限り、多民族に対する寛容の精神と多様性の受容は必要であるが、それはイスラムの枠組みのなかの受容であり、リベラル・イスラムや多元的共存主義そのものは、国教であるスンニー派イスラムとは融和しないからである。

　以上の先行研究や本稿の分析結果を踏まえて、マレーシアの所得格差の現状、経済政策の成果と問題点を考察すれは、以下の指摘が可能と思われる。

1. マレーシアにおける新経済政策（NEP）開始の1970年以降のほぼ46年間のブミプトラ政策の成果を、所得格差是正及び貧困削減の見地から考察すると、ブミプトラ、華人、及びインド人の複合国家において、ブミプトラの所得格差是正や貧困発生率の改善度合いは、華人やインド人に比較して大きく、ブミプトラ政策は一定の成果をもたらしたことが解る。

2. NEP 開始時のマレーシアにおける華人やインド人の所得水準はブミプトラに比較して高く経済的には優位であったが、その後ブミプトラとの格差は縮小した。貧困発生率は全ての民族集団で1990年代以降大きく減少し、2012年には貧困問題はほぼ解消した。

3. ブミプトラの所得水準は向上したが、国全体のジニ係数は1990年以降横這いで、それは都市部と農村部間の地域格差是正が遅々として進まないことが主因と推測される。すなわち農村部のブミプトラ貧困層が減少しても、外資導入による都市部への産業集積によって、都市部のブミプトラの所得向上が農村部のそれを上回りブミプトラ内での所得格差が拡大しつつある。これは図表VI－16に基づき1989－2009年で見れば、ブミプトラ、華人、及びインド人の民族内格差は拡大しており、民族間だけでなく民族内格差是正も今後の課題となっていることを裏づけている。また、ブミプトラ政策の恩恵を受けることがない半島部と東マレーシアの非ムスリムの少数先住民族の貧困対策も忘れてはならない課題である。

4. マレーシアはイスラム国家であり、2020年までにイスラム型先進国の国

作りを目標にしている。その柱は憲法と国是に基づきマレーシア構想2020にも表現されている。イスラム型先進国の先行モデルはいまだに存在しないことから、その方向と人々の幸福度向上に及ぼす影響については未知の部分がある。イスラム型先進国とは以前マハティールが提唱した「アジア的価値観」が精神的支柱で、家族制度を軸とした共同体的な社会を目指すもので、西欧的な先進国とは異なるモデルである。ここにおいては、幸福度の尺度の1つである個人的自由は西洋的発想とは異なった視点で評価することが必要であろう。

5．ナジブ政権がイスラム化政策によりイスラム法順守の厳格化を進めた場合に、非ムスリムの華人及びインド人社会との新たな摩擦発生の懸念はなくならない。国民の統合を一方で進め融和政策をアピールしても、ブミプトラと華人やインド人との経済格差が縮小していけば、ブミプトラ政策が続く限り華人とインド人が不満を募らせていく危惧がある。多民族国家マレーシアでは「一つのマレーシア」の理念とブミプトラ優遇の「ブミプトラ政策」とが必ずしも整合しないジレンマがある。

6．既述の通り、Syed Husin Ali（2015）は、民族的な職業の区別が明確なのは主として上層階級のエリートであり、彼ら自身にも民族を超えた職業上の協力関係が見られると指摘している。図表−19及び20からは、ブミプトラの専門職や上級オフィサーの比率の増加が見られるが、図表Ⅵ−18の雇用形態別比較では、ブミプトラの経営者比率は遅々として増えていない。すなわち、ブミプトラの起業家はまだ十分に育っていないと言える。またブミプトラの株式所有比率も1990年以降は優遇策にもかかわらず増えておらず、これは民族的な価値観が関係しているとの指摘があり、その変化にはまだ多くの時間を要すると思われる。

7．マレーシアは3民族の複合国家であるが、現ナジブ政権は一つのマレーシアで多民族の融和と繁栄を適える「統合の原理」の実現を目指している。しかし3民族の融和政策はブミプトラ優遇政策を維持したままでは、華人とインド人が受容するには自ずと限度があろう。ナジブ政権が

350　第6章　マレーシアに見る所得格差の現状

できることは、ブミプトラの専門職、経営者層の増加に向けた人材育成と起業支援、及びブミプトラ企業の競争力向上に対応して、段階的にブミプトラ政策を廃止していくことである。ナジブ首相は、2009年4月にサービス産業27業種のブミプトラ資本参加30％の義務を廃止し、さらに上場に際してブミプトラに株式資本の30％を割り当てる制度を廃止した。教育の分野でもブミプトラ優遇の国立大学入学枠や奨学金制度の見直しが実施されている。下位中所得国の水準の時期に有効であったブミプトラ優遇政策は、既に上位中所得国の水準に達したマレーシアにとって、経済、社会、教育等多くの分野で変革が求められる時期が到来した。今後、高所得国入りを目指す局面において、憲法153条で定められた「マレー人の特別な地位」の規定をどのように取扱うかに関する議論が益々高まることが予想される。

8．マレーシアは、中所得国の罠に陥っているとの共通の認識が2010年初頭に世界銀行、アジア開発銀行、及び国連開発計画で形成された[80]。それに対してナジブ政権はNEMに基づく政治変革と経済変革で罠からの脱却施策を明確に打出してきた。「マレーシア構想2020」の目標達成には、年平均6％の成長維持が必要であるが、2011年以降はそれを下回り2014年を除いて目標は未達に終わっている。革新的で創造的な行動により持続的で包括的な経済成長を目指すとした公約をナジブ政権は果たすことができるのか、また多民族国家という宿命を背負いながら、ナジブ政権は大胆な社会変革を伴う成長と分配の均衡をどの程度の速度で促進できるのであろうか。今後、民族間の所得格差縮小がさらに進めば、ブミプトラ政策を廃止しなければ民族間の融和は立ち行かなくなり、一つのマレーシアの実現は難しくなる。将来、仮にブミプトラ政策の大半を廃止しても、イスラムを国教に定めた国是の改制要求が、華人やインド人から出される可能性がある。もし政府がその要求に歩み寄ろうとすれば、国是と多元的共存主義社会は必ずしも整合しないことから、国是を基にした国家構想に対しても、見直しせざるを得なくなることが考えられる。

1） 石川幸一・朽木昭文・清水一史編著（2015）『現代 ASEAN 経済論』文眞堂　51頁を参照。

ASEAN10ヵ国は2011年の1人当たり GDP に関して、下記4つに分類されている。

CLMV：カンボジア、ラオス、ミャンマー、ベトナム（1,500ドル以下）

ASEAN4グループ1：フィリピン、インドネシア（3,000ドル以下）

ASEAN4グループ2：タイ、マレーシア（9,000ドル以下）

BS：ブルネイ、シンガポール（3万ドル以上）

2） 『同上書』47頁を参照。

中所得国の罠とは、IMF（国際通貨基金）Duval などが定義した1人当たり国内総所得（GDP）が2000〜1万5000ドル（2005年固定価格 PPP）の国の罠である。マレーシアの1人当たり名目 GDP は2011年では、10,252ドル、2012年は10,655ドル、2013年は10,699ドル、2014年は11,009ドル、2015年は9,500ドル、2016年は9,360ドルであるが、実質 GDP は同期間4％以上の成長となっている。（図表Ⅵ-29参照）

3） 金子芳樹著（2001）『マレーシアの政治とエスニティ―華人政治と国民統合―』晃洋書房　29-31頁を参照。

金子（2001）は、移民コミュニティの生成と複合社会の成立について、華人のマレーシアにおける移住の起源を「中国からの移民がマラヤに移住し、一定の規模の集団として住み始めるのは、1641年にオランダがポルトガルからマラッカを占領し、中国人を積極的に招きいれるようになってからである。」と指摘している。金子（2001）の表によれば、マラヤ華人の人口の推移は、1750年のマラッカで2,161人であったが、1842年には、ペナン・マラッカで16,597人、1931年の海峡植民地を含めたマレー半島で1,708,966人、独立期の1957年にはマラヤ・シンガポールで3,424,251人に増加している。

4） 山田満著（2000）『多民族国家　マレーシアの国民統合　インド人の周辺化問題』大学教育出版16-17頁を参照。

年季契約制とは、各植民地への労働移民を認めるため、インド政庁が課した制度である。この制度に基づき植民地の雇用主は必要な数の労働力をインドの人材斡旋機関に依頼していた。しかし過酷な労働の非人道性に対して植民地政府内から批判があった。またインド人ナショナリズムが生起し、さらに20世紀に入ると砂糖キビプランテーションが廃退し、コーヒーやゴムプランテーションに移行していった。これらの動きが発端となって年季契約制は1910年に廃止された。それに伴い年季契約制は、労働者徴募人が雇用者の依頼で採用、監督、給料の分配を担うカンガーニ制度に変わった。

5） 坪内良博著（2009）『東南アジア多民族社会の形成』京都大学学術出案会　325頁を参照。

352　第6章　マレーシアに見る所得格差の現状

坪内（2009）は「移民女子の滞留傾向が移民男子よりも高いことを示唆する記述が海峡植民値年次報告書に見られる。華人にせよ、インド人にせよ、在留人口に比して到着者と帰国者の割合が高く非定着性が指摘されているにもかかわらず、滞留人口の増大が生じていることは、移民人口のすべてが入れ替えにかかわったのではないことを示唆している。在住者における性比の低下は定着傾向の指標とみなされる。」と指摘している。

6）　山田満著『前掲書』19頁を参照。

山田（2000）は、「初期の移民は職種、生活条件、労働時間などの関係で圧倒的に男性であったが、その後それらの改善やインド政庁の働きかけにより、女性の移民も増えていく。家族移民同様女性の移民増加は、インド人のマラヤ定住化を促進するものであった。」と説明している。

7）　金子芳樹著『前掲書』35頁を参照。

金子（2001）は、「植民地政府はマレー人の大半を占める農民層を植民地経済体制に積極的に取り組むことはせず、マレー人コミュニティーは、全体として近代的産業部門からは離れた部分に位置していた。」としている。

イギリスは間接統治をしていたため、スルタンを頂点としたマレーの社会構造は維持され、王族・貴族の子弟を中心とした支配層を教育し官僚機構に組みいれていたので、政治・行政においては植民期からマレー人の登用がなされており、この影響は現代のマレーシアにおいても続いている。

植民地期のマレー半島では、2つの経済活動の特徴があった。1つは、中継貿易の拠点としての特徴であり、もう1つはその土地からの生産によって収益を得ようとする投資対象としての特徴であった。土地で生産活動を行うには、資本と労働力が必要であったが、土着民のマレー人は労働力としては無視された。その理由はマレー人が気まぐれであるからで、輸入労働力としては華人とインド人に向けられた。気まぐれとは、マレー人は自分の好きな時間に好きな方法で働くが予定に従う雇用を好まず、大部分が自分の土地で耕作に従事するか海岸で漁業に従事していることである。

8）　金子芳樹著『前掲書』82-86頁の「1．エスニック・バーゲニング」及び「2．マレー人の特権と華人の既得権益」を参考に引用したものである。

9）　小野沢純著（2012）「論説 ブミプトラ政策　多民族国家マレーシアの開発ジレンマ」『マレーシア研究』第1号、日本マレーシア学会、9-10頁を参照。

ラーマン政権のもとで、マレー人の経済参加を促進する開発政策へ転換しようとラザク副首相は、マレー人経済参加問題の責任をこれまでの華人ポストの商工省から国家・農村開発省へ移した。ラザクは1965年6月に第1回ブミプトラ経済会議を開催し、マレー人の経済参加促進に関する69の提言を採択した。ここでは、マレー人の経済活動を促進するためには雇用と資本所有、ブミプトラ企業の育成について政府が介

入すべきことが強調された。しかし、ラザクの経済改革は、ラーマン首相の連盟党体制の下では明確な政治的意思が伴わず、会議後に発表された第 1 次マレーシア計画ではマレー人の格差是正施策は採用されず、1969年の民族暴動が発生するまでは格差是正のための実行性のある施策は実施されなかった。

10) 金子芳樹著『前掲書』270‐271頁、276‐284頁を参照。

金子（2001）は、民族暴動に至る背景について次の通り論じている。すなわち、「初代のラーマン首相は、連盟内におけるマレーシア華人協会（MCA）とマレーシア・インド人会議（MIC）との提携・協調関係を最優先し、基本的に非介入・並存型の政策を志向していた。これに対して、60年代半ば以降、政治面、文化面での平等な権利を主張し始めた華人コミュニティーに対して、マレー人指導者の間では、政治はマレー人、経済は華人の原則が脅かされるのではないかとの危惧があった。また、独立後の華人資本と外資に自由をあたえるレッセフェール政策に対してマレーシア人官僚・政治家からの反発が強まり、彼らはマレー人の商工部門への進出を促進するために、国家資本の大規模な投入を要求した。」

暴動について政府は、1969年10月 9 日に「 5 月13日の悲劇・報告書」と題した白書を発表した。そこでは、華人側からの扇動的且つ挑戦的な言動がマレー人の不安感や恐怖心の原因となり、周辺のマレー人地域の UMNO 青年指導者に対抗処置を講じることを余儀なくさせたとの因果関係を説明している。これに対して非政府系資料は、マレー人過激派による反華人志向の攻撃的な計画と動員を暴動の要因として重視している。

11) 小野沢純著『前掲書』11頁を引用。

NOC の経済委員会の事務局を担当した DNU 調査部長の Agus Salim 氏の証言によると、「マレー人の経済参加促進の方策として、あらゆる業種・職階で国の人口構成に見合った雇用比率を守ることや、マレー人企業の資本蓄積不足を補うために政府が介入・関与する必要があることなどが話し合われた。」（Malaysia Business, 15 October 1986）

12) Ahmad Sarji (1997) *"Malaysia's Vision 2020 Understanding the concept, implications & challenges"* Pelanduk Publications, p. 189.

Malaysia's Vision 2020 の GDP 成長率の当初計画と（実績）は下記の通りである。

1981‐1990 ： 5.9%（6.0%）、1991‐2000 ： 7.0%（7.2%）、2001‐2010 ： 7.5%（5.3%）、2011‐2020：6.5%

13) Poon Wai Ching (2015) *" Malaysian Economy Third Edition"* Monash University, Malaysia, p. 193.

14) （財）自治体国際化協会「マレーシアの地方自治」『CLAIR REPORT』No.313（10 December 2007） 1 頁を参照。

354　第 6 章　マレーシアに見る所得格差の現状

15) Habibah Lehar, Yaacob Anas, Tey Hwei Choo (2014) *"Malaysian Economy"* Oxford University Press, p. 119.

16) 生田真人著（2001）『マレーシアの都市開発　歴史的アプローチ』古今書院 7 頁、144頁、145頁、160頁を参照。

生田（2001）は「半島マレーシアの都市人口比率は、人口統計上では1960年代はそれほど増加しなかった。この理由に、McGee（1988）は、都市人口定義の問題、都市の公示区域設定上の問題、政府の農村開発政策の影響を挙げている。1970年代の大規模な農村開発と地域開発の進展期に、都市人口が以前の時期よりも急増し始めた。都市人口の増加は自然増と社会増の二つの側面があるが、マレーシアでは、独立以降のいずれの時期においても、社会増より自然増の方が都市人口の増加に大きく寄与してきた。1970年代には人口 1 万人以下の小都市の人口増加率は国の平均よりかなり小さく、他方で首都クアラルンプールは農村から都市に移住する人口の主要な移動先となっていた。その他の主要都市で人口の純流入があったのはジョホールバルなどであり、マレー半島東岸の中心的都市クアンタンではやや低い増加率であった。人口規模が 5 万人から7.5万人程度の都市の人口はあまり増加していない。半島マレーシアと北ボルネオのサバ・サラワク両州の経済はまだ充分には統合されておらず、都市群システムも半島部とサバ・サラワクでは統合の程度が低い。さらに多国籍企業が首都圏以外の地方拠点に立地しており、それらは首都圏との緊密なネットワークを必要としていない。」とマレーシアの都市化の特徴について論じている。

17) Habibah Lehar, Yaacob Anas, Tey Hwei Choo (2014) *op, cit.,* p. 121.

18) MOA *"Perangkaah Agromakanan 2010"*; MPIC *"Statistics on Commodities 2010".*

19) 梅崎創著（2006）「発展途上国のマクロ経済分析序説」『調査研究報告書』アジア経済研究所　45頁を参照。

20) 小野沢純著（2012）『前掲著』21 – 26頁を参照。

小野沢（2012）は「ブミプトラ保有の株式資本は、取得後すぐに売却利益を求めて売却されることが多く、保有率は向上しなかった。問題は、ブミプトラ株を割り当てられたブミプトラが企業経営の能力を養い、事業を拡大して収益を追求しようとするマインドを欠き、政府にも経営力向上の支援が十分でなかったことである。2009年 4 月にナジブ政権が発足すると、ブミプトラ政策の段階的な見直しを始めた。そこでは、政権発足と同時にサービス産業27業種（観光業、運輸業、IT サービス、健康関連サービス業など）におけるブミプトラ資本の30％出資義務規制を撤廃した。その後、2009年 6 月、株式上場の条件であるブミプトラ資本の30％保有義務を撤廃した。これにより株式市場の発展のため、株式上場におけるブミプトラ政策は実質的に撤廃された。2009年 6 月、ブミプトラ資本の30％所有という NEP の目標を達成する手段の一つとして1974年に設立された外国投資委員会（Foreign Investment Committee: FIC）

4　ナジブ政権の平等化政策　355

の役割を終結させた。」と論じている。

21)　Wikipedia-Education in Malaysia, pp. 11 – 12.
https://en.wikipedia.org/wiki/Education_in_Malasia（2017年 8 月10日閲覧）

22)　（財）自治体国際化協会「マレーシアの教育」『CLAIR REPORT』No.217（12 July 2001）27頁、32 – 33頁を参照。

全寮制中等学校のブミプトラ優遇措置

　マレーシアでは国策として将来を担うエリートを養成しており、実質的な養成機関の役割を果たしているのが、全寮制中等学校である。こうした学校への入学は、小学校 6 年生のときに受験する UPSR（全国統一試験）の結果をもとに教育省によって選抜され、全国40校の入学者が決まる。そうした学校に通う生徒の多くがマレー系の子弟であり、ブミプトラ政策を最も色濃く反映した教育政策のひとつといえる。2001年現在、その40校に在籍する生徒数の合計は23,377人、中等学校に通うマレーシア国内全生徒数のわずか1.17%に過ぎず、同行への入学は極めて狭き門であることが解る。中等課程の生徒 1 人当たりの国家予算は、通常の中等学校で年間2,064.6リンギの予算に対し、全寮制の中等学校には6,069.1リンギとおよそ 3 倍の予算が割り当てられていることになる。全寮制中等学校はマレー系の子弟のみを対象にした学校であるため、中国系やインド系は入学できない。

高等教育機関への入学の優遇措置

　マトリキュレーションコースを開設している全寮制中等学校の場合、特定の大学への進学が容易になる。マトリキュレーションコースの場合には、SPM の成績で選抜され、 2 年間の大学予備教育後、STP 試験より容易といわれるマトリキュレーション試験を受けることで特定の公立大学へ進学することができる。このコースはあくまでブミプトラの子弟のみに開かれたものであり、中国系やインド系は正規のルートであるフォーム・シックスを経るか、海外留学を目指すなどして高等教育への接近努力を続けざるを得ないため、学力的要因はもちろん、経済的要因からもかなり制限される。

23)　Poon Wai Ching (2015) *"Malaysian Economy Third Edition"* Monash University, Malaysia, p. 231.

24)　労働政策研究・研修機構『データブック国際労働比較2014』

　各国統計局による職業分類（ISO-88）と独自基準による職業分類（ANZCO）を国際標準分類（ISCO）用に再分類した労働政策研究・研修機構「データブック国際労働比較2014」の資料では、マレーシアの管理職女性比率は2012年には21.5%であり、日本11.1%、韓国11.0%のほぼ 2 倍である。しかしアジアの他の諸国シンガポール33.8%、香港32.8%より低い。フィリピンは43.7%と世界で最も女性の管理職登用が高く女性の就学年数は男性と同じであり、管理職比率は教育レベルと相関があること

356 第6章 マレーシアに見る所得格差の現状

が、ISSP（Inaternational Social Science Programme）2012年調査（家庭と男女の役
割に関する国際比較）で確認されている。

25）マレーシアの Economic Planning Unit, 1970 - 2013年では、2010年の労働人口はブ
ミプトラ17,947千人、華人は6,520千人であり、ブミプトラは華人の2.75倍である。
一方、事務・技術専門職の比率はブミプトラが60.0%、華人が27.9%であり、ブミプ
トラは華人の2.15倍で人口率比よりも低くなっている。上級オフィーサー・マネージ
ャーは図表Ⅵ-20の通り、2010年はブミプトラが42.7%、華人が45.7%の比率となっ
ている。

26）Poon Wai Ching (2015) *"Malaysian Economy Third Edition"* Monash University,
Malaysia, pp. 25 - 26.

27）堀井健二著「マレーシアの工業化：多民族国家と工業化の展開」『アジア工業化シ
リーズ12』アジア経済研究所
Htt://hdl.handle.net/2344/00018/38（2017年7月10日閲覧）
ブミプトラが保有する全産業の資本株式を30%にしてブミプトラの資本蓄積率を引き
上げ、富の再分配過程を円滑にすると同時に、ブミプトラが企業経営の能力と技術水
準について実力を蓄え、実質的に商工業活動も30%を支配するコミュニティーを創設
することが NEP の始動期にマレーシア政府により提起された。Bumiputera
Industrial and Commercial Community は、現在マレーシアにおいてブミプトラ起業
家のために様々な支援プログラムを提供している。

28）国際協力銀行『貧困ファイル　マレーシア』2002年2月発刊の第2章「表2-2
マレーシア国家開発計画の変遷と貧困削減への取り組み」を参考に項目の抜粋を行っ
た。

29）Jomo Kwame Sungaram Wee Chong Hui (2014) *"Malaysia @50 Economic
Development, Distribution, Disparities"* Strategic Information and Research
Denelopment Centre Petalig Jaya, Malaysia, p. 39.
公的企業の設立件数は、NEP 期から下記の通り急増した。
1957年：10件、1960年：22件、1970年：109件、1980年：656件、1985年：1,014件
連邦政府出資の公的企業では国民経済開発会社「The State Economic Development
Corporation (SEDC)」が設置され、1980年代には、マレーシア重工業会社「Heavy
Industries Corporation of Malaysia (HICOM)」が日本企業との合弁会社設立のための
連邦政府出資企業になった。

30）*Ibid.*, p. 11.
NEP 期の実質賃金上昇率は下記の通りであった。
1971 - 79：1.58%、1979 - 85：5.94%、1985 - 90：1.17%

31）長谷川啓之監修（2009）『現代アジア事典』　文眞堂　1,269頁を参照。

ルックイースト政策：「マレーシアのマハティール・ビン・モハマド元首相が唱えた政策。経済成長を遂げた日本や韓国などの東アジア諸国の規律、忠誠、勤勉といった労働価値倫理をマレーシアの経済発展のモデルとした。同政策は、90年12月の「東アジア経済グループ」（EAEC）構想、91年10月の「東アジア経済協議体」（EAEG）構想へと発展していった。マレーシアでは、71年7月、ラザク首相によりブミプトラ（土地の子）政策とも呼ばれるマレー人優遇政策が本格的に始動した。ブミプトラ政策によってマレー人の経済活動が活発化するにつれて、個人主義的風潮が高まってきた。マハティールは、西洋的な個人主義を否定的に捉え、東アジア的な集団主義をマレーシアの経済発展モデルに置いた。また日本と韓国の発展様式はマレーシアの経済発展に適合していると発言した。これが、後に「ルック・イースト政策」と呼ばれることになる。その趣旨は、個人の利益を優先させる西洋文明よりも、集団の利益を個人の利益に優先させる日本や韓国における規律、忠誠、勤勉といった労働倫理を模倣することで、マレーシアの経済成長を推進することであった。日本と韓国をモデルとした背景には、英国植民地主義に対する批判、人口の3割を占める華人に対するマレーの民族感情への配慮、日本と韓国からの経済援助拡大への期待もあった。以降、マレーシアと日本・韓国の間で、政府レベルの人材派遣、高等教育機関への留学が実施され、日本・韓国企業のマレーシア進出が激増した。」

32）長谷川啓之監修（2009）『同上著』 イスラム銀行：1,153頁を参照。

「マレーシアはイスラム金融ないしイスラム銀行の中心の1つ。政府がイスラムの金融の育成に立ち上がったのは1980年代で、83年にはイスラム銀行法を制定し、イスラム銀行（Bank Islam Malaysia Berhad, BIMB）を設立した。当初の目的はブミプトラ政策（マレー人優先政策）の一環としてイスラム教徒の生活水準の引上げにあったが、BIMBが大衆預金の獲得で目覚ましい成果を上げると、93年には一般銀行やノンバンクにもイスラム金融部門の開設を認めた。その結果、イスラム金融は国中に急速に普及し、預金高も増加した。」

マレーシア国際イスラム大学（International Islamic University of Malaysia, (IIUM)）：1,146頁を参照。

「マレーシア唯一のイスラム系国立大学である。1983年に設立されたが、その起源は77年の第1回世界イスラム教育会議で、当時のマレーシア首相マハティールが設立を提案し、イスラムの世界的な復古的潮流による影響の下で計画された。IIUMはマレーシア政府とイスラム会議機構をはじめ、パキスタン、バングラデッシュ、トルコなどからも支援を受けて運営され、半分は国立、半分は国際資本による私立大学の性格をもっていた。85年にはエジプトやサウジアラビアなどが支援することとなり、歴代学長もエジプト人やサウジアラビア人が就任している。政府は71年の国民文化会議による勧告に従い、マレー文化とイスラムを中心とし、他の文化的要素を加えた国民

358 第6章 マレーシアに見る所得格差の現状

文化をどう定義するかの政策形成に本腰入れ始めた。こうしたなかで70年代から80年代にかけて教育のマレーシア化が推進され、高等教育の海外留学に依存することや教育内容にイスラム的要素ないし価値を導入することの風潮が生まれた。一方で知識のイスラム化のための国際的な教育機関として IIUM は、マレーシアの一大学を超えて、超国家的存在としての役割を持っている。」

33) Sulaiman Hahbob (2015) *"Reflection on Malaysian Economic Policies"* University of Malaya Press, p. 67.

マラヤ大学の Sulaiman Hahbob（2015）は、貧困削減、民族別所得格差縮小に成果を挙げ、「1970年に華人世帯がブミプトラ世帯の2.29倍、インド人世帯がブミプトラ世帯の1.73倍であったものが、2004年までにそれぞれ1.64倍、1.27倍まで縮小した。しかしながらブミプトラ内の所得格差問題や人材育成、株式所有比率の再構築などの課題が残っており、十分に達成されていない」と論じている。

34) *IMF World Economic Outlook Databases*

NVP 期の実質 GDP 成長率。

2001年：0.5%、2002年：5.4%、2003年：5.8%、2004年：6.8%、2005年：5.0%、2006年：5.6%、2007年：6.3%、2008年：4.8%、2009年：－1.5%、2010年：7.4%（10年間の平均は3.4%）

35) Habibah Lehar, Yaacob Anas, Tey Hwei Choo (2014) *op. cit.*, p. 43.

36) *Ibid.,* p. 43.

37) Mardiana Nordin, Hasnah Hussin (2014) *"Malaysian Studies Second Edition"* Oxford Fajar Sdn. Bhd., p. 345.

38) *Ibid.,* p. 345.

39) PEMANDU (2010), *Economic Tranformation Programme*

ETP における12の基幹経済分野（National Key Economic Areas: NKEAs）とは、石油・ガス・エネルギー、パームオイル、金融サービス、卸売・小売、観光業、ビジネスサービス、電気・電子、通信コンテンツ・インフラ、ヘルスケア、教育、農業、クアラルンプール・クランバレー大都市開発で、具体的な数値目標が設定されている。

40) Mardiana Nordin, Hasnah Hussin (2014) *op. cit.*, p. 347.

41) *Ibid.,* p. 348.

42) *Federal Constitution (as at March 2017)* International Law Book Service, pp. 24－25.

マレーシア連邦憲法 Part Ⅱ Fandamental Liberties 8. Equality は平等について以下を規定している。

(1) All person are equal before the law and entitled to the equal protection of the law.

(2) Except as expressly authorized by this Constitution, there shall be no discrimination

against citizens on the ground only of religion, race, descent, place of birth or gender in any law or the appointment to any office or employment under a public authority or in the administration of any law relating to the acquisition, holding or disposition of property or the establishing or carrying on of any trade, business, profession, vocation or employment, 以下 8. の(3)、(4)、(5)は省略。

Federal Constitution (as at March 2017) International Law Book Service, pp. 188 – 189. マレーシア憲法では平等の規定がある一方で、特定事項についてブミプトラの特権を規定している。ブミプトラの特権については、憲法153条で規定されている。それは8項目から構成されており、マレー人及びサバ州及びサラワク州の原住民を対象にしている。同条第3項で規定しているブミプトラの特権項目は、公共サービスでの地位、奨学金、展示、保護手段、教育または教育訓練、専門施設である。153条の第1項のみを抜粋すれば以下の通りである。

マレーシア連邦憲法 Part XII General and Miscellaneous 153. Reservation of quotas in respect of services, permits, etc., for Malays and natives of any of the States of Saba and Sarawak.

(1) It shall be the responsibility of the Yang di-Pertuan Agong to safeguard the special position of the Malays and native of any of the States of Saba and Sarawak and the legimate interests of other communities in accrdance with the provisions of this Artcle. 以下(2)から(10)は省略。

43) Mardiana Nordin, Hasnah Hussin (2014) *op. cit* ., pp. 394 – 396.

44) Abdulrahim Abdulwahid (2016) *"DR. Mahathir Mohammad A Wise Man in a Crazy World"* Media Hub Connection Sdh Bhd, p. 63. Abdulrahim Abdulwahid はマレーシアのジャーナリストで Mahathir Mohammad の見識に関する著書を執筆しており、本著書は最近の Mahathir Mohammad の見解について出版したものである。

45) Elsa Lafaye de Micheaux (2015) *"The Development of Malaysia Capitalizm From British Rule to the Present Day"* Strategic Information and Research Development Center, Petaling Jaya, Malaysia, p. 238.
Elsa Lafaye de Micheaux は、フランスの Rennes 2 大学の準教授で2014 – 2016にマラヤ大学で研究員としてマレーシア政治経済の研究を行った。本著書はその研究成果を刊行したものである。

46) Shaik Kadir (2017) *"Islam Explained Second Edition"* Marshall Cavendish Editions, pp. 23 – 27.
イスラムの信仰の基礎は6行である。それらは、1．神を信ずること、2．天使を信じること、3．啓典を信じること、4．預言者を信じること、5．神に意思を信じること、6．来世と審判を信じること。

360　第6章　マレーシアに見る所得格差の現状

信仰の行為をあらわすのは5行である。それらは、1．Shada. 信仰の告白、2．Solat. 1日5回の礼拝、3．Saum. ラマダン月の1ヶ月の断食、4．Zakat. 年次の喜捨の納税、5．Haj. メッカへの巡礼である。

47)　日亜対訳　注解　聖クルアーン（1982）宗教法人日本ムスリム協会　232-233頁を参照。

「9．悔悟章マディーナ啓示129節60」に次のように記載されている。

「施し（サダカ）は、貧者、困窮者、これ（施しの事務）を管理する者。および心が（真理に）傾いてきた者のため、また身代金や負債の救済のため。またアッラーの道のために率先して努力する者、また旅人のためのものである。これはアッラーの決定である。アッラーは全知にして英明であられる。」ここでコーランでは、喜捨（ザカート）を（サダカ）の用語で使用しているが、これは任意の喜捨として現代イスラム諸国で行われているサダカの意ではなく、ムスリムの義務として行われているザカートを指している。

48)　Habibah Lehar, Yaacob Anas, Tey Hwei Choo (2014) *op. cit.*, p. 49.

マレーシアにおけるザカート歳入の推移は下記の通りで、個人所得税収総額比平均約2％の徴収総額になっている。

図表Ⅵ-28　ザカートの推移（2011-2015）（百万 RM）

年度	2011	2012	2013	2014	2015
ザカート歳入	341	402	484	532	557
個人所得税収	20,203	22,977	23,055	24,423	26,321

出所：Pusat Pungutan Zakat 各年次報告書より作成。（ザカート歳入）OECDデータベースより作成。（個人所得税収）

49)　*Ibid,,* p. 47.

50)　Zubair Hasan (2013) *"Islamic Banking and Finance An Integrative Approach"* Oxford University Press イスラム金融のスキームには、主なものとして以下がある。

1．Mudarabah; *ibid.*, p. 27.

参加型投資で、起業家に事業に対して複数の投資家が出資し、利益が出れば分配契約に基づき分配する。

2．Musharakah; *ibid.*, p. 28.

資本参加型金融で、投資家への利益分配は契約での取決め率で行われ、損失は資本分担率での負担となる。

3．Murabaha; *ibid.*, p. 333.

借入人が商品を購入する場合に、事前に利ざやを商品原価に上乗せして融資する方法。

4　ナジブ政権の平等化政策　361

4．Istina; *ibid.*, p. 145.
　資金供給者が設備投資にイスラム銀行を通じて事業家宛に代金の前払いを行い、利益を上乗せして回収する。

5．Sukuk; *ibid.*, p. 104.
　イスラム債で定期的に配当が保有者に還元されるが、一般の債権と異なり期限前に市場で売却ができない。

6．Commodity Murabaha; *ibid.*, p. 321.
　イスラム銀行がブローカーを通じて商品や流動性を購入し、延べ払いで返済する取引。

7．Salam; *ibid.*, p. 143.
　銀行の支払い金は即払いであるが、商品は先渡しの取引で商品融資に使用される。

51)　Faleel Jamaldeen, DBA (2012) *"Islamic Finance for Dummies"* John Wiley and Sons, Inc., p. 238.

52)　Ataul Hug (1993) *"Development and Distribution in Islam"* Pelanduk Publications, pp. 8 − 10.

53)　*Ibid.*, pp. 38 − 39.

54)　Elsa Lafaye de Micheaux (2015) *op. cit.*, pp. 298 − 299、303.
　　マレーシアにおいては、1983年にイスラム銀行が設立され、Elsa Lafaye de Micheaux (2015) は、Fazelina Sahul Hamid の説を引用し、1983 − 92年が普及期、1993 − 2002年が主潮期、2003年が戦略的発展期と説明している。2013年には、世界全体でイスラム金融は金融機関の資産で7,500億ドルに達し75ヵ国で300以上の機関が設立されているが、2008年には40ヵ国で265機関であったことから、年間平均で18 − 20％増加している。マレーシアではイスラム金融は全体の銀行資産の4分の1を占め、世界のイスラム銀行資産の13％を占めていることから世界のリーダー的な存在になっている。その年間成長率は2009年から2013年までが16.4％で伝統的銀行部門の8.8％より高い。またマレーシアの国際イスラム大学のなかに2004年に Institute of Islamic Banking and finance (IIBF) が設立され、イスラム金融の教育と研究のセンターとしての役割を果たしている。

55)　Abdulrahim Abdulwahid (2016) *op. cit.*, pp. 163 − 164.

56)　Mardiana Nordin, Hasnah Hussin (2014) *op. cit.*, pp. 390 − 391.
　　イスラム的価値観政策が主張する価値観とは、信頼、献身、規律、潔白、責任、節度、協力、感謝、誠実、勤勉、高潔さである。その目的は、イスラム的価値観を愛する特質と精神の養成、善を尊敬し悪を嫌うこと、社会に対する積極的な態度の促進、委託した職務を遂行することにおける否定的な態度の排除、質的サービスの創造、自己規律の訓練、誠実と献身を以って義務を遂行することである。その戦略は、まず国

362 第6章 マレーシアに見る所得格差の現状

のリーダーが自覚する目的で行政職員を教育することから始め、その成果を見直し、その後国民の間にも広まっていくことを期待している。

57) *Jams Discussion Paper No.3.*
Jams92.org/jamswp03/jamswp03-010.pdf（2017年6月23日閲覧）

58) 小野沢純（2010）「マレーシアの新開発戦略～新経済モデルと第10次マレーシア計画」『季刊　国際貿易と投資』第81号1頁及び55-57頁。
http://www.iti.or.jp/（2017年7月15日閲覧）
新経済モデルは高所得と包括性、持続性をスローガンに、民間投資の活性化により高付加価値製品・サービスの投資により経済の高度化を図ることを強調し、同時に包括的経済成長を導入した。
「新経済モデル（NEM）」は8つの新開発戦略を提起した。それらは、民間セクターの再活性化、質の高い労働力の育成、外国労働力への依存の軽減、競争力の強化（効率、企業家精神、補助金依存廃止）、公共部門の強化、透明性および市場に優しい優先政策、知識集約の体制強化（研究開発、経営の新機軸）、成長産業の開拓、成長の持続性の確保である。

59) Mardiana Nordin, Hasnah Hussin (2014) *op. cit.,* pp. 397-400.

60) http://ampang301.blog.fc2.com/blog-entry-374.html（2017年8月25日閲覧）

61) Saifuddin Abdullah (2017) *"New Politics 2.0 Multiracial and Moderate Malaysian Democracy"* Institut Darul Ehsan Research Center Sdn. Bhd., pp. 150-158.

62) *ibid.,* pp. 159-163.

63) *ibid.,* p. 145.
2017年3月21日付「*Malaysia Racial Discrimination Report 2016*」に掲載の10の差別は以下の通りである。
1. 教育部門における民族差別、2. 犯罪行為における差別、3. ビジネス環境における差別、4. ドレスコードと配達サービスにおける差別、5. 挑発的な人種の感情を使用する集団、政府機関、個人、6. 政治的集団、恨みの演説、民族的演説、7. マレーシア人のなかでの民族の差別、8. 宗教による民族的差別、9. 他の産業における民族的差別、10. 外国人嫌いの行動。

64) *ibid.,* pp. 162-163.

65) *Federal Constitution (as at March 2017)* International Law Book Service, pp. 24-25.
本文に記載したマレーシア連邦憲法の条文の表題は以下の通りである。
Part 1 THE STATES, RELIGION AND LAW OF THE FEDERATION
3条　*Religon of the Federation*、4条　*Supreme Law of the Federation*、8条　*Equality*、10条　*Freedom of speech assembly and association*、11条　*Freedom of*

religion、Part XII GENERAL AND MISCELLANEOUS

152条 *National language*、153条 *Reservation of quotas in respect of services, permits, etc., for Malays and natives of any of the States of Saba and Sarawak*、

Part XIV SAVING FOR RULERS SOVERIGTY, ETC.

181条 *Saving for Ruler's sovereignty, etc*、

66) Saifuddin Abdullah (2017) *op. cit.,* p. 163.

67) Syed Husin Ali (2015) *"Ethnic Relations in Malaysia Harmony and Conflict"* Strategic Information and Research Development Centre Petaling Jaya, Malaysia, pp. 36 − 38.

Syed Husin Ali はマラヤ大学の人類学・社会学部の教授で、マレーシアの民族問題の著書を多数執筆している。

68) *ibid.,* pp. 38 − 39.

69) 立本成文著（1996）『地域研究の問題と方法』京都大学学術出版会、136頁を参照。

70) 『同上書』133頁を参照。

立本説では「現代のマレーシア憲法がマレー人を規定するのに用いている、言語（バハサ・ムラユ）、宗教（アガマ・イスラーム）、慣習（アダット・ムラユ）という3つの軸あるいは3つの局面が、その内容はともあれ、形式的にはアイデンティティの核となっている」と論じている。

71) Mohd Shukri Hanapi "The Wasatiyya（Moderation）Concept in Islamic Epistemology: A Case Study of its Implementation in Malaysia" *International Journal of Humanities and Social Sciense* Vol 4, No. 9 (1), July 2014, p. 56.

72) *ibid.,* pp. 56 − 58.

73) *ibid.,* pp. 59 − 60.

74) DR Mohd Azizuddin Mohd Sani (2016) "The Politics of Islamisation and Islamic Bureaucracy in Malaysia" *Breaking The Silence Voices of Moderation Islam in a Constitutional Democracy G25 Malaysia*, Marshall Cavendish Editions, 10, p. 134.

ナジブ首相は、2012年の7月19日の全国的な11,000人のイマム（イスラムの導師）を前にしたモスク委員会による演説で、「政府は一つのマレーシアと The Al-Wasatiyyah を推進すると共に多元的共存主義、自由主義、LGBT コミュニティー（両性主義、トランスジェンダー）をイスラムの敵として批判し、人権は擁護するが、それはイスラムの範囲を超えない」と主張した。

75) *ibid.,* p. 134.

76) *ibid.,* p. 135.

77) *ibid.,* p. 135.

78) *ibid.,* pp. 131 − 132. イスラム官僚機構は分野別に以下の構成となっている。

364 第6章 マレーシアに見る所得格差の現状

1．連邦レベル：Jabatan Kemajuan Islam Malaysia, JAKIM, (Department of Islamic Development)
イスラム開発局はイスラムの標準化と先導を目的に1997年に設立された。

2．州レベル：Majilis Agama Island an Adat Istiadar Melayu MAIK, (Council for Islamic Religious Affairs and Malay Customs)

3．Jabatan Kehakiman Sharia Malaysia, JKSM, (Department of Sharia Judiciary Malaysia)
マレーシアシャリア司法局は、1998年にシャリア裁判所の裁判の管理とインフラ、手続き、及びサービス向上の再構築のために設置された。

4．Kor Agama Angkatan Tetera, KAGAT, (Regious Corp of the Malaysian Army)
マレーシアのイスラム宗教軍団は、陸軍第16軍団として1985年4月19日に結成された。

5．Bahagian Agama dan Kaunseling Polis Diraja Malaysia, BAKA PDRM, (Division of Religion and Counseling, Royal Police of Malaysia)
宗教局及びロイヤル・マレー警察は、2007年4月に設置された。

79) Azhar Ibrahim (2014) *"Contemporary Islamic Discourse in The Malay-Indonesian World Critical Perspectives"* Strategic Information and Research Development Centre, Petaling Jaya, Selangor, Malaysia, pp. 225－225.
Azhar Ibrahim (2014) は、非宗教倫理や自由主義の使命は、宗教的多元論や多元的共存主義と一致するとしている。また、グローバルな倫理観や宗教学は、全ての宗教を同一視し統合する思想に導くのでイスラムに反するだけでなく、もしこれらがマレーシアで適用されれば非常に危険な結果をもたらすと警告している。

80) Elsa Lafaye de Micheaux (2015) *op. cit.*, pp. 178－179.
中所得国の罠は、2012年のアジア開発銀行のレポートが明確な定義を行なっている。それによれば、現在の1人当たり国民所得グループからさらに上位のグループへの移行に要する平均年数を基準に、それを超えて同グループに留まっている国に対して罠に陥っていると定義するとしている。その基準年数は、1950年以降で上位中所得国から高所得国に移行した国が23ヵ国あり、その平均移行年数の14年間を基準にしている。アジア開発銀行はマレーシアが上位中所得国に既に15年間留まっているので罠に陥っているとしている。しかしこの一律の基準には経済危機や様々な政治経済環境の変動が考慮されておらず、その基準の運用には批判もある。Lafaye de Micheaux (2015) は、「マレーシアが中所得国の罠に陥っているとの新たなコンセンサスが、世界銀行、アジア開発銀行、及び国連開発計画の間で、2010年の初頭に形成されたとの報道がメディアを通して広くなされた」と述べている。

図表Ⅵ−29　実質 GDP 成長率推移（1982−2016）

年度	成長率	年度	成長率	年度	成長率	年度	成長率
1982	5.9	1991	9.5	2000	8.9	2009	−1.5
1983	6.3	1992	8.9	2001	0.5	2010	7.4
1984	7.8	1993	9.9	2002	5.4	2011	5.1
1985	−0.9	1994	9.2	2003	5.8	2012	5.6
1986	1.2	1995	9.8	2004	6.8	2013	4.7
1987	5.4	1996	10.0	2005	5.0	2014	6.0
1988	9.9	1997	7.3	2006	5.6	2015	4.9
1989	9.1	1998	−7.4	2007	6.3	2016	4.2
1990	9.0	1999	6.1	2008	4.8		

出所：IMF. World Economic Outlook データベースより作成。

参考文献

〈邦文文献〉

1．アジア経済研究所編（2012）「マレーシア　第二世代中間層と社会構造　特集／イメージと実態の中間層」『アジ研ワールドトレンド』第204号。

2．石川幸一・朽木昭文・清水一史編（2015）『現代 ASEAN 経済論』文眞堂。

3．生田真人（2001）『マレーシアの都市開発　歴史的アプローチ』古今書院。

4．金子芳樹（2001）『マレーシアの政治とエスニティ　華人政治と国民統合』晃洋書房。

5．ザイナル アビディン ビン アブドゥル ワーヒド、野村亨訳（2002）『マレーシアの歴史』山川出版社。

6．瀬野隆「米国オバマ民主党政権の誕生と直面する経済政策課題―行き過ぎた金融規制緩和と経済格差の是正―」（国士舘大学政経学会『グローバル時代の政治・経済・経営』国士舘大学政経学部創設50周年記念論文集、2011年）。

7．橘木俊詔編（2012）『格差社会』ミネルヴァ書房。

8．橘木俊詔編（2014）『幸福』ミネルヴァ書房。

9．立本成分（1996）『地域研究の問題と方法　社会文化生態学の試み』京都大学学術出版会。

10．中村正志編（2012）『東南アジアの比較政治学』アジア経済研究所・IDE-JETRO。

11．日本ムスリム協会編（1990）『日亜対訳・注解　聖クルアーン』宗教法人日本ムス

リム協会。

12. 長谷川啓之監修（2009）『現代アジア事典』文眞堂。
13. 堀内良博（1999）『総合的地域研究を求めて　東南アジア像を手がかりに』京都大学学術出版会。
14. 堀内良博（2009）『東南アジア多民族社会の形成』京都大学学術出版会。
15. 山田満（2009）『多民族国家マレーシアの国民統合　インド人周辺化の問題』大学教育出版。

〈英文文献〉マレーシア出版著書

1．Abdulrahim Abdulwahid (2016) *"DR. Mahathir Mohammsd A Wise Man on a Crazy World"* Media Hub Connection Sdh Bhd.
2．Ahmad Saji (1993) *"Malaysia' s Vision 2020 Understanding The Concept, Implications & Challenges"* Pelanduk Publications.
3．Ataul Hug (Pramanik) (1993) *"Development and Distribution in Islam"* Pelanduk Publications.
4．Azar Ibrahim (2014) *"Contemporary Islamic Discourse in the Malay-Indonesian World"* Strategic Informarion and Research Development Centre, Selangor, Malaysia.
5．Elsa Lafaye de Micheaux (2017) *"The Development of Malaysian Capitalism from British Rule to the Present Day"* The Strategic Information and Research Develompent Centre, Petoling Jays, Malaysia.
6．Falee Jamaldeen, DBA (2012) *"Islamic Finance for Dummies"* John Wilsey & Sons, Inc.
7．G25 Malaysia (2016) *"Breaking The Silence, Voices of Moderation, Islam in a Constitutional Democracy"* Marshall Cavendish Editions.
8．Habibah Lehar Yaacob Anas, Tey Hwei Choo (2014) *"Malaysian Economy"* Oxford University Press.
9．Jomo Kwame Sundaram, Wee Chong Hui (2014) *"Malaysia@ 50 Economic Development, Disribution, Disparities"* Strategic Information and Research Development Centre.
10. Mardiana Nordin, Hasnah Hussiin (2014) *"Malaysian Studies Second Edition"* Oxford Fajar Sdn. Bhd..
11. Lagal Research Board Laws of Malaysia (2017) *"Federal Contitution (AS AT 1st March 2017)"* International Law Book Services.
12. Shaik Kadir (2017) *"Islam Explained Second Edition"* Marshall Cavendish Editions.

13. Poon Wai Chin (2015) *"Malasian Economy Third Edition"* SJ Learning.
14. Rajah Rasiah (2011) *"Malaysian Economy Unfolding Growth and Social Change"* Oxford University Press.
15. Saifuddin Abdullah (2017) *"New Politcs 2.0 Multiracial and Moderate Malaysian Democracy"* Institut Darul Ehsan (IDE)Research Centre Sdn. Bhd .
16. Sulaiman Mahbob (2015) *"Reflection on Economic Politics"* University of Malaysia Press.
17. Syed Husin Ali (2015) *"Ethnic Relations in Malaysia Harmony & Conflict"* Strategic Information and Research Development Centre Petaling Jaya, Malaysia.
18. Zubair Hasan (2014) *"Islamic Banking and Finance An Integrative Approach"* Oxford Fajar Sdn. Bhd.

インターネット資料〈以下、全て2017.09.30アクセス済〉
〈邦文資料〉
1. 梅崎創（2006）「発展途上国のマクロ経済分析序説」『調査研究報告書』日本貿易振興機構・アジア経済研究所。
   （www.ide.go.jp/Japanese/Publish/Download/2005.4.22）
2. Wikipedia: *"Education in Malaysia"*.
   （hittps://en.wikipedia.org/wiki/Education_in_Malaysia）
3. 小野沢純（2010）「マレーシアの新開発戦略　新経済モデルと第10次マレーシア計画」『季刊　国際貿易と投資』第81号。（www2.jiia.or.jp/kokusaimondai_archiie//2014_07_003.pdf）
4. 小野沢純（2012）「論説　ブミプトラ政策　多民族国家マレーシア開発のジレンマ」『マレーシア研究』第１号、日本マレーシア学会。（ci.nii.ac.jp/naid/40020437174）
5. 国際協力銀行（2002）「マレーシア国家開発計画の変遷と貧困削減への取り組み」『貧困ファイル　マレーシア』。
   （www.clair.or.jp/j/coopration/h26_malaysia_report.pdf）
6. 財団法人自治体国際化協会（2001）「マレーシアの教育」『CLAIR REPORT』No. 217。
   （www.clair.or.jp/cooperation/h26_malaysia_report.pdf）
7. 財団法人自治体国際化協会（2007）「マレーシアの地方自治」『CLAIR REPORT』No.313。
   （www.clair.or.jp/j/forum/c_report/pdf/313.pdf）
8. 中村正志（2010）「2009年のマレーシア　首相交代で与党の世代交代が進む」『アジア動向年報』2010年版　日本貿易振興機構・アジア経済研究所。

368 第6章 マレーシアに見る所得格差の現状

(http://hdl.handle.net/2344/00002668)
9. 堀井健二(2017)「マレーシアの工業化 多民族国家と工業化の展開」『アジア工業化シリーズ12』日本貿易振興機構・アジア経済研究所。
(Htt://hdl.handle.net/2344/00018/38)
10. 労働政策研究・研修機構『データーブック国際労働比較』2011年版。
(www.jil.go.jp/kokunai/statistics/databook)

〈英文資料〉

1. Brian Keeley (2015) *"Income Inequality The Gap between Rich and Poor"* OECD Insight, OECD Publishing, Paris. (http://dx.doi.org/10.1787/9789264246010-en)
2. *"Economic Transformation Programme, Annual Report 2013"*.
(etp.pemandu.gov.my/annalreport2013)
3. International Monetary Fund *"IMF World Economic Outlook database"*.
(www.imf.org/extemal/datamapper/)
4. Mohd Shukri Hanapi "The Wasatiyya (Moderation) Concept in Islamic Epistemology: A Case Study of its Implementation in Malaysia" *International Journal of Humanities and Social Science* Vol 4, No. 9 (1), July 2014.
(www.ij hssnet.com/journals/Vol_4_No9_1July_/7pdf)
5. OECD database *"Details of Tax Revenue- Malaysia Data extracted on 30 Sept 2017"*, OECD. Stat.
(https//stats.oecd.org/index.paspx? Data Set Code=REVMYS)

〈マレー語資料〉

1. ザカート年次報告書(2011–2015年)『*Laporn Zakat 2011–2015*』、ザカート管理局(PUSAT PUNGUTAN ZAKAT).
(http://www.zakat.com.my/info-ppz/loporan/buku-laporan/)

第7章　経済学の平等性の再検討

瀬野　　隆

1　現代経済学の平等性神話の崩壊
2　効率性への疑問
3　公正への要求
4　経済学の平等性の再構築

1　現代経済学の平等性神話の崩壊

　経済学の世界に突き付けられた不平等に対する指摘は、上述のように、Rawls の1917年に出版された『正義論』によるものであった。Adam Smith の1776年に出版された『国富論』を契機として、経済学は構築されていくが、その基本的な考え方は、self-interest を incentive とする分業による efficiency の追求であった。この予定調和を前提とする efficiency の追求は、utilitarianizm を生みだし、社会原理として、永く世界の人々の考え方の基盤となってきた。経済学では、その原理は効用原理に基づく原理、すなわち priciple of Pareto optimality の構築と追求であった。Rawls はこの priciple of Pareto optimality には、公正としての正義がないとして、これを否定し、その代わりに two principles of justice と difference principle を提示した。経済学における平等性の神話が、ここに脆くも崩壊した一瞬でもあった。

　この Rawls の指摘を受けて、Sen は1973に『不平等の経済学』を出版し、既存の経済学に対する再検討を、inequality という概念において開始した。経済学が基本的に依存してきた priciple of Pareto optimality は、人間に inequality を賦与する原理ではないことを認め、新たな経済学の equality 構築の必要を説くことになった。Sen は、人間は生まれながらにして、その capability において明らかに inequality であり、この格差は Rawls のいう pri-

mary goods の適切な社会的分配をもってしても、そのままでは解消される
ことはないと主張した。primary goods を自己の合理的な人生設計に con-
version するためには、そのための capability が必要であり、この capability
なくして、単に income defference を解消するだけでは、この格差は依然と
して残存し、人間には equality がもたらされないというのである。Sen は、
conversion handicap の解消がなされなければ equality は実現しないという、
この capability approach をどのようにして、各個人に付与すべきかを問う
ことになった。そこで問題となったのは、inequality の程度の計測であっ
た。現代経済学では、何をもって inequality の data とするか、何をもって
measurement of inequality および index とするかが、未だに研究が充分で
ないという。この不平等の計測方法とその指標化こそが、Sen の経済学再構
築の原点となった。

2　効率性への疑問

　経済学は、その展開の歴史が示している通りに、分業による efficiency の
追求に邁進してきた。しかし、分配の equality の研究には、特定の研究を
除けば、ほとんど関心を示して来なかったことは、明らかな事実である。こ
の場合、経済学における equality は、市場における競争原理と生産性の向
上を目指す principle of utility によるものであって、分配における principle
of fairness and equality は暗黙の了解あるいは回避か無視されてきた。effi-
ciency 追求は、現代経済学では productivity という専門用語で定義化され
ている。efficiency の追求は、productivity の追求であり、それは、市場に
おける競争は合理的な優位性を確保するための手段であり、方法であるが、
それ自体が内包する結果としての格差を意味してもいる。

　efficiency が格差を内包しているという事実は、自由市場経済体制におけ
る競争が結果として消費者に low-price で high qulity な財やサービスを提供
すること及び innovation をもたらす incentive となるという限りにおいて、
この条件付きで是認されている。そのことはまた、私有財産経済システムを

採用する民主主義諸国において、income difference や economic difference が、国民全体の生活水準の向上や福祉の増進に役立ち、少なくともある種の incentive と relief となるという点における容認なのである。したがって、そのことは無尽蔵な私的財産の蓄積や隠匿、極端な高額の個人所得格差の受容を意味してはいない。しかしながら、efficiency の追求という陰に隠れて、各国の現状を見てみると、しばしば極端な格差も散見されている。

現代経済学の再構築を論じる場合には、この受容されるべき efficiency の格差を、分配との側面において、どのように合理的に位置づけることができるのかが問われているといってもよい。そこにおいては、equality の追求がかつて人間社会が経験してきたドグマ化した論理やイデオロギーの温床となることを避けて、冷静な現状把握と納得できる分析によって、民主主義的な手続きを経た施策に繋がらなければならない。各国の実例にも明確なように、new frontier の開拓や new territory への挑戦、或いは new area への進出において投入される巨額の投下資本は、efficiency とともに、もうひとつの格差を生み出す源泉でもある。こうした事業に関わる人びとや国や地域の所得は極端な場合には、一般の通常の所得の数十倍、或いは数百倍にもなる。この新規事業が、結果として ROIC（return on invested capital）を極大化することで、投下資本の efficiency が極度に高いことをもって、安易に容認されることもあるのは、つい最近のわれわれが IT bubble や金融派生商品の売買、レアメタル獲得競争で経験したものでもあった。

しかしながら、こうした競争上の切迫性や high technology の開発の結果が、一般の人々の生活をどのように向上させ、それが人々の生活をどの程度までに最適化させているかの調査と分析の研究は、未だに十分ではない。ましてや、その成果が、その所得格差を容認するだけの理由として利用されているという形跡もまた、明らかではない。そうした中で、income difference だけが拡大して行くことに対する批判は厳しいものがある。ここに、経済学における新たな equality 研究のアプローチの必要性がある。

3 公正への要求

efficiency への疑問と同様に、fairness と equity への要求が、多くの国々や地域で、また国内的にも強まってきている。その背景には、実際の所得や富の格差の拡大化だけではなく、情報社会の到来で、世界の隅々まで、格差に関する情報が伝達され、それが利用され、比較され、確認されている時代が、現代の global society なのである。世界の人びとは、好むと好まざるとに関わらず、こうしたあらゆる gap の事実に直面している。特に途上国と先進国の格差は、深刻である。ある新興国における one day pay が、先進国の露店で売られている fried chickin 一つの価格に等しいことを知った者は、自分の労働価値の安さに唖然とし、働く意欲さえ消え失せたという例もある。

経済学における fairness と equity は utility における equality において論じられているが、それは utility が equally に測りうるものであるという仮定を前提としているのであった。しかしながら、Sen もいうように、人によって utility が異なるはずであるから、equally にはなり得ないし、その measurement も現在のところ充分ではない。最大多数の最大幸福の名の下に、最小少数の最大不幸が許されてよいことにはならないという主張もありうる。とくに、社会的に最も不遇な人びとの救済には、既存の経済学の厚生原理は有効ではないことは現状が示している通りである。特に income difference と equality という観点から言えば、格差の是正の政策的判断には現代の経済学は不十分なものであるということができる。fairness を追求していくと、absolute equality がかえって、ある種の unfairness や ineuity をもたらす点を容認するとしても、その格差を受容すべき充分な理論形成はいまだに完全な形で形成されているとは言えない。Rawls の two principles of justice と difference principle は、一つの idea を示してはいるが、それは道徳哲学者としての提案原理であって、経済学者としての理論ではない。

fairness への要求を経済学が受け入れるためには、fairness degree を測定

すべき mesurement の研究が必要であるが、それは unfairness を測定すべき scale の研究でもある。人間社会の調査や研究が大容量の処理能力を持つ supercomputer を活用して、技術的には飛躍的に進展して行く中で、その分析の基礎となる fairness と equity と equality への健固な概念形成が必須の条件となっている。何のための fairness なのか、何のための equity なのか、何のための equality なのかが問われているのである。それよりももっと根源的に必須の研究は、そもそも jusutice とは何か、fair とは何か、equal とは何かが問われているのである。もし、このような根源的な問いかけに、現代経済学が何も答えることができなければ、経済学そのものが不完全な学問体系であり、現代の人間社会における役に立つ研究分野ではなく、研究対象としても effective study ではないということになるであろう。

4　経済学の平等性の再構築

　現代経済学に求められているものは、一つの警鐘として、現実に直面している equality と inequal issue を通して、経済だけではなく、経済学そのものを問い直し、最も古くもっとも新しい切迫性を持ったこうした課題の追求を行い、そこから経済学における平等性を再構築することにあると言わなければならない。そこには、前述したように、現代経済学が、fair、equal という概念の再検討から開始して、そのあり方を再構築して、現代の globalizatinal society において、あらゆる批判や指摘にも十分に応えるような、完成された概念形成と理論構成、そして客観的な政策判断と、effective policy を打ち出す必要があるのである。その上で、これらを測定すべき有効な尺度を研究し、その測度をもって、是正のための理論を構成することがどうしても必要となる。その研究の過程では、ほぼすべての人びとに容認されるような頑健な格差是正理論を構築する必要がある。

　ここにおいては、Aristoteles が平等とは「折半」であるというとき、単純には、正しい平等は二分の一にすることであるとしても、なおそれだけでは納得できない人間の理性と感情の相克が残存する。より高いレベルの人間

374 第7章 経済学の平等性の再検討

的平等を求めるとき、この「相克」は乗り越えなければならず、そのために、Aristoteles は規範的な「善」としての平等性の存在を説いた。現代においても、この Aristoteles の「平等性原理」はわれわれに強く訴えかけるものがある。すなわち、一方では、本源的な「均等な分割」を人間の持つ自然本性に基づく権利であると主張しながらも、他方では、incentive や、contribution や、capability を価値判断した「格差の容認と受容」である。現代の「学」としての経済学の永遠の研究テーマの一つがここに存在する。

この平等性における理性と感情の相克、あるいは合理性と共感と納得性の一体化は、最も高いレベルにおいて「融合 fusion」させるという試みと探求を、経済学は、回避せず、正面から論じる事がその存在価値を自ら提示し、証明するものでなければならない。そこには、経済学の学問体系の中で、人間そのものの探求と人間としての在り方という、二つの課題を一つのものとして把握して、概念化し、定義づけ、それに基づいて測定し、是正策を立案し、実行し、評価するということが要求されているのであった。

当著は、以上のような経済学が直面する最大の研究テーマである equality and income differece を論述の課題とすることによって、現代経済学の equality myth を問い直し、新たな経済学の equality の reexamination を行おうとしたものである。この研究では、現在のところ、まだまだ研究途上であり、それゆえに問題提起に過ぎない段階ではあるが、今後のこのテーマの研究の継続が、現代の経済学に課された一つの最も緊急性のある課題であることは、多くの経済学研究者に理解されるものであろう。今後、さらに、このテーマにおける多くの他の研究者の研究成果の蓄積と相乗効果が、この問題の解決に必ずや、何らかの解答を提示するに至ることになるであろう。ここに至って初めて、経済学の equality constrution が実現したと言ってもよい。その調査・研究の過程は決して容易なものではないし、また短期的な成果は期待できないかもしれない。しかし、Sen も言う通りに、たとえ完備性を持ったものでなくとも、ある領域特性をもったものをデータとして収集・分析できれば、それだけでも十分な政策的効果を得ることができ、また実用

性を考慮すれば、その期待には大きなものがある。

　現在の経済学における equality の研究では、経済学の学問体系の位置づけの中で、いわば Pareto optimality 上に構築されているものである。それは、公正としての正義の前では、危機に直面しているとも言えよう。この経済学の平等性神話の崩壊への対応として、今や、現代経済学において、個人と社会における equality/inequality の根源的な再検討が求められていることは前述の通りであった。すなわち、この研究の進展が、現実の所得格差や貧富の格差などの、いわゆる経済格差に満ちた global な諸問題の解決に、どのような解答策を示すことができるのかということである。こうしたことを考慮すると、現代経済学に深刻に問われているものは、「平等論と所得格差」の問題であり、現在において最も切迫性を持っている研究課題の一つであるといってもよいのである。[1]

1）　この研究テーマは、拙著者の2015年3月31日までの国士舘大学に在任43年間、同大学政経学部経済学科の経済政策学講義や同大学院修士・博士課程の講義や演習で、アリストテレスの平等論からピケティの『21世紀の資本』までの研究をしばしば取り上げてきたものである。

2015年3月9日の私の定年退任に伴う国士舘大学政経学会・政経学部共催の「最終講義：*MONOLOGUE*」（世田谷キャンパス梅が丘校舎B棟303教室で開催）でも、このテーマを論じた。それらの研究を一著にまとめたものが当著の初版であった。

現代の経済学における平等・不平等論については、グローバル化した現代の世界経済と各地域や国々にとって、経済政策上最大の関心事の一つであり、喫緊の課題である。したがって、とりわけ経済政策学においては関心が高く、序文でも一部は述べたが、2015年の日本経済政策学会　第72回全国大会（国士舘大学世田谷キャンパスで5月30日～31日、国士舘創立100周年記念事業のプレイベントの一つとして共催）において、当学会の全国大会史上最多の68件の研究発表があり、参加者も2日間で延べ約800人にのぼり、発表の予定時間を大幅に過ぎて、午後8時近くまで議論が続けられた。当大会の統一テーマは「現代の経済政策学と社会的公正」であり、この「大会趣意書」には次のような、全国大会開催の趣旨が述べられていた。

すなわち、「現代の経済政策学は現代経済学の論理の上に構築されており、その現代経済学の論理は近代経済学が展開してきた価格メカニズムの有効性を受容することによって成立している。そして、この価格メカニズムはその価値論において限界効用価値説の有効性にその論理の基礎を置いている。したがって、そこにおける政策的価値

判断基準は限界効用学説の効用価値理論に基づいて行われる。この効用価値理論に基づけば、最も効用の高い部門や人材等に最も高い価値を置き、最も大きい配分を行うことが正当であるとしている。その結果、ある場合には社会的公正という観点から見ると容認しがたい格差が必然的に生じ、そうした格差は社会的に見て容認すべき公正なものであるのかという論争を生み出している。

東西冷戦の終結以降の現代では、ほとんどすべての諸国の経済社会がグローバルに一体化された世界市場経済に移行している。国際的な自由貿易機構、世界的なバンキング・システムの統合化および IT 革命とネット社会、民主主義の実現が、これを可能にした主な要因であるが、そこでは近代社会の存立の基盤であった主権国家の領域が日増しに浸食され、国家主権の壁は常に引き下げられてきている。アメリカの債権国化と共に始まった国際的なリーダーシップの衰退によって様々な地域統合や経済連携の動きが加速したが、その中で所得格差や経済格差といった諸国家間の格差の問題が表面化し、国内的にも、あるいは世界的にも、格差問題は経済政策上において解決すべき課題としてますます浮き彫りにされてくるようになった。経済政策における価値判断は、現代では、以上のような現代史的な観点を梃子の力点として置かれなければならず、またそうしなければ「賢明な」価値判断に到達することはほとんどできそうにない。経済政策の価値判断の対象となる現代経済社会の作用点としての課題は幾つも存在する。それは、地球規模の環境破壊や自然災害、資源枯渇やエネルギー不足、人口の地域的アンバランスの進行、先進国と途上国の対立と迷走するガバナンス等々のグローバルな問題から、一人ひとりの生活環境の改善や所得格差の是正、公平や平等への要求、適切な公共サービスの請求など国内的、地域的、個人的なレベルのものまで実に多様である。これらの課題のいずれもが、グローバル経済時代が生み出した経済現象でもある。そして、こうした切迫した経済政策上の課題を解決するために、格差を是認し、それこそが改善・改革へのインセンティブであるとする、いわゆる市場経済システムの自動調整機能だけにゆだねられていて良いものであるのかについて、改めて検討を加える必要があるであろう。」というものであった。

この日本経済政策学会第72回全国大会での第一日目の特別セッションでは、松本保美教授（早稲田大学）を座長に、「アマルティア・センの哲学とその政策的含意」を研究発表テーマとして、「経済政策論の哲学的・経済学的基礎：先経的制度主義 vs. 帰結比較接近法」を鈴村興太朗教授（一橋大学・早稲田大学）、「リベラル・パラドックスから潜在能力アプローチへ：A.センにおける権利概念の深化」を後藤玲子教授（一橋大学）の講演がなされた。また、共通セッションでは拙著者も、「経済格差問題の本質と問題解決の為の政策的取り組みを総括する：潜在能力仮説、ベーシックインカムの哲学から『21世紀の資本』まで」のメインタイトルで、その第1部　講演の座長を務めた。このセッションでの講演者は、「所得格差が経済・社会にもたらす影響」

（駒村康平　慶應義塾大学）、「経済格差問題へのアプローチ」（大塚耕平　参議院議員　中央大学大学院・早稲田大学）、「経済格差問題の本質と問題解決の為の政策的的取り組みを総括する：潜在能力仮説、ベーシックインカムの哲学から『21世紀の資本』まで」（稲葉振一郎　明治学院大学）の各氏で、それぞれの立場から、多くの鋭い指摘あった。第Ⅱ部のパネル・ディスカッションでは、中村まづる日本経済政策学会長（青山学院大学）のコーディネーターの下で、荒山裕行（名古屋大学）、稲葉振一郎、大塚耕平、駒村康平、福重元嗣（大阪大学）の各氏によって、熱心な検討が続けられた。第二日目の企画1セッション横山彰（中央大学）座長・「社会インフラの再検討」・自由論題22セッションの総数23のセッションで熱心な研究発表が行われた。当全国大会の運営には、本学会の開催の趣旨に賛同して、学校法人・学部・大学院を挙げてサポートし、青木俊介政経学部長、藤本公明経済学研究科長が積極的な配慮を示し、大会運営委員長には永富隆司教授が担当し、三輪晋也教授・石山健一准教授、戸川博史政経学部事務長らの各氏が中心となって準備・実行した。最終日の懇親会には、大澤英雄理事長と三浦信行学長が出席し、中村まづる日本経済政策学会長とともに、当全国大会の成功と学界における研究の成果を称え、その労をねぎらった。

あ　と　が　き

　平等・不平等論を、根源的な概念から論じて、それを現実の各国における経済実態に投影して、そこから、この問題の具体的な課題を、経済政策として論じるというアプローチは、当初から、相当の困難が予想されていました。

　そのために、各研究者には、監修者が意図している研究目的と趣旨のアウトラインとそれに関するいくつかの資料だけを提供し、その論述方法と論理展開の過程および結論については、一切の要請や指示はしないことにしました。その上で、各国の所得格差の調査と現状分析をお願いして、共同研究としました。その結果、執筆者の個性的で独立した研究スタイルが明瞭に表現され、取り上げる課題や種類については、多彩で多様な内容となりました。

　総論としての平等・不平等論の概念そのものについては、経済学上、それほどの極端な対立論争はないことがわかります。しかし、何のための平等・不平等かについては、所得格差の制度的な是正だけではなく、是正の手段となる財やサービスのニーズ、その平等な分配の要求や、是正の対象となる潜在能力の機能を考慮した分配の要請など、かなり明確な立場の違いがあります。さらに、この格差の全体的な是正策となると、困難な測度の問題や公平な分配原理の確立など、厳しい論理と原理の再構築が求められています。結論として、こうした課題の問題提起に終始することになりましたが、その課題を提示することだけでも、それなりの研究上の価値があるといえます。

　現時点では、既存の測度や尺度で論じることになりました。人間が持つ本来的な平等・不平等の概念と、その概念を人間社会における何らかの基準と政策において、規範的に平等化へ対応させていくことは、いつの時代においても重要であります。本著を読まれた方々の中には、さらに踏み込んだ普遍的な所得格差是正策の提示を望まれる方があるかもしれません。このような研究については、別な機会を見て、当著の続編あるいは改訂版において、執

筆することにさせていただきたいと考えております。

　なお、共著者が調査・分析・研究し、論述した各自の担当執筆論文についての研究成果と文責は、それぞれの各共著者に帰属していることを付言させていただきます。

　当著の完成まで、お力添えを戴いた凡ての方々に感謝　監修者

索　引

あ

ROIC ……………………………… 371
アウト・カースト ……………………… 344
アジア金融危機 ………… 273, 295, 313
アジア的価値観 ……………………… 349
ASEAN ………………………………… 265
アダム・スミス ………………………… 69
アトキンソンの測度 …………………… 41
アブドラ首相 ………………………… 317
アベノミクス ………………………… 140
アメリカ合衆国の再生 ………………… 85
アメリカ独立宣言 ……………………… viii
アメリカ二大政党制 …………………… 84
Aristoteles …………………………… vii
アロー …………………………………… 37
安定経済政策 ……………… 88, 111, 112
安定政策 ………………………………… 84
イスラム …………… 266, 326, 329-330, 344
イスラム化政策 …………………… 346, 349
イスラム共同信仰体 ………………… 344
イスラム銀行 ……………… 311, 330, 332
イスラム金融 ………………………… 330
イスラム金融機関 …………………… 332
イスラム金融条例 …………………… 347
イスラム経済学の目的 ………… 330-331
イスラム先進国 …………… 326, 347, 349
イスラム的価値観 ……… 311, 329, 346
イスラム的価値観政策 ……………… 332
イスラム的ガバナンス ……………… 347
イスラム的経済システム ……… 329-330
イスラム的思想 ……………………… 306
イスラム法 ………… 326-327, 330, 347

為政者の職の設定 ……………………… 18
一億総中流社会 ……………………… 144
一律平等発展 ………………………… 193
イデオロギー ………………………… 371
居民証 ………………………………… 245
陰性収入 ……………………………… 228
インセンティブ ………………………… 29
インド人 ……… 265, 267, 271, 286, 288, 291,
　　294, 297, 299, 303, 327, 333, 342,
　　344-345, 349-350
永遠性の視座 …………………………… 76
嬰児殺し ………………………………… 10
鋭利な分析ツール …………………… 110
FRB …………………………………… 102
MLD …………………………………… 93
エンタイトルメント …………………… 66
大手金融機関の監督強化 …………… 105
オバマケア …………………………… 136
オラン・アスリ ………………… 286, 345
オラン・ラウト ……………………… 345

か

カースト制度 …………………………… 56
改革開放 ……… 90, 110, 189-192, 194, 201,
　　206-208, 219, 227, 231, 233
改革開放政策 …………………………… xii
外国人労働者 ………………………… 294
外資主導型輸出志向工業化 ………… 309
灰色収入 ……………………………… 228
開発主義 ………………………… 304, 308
開発政策 ………………… 304-306, 323
開発体制 ……………………………… 304
開放経済体制 …………………………… 87

382 索　引

価格維持制度…………………………92
科学性………………………………77
科学的発展観………………202, 204, 205
価格メカニズム……………………… iii
下級中等学校………………………298
格差原理……………………… 28, 29, 60
格差是正理論………………………373
格差の容認と受容…………………374
格差の連鎖…………………………172
各人の利益…………………………25
拡大均衡……………………………112
格付け………………………………101
格付け会社…………………………107
革命運動………………………… vii, 55
学歴格差……………………………271
隠れ就職……………………………236
可処分所得…………………………166
華人……… 265-269, 271, 280, 286, 288, 291,
　　294, 297, 299-301, 303, 327, 333, 342,
　　344-345, 349-350
華人移民……………………………266
華人系野党…………………………270
華人資本家…………………………266
華人独立高等学校…………………299
下層階級……………………………343
家族〔制度〕………………………60
価値観………………………………16
価値判断……………………………35
カップリング………………………69
家庭労働者…………………………291
寡頭制論者…………………………6
株式所有比率……………………271, 349
下流階級……………………………26
カンガーニ労働者…………………266
雁行型経済発展……………………… xii
監視プログラム……………………113

関税による保護……………………92
Kant…………………………………22
完備性………………………………34
議院内閣制………………………268, 333
機会均等……………………… 47, 60, 77
議会制民主主義制度………………268
機会の平等…………………………159
機会の分配…………………………69
幾何学的比例………………………5
幾何的・応分的な均等……………5
企業家階級…………………………29
企業福祉……………………………166
技術革新……………………………94
基準年………………………………110
基数的………………………………33
基数的厚生関数……………………38
規制緩和……………………………83
規制緩和政策……………………… xi, 88
規制撤廃……………………………83
貴族制…………………………… 27, 47
既得権………………………………64
既得権益……………………………78
機能のベクトル……………………70
規範経済学…………………………40
規範的アプローチ…………………32
規範的価値判断…………………… ix
規範的特徴…………………………33
基本財………………………………73
基本的潜在能力の平等……………75
基本的潜在能力アプローチ………75
基本的な権利および義務…………21
逆選抜………………………………133
逆転現象……………………………181
客観的アプローチ…………………32
客観的測度……………………… ix, 33
客観的特徴…………………………33

索　引　383

客観的な政策判断……………………373
キャッチアップ………………………193
給付型奨学金…………………………170
教育……………………………………14
教育の機会………………………151, 172
供給制約………………………………87
強者と弱者……………………………16
競争……………………………………17
競争均衡………………………………36
協同システム…………………………20
共同富裕………………………………119
共同裕福…………………………190, 262
共和党政権……………………………83
巨大金融機関…………………………115
巨大都市開発…………………………283
許認可権限……………………………87
緊急融資………………………………105
銀行と証券の分離……………………93
均等な分割……………………………374
均等に切半……………………………2
均富論…………………………… xii, 191
金融安定化監督評議会………………105
金融環境の変化に対応する規制緩和立法
　………………………………………125
金融環境の変化に対応する規制強化立法
　………………………………………125
金融機関の救済………………………101
金融危機………………………………88
金融危機管理に必要な手段の政府への提供
　………………………………………125
金融危機に対応する規制強化立法……125
金融危機の拡散や雪崩現象…………105
金融規制………………………………84
金融規制改革…………………………130
金融規制改革法………………………136
金融規制改革法案………………103, 126

金融工学………………………………133
金融事業者の強固な規制監督の推進…125
金融市場の包括的な規制の確立………125
金融と経済の破局……………………99
金融濫用からの消費書・投資屋の保護
　………………………………………125
勤労度・必要度・不平等度…………42
偶発性…………………………………59
区間尺度………………………………33
クズネッツ仮説………………………271
クズネッツ曲線………………………275
グラス・スティーガル法……………93
グラスノスチ…………………………132
W. J. B. Clinton ………………………83
globalization …………………………86
グローバリゼーション………………v
経済格差………………………………112
経済学再構築の原点…………………370
経済格差の是正………………………84
経済計画局……………………………274
経済システム…………………………75
経済成長政策…………………………109
経済成長率……………………………iv
経済的合理性…………………………191
経済的繁栄……………………………42
経済的不平等…………………… 42, 114
経済特区政策…………………………192
経済平等主義…………………………63
経済平等主義者………………………64
経済変革プログラム（ETP）…… 305, 318,
　320, 336, 338-339
計測尺度………………………………33
ケイパビリティ………………………69
ケインズ政策…………………………119
月間所得世帯階層…………………272-273
月間平均所得………………… 271-272, 279-280,

384　索　引

283-284, 288

厳格な資本規制……………………… 106
原始状態……………………… 12, 72, 73
顕示選好……………………………… 168
健常者………………………………… 69
検証データ…………………………… 110
原初状態…………… 19, 23, 60, 74
減税………………………………… 83
減税政策……………………………… 94
現物給付……………………………… 172
権利要求…………………………… 55, 59
工業化マスタープラン…………… 304, 305
公共事業……………………………… 85
公共投資事業………………………… 140
貢献度………………………………… 3
高所得国……………………………… 265
高所得世帯………………………… 273-274
高スキル労働者……………………… 98
厚生経済学………………………… ix, 4
厚生原理……………………………… 372
公正としての正義………………… 56, 59
公正な機会〔均等〕原理…………… 60
公正な初期状態……………………… 23
構造改革……………………………… 103
構造調整政策………………………… 84
公的補助……………………………… 171
高度経済成長………… xi, 112, 151, 246
高度経済成長期……………………… 271
購買力平価…………………………… 95
幸福度………………………………… 137
幸福度と所得の相関………………… 138
公平………………………………… ix
公平・効率の両立…………………… 201
衡平性と正義の概念………………… 31
衡平性の弱公理……………………… 40
衡平性の条件………………………… 41

公平な観察者………………………… 78
合法的な権力………………………… 18
効用原理……………………………… 24
効用原理に基づく原理……………… 369
効用主義……………………………… 4
功利主義………………………… ix, 19, 39
功利主義者………………………… 63, 64
功利主義的…………………………… 38
功利主義的快楽主義者……………… 63
効率性原理………………………… 26, 28
合理的な人生設計…………………… 370
合理的な立場………………………… 62
合理的な優位性……………………… 370
高齢者………………………………… 69
5ヵ年計画………………… 304, 309, 315
胡錦濤・温家宝政権…… 201, 202, 204, 246, 255, 256
国営投資信託会社…………………… 294
国営持株会社………………………… 294
国王……………………………… 278, 333
国外転出時課税制度………………… 141
国際イスラム大学…………………… 311
国際規制基準の向上と国際協力の改善
………………………………… 125
国是（ルクネガラ）………… 304, 306, 307
戸口簿………………………………… 240
極貧…………… 274, 277, 297, 312
極貧率……… 271, 276, 285-286, 296-297
国富論………………………………… 369
国民型学校…………………………… 298
国民学校……………………………… 298
国民経済計算………………………… 42
国民戦線（BN）…………… 268, 334-335
国民団結協議会（NUCC）……… 340-342
国民融和法…………………………… 342
国有化………………………………… 101

索　引　385

互恵性……………………………59
心の清廉潔白……………………77
個人間選好の集合………………37
個人金融資産…………………165
個人的異質性……………………68
戸籍制度改革…………241, 244, 246
戸籍制度に付随する様々な差別………241
戸籍制度の改革………………239
国家運営評議会………………270
国家開発公社（SEDS）…………310
国家開発政策（NDP）………282, 296, 305,
　311-314, 316-317, 323
国家教育政策…………………303, 304
国家経済行動評議会…………274
国家経済諮問評議会（NEAC）…335
国家構想……………304-306, 311, 350
国家諮問委員会………………270
国家宗教協議会………………347
国家重点経済領域……………338
国家重要成果分野……………337
国家展望政策(NVP)………281, 305-306,
　314-315, 317, 323
子どもの貧困率………………151
500日計画……………………110
コミュニティ…………………155
雇用構造………………………233
雇用制度………………………227
ゴルバチョフ…………………132
コンドルセルール……………168

さ

サービス・営業労働者………294
債権国…………………………103
最重要の徳・効能……………20
最小少数の最大不幸…………372
再生可能エネルギーのサラワク回廊地帯

（SCORE）………………305, 316
最善の制度編成…………………30
最大多数の最大幸福…………19, 372
最低賃金………………………164
最低賃金制度…………………160
最低賃金法……………………160
債務担保証券…………………101
ザカート………………326-327, 329-330
先取特権………………………106
サダカ…………………326, 328-329
サツ・マレーシア（Satsu Malaysia）…339
サバ開発回廊地帯（SDC）………305, 316
サブプライムローン問題………140
産業・工業化計画……………282
算術的・形式的な均等……………5
算術的比例……………………5, 9
三人の子供と一本の笛……………62
The Al-Wasatiayyah（イスラム的認識論）
………………………346-347
G8……………………………124
G7……………………………124
G20……………………………124
自営業者………………………291, 297
ジェンダーによる学歴格差…………301
視覚化されたグラフ…………110
自己勘定取引…………………105
自己規制………………………100
自己資本比率…………………109
自己利益………………………21, 73
資産性…………………………95
資産バブル……………………124
支持母体………………………85
市場開放………………………103
市場経済化移行政策……………86
市場支配力………………………87
市場重視………………………83

386 索 引

市場の失敗‥‥‥‥‥‥‥‥‥‥‥133
自然権‥‥‥‥‥‥‥‥‥‥‥‥‥54
自然状態‥‥‥‥‥‥‥12, 14, 45, 72
自然人‥‥‥‥‥‥‥‥‥‥‥‥‥15
自然的不平等‥‥‥‥‥‥‥‥‥14, 18
自然の不平等‥‥‥‥‥‥‥‥‥‥14
自然本性的‥‥‥‥‥‥‥‥‥‥‥61
自然本性的自由の体系‥‥‥‥‥27, 47
自然本性的な偶然性‥‥‥‥‥‥‥23
自尊心‥‥‥‥‥‥‥‥‥‥‥‥‥69
失業率‥‥‥‥‥‥‥‥‥‥‥‥271
実体経済‥‥‥‥‥‥‥‥‥‥‥112
質的な（幾何的・応分的な）平等‥‥‥11
ジニ係数‥‥‥93, 143, 274-276, 284, 285, 288
ジニ係数と相対平均格差‥‥‥‥‥41
資本収益率‥‥‥‥‥‥‥‥‥‥‥iv
資本主義経済の問題‥‥‥‥‥‥142
資本ストック‥‥‥‥‥‥‥‥‥111
資本注入‥‥‥‥‥‥‥‥‥‥‥101
市民連邦裁判所‥‥‥‥‥‥‥‥347
事務労働者‥‥‥‥‥‥‥‥‥‥294
ジャウイ・プラナカン‥‥‥‥‥345
社会階層構造の特徴‥‥‥‥‥‥342
社会契約説‥‥‥‥‥‥‥22, 61, 73
社会契約の理論‥‥‥‥‥‥‥‥22
社会構造の見直し‥‥‥‥‥‥‥137
社会システム‥‥‥‥‥‥‥55, 240
社会正義‥‥‥‥‥‥‥‥‥‥‥77
社会主義経済‥‥‥‥‥‥‥‥‥31
社会主義市場経済‥‥195, 198, 201, 232, 248
社会主義諸国‥‥‥‥‥‥‥‥‥109
社会主義和諧社会‥‥‥‥‥229, 246
社会状況による偶発性‥‥‥‥‥‥23
社会状態‥‥‥‥‥‥‥‥‥‥12, 14
社会的価値整合性‥‥‥‥‥‥‥xiii
社会的基本財‥‥‥‥‥‥‥‥73, 75

社会的・経済的不平等‥‥‥‥‥24, 28
社会的結束の崩壊‥‥‥‥‥‥‥97
社会的厚生‥‥‥‥‥‥‥‥‥‥32
社会的厚生関数‥‥‥‥‥‥‥37, 38
社会的産物‥‥‥‥‥‥‥‥‥‥16
社会的障壁‥‥‥‥‥‥‥‥‥‥60
社会的選択理論‥‥‥‥‥‥‥‥38
社会的な偶発性‥‥‥‥‥‥‥‥27
社会的な正義‥‥‥‥‥‥‥‥‥19
社会的な利害計算‥‥‥‥‥‥‥20
社会的風土の多様性‥‥‥‥‥‥68
社会的不正義‥‥‥‥‥‥‥‥‥29
社会の階層化と差別化‥‥‥‥‥31
社会の根本原理‥‥‥‥‥‥‥‥22
社会変革プログラム（STP）‥‥‥320
社会保障構造の変容‥‥‥‥‥‥232
社会保障制度の充実‥‥‥‥231, 239
社会保障における二重構造‥‥‥233
シャリア裁判所‥‥‥‥‥‥‥‥347
シャリア指標‥‥‥‥‥‥‥‥‥346
就業意識‥‥‥‥‥‥‥‥‥‥157
私有財産‥‥‥‥‥‥‥‥‥‥‥17
私有財産経済システム‥‥‥‥‥370
自由市場経済体制‥‥‥‥‥‥‥370
収集データ‥‥‥‥‥‥‥‥‥110
自由主義諸国‥‥‥‥‥‥‥‥‥109
終身雇用‥‥‥‥‥‥‥‥‥‥147
住宅価格上昇の神話‥‥‥‥‥‥110
住宅金融の不適切な貸付‥‥‥‥90
住宅「商品化」改革‥‥‥‥‥‥227
住宅バブル‥‥‥‥‥‥‥‥‥124
集団的な病気‥‥‥‥‥‥‥‥‥16
州長‥‥‥‥‥‥‥‥‥‥‥‥278
自由・独立労働者‥‥‥‥‥‥‥266
州別都市化率‥‥‥‥‥‥‥‥280
自由貿易地区‥‥‥‥‥‥‥‥282

索　引　387

自由放任政策……………………304
自由民主党………………………140
州立法議会………………………278
需要創出政策……………………87
準順序関係………………………34
準順序としての不平等測度………42
上位所得者………………………291
上位所得層………………………291
上位中所得国……………………265
上位中所得世帯……………273-274
生涯現役社会……………………165
障害者……………………………69
生涯消費・生涯所得の格差………151
上級オフィサー・マネージャー………294,
　297, 303
上級中等学校……………………298
証券取引委員会…………………107
小康社会…………………198-200, 202
少子高齢化社会…………………137
少数者の犠牲……………………19
上層階級…………………………342
焦点変数…………………………x
消費者金融保護局………………106
消費者保護規制立法……………126
情報格差…………………………133
情報技術分野……………………98
情報ネットワーク………………86
情報の非対称性…………………101
上流階級…………………………26
初期後退世代……………………166
職業・職種………………………271
職業選択…………………………157
職業選択の自由…………………170
植民地経済………………………278
食糧 PL1 …………………………277
食糧貧困ライン…………………297

女子移民…………………………267
序数的尺度………………………33
女性の社会進出…………………302
職権の格差………………………25
初等教育学校……………………299
所得移転…………………………41
所得階層………………… vii, 273, 283, 284
所得概念の基礎…………………43
所得格差……………… vii, 11, 84, 93, 189, 197,
　206-208, 211, 212, 214, 217, 218, 221,
　224, 225, 229, 239, 250, 252, 260, 271,
　274, 278
所得格差拡大……………………xi
所得格差の容認…………………83
所得水準…………………………vii
所得倍増計画……………………xi
所得不平等………………… 97, 285, 288
所得分配…………………………35
所要最低自己資本水準…………108
シルバー民主主義………………167
人為的不平等……………………18
深淵なギャップ…………………115
新経済政策（NEP）…… 270, 282, 304-305,
　307-308, 310-314, 333, 342, 348
新経済モデル（NEM）…… 305-306, 317,
　320, 323, 325, 335-336
神権の裁可………………………18
新興国……………………………111
新古典派経済学の目的…………330-331
新自由主義………………………83
神聖な教義………………………18
新農村建設の展開………………257
真の機会…………………………42
真の貧困…………………………69
人民連盟（PR）…………………334-335
信用バブル………………………124

推移性	34	世界恐慌	103
数学的属性	35	世界金融危機	84, 273
錫鉱山	278	世界経済危機	115
スルタン	266, 278, 344	世界市場	109
聖域なき構造改革	140	世界人権宣言	viii
生活水準	vii	世代間格差	166
生活保護	157	世代間の経済的流動性	97
正義感覚	55	世帯所得	283
正規雇用	146	世帯内不平等	70
正義と平和の規則	17	世帯分離	158
正義の諸原理	21	接収・清算権限の拡大	104
正義論	369	絶対的平等	xii, 2, 11
政権公約	140	絶対的貧困	274, 277, 279, 312
政策的価値判断	1	絶対的不平等	2
政策的勧告	33	Sen	vii
生産労働者	294	先行観念	16
政治行政都市	279	潜在能力	71
政治的・経済的指導者	110	潜在能力アプローチ	75
政治の交渉	20	先進国	61, 101
政治的癒着	89	専制的権力への変化	18
政治変革プログラム（PTP）	320	潜勢力	55
正社員転換制度	160	善の構想	23
精神的ニーズ	329	先富論	xii, 86, 193, 197, 198, 243
成長経済政策	88, 111, 112	全面的小康社会	204
成長政策	84	専門・技術労働者	294, 303
成長優先政策	190	総合的な政策判断	33
正当な分配	8	総効用	66
制度の不平等	14	増税	85
政府規制	92	相対所得	139
政府系ファンド	102	相対の視点の違い	68
政府権限の拡大	104	相対的平等	xii, 3, 11
政府資金	85	相対的貧困	63, 277
政府変革プログラム（GTP）	305, 318, 320, 336-337	相対的貧困率	151
		相対的福祉	41
成文法	54	相対的優位性	69
セーフティーネット	178	相対的利益	22, 56, 59

相対平均偏差……………………………41

総福祉の最大化…………………………57

測定尺度…………………………………33

租税回避地…………………………87, 141

租税負担の回避…………………………v

た

第 1 次マレーシア計画…………………269

大学予備課程……………………………299

対抗意識…………………………………17

第3次マレーシア計画…………………294

第11次マレーシア計画……………336, 339

第10次マレーシア計画……318, 335, 336

第12次 5 ヵ年計画………246-249, 251-253

大統領経済報告…………………………114

貸与型奨学金……………………………170

タイル尺度………………………………93

タイルのエントロピー測度……………41

多元的共存主義……………346, 348, 350

タミル人…………………………………266

多民族国家…………………………271, 350

多様性……………………………………66

単位社会主義……………………………226

男女差別…………………………………10

地域開発…………………………………282

地域格差…………………………xii, 199, 280

地域間及び制度間における格差………237

地域間所得格差問題……………………214

地域区分から見る所得と富の不平等…213

地域計画……………………………304, 305

小さな政府………………………………136

知識基盤社会……………………………315

中央情報局………………………………97

中間層……………………………272-273, 343

中国…………………………………235, 236

中国共産党第11期中央委員会第 3 回全体会

議……………………………………191

中国経済全体の高度成長………………193

中国西部発展報告2012…………………195

中所得国の罠………………………271, 350

中所得世帯…………………………273-274

中道右派政党……………………………116

中等教育学校……………………………299

長期経済計画……………………………277

長期総合計画………304, 306, 311, 315, 323

貯蓄機関監督庁…………………………105

貯蓄金融機関……………………………106

賃金雇用者………………………………291

通貨監督庁………………………………105

TPP………………………………………136

定義空間・潜在能力・不平等…………42

低所得者層………………………………85

低所得世帯…………………………273-274

デモクラシー……………………………2

デモクラシー体制下……………………xiii

デモクラティックな平等………………26

電子決済…………………………………113

電子商取引………………………………113

伝統的社会主義計画経済体制…………191

統一マレー人組織（UMNO）…………334

同一労働同一賃金………………………149

投機的な要素……………………………129

道具的・状況依存的……………………43

投資アドバイス…………………………107

投資信託スキーム………………………295

投資・投機の適格性……………………101

鄧小平………………………86, 110, 193, 194

鄧小平型開発戦略………………………263

道徳的人格………………………23, 54, 55

道徳的人格性……………………………56

道徳哲学者………………………………372

投入指向型経済…………………………111

390　索　引

東部沿岸経済地域（ECER）……305, 315
ドールトンの測度……41
独占利潤……92
ドグマ化……371
独立宣言……93
都市化……280-282
都市化率……280-282
都市農村間の所得格差……205, 211, 212
途上国……61
特許権保護……92
ドッド＝フランク法……128
Thomas Hobbes……vii
富の一極集事項……139
富の再分配……139
富の蓄積……16
富の二極化……262
トリクル・ダウン理論……86
トリクルダウン理論……139
奴隷制度……10, 56

な

ナジブ政権……295, 306, 317, 320, 333, 336, 349-350
NASDAQ市場……130
NAFTA……85
南部ジョホール経済地域（SJER）……305, 316
21世紀の資本……iv
2大局論……194
日本的雇用慣行……165
日本の義務教育……172
ニュータウン開発……280
人間の本源的構造……12
人間不平等起源論……12
年季契約労働者……266
年金基金補助……92

年功序列……147
年次計画……304
農業労働者……292, 294
農村貧困削減に関する白書……260

は

配慮の平等……56
バウチャー……172
バウチャー制度……172
白色収入……228
はしご政策……192
パナマ文書……iv
ババ中国人……344
Haram……328
Halal……328
パレート最適……vii, 28
パレート最適性……36
晩婚化……159
反組合法……92
ハンディキャップ……69
反平等主義者……65
東アジアの奇跡……xi
被雇用者……291-292, 313
被雇用者別職種構成……297
非食糧PL1……277
美人投票……168
非正規教育……299
非正規雇用……146
非西洋型開発モデル……326
非伝統的な手段……115
一つのマレーシアの概念……318, 320-321, 333, 345, 347, 349
一人っ子政策……232
非マレー系住民……269
非マレー市民……286
非マレー人……269

索　引　391

平等化路線…………………………… xi
平等主義者……………………………65
平等主義的基準………………………38
平等性原理………………………… 374
平等性神話の崩壊………………… 375
平等なアクセス………………………75
平等な基本的諸自由…………………24
平等な自由の原理……………………77
平等の基礎………………………57, 62
平等論と所得格差………………… 375
比率尺度………………………………33
比例背反的………………………………7
貧困削減施策………………… 309-310
貧困削減対策……………………… 285
貧困層……………………………272-273
貧困度数…………………………… 296
貧困の基礎的な条件…………………68
貧困の定義………………………… 277
貧困の連鎖………………………… 157
貧困発生率……… 271, 276-277, 279-280,
　285-286, 296, 311, 313, 348
貧困問題への取組み……………… 260
貧困ライン………………… 144, 274-296
貧困率………………………… 271, 310
貧富の格差……………………………87
貧富の差………………………………11
Falah……………………………… 328
フードバンク……………………… 152
フォームシックス………………… 299
付加価値的な評価………………………3
不可能性定理…………………………37
不完全性…………………………… 112
ブギス人…………………………… 345
複合民族国家……………………… 271
福祉の自由……………………………71
複数性………………………………… x

富者と貧者……………………………79
不十分な金融監督体制…………… 101
物質的ニーズ……………………… 329
G. H. Bush……………………………83
G. W. Bush……………………………83
物的環境の多様性……………………68
不動産担保証券…………………… 101
負の連鎖…………………… 147, 159
不平等起源論…………………………12
不平等の拡大再生産理論……………39
不平等の経済学……………… 30, 42, 369
不平等のスタートライン………… 151
不平等評価……………………………67
ブミプトラ……………… 286-289, 291-292,
　294-296, 299-302, 311-313, 326,
　342-345, 348
ブミプトラ企業…………………… 350
ブミプトラ商工業コミュニテイー 308, 312
ブミプトラ政策……………… 308, 348-349
ブミプトラ投資基金……………… 294
ブミプトラ保護政策……………… 304
ブミプトラ優遇策…………… 303, 349-350
富裕層……………………… 139, 272-273
フランス人権宣言………………… viii
プランテーション………… 278, 294, 310
不良債権…………………………… 102
不良資産救済プログラム………… 106
ブルーカラー労働者……………… 159
プロトン…………………………… 310
分業………………………………… 370
分散と変動係数………………………41
分配体制の改革…………………… 226
平均主義…………………………… 226
ペレストロイカ…………………… 132
法的システム…………………………75
法律と所有……………………………18

392 索 引

ポール・クルーグマン……………… 132
北部回廊経済地域（NCER）……… 305, 316
ポピュリズム…………………………… vi
ポリテクニック…………………… 299
ボルカー・ルール………………… 105
ボルダルール……………………… 168
ホワイトカラー……………………98
ホワイトカラー労働者……………… 159

ま

マカッサル人……………………… 345
マキシミンルール…………………41
マトリキュレーションコース………… 299
マハティール首相……302, 308, 310, 317, 332
マラッカ王国……………………… 266
マルクス主義者……………………64
マレー国民組織（UMNO）……… 268, 334
マレーシアインド人会議（MIC）…… 334
マレーシア華人協会（MCA）……… 334
マレーシアカンパニー……………… 310
マレーシア構想2020………… 281, 305-306,
　323-325, 329, 347, 349
マレーシア国民（Bangsa Malaysia）
　…………………………… 314, 317, 333
マレーシア社会のアイデンティテイ
　………………………………… 344-345
マレーシア重工業公社……………… 311
Malaysia's Vision 2020……………… 271
マレーシア人間開発レポート…… 339-340
マレーシアの政党体制……………… 334
マレーシア連邦憲法……………… 267, 278
マレー人………… 265, 267-269, 271, 344
マレー人の特別な地位…………… 268, 350
マレー人保留地制度……………… 268
マレー人優遇策…………… 269, 295
マレー的価値の優先……………… 268-269

未熟練労働者階級…………………29
民主主義政治体制……………… xii, 61, 84
民主制論者……………………………6
民主党政権……………………………84
民族格差縮小……………………… 310
民族間格差……………………… 271
民族集団……………………… 271
民族集団別株式所有比率…… 295, 310, 315,
　349
民族集団別雇用形態……………… 289
民族集団別失業率格差……………… 297
民族別職種構成…………………… 292
民族別専門職…………………… 291
民族暴動…………………… 269
民族融和政策…………………… 304
無限集合…………………………34
無差別関係…………………………34
ムスリム…………… 326-328, 330, 344-345
ムスリム共同体…………………… 327
無知のベール…………………………72
毛沢東型開発戦略……………… 190, 191
目的論的な理論……………………57

や

役割分担……………………………3
8つの開発戦略目標………………… 312
雇い止め…………………… 164
友愛と矯正…………………………60
優位性獲得への情念…………………16
優遇税制措置…………………………92
融合…………………… 374
優先入学制度…………………… 302
輸入代替工業化…………………… 308
善き社会像…………………………71
予期せぬ偶然の出来事…………… 110
預金保険…………………… 106

索　引　393

予定調和……………………………369
予定調和論…………………………109

ら

ラーマン首相…………………269-270
Rawls ……………………………… vii
ラザク副首相……………269-270, 308
利益誘導……………………………89
利害の対立…………………………17
立憲君主制…………………………268
立証責任……………………………56
リバタリアン…………………… 63, 64
リベラリズム………………………80
リベラル・イスラム………………347
リベラルな政策……………………140
リベラルな平等………………… 26, 60
流動性………………………………95
流動性的水準………………………109
流動性の枯渇………………………100
領域特性……………………………57
量的な（算術的・形式的な）平等………11
両端格差……………………………207
倫理的アプローチ…………………65
倫理的評価…………………………33
累進課税……………………………85

ルックイースト政策………………309-310
冷戦構造…………………………109, 132
Reagan……………………………83
歴史的必然性………………………92
Leviathan ……………………………… viii
連邦国家……………………………278
連邦財政赤字累積…………………115
連邦地域……………………………278
Rousseau ……………………………… vii
労働移民……………………………267
労働価値……………………………372
労働組合……………………………147
労働権論者…………………………64
労働のインセンティブ……………63
ローレンツ曲線………………… 32, 142
六信五行……………………………326
Locke ………………………………22

わ

ワーキングシェアリング………………164
ワーキングプア……………………144
ワーク・ライフ・バランス……………164
ワンセット主義の路線（中国語：大而全、
小而全）……………………………191

執筆者紹介

【監修・共同執筆】

瀬野　隆　国士舘大学名誉教授

　　国士舘大学政経学部卒　同大学院経済学研究科博士課程修了
　　同大学・大学院において経済政策学を講じ、助手・講師・助教授・教授
　　を経て現在、名誉教授　主としてアメリカ経済を政策学の分野から研究
　　主著『現代経済政策論（増補五版）』平成17年　成文堂刊
　　博士（経済学）［国士舘大学］

【共同執筆】

矢﨑　隆夫　国士舘大学政経学部兼任講師

　　慶應義塾大学商学部卒　国士舘大学大学院経済学研究科博士課程修了
　　大手都市銀行の海外部門に勤務しながら、大学院で開発経済学を政策学
　　的に学び、その経験を活かしてアジアの経済開発政策を研究
　　主著『経済開発政策論』平成21年　成文堂刊
　　博士（経済学）［国士舘大学］

胡　東寧　中国　天津師範大学経済学院教授

　　北京経貿職業学院卒　国士舘大学大学院経済学研究科博士課程修了
　　現代中国と日本との経済関係を貿易論の分野から、国境や地域を超えて
　　深く調査・研究し、現在活躍中
　　主著『国際貿易理論と政策』平成23年　中国鉄道出版社刊
　　博士（経済学）［国士舘大学］

柴田　怜　聖学院大学政治経済学部助教

　　国士舘大学政経学部卒　同大学院経済学研究科博士課程修了後、
　　富山短期大学経営情報学科専任講師を経て現職
　　情報通信の分野を経済政策学の観点から鋭く分析した研究で論文多数
　　主著『現代情報通信政策論―普及期、成熟期、移行期への提言―』平成
　　27年　現代図書刊
　　博士（経済学）［国士舘大学］

新現代経済政策論―平等論と所得格差―

[第二版]

| 2013年10月10日 | 初　版第1刷発行 |
| 2018年4月1日 | 第2版第1刷発行 |

監修著者	瀬　野		隆
著　　者	矢　﨑	隆	夫
	胡	東	寧
	柴　田		怜

発　行　者　阿　部　成　一

〒162-0041　東京都新宿区早稲田鶴巻町514

発　行　所　株式会社 成 文 堂

電話 03(3203)9201(代)　振替 00190-3-66099

製版・印刷・製本　藤原印刷㈱

☆乱丁・落丁本はおとりかえいたします☆　　**検印省略**

©2018 瀬野・矢﨑・胡・柴田

ISBN978-4-7923-4264-7 C3033

定価（本体3300円＋税）